L. ANNAEUS SENECA

PHILOSOPHISCHE SCHRIFTEN
ERSTER BAND

L. ANNAEUS SENECA

PHILOSOPHISCHE SCHRIFTEN

LATEINISCH UND DEUTSCH

ERSTER BAND

DIALOGE I–VI

LATEINISCHER TEXT VON
A. BOURGERY UND R. WALTZ

HERAUSGEGEBEN
VON MANFRED ROSENBACH

1980

WISSENSCHAFTLICHE BUCHGESELLSCHAFT
DARMSTADT

L. ANNAEUS SENECA

DE PROVIDENTIA
DE CONSTANTIA SAPIENTIS
DE IRA
AD MARCIAM DE CONSOLATIONE

—

ÜBER DIE VORSEHUNG
ÜBER DIE STANDHAFTIGKEIT DES WEISEN
ÜBER DEN ZORN
TROSTSCHRIFT AN MARCIA

Übersetzt, eingeleitet und mit Anmerkungen versehen von
MANFRED ROSENBACH

1980
WISSENSCHAFTLICHE BUCHGESELLSCHAFT
DARMSTADT

Der lateinische Text mit Genehmigung der Société d'Edition « Les Belles Lettres », Paris, aus: Sénèque, Dialogues. Tome IV. De la Providence, De la Constance du Sage, De la Tranquillité de l'Âme, De l'Oisiveté. Texte établi et traduit par René Waltz. ⁴1959, Paris. Tome premier. De ira. Texte établi et traduit par A. Bourgery. 1961, Paris. Tome troisième. Consolations. Texte établi et traduit par René Waltz. ⁴1961, Paris. (= Collection des Universités de France, publiée sous le patronage de l'Association Guillaume Budé)

CIP-Kurztitelaufnahme der Deutschen Bibliothek

Seneca, Lucius Annaeus:
[Sammlung]
Philosophische Schriften: lat. u. dt. / L. Annaeus Seneca. Hrsg.
von Manfred Rosenbach. — Darmstadt: Wissenschaftliche
Buchgesellschaft.

Bd. 1. Dialoge I—VI [lat. Text von A. Bourgery u. R. Waltz].
Übers., eingel. u. mit Anm. vers. von Manfred Rosenbach. 3.,
gegenüber d. 2. unveränd. Aufl. — 1980.
ISBN 3-534-02584-9

3 4 5

⚏ Bestellnummer 2584-9

3., gegenüber der 2. unveränderte Auflage

© des lateinischen Textes: Société d'Edition «Les Belles Lettres»,
Paris 1959 et 1961

© der deutschen Übersetzung: Wissenschaftliche Buchgesellschaft,
Darmstadt 1976

Druck und Einband: Wissenschaftliche Buchgesellschaft, Darmstadt
Printed in Germany

ISBN 3-534-02584-9

KARL SCHWEGLER

zum Gedächtnis

INHALTSVERZEICHNIS

VORBEMERKUNGEN

Diese Übersetzung der philosophischen Werke Senecas ist im Auftrage der Wissenschaftlichen Buchgesellschaft, Darmstadt, entstanden.

Der lateinische Text dieser Ausgabe ist der Collection des Universités de France, veröffentlicht unter dem Patronat der Association Guillaume Budé, entnommen worden. Aus praktischen Gründen weicht die Übersetzung von diesem Text nur in wenigen Fällen ab; sie sind in den Anmerkungen verzeichnet und begründet. In den Anmerkungen werden auch textkritische Beiträge der letzten Jahrzehnte verarbeitet, soweit sie für die Gestaltung von Text und Übersetzung Förderliches beitragen.

Die Gesichtspunkte, die den Herausgeber bei der Formulierung des deutschen Textes geleitet haben, werden in der nachstehenden Einleitung zur Übersetzung erläutert und begründet.

Da die Ausgabe nicht speziell für Altertumswissenschaftler gedacht ist, werden in den Anmerkungen Personen und Sachen des Textes, soweit das von ihnen Gemeinte nicht ohne weiteres verständlich ist, erklärt. Diese Anmerkungen sind nicht als Forschungsbeiträge zu verstehen, sondern dienen nur der allgemeinen Orientierung; die wichtigsten Quellen sind verzeichnet, weitere Belehrung vermittelt vor allem die *Realencyclopädie der classischen Altertumswissenschaft* von Pauly-Wissowa, 1890 ff.

Der letzte Band dieser Ausgabe wird einen Abriß von Senecas Leben und Werk enthalten, außerdem ein kritisches Verzeichnis wissenschaftlicher Literatur zu Seneca.

Der Herausgeber dankt Professor Dr. Will Richter, Göttingen, für Anregung und Ermutigung, die er von ihm erfahren durfte.

Berlin, im September 1967   Manfred Rosenbach

EINLEITUNG ZUR ÜBERSETZUNG

Wer ein Werk der Literatur aus einer Sprache in eine andere übersetzt, kann sich seiner Aufgabe auf verschiedenen Ebenen nähern: er wird vielleicht von der pragmatisch naiven Haltung ausgehen, daß man einen Text, ohne Einbuße in seinen gedanklichen und ästhetischen Gehalten, aus einer Sprache in die andere überführen kann, sofern man nur die beiden Sprachen beherrscht. Bald jedoch wird er eigenartiger Schwierigkeiten innewerden, deren Wesen sich nicht ohne weiteres erschließen läßt; und so wird er sich dazu veranlaßt sehen, vor Beginn seiner Arbeit über die Voraussetzungen und Bedingungen nachzudenken, denen sie unterliegt. Mag die angedeutete Unbefangenheit in bestimmten Epochen der Geistesgeschichte zu beobachten sein (etwa in den Anfängen der römischen Literatur, als sie mit Übersetzungen den Zugang zur griechischen Literatur suchte) und auch heute, wenngleich mehr in den Randzonen des eigentlich literarischen Bereiches, begegnen – seit längerer Zeit ist es einem Übersetzer nicht mehr möglich, Rechenschaft und Besinnung seines Tuns zu unterlassen. Zumal die deutsche Geistesgeschichte zeugt von dem strengen und kritischen Bemühen, das Gelingen einer Übersetzung nicht dem Zufall zu überlassen, sondern durch Einsicht zu sichern.

Die eigentümlichen Schwierigkeiten, denen die Arbeit des Übersetzers unterworfen ist, sind oft und eindrucksvoll beschrieben worden. So will der Herausgeber dieser Seneca-Ausgabe auch keinen Aufsatz zu diesem gewiß reizvollen Thema schreiben, sondern möchte sich mit dem Leser lediglich über die Gründe verständigen, die ihn zu der hier vorgelegten Gestaltung des deutschen Textes veranlaßt haben. Deshalb genüge der Hinweis auf die Erörterungen von Friedrich Kainz[1] und die Darlegungen von Wolfgang Schadewaldt[2].

[1] In seinem Werk Psychologie der Sprache, Band 5, erster Teil, Psychologie der Einzelsprachen, Stuttgart 1965, S. 375–422, mit zahlreichen Literaturangaben.

[2] Hellas und Hesperien. Gesammelte Schriften zur Antike und zur neueren Literatur, Zürich und Stuttgart 1960, S. 523–537. Nachgedruckt in: Wege der Forschung, Band 8, Das Problem des Übersetzens, Darmstadt 1963, S. 249–267.

Dieser formuliert, ausgehend von den Erkenntnissen Wilhelm
von Humboldts, Goethes und Schleiermachers, die Antinomie,
von der alles werthafte Übersetzen bestimmt werde: theoretisch unvollziehbar, aber dennoch notwendig zu sein[3].
Eine verbindliche Konvention oder allgemein anerkannte
Prinzipien des Übersetzens bestehen offenkundig nicht; schon
bei den Begriffen, mit denen man das Problem zu fassen sucht,
beginnt das Chaos[4]. Ein Übersetzer ist also darauf angewiesen, wolle er es oder nicht, selber die Grundsätze aufzustellen,
denen er folgen will; allerdings sollte er sich eingestehen, daß
er sie günstigstenfalls nur in Näherung, als Kompromiß vielfältiger Forderungen, verwirklichen kann (zumal, wenn er
bei seinen Überlegungen die idealtypische Betrachtungsweise
wählt, wie es in den folgenden Erwägungen der Fall sein
wird).
     Da nun auch ein Kenner die Fülle der Vorschläge, wie die
oben genannte Antinomie zu überwinden sei, kaum überblickt, empfindet es der Herausgeber als nützlich, seine Arbeitsweise vor allem aus den Gedanken Friedrich Schleiermachers[5] sowie aus Wolfgang Schadewaldts Verfahren[6] abzuleiten und zu begründen. Der Kerngedanke in Schleiermachers
Ausführungen nennt zwei Wege, den Schriftsteller und seinen
Leser einander zuzuführen: ,,Entweder der Uebersetzer läßt
den Schriftsteller möglichst in Ruhe, und bewegt den Leser
ihm entgegen; oder er läßt den Leser möglichst in Ruhe und
bewegt den Schriftsteller ihm entgegen."[7] Diesem Methodenpaar steht die bei Kainz[8] erneut formulierte, wenngleich
alte Forderung[9] gegenüber, eine Übersetzung müsse so an-

---

[3] a. O. 532f. = 260f., vgl. Kainz, a. O. 379.

[4] Karl Dedecius, Osteuropa 11 (1961), 167 = Wege der Forschung
8, S. 469.

[5] Über die verschiedenen Methoden des Übersetzens. Akademievortrag 1813. Sämtliche Werke, Dritte Abtheilung: Zur Philosophie,
Zweiter Band, Berlin 1838, S. 207–245. Nachgedruckt in Wege der
Forschung 8, S. 38–70.

[6] Zur Übersetzung von Sophokles, König Ödipus, Berlin und
Frankfurt 1955, S. 90–95. Zur Übersetzung von Homer, Odyssee,
Rowohlts Klassiker 29/30, Hamburg 1958, S. 321–326.

[7] a. O. 218 = 47.

[8] a. O. 395.

[9] Sie wird schon von Wilhelm von Humboldt zitiert und als in sich
widersprüchlich erwiesen, in der Einleitung zu seiner Übersetzung des
Agamemnon von Aischylos, Gesammelte Schriften, erste Abteilung,
Band 8, Berlin 1909, S. 132 = Wege der Forschung 8, S. 83; desgl. von
Schleiermacher, a. O. 231 = 59.

muten und wirken, als sei das betreffende Werk in der Sprache geschrieben worden, in die man es übersetzt hat. Wörtlicher Anschluß an das Original sei meist unmöglich; jedenfalls habe eine Übersetzung mehr als eine Interlinearversion zu sein[10]; welchen Einfluß die Originalgestalt auf den Wortlaut der Übersetzung ausüben solle, wird von Kainz als Frage flüchtig erwähnt[11], bleibt aber ohne Klärung. Das liest sich zunächst überzeugend, ist auch sehr fundiert vorgetragen, doch bald beunruhigt den Leser die Frage, wie hätte wohl (es seien hier nur römische Autoren genannt, was das Thema der Ausgabe nahelegt) Seneca in deutscher Sprache geschrieben, wie Tacitus, Cicero, Caesar? Folgende Feststellung mag eine Binsenwahrheit scheinen, dennoch sollte ein Übersetzer sich auf sie besinnen und sich ihrer bedienen: die Sprache des Originales *und* die der Übersetzung enthält, allen Grundstrukturen und Besonderheiten des jeweiligen Nationalstiles zum Trotz, eine Fülle von Möglichkeiten zu Ausdrucksweisen, die durchaus von der „normalen" Struktur abweichen. Im Bereich der großen antiken Autoren jedenfalls gibt es keinen Normalstil, sondern individuell ausgeprägte Stilformen; das gilt auch für den zum Vorbild erklärten Stil Ciceros. Und wer bestimmt denn die Normen der deutschen Sprache[12]? Es gibt keine der Académie Française vergleichbare Institution, es gibt keine klassisch verfestigte Sprachform, die jede Abweichung von der Konvention als unerträglich empfinden lassen müßte.

Folgt nun ein Übersetzer Kainz' Aufstellungen, so wird seine Arbeit in eine sprachliche Form gebracht, die in den meisten Fällen dem gehobenen Normalstil seiner Muttersprache entspricht. Der Vorzug dieses Sachverhaltes bedingt einen Nachteil: wer nicht zu den bedeutenden Stilisten seiner Nationalliteratur rechnet, kommt selten über eine blasse Sprache hinaus; zumal die typischen Betrachtungsweisen und Denkformen der Originalsprache wie auch die spezifischen Eigenarten des Autors werden bei diesem Verfahren einfach eingeebnet, da man eine Entsprechung gar nicht erst sucht. Freilich kann keine Übersetzung alle Wünsche erfüllen, die sich insgesamt an sie richten lassen. Verzichte sind unabweislich, und der Zweck allein, zu dem eine Übersetzung geschaffen wird, soll ihre Gestalt bestimmen, soll festlegen, was

---

[10] Kainz, a. O. 396.

[11] ders., a. O. 393.

[12] Vgl. Horst Kusch, Einführung in das Lateinische Mittelalter, Band I, Darmstadt und Berlin 1957, S. xxxix.

nachvollzogen und worauf verzichtet wird. Wo immer in der
Literatur Übersetzungen vor allem den gedanklichen Gehalt
eines in fremder Sprache geschriebenen Werkes erschließen
sollen, dürfte die Forderung von Kainz angemessen sein (obwohl die Wiedergabe unvollkommen bleibt, weil jeder Gedanke an den sprachlichen Ausdruck gebunden ist); zu be-
zweifeln bleibt jedoch, ob sie der Eigenart einer zweisprachi-
gen Studienausgabe sowie den Wünschen und Bedürfnissen
ihrer Leser entspricht. Der Herausgeber dieser Seneca-Ausgabe nimmt an, daß ihre Benutzer in erster Linie am Original-
text interessiert sind, wenn sie ihn auch, aus welchem Grunde
immer, mit einer Hilfe lesen wollen, die sie die Lektüre leichter oder doch rascher bewältigen läßt. Weniger gedacht ist an
die Leser, denen der Urtext eher gleichgültig ist, während sie
die Gedanken des Autors in einer, wie man sagt, lesbaren
Übersetzung kennenlernen wollen, in einer Übersetzung also,
die flüssig, ja elegant stilisiert ist, sich nicht scheut, die „gedanklichen Intentionen des Originales auszugestalten“[13] und
Verständnisschwierigkeiten, die das Original selber aufgibt,
stillschweigend, aber überzeugend aus dem Wege zu schaffen.
Die Übersetzung soll vielmehr Zeile um Zeile der Erhellung
des lateinischen Textes dienen, sie soll keine Paraphrase sein,
deren direkte sprachliche Beziehung zum Urtext vom Leser
oft genug nicht mehr nachzuvollziehen wäre. Die Übersetzung wendet sich fernerhin an jene Leser, die den Autor zwar
in deutscher Sprache kennenlernen wollen, dennoch aber die
Andersartigkeit, ja Fremdheit der lateinischen Sprache in
ihrer von Seneca geprägten durchaus eigenwilligen Stilform
ahnen und spüren wollen.

Diese Aufgabe sieht der Herausgeber von einer Übersetzung gelöst, die sich vorwiegend an Schleiermachers erstge-
nannter Weise zu übersetzen orientiert, den Leser dem Autor
entgegenzubewegen. Anders gesagt: „Der fremden Sprache
so nahe zu bleiben als die eigene es nur erlaubt[14].“ Dem entspricht Schadewaldts Versuch[15], die Vorstellungen des Originales in ihrer Eigenart wie in ihrer Abfolge bis hin zur
Stellung des einzelnen Wortes weitgehend nachzubilden. Der
Herausgeber verhehlt sich nicht die Schwierigkeiten, die aus
derartigen Vorsätzen erwachsen; Schleiermacher selbst hat

---

[13] Kainz, a. O. 390, führt das an Hand einer Stelle aus Sallust
(Catilina 52, 19 f.) sehr instruktiv vor.
[14] ders., a. O. 227 = 55.
[15] König Ödipus, S. 91.

sie eindringlich dargelegt[16]. Am unheilvollsten scheint ihm
ein Verständnis der Ursprache, das sich „schülerhaft und
mühsam durch den Text stümpert[17]". Zwar soll das Fremde
fühlbar werden[18], aber die Fremdheit darf nicht an sich, um
ihrer selbst willen erscheinen[19]; sie darf also nicht zu starrer
Manier werden. Zudem wird jeder Leser die Grenze zwischen
möglicher und nicht mehr möglicher Anähnelung der deutschen Ausdrucksmöglichkeiten an die lateinischen anders
ziehen[20]. Wie weit diese Grenze zu setzen ist, anders gesagt,
wie bildsam und willig zu geschmeidiger Einfühlung die
deutsche Sprache ist und sich dabei dennoch nicht aufgibt,
sondern weiter ausbildet, zeigen Schadewaldts Übersetzungen – eine Ermutigung für jeden, der Ähnliches versucht.

Was bedeuten solche Vorschläge und Warnungen für diese
Ausgabe? Hier scheint es nützlich, sich einer alten Schulweis-
heit zu erinnern: „So treu wie möglich, so frei wie nötig."
Dieses Wort bezeichnet den Weg, Schleiermachers Vorschläge
zu verwirklichen. Keinesfalls also soll eine stupide Interlinear-
übersetzung entstehen. Dennoch soll versucht werden, Senecas typische Sprach- und Stilelemente – scharf pointierte
Aussageweise ist ihr hervorstechendes Merkmal – nachzubilden oder doch nicht vorsätzlich zu nivellieren; freilich
wird manches dem Römer selbstverständliche Stilelement
nicht übertragen werden können (und überdies mag es als
fraglich gelten, ob die Elemente der Sprachstruktur des
Seneca mehr als nur imitiert werden können, ob also eine
identische Wiedergabe möglich sei). Jedenfalls wird diese
Übersetzung weitgehend auf eine harmonisierte, verbindliche Form der deutschen Sprache verzichten müssen und
sich ihren gängigen Tendenzen nur selten fügen können; sie
wird oft genug sogar ihnen entgegen formulieren. Das gilt
zumal für Fragen der Wortstellung, ferner auch für das immer
wieder betonte[21] Bedürfnis der deutschen Sprache, die logi-
schen Verknüpfungen der Gedankengruppen ausdrücklich
festzulegen. Damit befindet sie sich in deutlichem Gegensatz
zur lateinischen Sprache, und man hat in diesem Phänomen
die entscheidende Schwierigkeit für die Übersetzung aus dem

[16] a. O. 226/7 = 55/6.
[17] a. O. 220 = 49; 226 = 55.
[18] ders., a O. 225, 226, 227 = 53, 54, 55.
[19] Humboldt, a. O. 132 = 83.
[20] Vgl. Schleiermacher, a. O. 227 = 56.
[21] Kainz, a. O. 392/3.

Lateinischen ins Deutsche gesehen[22]. Die lateinische Eigenart, die Sinnbezüge der einzelnen Wort- und Satzblöcke weitgehend in der Schwebe zu lassen, kann in der Tat nicht in
vollem Umfange nachvollzogen werden. Soweit ein Übersetzer
gezwungen ist, sich gegenüber den sinnoffenen Blöcken des
Originales zu einer bestimmten Sinnverknüpfung zu ent-
schließen (das geschieht schon bei dem Entschluß, der bei
jeder Setzung eines deutschen Artikels zu fällen ist oder bei
der Festlegung dessen, welchen Gehalt etwa ein adverbialer
Ablativ hat), deutet und interpretiert er den Text, engt er
also dessen Aussagequalität ein, ist er vielleicht sogar zu
Überhellung genötigt. Die vorliegende Übersetzung will der-
artige Deutungen (unabweisbar notwendige Erweiterungen
des Gedankens durch den Übersetzer sind mit eckigen
Klammern kenntlich gemacht) nur in dem unvermeidbaren
Umfange vornehmen. Die Sinntreue würde verfälscht und
dem Auffassungsvermögen des Lesers unzulässig vorgegrif-
fen, wollte sie mehr geben. So schreibt Humboldt[23], eine
Übersetzung könne und dürfe kein Kommentar sein. ,,Sie
darf keine Dunkelheit enthalten, die aus schwankendem
Wortgebrauch, schielender Fügung entsteht; aber wo das
Original nur andeutet, statt klar auszusprechen, wo es sich
Metaphern erlaubt, deren Beziehung schwer zu fassen ist, wo
es Mittelideen auslässt, da würde der Uebersetzer Unrecht
thun aus sich selbst willkührlich eine den Charakter des
Textes verstellende Klarheit hineinzubringen.''
Um die vorstehenden Überlegungen zusammenzufassen:
der Herausgeber glaubt, eine Übersetzung solle beim moder-
nen Leser dieselbe Wirkung hervorrufen, wie es das Original
beim antiken Leser getan haben könnte. Er hofft, sein Weg
werde ihn diesem Ziel näher bringen. Jedenfalls wird er,
wenn dieser Weg sich im Einzelfalle als ungangbar erweist,
wenigstens wiederzugeben versuchen, *was* der Autor gesagt
hat, nicht, *wie* er es getan hat. Allen Prinzipien zum Trotz –
sie sollen ja vor allem eine Richtungshilfe sein – erweist es
sich wohl oft genug als notwendig, die Reproduktionsmittel
selektiv einzusetzen. Der Herausgeber hat dabei keineswegs
die Absicht, ein Werk von eigenständigem literarischen Rang
zu schaffen; er weiß auch, daß sich gegen seine Methode argu-
mentieren läßt. Er bittet seine Kritiker jedoch darum, das Er-

---

[22] Kurt Schmidt, Übersetzen als geistige Schulung, Der altsprach-
liche Unterricht 8 (1956), 16 f.
[23] a. O. 134 = 84.

gebnis seiner Bemühungen nicht an den anders begründeten Kriterien zu messen, die sich die Kritiker selber setzen würden; er hofft vielmehr, daß man prüfen wird, wieweit er die eigenen Aufstellungen verwirklicht hat. Freilich scheint sich abermals eine Schwierigkeit geltend zu machen. Auch innerhalb ein und derselben Sprache entstehen Verständigungsschwierigkeiten, die einzig in folgender Erscheinung beruhen: jeder Mensch empfindet bei dem einzelnen Wort, der einzelnen Fügung von Gedanken, mag er lesen oder schreiben, entsprechend der Summe seiner Lebenserfahrungen individuell verschieden. Wohl ist der gedankliche Kern meist in sich identisch übermittlungsfähig, aber der unausgesprochene und von keinem der Partner reflektierte Bezug auf den Hintergrund des eigenen Erlebens bringt die entscheidenden und eben abweichenden Färbungen, Obertöne, Nuancen mit sich. Als literarisches Musterbeispiel für diesen Sachverhalt glaubt der Herausgeber den Roman „Unmögliche Beweisaufnahme" von Hans Erich Nossack nennen zu dürfen, ein Buch, in dem die Gesprächspartner konsequent aneinander vorbeireden, weil jeder die vom jeweils Sprechenden für unmißverständlich gehaltenen Worte eben doch mißversteht. Wollte man den Gedanken auf die Spitze treiben, so gäbe es so viele Sprachen wie Menschen, was zwar gelegentlich Gegenstand geistvoller Aphorismen ist, sonst aber nicht weiter auffällt, weil alle Menschen eines Volkes sich derselben Vokabeln bedienen. Mag die Möglichkeit zu Mißverständnissen unerschöpflich sein, der Versuch zu gegenseitiger Verständigung ist unabweisbar und muß immer wieder neu unternommen werden. Daß die vorstehenden Ausführungen wie auch die Übersetzung in diesem Sinne aufgenommen werden, ist Wunsch und Bitte des Herausgebers.

CONSPECTUS SIGLORUM

A   = codex Ambrosianus (n° 90)
a   = folium eiusdem codicis posterius scriptum
L   = codex Laurentianus 76, 32
P   = codex Parisinus 15.086, olim sancti Victoris 1102
F   = codex Florentinus XV saeculi
dett = alii codices

DE PROVIDENTIA

—

ÜBER DIE VORSEHUNG

AD LVCILIVM

QVARE ALIQVA INCOMMODA BONIS VIRIS ACCIDANT CVM PROVIDENTIA SIT

(DE PROVIDENTIA)

I. 1 Quaesisti a me, Lucili, quid ita, si prouidentia
mundus regeretur, multa bonis uiris mala acciderent.
Hoc commodius in contextu operis redderetur, cum
praeesse uniuersis prouidentiam probaremus et interesse nobis deum ; sed, quoniam a toto particulam
reuelli placet et unam contradictionem, manente
lite integra, soluere, faciam rem non difficilem :
causam deorum agam. 2 Superuacuum est in prae-
sentia ostendere non sine aliquo custode tantum
opus stare, nec hunc siderum coetum discursumque
fortuiti impetus esse, et quae casus incitat saepe
turbari et cito arietare, hanc inoffensam uelocitatem
procedere aeternae legis imperio, tantum rerum
terra marique gestantem, tantum clarissimorum
luminum et ex disposito relucentium ; non esse
materiae errantis hunc ordinem, nec quae temere
coierunt tanta arte pendere ut terrarum grauissimum
pondus sedeat immotum et circa se properantis

SIGLA : *A* = Ambrosianus. — *dett.* = codices deteriores.

I. 1 regeretur *unus dett. in marg.*; ageretur *A* ‖ acciderent *uulg.*;
accidere *A* (*supra ultimam litteram aliquid erasum*) ‖ 2 ex dispos.to
relucentium *Bongars*; exdispositore lucentium *A*.

WARUM MANCHES UNGLÜCK MÄNNERN VON WERT ZUSTÖSST, OBWOHL ES EINE VORSEHUNG GIBT

ÜBER DIE VORSEHUNG

I. 1 Lucilius, du hast mir die Frage gestellt: warum, wenn eine Vorsehung die Welt lenkt, widerfährt guten Menschen viel Unglück? Das ließe sich bequemer im Rahmen eines größeren Werkes beantworten, wo ich bewiese, eine Vorsehung gebiete über das Weltall und Anteil nehme an uns der Gott; doch halte ich es für richtig, vom Ganzen einen Teil abzutrennen und eine Einzelfrage zu lösen, ohne auf das Problem insgesamt weiter einzugehen, und deshalb beginne ich keine schwierige Aufgabe: Ich will als Anwalt der Götter auftreten. 2 Überflüssig ist es für den Augenblick, zu zeigen: nicht ohne eine Art von Wächter könne solch ein Werk bestehen, und diese Begegnung der Sterne und ihr Auseinanderstieben sei nicht Ergebnis eines zufälligen Anstoßes; was Zufall in Bewegung setzt, werde häufig gestört und stoße rasch an, dieser rasche Lauf vollziehe sich nach eines ewigen Gesetzes Befehl, wobei er solche Masse von Dingen zu Lande und zu Wasser mit sich führe, so viele hell und nach fester Ordnung leuchtende Sterne; nicht sei ziellos schweifender Materie Wesen diese Ordnung, und nicht könne, was blindlings sich zusammengefunden hat, in solch kunstvollem Gleichgewicht verharren, daß der Erde gewaltige Last unbewegt bleibe und zusehe, wie sich der

caeli fugam spectet, ut infusa uallibus maria molliant
terras nec ullum incrementum fluminum sentiant,
ut ex minimis seminibus nascantur ingentia. 3 Ne
illa quidem quae uidentur confusa et incerta, pluuias
dico nubesque et elisorum fulminum iactus et incendia
ruptis montium uerticibus effusa, tremores labantis
soli aliaque quae tumultuosa pars rerum circa terras
mouet, sine ratione, quamuis subita sint, accidunt,
sed suas et illa causas habent, non minus quam quae
alienis locis conspecta miraculo sunt, ut in mediis
fluctibus calentes aquae et noua insularum in uasto
exsilientium mari spatia. 4 Iam uero, si quis obser-
uauerit nudari litora, pelago in se recedente, eadem-
que intra exiguum tempus operiri, credet caeca
quadam uolutatione modo contrahi undas et intror-
sum agi, modo erumpere et magno cursu repetere
sedem suam, cum interim illae portionibus crescunt
et ad horam ac diem subeunt, ampliores minoresque
prout illas lunare sidus elicuit, ad cuius arbitrium
Oceanus exundat ? Suo ista tempori reseruentur,
eo quidem magis quod tu non dubitas de prouidentia, sed quereris. 5 In gratiam te reducam cum
diis, aduersus optimos optimis. Neque enim rerum
natura patitur ut umquam bona bonis noceant.
Inter bonos uiros ac deos amicitia est, conciliante
uirtute : amicitiam dico ? immo etiam necessitudo
et similitudo, quoniam quidem bonus tempore
tantum a deo differt, discipulus eius aemulatorque
et uera progenies, quam parens ille magnificus,
uirtutum non lenis exactor, sicut seueri patres durius
educat. 6 Itaque, cum uideris bonos uiros acceptosque
diis laborare, sudare, per arduum escendere, malos

6 escendere *Bongars* ; excendere A^2 (*corr. ex* excedere A^1).

Himmel um sie dreht, daß das Meerwasser, in die Täler
eingedrungen, den Boden aufweiche und kein Anwachsen
durch die Flüsse wahrnehme[1], daß aus winzigen Keimen
Riesenhaftes entstehe. 3 Nicht einmal das, was wirr und
ohne Ordnung scheint, Regen meine ich, Wolken und der
Blitzschläge Zucken und Feuermassen, wie sie sich aus ge-
borstenen Berggipfeln ergießen, das Beben des schwankenden
Bodens und anderes, was der unruhevolle Teil der Natur
rings um die Erde in Bewegung setzt, ereignet sich regellos,
obwohl es plötzlich eintritt; vielmehr hat auch dies seine
Ursachen, ebenso wie das, was man an fremden Orten
erblickt und für ein Wunder hält, wie inmitten der Fluten warme Quellen und neue Inseln, die aus dem weiten
Meer emporsteigen. 4 Beobachtet einer ferner, wie die
Küste entblößt wird, wenn das Meer in sich zurückweicht,
und sie nach kurzer Zeit wieder von der Flut bedeckt wird,
glaubt er, eine Art unergründlicher Strömung ziehe bald die
Wogen zusammen und führe sie in die Tiefen, bald lasse sie
sie hervorbrechen und in mächtigem Fluten ihren alten
Platz wieder einnehmen, während sie doch inzwischen regel-
mäßig wachsen und auf Stunde und Tag emporsteigen,
größer oder kleiner, wie sie das Mondgestirn jeweils zwingt,
nach dessen Gesetz der Ozean flutet? Seinem Zeitpunkt soll
dergleichen vorbehalten werden, um so eher, als du an der
Vorsehung nicht zweifelst, sondern dich nur über sie be-
schwerst. 5 Ich will dich mit den Göttern versöhnen, die
es mit den Besten am besten meinen. Denn nicht duldet es
die Natur, daß je Gutes Guten schade. Zwischen guten
Menschen und den Göttern besteht Freundschaft, denn
sittliche Festigkeit verbindet sie – Freundschaft, sage ich?
Nein, auch Verwandtschaft und Ähnlichkeit, da ja doch der
Gute an Zeitdauer nur vom Gott sich unterscheidet, sein
Schüler und Nachfolger und wahrer Nachkomme, den jener
hochherrliche Vater, der ethischen Pflichten unerbittlicher
Wächter, wie strenge Väter durchaus hart erzieht. 6 Be-
merkst du also, wie gute und den Göttern willkommene
Menschen sich anstrengen, schwitzen, durch steiles Gelände
emporklimmen, schlechte aber sorglos in den Tag hinein

---

[1] Diese Anmerkung wie auch die folgenden finden sich im Anhang
dieses Bandes.

autem lasciuire et uoluptatibus fluere, cogita filiorum
nos modestia delectari, uernularum licentia, illos
disciplina tristiori contineri, horum ali audaciam.
Idem tibi de deo liqueat : bonum uirum in deliciis
non habet ; experitur, indurat, sibi illum parat.

II. 1 Quare multa bonis uiris aduersa eueniunt ?
Nihil accidere bono uiro mali potest : non miscentur
contraria. Quemadmodum tot amnes, tantum superne
deiectorum imbrium, tanta medicatorum uis fontium
non mutant saporem maris, ne remittunt quidem,
ita aduersarum impetus rerum uiri fortis non uertit
animum : manet in statu et quicquid euenit in suum
colorem trahit ; est enim omnibus externis potentior.
2 Nec hoc dico : non sentit illa, sed uincit et, alioqui
quietus placidusque, contra incurrentia attollitur.
Omnia aduersa exercitationes putat. Quis autem,
uir modo et erectus ad honesta, non est laboris
appetens iusti et ad officia cum periculo promptus ?
Cui non industrio otium poena est ? 3 Athletas uidemus, quibus uirium cura est, cum fortissimis quibusque confligere et exigere ab iis per quos certamini
praeparantur ut totis contra ipsos uiribus utantur :
caedi se uexarique patiuntur et, si non inueniunt
singulos pares, pluribus simul obiciuntur. 4 Marcet
sine aduersario uirtus ; tunc apparet quanta sit
quantumque polleat, cum quid possit patientia
ostendit. Scias licet idem uiris bonis esse faciendum,
ut dura ac difficilia non reformident nec de fato
querantur, quicquid accidit boni consulant, in
bonum uertant. Non quid, sed quemadmodum feras
interest. 5 Non uides quanto aliter patres, aliter

II, 3 ab eis *unus dett.* ; abhis *A* ‖ 4 querantur *uulg.* ; quaerantur *A.*

leben und sich ihrem Vergnügen hingeben, dann bedenke:
über unserer Söhne bescheidenes Auftreten freuen wir uns,
über unserer jungen Sklaven Mutwillen; jene werden von
gemessen-ernster Zucht gezügelt, deren kesses Benehmen
wird gefördert. Dasselbe sollte dir von dem Gott deutlich
sein: einen guten Menschen verzärtelt er nicht; er erprobt,
er härtet, er gestaltet ihn für sich.

II. 1 Warum erleben gute Menschen viel Widerwärtiges?
Nichts Böses kann dem guten Menschen zustoßen: Gegensätze lassen sich nicht verschmelzen. Wie so viele Flüsse,
diese Mengen vom Himmel gefallenen Regens, so große
Kraft der Heilquellen den Geschmack des Meerwassers nicht
ändern, nicht einmal mildern, so ändert der Ansturm
widriger Ereignisse nicht eines tapferen Mannes Charakter;
er verharrt in seiner Haltung, und was immer geschieht,
paßt er seinem persönlichen Wesen an; er ist nämlich mächtiger als alle Geschehnisse von außen. 2 Nicht dies meine
ich: nicht empfindet er sie, sondern: er überwindet sie und,
sonst ruhig und gelassen, lehnt sich gegen das auf, was
gegen ihn anrennt. Alle Widerwärtigkeiten sind in seinen
Augen Übungen. Wer aber, nur einigermaßen ein Mann und
empfänglich für die Forderungen der Ehre, sehnt sich nicht
nach einer angemessenen Aufgabe und ist, trotz eines Risi-
kos, zu Verpflichtungen bereit? Welchem tätigen Menschen
ist nicht Muße eine Strafe? 3 Sportler sehen wir, die auf
ihre Kondition achten, gerade mit den Kräftigsten kämpfen
und von ihren Partnern beim Wettkampftraining fordern,
sie sollen ihre volle Kraft gegen sie einsetzen: sie nehmen
Schläge und Qualen hin, und wenn sie nicht finden ebenbürtige Einzelkämpfer, werfen sie sich mehreren zugleich
entgegen. 4 Es erschlafft ohne Gegner die Tapferkeit; erst
dann wird ihre Größe und ihre Kraft offenbar, wenn sie
durch Ausdauer zeigt, was sie vermag. Du magst wissen:
gute Menschen müssen ebenso handeln, daß sie vor Härten
und Schwierigkeiten nicht zurückschrecken noch über das
Schicksal sich beklagen, was immer geschieht, darein sich
fügen, es zum Guten wenden. Nicht *was*, sondern *wie* du
erträgst, ist von Belang. 5 Siehst du nicht, wie verschieden
Väter, verschieden Mütter Nachsicht üben? Jene wollen

matres indulgeant ? Illi excitari iubent liberos ad
studia obeunda mature, feriatis quoque diebus non
patiuntur esse otiosos, et sudorem illis et interdum
lacrimas excutiunt ; at matres fouere in sinu, continere in umbra uolunt, numquam contristari, numquam flere, numquam laborare. 6 Patrium deus
habet aduersus bonos uiros animum, et illos fortiter
amat et : « Operibus, inquit, doloribus, damnis
exagitentur, ut uerum colligant robur. » Languent
per inertiam saginata nec labore tantum, sed motu
et ipso sui onere deficiunt. Non fert ullum ictum
illaesa felicitas ; at cui assidua fuit cum incommodis
suis rixa callum per iniurias duxit, nec ulli malo
cedit, sed, etiam si cecidit, de genu pugnat. 7 Miraris
tu si deus ille bonorum amantissimus, qui illos
quam optimos esse atque excellentissimos uult,
fortunam illis cum qua exerceantur assignat ? Ego
uero non miror si aliquando impetum capit spectandi magnos uiros colluctantes cum aliqua cala-
mitate. 8 Nobis interdum uoluptati est si adulescens
constantis animi irruentem feram uenabulo excepit,
si leonis incursum interritus pertulit, tantoque hoc
spectaculum est gratius quanto id honestior fecit.
Non sunt ista quae possint deorum in se uultum
conuertere, puerilia et humanae oblectamenta leui-
tatis. Ecce spectaculum dignum ad quod respiciat
intentus operi suo deus, ecce par deo dignum :
uir fortis cum fortuna mala compositus, utique si et
prouocauit. 9 Non uideo, inquam, quid habeat in
terris Iuppiter pulchrius, si conuertere animum

---

5 excitari *duo dett.* ; exercitari *A* ‖ 6 felicitas *uulg.* ; felitas *A* ‖ at
cui *Haase* ; at ubi *A* ‖ 7 capit *Gertz* ; capiunt *A* ‖ spectandi *Pincianus* ;
spectant dii *A*.

ihre Kinder zu ernster Arbeit frühzeitig angehalten sehen, dulden sie auch an Feiertagen nicht müßig, bringen sie in Schweiß und bisweilen zum Weinen. Dagegen die Mütter wollen sie auf ihrem Schoß hegen, im Schatten halten, sie niemals betrüben, weinen, arbeiten lassen. 6 Wie ein Vater ist der Gott gegenüber den guten Menschen gesinnt, energisch ist die Art, wie er sie liebt. „Tätigkeit", spricht er, „Schmerzen, Verluste sollen sie nicht zur Ruhe kommen lassen, damit sie wahre Kraft gewinnen". Schlaff ist, was in trägem Behagen gemästet worden ist, und nicht bei Anstrengung allein, sondern bei Bewegung und einfach durch das Gewicht seiner selbst versagt es. Nicht hält es *einen* Schlag aus, das unangefochtene Glück; aber wer ständig mit den eigenen Widerständen streitet, bildet durch Unannehmlichkeiten eine Hornhaut aus, und er weicht keiner Drangsal, sondern, auch wenn er zu Boden gefallen ist, kämpft er auf den Knien weiter. 7 Du wunderst dich, wenn der Gott, ganz und gar von Liebe zu den Guten durchdrungen, der sie möglichst charaktervoll und vortrefflich will, ein Schicksal ihnen zuweist, an dem sie sich üben sollen? Ich aber wundere mich nicht, wenn er einmal den raschen Entschluß faßt, große Männer mit einer Heimsuchung ringen zu sehen. 8 Uns bedeutet es zuweilen ein Vergnügen, wenn ein unerschütterlicher junger Mann ein auf ihn losstürzendes wildes Tier mit einem Jagdspieß abfängt, wenn er eines Löwen Ansturm unerschrocken aushält, und desto erfreulicher ist dieser Anblick, je charakterfester seine Haltung bei der Tat war. Nicht sind das Dinge, die der Götter Blick auf sich lenken können, da sie knabenhaft und Zeitvertreib menschlichen Leichtsinns. Siehe, ein Schauspiel, würdig, daß der gesammelt seinem Werk hingegebene Gott darauf achte, siehe, ein Paar von Kämpfern, würdig des Gottes: ein tapferer Mann, einem schlimmen Geschick gegenübergestellt, zumal, wenn er es gar herausgefordert hat. 9 Nicht sehe ich, sage ich, was auf Erden Iuppiter Schöneres finden

uelit, quam ut spectet Catonem, iam partibus non semel fractis, stantem nihilo minus inter ruinas publicas rectum : **10** « Licet, inquit, omnia in unius dicionem concesserint, custodiantur legionibus terrae, classibus maria, Caesarianus portas miles obsideat, Cato qua exeat habet ; una manu latam libertati uiam faciet. Ferrum istud, etiam ciuili bello purum et innoxium, bonas tandem ac nobiles edet operas : libertatem, quam patriae non potuit, Catoni dabit. Aggredere, anime, diu meditatum opus, eripe te rebus humanis ! Iam Petreius et Iuba concucurrerunt iacentque alter alterius manu caesi : fortis et egregia fati conuentio, sed quae non deceat magnitudinem nostram. Tam turpe est Catoni mortem ab ullo petere quam uitam. » **11** Liquet mihi cum magno spectasse gaudio deos, dum ille uir, acerrimus sui uindex, alienae saluti consulit et instruit discedentium fugam, dum studia etiam nocte ultima tractat, dum gladium sacro pectori infigit, dum uiscera spargit et illam sanctissimam animam indignamque quae ferro contaminaretur manu educit. **12** Inde crediderim fuisse parum certum et efficax uulnus : non fuit diis immortalibus satis spectare Catonem semel ; retenta ac reuocata uirtus est, ut in difficiliore parte se ostenderet : non enim tam magno animo mors initur quam repetitur. Quidni libenter spectarent alumnum suum tam claro ac memorabili exitu euadentem ? Mors illos consecrat, quorum exitum et qui timent laudant.

---

10 ditionem *unus dett.* ; condicionem *A* ‖ una manu latam *uulg.* ; unam anulatam *A* ‖ anime *uulg.* ; animae *A* ‖ **11** dum (*ante* ille uir) *Haase* ; quam *A*.

könnte, falls er überhaupt darauf achten wollte, als Cato zu sehen[2], wie er, auch als seine Partei mehrfach geschlagen worden war, um nichts weniger zwischen den Trümmern des Staates stand – aufrecht: 10 „Mag alles", spricht er, „der Botmäßigkeit des Einen anheimgefallen sein, mögen bewacht werden von Legionen die Länder, von Flotten die Meere, mag Caesars Truppe die Türen besetzt halten – Cato hat einen Ausgang; mit *einer* Hand wird er der Freiheit einen breiten Weg bahnen. Dieses Schwert, auch im Bürgerkrieg rein und ohne Schuld geblieben, wird endlich einen guten und edlen Dienst leisten: Freiheit, die es dem Vaterland nicht geben konnte, wird es Cato geben. Beginn, Herz, das lange geplante Werk, entreiß dich dem Bereich des Menschlichen! Schon haben Petreius und Iuba[3] miteinander gekämpft und liegen, der eine von des anderen Hand gefällt: eine tapfere und ungewöhnliche Schicksalsgemeinschaft, die aber unserer Größe nicht entspricht. Ebenso schimpflich ist es für Cato, irgendwen um den Tod zu bitten wie um das Leben." 11 Klar ist mir: mit großer Freude haben die Götter zugesehen, während jener Mann, der leidenschaftlichste Richter seiner selber, für fremde Rettung sorgte und ordnete der Davongekommenen Flucht, während er philosophische Abhandlungen sogar in der letzten Nacht las, während er das Schwert in die ehrwürdige Brust stieß, während er die Eingeweide zerriß und seine hocherhabene Seele, derer es nicht würdig war, vom Schwert befleckt zu werden, mit der Hand in die Freiheit führte[4]. 12 Deswegen, glaube ich, war zu wenig genau und wirksam die Verwundung: nicht war es den unsterblichen Göttern genug, ein einziges Mal Cato zu sehen; zurückgehalten und zurückgerufen wurde seine Tapferkeit, um sich in noch schwierigerer Lage zu bewähren: nicht nämlich sucht man beim ersten Versuch den Tod mit solchem Mut wie beim zweiten. Warum sollten die Götter nicht gerne sehen, wie ihr Zögling ein so leuchtendes und denkwürdiges Ende nahm? Der Tod weiht jene, deren Ende auch die rühmen, die es fürchten.

III. 1 Sed, iam procedente oratione, ostendam
quam non sint quae uidentur mala. Nunc illud dico,
ista quae tu uocas aspera, quae aduersa et abominanda, primum pro ipsis esse quibus accidunt, deinde
pro uniuersis, quorum maior diis cura quam singulorum est, post hoc uolentibus accidere, ac dignos
malo esse si nolint. His adiciam fato ista subiecta
eadem lege bonis euenire, qua sunt boni. Persua-
debo deinde tibi ne umquam boni uiri miserearis :
potest enim miser dici, non potest esse.

2 Difficillimum ex omnibus quae proposui uidetur
quod primum dixi, pro ipsis esse quibus eueniunt
ista quae horremus ac tremimus. « Pro ipsis est,
inquis, in exsilium proici, in egestatem deduci,
liberos, coniugem ecferre, ignominia affici, debilitari ? » Si miraris haec pro aliquo esse, miraberis
quosdam ferro et igne curari, nec minus fame ac
siti. Sed, si cogitaueris tecum remedii causa quibusdam et radi ossa et legi et extrahi uenas et quaedam amputari membra quae sine totius pernicie
corporis haerere non poterant, hoc quoque patieris
probari tibi, quaedam incommoda pro iis esse quibus
accidunt, tam mehercules quam quaedam quae
laudantur atque appetuntur contra eos esse quos
delectauerunt, simillima cruditatibus ebrietatibusque
et ceteris quae necant per uoluptatem. 3 Inter multa
magnifica Demetrii nostri et haec uox est, a qua
recens sum (sonat adhuc et uibrat in auribus meis) :
« Nihil, inquit, mihi uidetur infelicius eo cui nihil
umquam euenit aduersi. » Non licuit enim illi se
experiri. Vt ex uoto illi fluxerint omnia, ut ante

    III, 1 subiecta *Waltz* ; sic ei rectae *A* ‖ 2 ecferre *Bongars* ; haec
ferre *A* ‖ pro eis *unus dett.* ; prohis *A*.

III. 1 Doch will ich nun im weiteren Verlauf meiner Abhandlung zeigen, wie nicht schlecht ist, was schlecht scheint. Jetzt behaupte ich folgendes: das, was du hart nennst, widrig und verabscheuenswert, diene erstens denen, die es erleben, zweitens allen, um die sich die Götter mehr Sorge machen als um jeden einzelnen, ferner geschehe es ihnen nach eigenem Willen, und wert seien sie des Unglücks, wenn es gegen ihren Willen sei. Dem werde ich hinzufügen, daß dies, dem Schicksal unterworfen, nach demselben Gesetz den Guten zustoße, nach dem sie gut sind. Schließlich werde ich dir empfehlen, niemals mit einem charaktervollen Mann Mitleid zu haben: er kann nämlich unglücklich *genannt* werden, nicht *sein*. 2 Am schwierigsten von allen Punkten, die ich genannt, scheint, was ich zuerst gesagt habe: Gewinn sei es gerade den Menschen, denen das widerfährt, wovor wir schaudern und zittern. „Zu ihrem Vorteil ist", sagst du, „in die Verbannung gestoßen zu werden, in Armut zu geraten, Kinder, die Gattin zu Grabe zu tragen, Schande zu erleiden, sich seiner Wirkungsmöglichkeiten beraubt zu sehen?" Wenn du dich wunderst, dies diene jemandem, dann wirst du dich auch wundern, daß manche Menschen mit Messer und Feuer behandelt werden, und ebenso mit Entzug von Essen und Trinken. Bedenkst du aber bei dir, daß manchem um der Heilung willen Knochen geschabt und herausgenommen, Adern hervorgezogen und einige Glieder abgenommen werden, die ohne Verderben für den ganzen Körper nicht verbleiben durften, so wirst du dir auch dies verständlich machen lassen, manch Unglück bringe denen Gewinn, die es trifft, so, bei Gott, wie manches, was man rühmt und begehrt, denen schadet, die ihre Freude daran hatten – sehr gut vergleichbar mit übermäßiger Belastung des Magens, Trunkenheit und den übrigen Krankheiten, die durch Genußsucht zum Tode führen. 3 Zu den vielen treffenden Aussprüchen unseres Demetrius[5] gehört auch folgender, den ich noch frisch im Gedächtnis habe (er klingt noch und schwingt mir in den Ohren): „Nichts", sagte er, „kommt mir unglücklicher vor als der Mensch, dem nichts Unheilvolles je begegnet ist." Er hat nämlich keine Gelegenheit gehabt, sich auf die Probe zu stellen. Mag ihm alles nach Wunsch gegangen, seinem

uotum, male tamen de illo dii iudicauerunt : indignus
uisus est a quo uinceretur aliquando fortuna, quae
ignauissimum quemque refugit, quasi dicat : « Quid
ego istum mihi aduersarium assumam ? Statim
arma submittet. Non opus est in illum tota potentia
mea ; leui comminatione pelletur : non potest sustinere uultum meum. Alius circumspiciatur cum quo
conferre possimus manum. Pudet congredi cum
homine uinci parato. » 4 Ignominiam iudicat gladiator cum inferiore componi, et scit eum sine gloria
uinci qui sine periculo uincitur. Idem facit fortuna :
fortissimos sibi pares quaerit. Quosdam fastidio
transit ; contumacissimum quemque et rectissimum
aggreditur, aduersus quem uim suam intendat :
ignem experitur in Mucio, paupertatem in Fabricio,
exsilium in Rutilio, tormenta in Regulo, uenenum
in Socrate, mortem in Catone. Magnum exemplum
nisi mala fortuna non inuenit. 5 Infelix est Mucius,
quod dextra ignes hostium premit et ipse a se exigit
erroris sui poenas ? quod regem, quem armata manu
non potuit, exusta fugat ? Quid ergo ? felicior
esset, si in sinu amicae foueret manum ? 6 Infelix
est Fabricius, quod rus suum, quantum a re publica
uacauit, fodit ? quod bellum tam cum Pyrrho quam
cum diuitiis gerit ? quod ad focum cenat illas ipsas
radices et herbas quas in repurgando agro trium-
phalis senex uulsit ? Quid ergo ? felicior esset,
si in uentrem suum longinqui litoris pisces et peregrina aucupia congereret, si conchyliis Superi atque
Inferi maris pigritiam stomachi nausiantis erigeret,
si ingenti pomorum strue cingeret primae formae

3 Quid ego *uulg.* ; quid ergo *A* ‖ 6 Pyrrho *uulg.* ; phyrro *A* ‖
conchyliis *uulg.* ; conchylis *A* ‖ cingeret *uulg.* ; cingeretur *A*.

Wunsch zuvorgekommen sein, vernichtend haben dennoch über ihn die Götter geurteilt: unwürdig erschien er, zu überwinden einst das Schicksal, das gerade den größten Feiglingen ausweicht, als ob es sagen wollte: „Was soll ich mir den zum Gegner nehmen? Sofort wird er die Waffen sinken lassen. Nicht ist gegen ihn nötig meine ganze Macht; eine leichte Drohung wird ihn weichen lassen: nicht kann er meinen Blick aushalten. Man sollte sich nach einem anderen umsehen, mit dem ich kämpfen kann. Peinlich ist es, zu kämpfen mit einem Menschen, der zur Niederlage bereit ist." 4 Für Schande erachtet es der Gladiator, mit einem unterlegenen Gegner sich messen zu sollen, und er weiß, daß ohne Ruhm besiegt wird, wer sich ohne Gefahr besiegen läßt. Ebenso handelt das Schicksal: die Tapfersten sucht es sich als ebenbürtige Gegner. An manchen geht es aus Widerwillen vorüber; gerade die unbeugsamsten und aufrechtesten Charaktere greift es an, um seine Gewalt gegen sie zu richten: Feuer erprobt es an Mucius[6], Armut an Fabricius[7], Verbannung an Rutilius[8], Foltern an Regulus[9], Gift an Sokrates[10], den Tod an Cato. Erhabenes Beispiel – nur ein schlimmes Schicksal findet es vor. 5 Unglücklich ist Mucius, weil er mit der Rechten das Feuer der Feinde erlöschen macht und selber von sich für seinen Irrtum Strafe fordert? Weil er den König, den er mit bewaffneter Hand nicht in die Flucht schlagen konnte, mit verbrannter verjagt? Wie also? Glücklicher wäre er, wenn er die Hand am Busen einer Geliebten wärmte? 6 Unglücklich ist Fabricius, weil er sein Land, soweit er von Staatsgeschäften frei ist, umgräbt? Weil er Krieg sowohl mit Pyrrhus als auch dem Reichtum führt? Weil er an seinem Herd eben jene Wurzeln und Kräuter verzehrt, die er beim Jäten seines Ackers, der greise Triumphator, gezogen hat? Wie also? Glücklicher wäre er, wenn er seinen Magen mit Fischen ferner Küsten und ausländischem Geflügel überladen würde, wenn er mit Austern des adriatischen und tyrrhenischen Meeres die Schwäche seines verdorbenen Magens lindern wollte, wenn er mit einem riesigen Haufen übereinandergeschichteten Obstes umrahmte erlesenes Wildbret, erlegt

feras, captas multa caede uenantium? **7** Infelix est
Rutilius, quod qui illum damnauerunt causam dicent
omnibus saeculis ? quod aequiore animo passus est
se patriae eripi quam sibi exsilium ? quod Sullae
dictatori solus aliquid negauit et, reuocatus, tantum
non retro cessit et longius fugit ? « Viderint, inquit,
isti quos Romae deprehendit felicitas tua ! Videant
largum in foro sanguinem et supra Seruilianum
lacum (id enim proscriptionis Sullanae spoliarium
est) senatorum capita et passim uagantes per urbem
percussorum greges et multa milia ciuium roma-
norum uno loco post fidem, immo per ipsam fidem
trucidata. Videant ista qui exsulare non possunt. »
8 Quid ergo? felix est L. Sulla, quod illi descendenti
ad forum gladio summouetur, quod capita sibi consu-
larium uirorum patitur ostendi et pretium caedis
per quaestorem ac tabulas publicas numerat ? Et
haec omnia facit ille, ille qui legem Corneliam tulit.
9 Veniamus ad Regulum : quid illi fortuna nocuit,
quod illum documentum fidei, documentum patientiae fecit ? Figunt cutem claui et, quocumque fati-
gatum corpus reclinauit, uulneri incumbit ; in perpetuam uigiliam suspensa sunt lumina : quanto plus
tormenti, tanto plus erit gloriae. Vis scire quam non
paeniteat hoc pretio aestimasse uirtutem ? Refice
illum et mitte in senatum : eandem sententiam dicet.
10 Feliciorem ergo tu Maecenatem putas, cui, amo-
ribus anxio et morosae uxoris cotidiana repudia
deflenti, somnus per symphoniarum cantum ex
longinquo lene resonantium quaeritur ? Mero se
licet sopiat et aquarum fragoribus auocet et mille

---

8 *alterum* ille *forsitan delendum sit* ‖ **10** quaeritur *uulg.* ; que-
ritur *A.*

unter hohem Blutzoll der Jagenden? 7 Unglücklich ist
Rutilius, weil seine Richter vor allen Jahrhunderten sich
verantworten werden? Weil er mit größerem Gleichmut
hingenommen hat, daß er dem Vaterland entrissen wurde
als ihm das Exil? Weil er allein dem Dictator Sulla ein
Nein entgegengesetzt hat und, zurückgerufen, beinahe
zurückwich und noch weiter floh? „Sollen dir die zusehen",
sprach er, „die zu Rom überrumpelt hat dein Glück[11]!
Mögen sie auf dem Forum das Meer von Blut sehen und über
dem Wasserbecken des Servilius[12] der Senatoren Häupter
und die Mordbanden, wie sie allenthalben durch die Stadt
streifen, und die vielen Tausende Römischer Bürger, an
einem Ort nach dem Versprechen, nein, mit Hilfe eben des
Versprechens persönlicher Sicherheit hingemetzelt. Sollen
das sehen, die im Exil nicht zu leben vermögen." 8 Wie also?
Glücklich ist Sulla, weil ihm auf seinem Wege zum Forum
mit dem Schwert Platz geschaffen wird, weil er duldet, daß
man ihm die Häupter der [erschlagenen] Konsulare zeigt
und er den Mordsold durch den Quästor und die Staatskasse
zahlen läßt? Und das alles tat er – er, der die Lex Cornelia[13]
eingebracht hat. 9 Kommen wir zu Regulus: was hat ihm
das Schicksal geschadet, daß es ihn zu einem Zeugnis der
Zuverlässigkeit, zu einem Zeugnis der Leidensfähigkeit gemacht hat? Es durchbohren die Haut Nägel, und in welcher
Lage immer er für den erschöpften Körper Ruhe sucht, legt
er sich auf eine Wunde; zu ständiger Wache bleiben die
Augen geöffnet: je größer die Qual, desto größer wird der
Ruhm sein. Willst du wissen, wie wenig es ihn reut, auf
diesen Preis die mannhafte Charakterstärke einzuschätzen?
Mach ihn wieder lebendig und schick ihn in den Senat: dieselbe Ansicht wird er vortragen. 10 Für glücklicher also
hältst du Maecenas, der, von Liebesqualen gepeinigt und über
die tägliche Zurückweisung seiner launischen Gemahlin wei-
nend, Schlaf durch den Klang von in der Ferne sanft er-
klingender Musik für sich sucht? Mit schwerem Wein mag
er sich betäuben und mit dem Getöse von Wasserfällen ab-

uoluptatibus mentem anxiam fallat : tam uigilabit
in pluma quam ille in cruce. Sed illi solacium est
pro honesto dura tolerare, et ad causam a patientia
respicit ; hunc, uoluptatibus marcidum et felicitate
nimia laborantem, magis iis quae patitur uexat
causa patiendi. 11 Non usque eo in possessionem
generis humani uitia uenerunt, ut dubium sit an,
electione fati data, plures nasci Reguli quam Maece-
nates uelint ; aut, si quis fuerit qui audeat dicere
Maecenatem se quam Regulum nasci maluisse, idem
iste, taceat licet, nasci se Terentiam maluit. 12 Male
tractatum Socratem iudicas, quod illam potionem
publice mixtam non aliter quam medicamentum
immortalitatis obduxit et de morte disputauit usque
ad ipsam ? Male cum illo actum est, quod gelatus
est sanguis ac, paulatim frigore inducto, uenarum
uigor constitit ? 13 Quanto magis huic inuidendum
est quam illis quibus gemma ministratur, quibus
exoletus omnia pati doctus, exsectae uirilitatis aut
dubiae, suspensam auro niuem diluit ! Hi quicquid
biberunt uomitu remetientur, tristes et bilem suam
regustantes ; at ille uenenum laetus et libens hauriet.
14 Quod ad Catonem pertinet, satis dictum est,
summamque illi felicitatem contigisse consensus
hominum fatebitur, quem sibi rerum natura delegit
cum quo metuenda collideret : « Inimicitiae potentium graues sunt ? Opponatur simul Pompeio,
Caesari, Crasso. Graue est a deterioribus honore
anteiri ? Vatinio postferatur. Graue est ciuilibus
bellis interesse ? Toto terrarum orbe pro causa bona
tam infeliciter quam pertinaciter militet. Graue

10 uigilabit *uulg.* ; uigilauit *A* ‖ iis *Wesenberg* ; his *A* ‖ 11 quem
uulg. ; q͞m (= quoniam) *A*.

lenken und mit tausend Zerstreuungen sein bekümmertes
Gemüt täuschen – ebenso wird er auf seinem Daunenbett
wach liegen wie jener auf der Marterbank. Aber ihm ist es
ein Trost, für die Ehre Hartes zu erdulden, und auf die Ursache blickt er von seinem Leiden zurück; diesen, von Genüssen verweichlicht und an allzu großem Glück leidend,
quält mehr als das, was er leidet, die Ursache des Leidens.
11 Nicht so weit haben Charakterschwächen vom Menschengeschlecht Besitz ergriffen, daß es zweifelhaft ist, ob – wenn
die Wahl des eigenen Schicksals gegeben wäre – mehr Menschen zu einem Regulus geboren werden wollen als zu einem
Maecenas; oder sollte es einen geben, der zu sagen wagte, er
hätte lieber ein Maecenas als ein Regulus werden wollen –
dieser selbe Mensch hat es somit vorgezogen, mag er es auch
nicht aussprechen, als Terentia[14] geboren zu werden.   12
Schlecht sei es Sokrates ergangen, urteilst du, weil er jenen
von Staats wegen gemischten Trank nicht anders als ein
Heilmittel zur Unsterblichkeit getrunken hat und sich über
den Tod unterhielt, bis er eintrat? Schlecht ist ihm geschehen,
weil sein Blut erstarrte und, bei allmählich aufsteigender
Kälte, seiner Adern Pulsschlag stehenblieb? 13 Wieviel
mehr muß man ihn beneiden als jene Menschen, denen in
Trinkgefäßen aus Edelstein serviert wird, denen ein Lust-
knabe, alles zu dulden abgerichtet, verschnitten oder von
zweifelhafter Mannbarkeit, auf goldener Schüssel schweben-
den Schnee zergehen läßt! Was immer sie getrunken haben,
sie messen es durch Erbrechen abermals ab, übelgelaunt und
ihre eigene Galle kostend; aber jener wird das Gift freudig
und gerne trinken.   14 Was Cato betrifft, so ist genug gesagt,
und daß ihm höchstes Glück widerfahren sei, wird das ein-
hellige Urteil der Menschen zugeben, da ihn sich die Natur
ausgewählt hat, um mit ihm, die Furchtbare, zusammenzu-
stoßen: ,,Die Feindschaft der Mächtigen wiegt schwer? Er
stelle sich zugleich Pompeius, Caesar, Crassus entgegen. Hart
ist es, von schlechteren Menschen an Ehre übertroffen zu
werden? Hinter Vatinius[15] trete er zurück. Hart ist es, am
Bürgerkrieg teilzunehmen? Auf dem ganzen Erdkreise kämpfe

est manus sibi afferre ? Faciat. Quid per haec conse-
quar ? Vt omnes sciant non esse haec mala, quibus
ego dignum Catonem putaui. »

IV. 1 Prosperae res et in plebem ac uilia ingenia
deueniunt ; at calamitates terroresque mortalium
sub iugum mittere proprium magni uiri est. Semper
uero esse felicem et sine morsu animi transire uitam
ignorare est rerum naturae alteram partem. 2 Magnus
uir es ? Sed unde scio, si tibi fortuna non dat facultatem exhibendae uirtutis ? Descendisti ad Olympia,
sed nemo praeter te : coronam habes ; uictoriam
non habes. Non gratulor tamquam uiro forti, sed
tamquam consulatum praeturamue adepto : honore
auctus es. 3 Idem dicere et bono uiro possum, si illi
nullam occasionem difficilior casus dedit in qua
uim animi sui ostenderet : « Miserum te iudico, quod
numquam fuisti miser. Transisti sine aduersario
uitam ; nemo sciet quid potueris, ne tu quidem ipse. »
Opus est enim ad notitiam sui experimento : quid
quisque posset nisi tentando non didicit. Itaque
quidam ipsi ultro se cessantibus malis obtulerunt
et uirtuti iturae in obscurum occasionem per quam
enitesceret quaesierunt. 4 Gaudent, inquam, magni
uiri aliquando rebus aduersis, non aliter quam
fortes milites bello. Triumphum ego murmillonem
sub Tib. Caesare de raritate munerum audiui que-
rentem : « Quam bella, inquit, aetas perit ! » Auida
est periculi uirtus et quo tendat, non quid passura

IV, 1 Prosperae *Haupt* ; prospera *A* ‖ at *uulg.* ; ac *A* ‖ proprium
uulg. ; promptum *A³* (*praue correctum ex* proptium *A¹*) ‖ 3 in qua
uim *Gertz* ; in qua una uim *A* ‖ enitesceret *uulg.* ; enitescerent *A* ‖
4 inquam *dett.* ; inquit *A* ‖ bello *Gertz* ; belli *A* (*praue corr. ex* bello
A¹) ‖ Triumphum *Ruben* ; triumpho *A⁵* (*praue corr. ex* triumphum
A¹) ‖ tendat *uulg.* ; tendit *A*.

er für eine gute Sache so unglücklich wie beharrlich. Hart ist
es, Hand an sich zu legen? Er soll es tun. Was will ich dadurch erreichen? Daß alle wissen: nicht ist das unerträglich,
wessen ich einen Cato für würdig halte."

IV. 1 Glück läßt sich auch zur Masse und zu geringen
Naturen herab; dagegen Unglück und die Schrecken der
Sterblichen zu bewältigen ist Eigenart eines großen Mannes.
Stets aber glücklich zu sein und ohne Schmerz durch das
Leben zu gehen heißt, nur eine Seite der Natur zu kennen.
2 Ein großer Mann bist du? Aber woher weiß ich es, wenn
dir das Schicksal nicht Gelegenheit gibt, mannhaftes Verhalten zu zeigen? Du hast dich zu den Olympischen Spielen
begeben, aber niemand außer dir: die Krone hast du; den
Sieg hast du nicht. Nicht wünsche ich dir Glück wie einem
tapferen Manne, sondern wie wenn einer Konsulat oder Prätur erlangt hat: durch eine Ehre bist du erhöht worden.
3 Im gleichen Sinne könnte ich auch zu einem werthaften
Manne sprechen, wenn ihm kein schwierigeres Ereignis Gelegenheit gibt, die Kraft seiner Seele zu zeigen: „Für unglücklich erkläre ich dich, weil du niemals unglücklich gewesen bist. Du bist ohne Gegner durch das Leben gegangen;
niemand kann wissen, was du vermagst, nicht einmal du
selbst." Nötig ist nämlich zur Kenntnis seiner selbst die
Selbsterprobung: was ein jeder vermag, lernt er nicht anders
als durch den Versuch. Daher sind manche freiwillig, als das
Unglück auf sich warten ließ, ihm entgegengegangen und
haben ihrer Charakterstärke, weil sie im Dunkel zu verschwin-
den drohte, Gelegenheit gesucht, sich hervorzutun. 4 Es
freuen sich, sage ich, bedeutende Männer gelegentlich über
Unglück, nicht anders als tapfere Soldaten über Krieg. Den
Gladiator Triumphus habe ich unter dem Kaiser Tiberius
über die Seltenheit[16] von öffentlichen Spielen sich beklagen
hören: „Wie schöne Zeit vergeht", sagte er. Begierig nach
Gefahr ist die Haltung des Mannes, und wohin sie strebt,

sit cogitat, quoniam etiam quod passura est gloriae pars est. Militares uiri gloriantur uulneribus, laeti fluentem e lorica suum sanguinem ostentant ; idem licet fecerint qui integri reuertuntur ex acie, magis spectatur qui saucius redit. 5 Ipsis, inquam, deus consulit, quos esse quam honestissimos cupit, quotiens illis materiam praebet aliquid animose fortiterque faciendi, ad quam rem opus est aliqua rerum difficultate : gubernatorem in tempestate, in acie militem intellegas. Vnde possum scire quantum aduersus paupertatem tibi animi sit, si diuitiis diffluis ? Vnde possum scire quantum aduersus ignominiam et infamiam odiumque populare constantiae habeas, si inter plausus senescis, si te inexpugnabilis et inclinatione quadam mentium pronus fauor sequitur ? Vnde scio quam aequo animo laturus sis orbitatem, si quoscumque sustulisti uides ? Audiui te, cum alios consolareris ; tunc conspexissem, si te ipse consolatus esses, si te ipse dolere uetuisses. 6 Nolite, obsecro uos, expauescere ista, quae dii immortales uelut stimulos admouent animis : calamitas uirtutis occasio est. Illos merito quis dixerit miseros, qui nimia felicitate torpescunt, quos uelut in mari lento tranquillitas iners detinet. Quicquid illis inciderit, nouum ueniet : magis urgent saeua inexpertos ; graue est teneris ceruicibus iugum ; ad suspicionem uulneris tiro pallescit, audacter ueteranus cruorem suum spectat, qui scit se saepe uicisse post sanguinem. 7 Hos itaque deus quos probat, quos amat, indurat, recognoscit, exercet ; eos autem

---

4 fluentem e lorica suum sanguinem *P. Thomas* (fluentem e lorica sanguinem *Studemund*) ; fluentem meliori casu sanguinem *A* ‖ **6** teneris *dett.* ; terere *A* (*corr. ex* terrere).

nicht was sie leiden wird, bedenkt sie, da ja auch, was sie leiden wird, Teil des Ruhmes ist. Wahre Soldaten rühmen sich ihrer Wunden, freudig zeigen sie, wie ihr Blut aus dem Panzer dringt: das gleiche mögen geleistet haben, die unversehrt zurückkehren aus der Schlacht, mehr sieht man auf den, der verwundet zurückkommt. 5 Für eben sie, sage ich, sorgt der Gott, die er so geehrt wie möglich wünscht, sooft er ihnen Gelegenheit bietet zu mutigen und tapferen Taten; dazu ist eine schwierige Lage nötig: den Steuermann erkennst du im Sturm, in der Schlacht den Soldaten. Woher kann ich wissen, wieviel Widerstandskraft du gegen Armut hast, wenn du im Gelde schwimmst? Woher kann ich wissen, wieviel Standhaftigkeit du gegen Schmach, Verleumdung und haßvolle Unbeliebtheit besitzest, wenn du von Beifall umrauscht alt wirst, wenn dich unbesiegbare und aus Zuneigung der Herzen zugetane Anhänglichkeit begleitet? Woher weiß ich, mit welchem Gleichmut du den Tod deiner Kinder ertragen wirst, wenn du alle um dich siehst, die du aufgezogen hast? Ich habe dich gehört, als du andere tröstetest; *dann* hätte ich dich kennengelernt, wenn du dir selbst verboten hättest, Schmerz zu fühlen. 6 Entsetzt euch nicht – ich beschwöre euch – vor dem, was die unsterblichen Götter gleichsam als Sporn gegen eure Seele richten: Unglück ist Gelegenheit zu männlichem Verhalten. Jene dürfte mit Recht jemand unglücklich nennen, die durch übergroßes Glück erschlaffen, die wie auf reglosem Meer träge Ruhe festhält. Was immer auf sie einstürzt, wird ungewohnt sein: stärker quälen Schicksalsschläge Menschen ohne Erfahrung; schwer ist zarten Nacken das Joch; beim bloßen Gedanken an eine Wunde wird der junge Rekrut blaß, ungerührt blickt der altgediente Soldat auf sein Blut; er weiß, daß er oft gesiegt hat nach einer Verwundung. 7 Die also, die der Gott gelten läßt, die er liebt, härtet er ab, prüft er, beschäftigt er; die aber,

quibus indulgere uidetur, quibus parcere, molles
uenturis malis seruat. Erratis enim, si quem iudicatis
exceptum : ueniet ad illum diu felicem sua portio;
quisquis uidetur dimissus esse, dilatus est. 8 Quare
deus optimum quemque aut mala ualetudine aut
luctu aut aliis incommodis afficit ? Quia in castris
quoque periculosa fortissimis imperantur : dux lectis-
simos mittit, qui nocturnis hostes aggrediantur
insidiis aut explorent iter aut praesidium loco dei-
ciant. Nemo eorum qui exeunt dicit : « Male de me
imperator meruit », sed : « Bene iudicauit. » Item
dicant quicumque iubentur pati timidis ignauisque
flebilia : « Digni uisi sumus deo in quibus experiretur
quantum humana natura posset pati. » 9 Fugite
delicias, fugite eneruatam felicitatem qua animi
permadescunt, nisi aliquid interuenit quod humanae
sortis admoneat uelut perpetua ebrietate sopiti.
Quem specularia semper ab afflatu uindicauerunt,
cuius pedes inter fomenta subinde mutata tepuerunt,
cuius cenationes subditus et parietibus circumfusus
calor temperauit, hunc leuis aura non sine periculo
stringet. 10 Cum omnia quae excesserunt modum
noceant, periculosissima felicitatis intemperantia
est : mouet cerebrum, in uanas mentem imagines
euocat, multum inter falsum ac uerum mediae cali-
ginis fundit. Quidni satius sit perpetuam infelici-
tatem aduocata uirtute sustinere quam infinitis atque
immodicis bonis rumpi ? Lenior ieiunio mors est;
cruditate dissiliunt. 11 Hanc itaque rationem dii
sequuntur in bonis uiris, quam in discipulis suis

---

8 imperator *uulg.* ; imperatur A^5 (*ex incerta scriptura correctum*) ‖
9 et *post* permadescunt *cum pluribus deleui* ‖ 10 mentem *edd.* ; mentes
A ‖ Quidni satius *Muret* ; quid ne is satius *A* ‖ aduocata uirtute *dett.* :
aduocat a uirtute *A*.

denen er scheinbar gewogen ist, die er zu schonen scheint,
spart er ungehärtet für künftiges Unglück auf. Ihr irrt nämlich, wenn ihr irgendeinen ausgenommen wähnt: kommen
wird zu jenem lange Glücklichen sein angemessener Teil;
wer immer unbehelligt entlassen scheint, hat nur Aufschub
erhalten. 8 Warum sucht der Gott gerade die Besten mit
Krankheit, Trauer oder anderer Mühsal heim? Weil auch im
Feldlager gefahrvolle Aufgaben den Tapfersten befohlen werden: der Kommandeur schickt sorgfältig ausgesuchte Mannschaft, daß sie aus nächtlichem Hinterhalt die Feinde an-
greife, den Weg erkunde oder eine Besatzung aus ihrem
Stützpunkt werfe. Keiner von denen, die aufbrechen, sagt:
„Einen schlechten Gefallen hat mir der General getan", sondern: „Gut hat er geurteilt." Ebenso sollen alle sprechen,
die geheißen werden zu dulden, was Furchtsame und Klein-
mütige weinen macht: „Würdig sind wir dem Gott erschienen, an uns zu erproben, wieviel die Natur des Menschen zu
erdulden vermag." 9 Meidet raffinierte Genüsse, meidet
schwächliches Glück, davon die Seele erschlafft – ereignet
sich nichts, was sie an des Menschen Schicksal erinnert –, wie
von ständigem Rausch betäubt. Wen Fensterscheiben[17] stets
vor Zugluft geschützt haben, wessen Füße in mehrfach ge-
wechselten Wärmekissen warmgehalten wurden, wessen
Speiseräume in Fußboden und Wänden eingebaute Heizung[18]
erwärmt hat, den streift ein leichter Lufthauch nicht ohne
Gefahr. 10 Obgleich alles Maßlose schadet, ist am gefährlichsten Übermaß an Glück: es erregt das Gehirn, zu nichtigen Phantasien reizt es die Seele, dichtes Dunkel breitet es
über die Grenze zwischen Falsch und Echt. Warum sollte es
nicht besser sein, ständiges Unglück mit Hilfe seelischer
Widerstandskraft zu ertragen, statt vor Glück ohne Grenze
und Maß einfach zu bersten? Leichter ist der Tod durch
Hunger; vor überladenem Magen platzt man. 11 So verfahren demnach die Götter mit Menschen von Wert wie mit

praeceptores, qui plus laboris ab iis exigunt in
quibus certior spes est. Numquid tu inuisos esse
Lacedaemoniis liberos suos credis, quorum expe-
riuntur indolem publice uerberibus admotis ? Ipsi
illos patres adhortantur ut ictus flagellorum fortiter
perferant, et laceros ac semianimes rogant perseue-
rent uulnera praebere uulneribus. 12 Quid mirum si
dure generosos spiritus deus tentat ? Numquam
uirtutis molle documentum est. Verberat nos et
lacerat fortuna ? Patiamur : non est saeuitia ;
certamen est, quod quo saepius adierimus, fortiores
erimus. Solidissima corporis pars est quam frequens
usus agitauit. Praebendi fortunae sumus, ut contra
illam ab ipsa duremur : paulatim nos sibi pares
faciet, contemptum periculorum assiduitas pericli-
tandi dabit. 13 Sic sunt nauticis corpora ferendo mari
dura, agricolis manus tritae. Ad contemnendam
patientiam malorum animus patientia peruenit ;
quae quid in nobis efficere possit scies, si aspexeris
quantum nationibus nudis et inopia fortioribus
labor praestet. 14 Omnes considera gentes in quibus
romana pax desinit, Germanos dico et quicquid circa
Histrum uagarum gentium occursat : perpetua illos
hiems, triste caelum premit, maligne solum sterile
sustentat ; imbrem culmo aut fronde defendunt,
super durata glacie stagna persultant, in alimentum
feras captant. 15 Miseri tibi uidentur ? Nihil miserum
est quod in naturam consuetudo perduxit ; paulatim

---

12 patiamur *Muret* ; patimur *A* ‖ quod quo saepius *P. Thomas* ;
quod saepius *A*[1] (quod si saepius *praue corr. A*[5]) ‖ duremur *dett.* ;
duremus *A* ‖ faciet *Koch* ; faciat *A* ‖ 13 ferendo *uulg.* ; efferendo *A* ‖
Post manus tritae *uerba sequentia traduntur* : Ad excutienda tela
militares lacerti ualent, agilia sunt membra cursoribus : id in quoque
solidissimum est quod exercuit. *De quibus uide supra p. 9.*

ihren Schülern Lehrer; sie verlangen mehr Anstrengung von denen, auf die sie berechtigte Hoffnungen setzen. Glaubst du vielleicht, den Spartanern seien ihre Kinder nicht lieb, wenn sie deren Veranlagung auf die Probe stellen, indem man sie von Staats wegen auspeitscht? Die Väter selbst reden ihnen zu, die Geißelhiebe standhaft auszuhalten, und die Zerfleischten und Halbtoten bitten sie, weiterhin ihre Wunden neuen Verwundungen darzubieten. 12 Was Wunder, wenn hart der Gott Menschen von seelischem Adel prüft? Niemals ist sittlicher Festigkeit Beweis anspruchslos. Es schlägt uns und verwundet das Schicksal? Wir wollen es erdulden: nicht ist es Roheit; Kampf ist es; je öfter wir ihn auf uns nehmen, desto tapferer werden wir sein. Kräftigster Körperteil ist der, den häufiger Gebrauch trainiert hat. Wir müssen uns dem Schicksal darbieten, um uns gegen es mit seiner Hilfe abzuhärten: allmählich wird es uns sich gewachsen sein lassen, Geringschätzung der Gefahren wird die ständige Gegenwart von Gefahr ausbilden. 13 So haben Seeleute einen Körper, gegen die Unbilden des Meeres abgehärtet, Bauern verarbeitete Hände. Das Ertragen von Unglück geringzuachten erreicht die Seele durch Geduld; was sie an uns bewirken kann, erfährst du, wenn du die Bedeutung ermißt, die für von Natur dürftig ausgestattete und durch Mangel desto leistungsfähigere Völker mühevolle Anstrengung hat. 14 Mustere alle Völker, bei denen Roms Friede aufhört, die Germanen meine ich und was am Unterlauf der Donau an Nomadenvölkern begegnet: ständiger Winter, trüber Himmel lastet auf ihnen, widerwillig ernährt sie unfruchtbarer Boden; gegen Regen schützen sie sich mit Stroh und Laub, über gefrorene Sümpfe eilen sie dahin, zur Nahrung fangen sie Wild. 15 Unglücklich kommen sie dir vor? Nichts ist unglücklich, was die Gewohnheit zur Natur gemacht hat;

enim uoluptati sunt quae necessitate coeperunt.
Nulla illis domicilia nullaeque sedes sunt nisi quas
lassitudo in diem posuit, uilis, et hic quaerendus
manu, uictus, horrenda iniquitas caeli, intecta corpora : hoc quod tibi calamitas uidetur tot gentium
uita est. 16 Quid miraris bonos uiros ut confirmentur
concuti ? Non est arbor solida nec fortis nisi in quam
frequens uentus incursat : ipsa enim uexatione constringitur et radices certius figit ; fragiles sunt quae
in aprica ualle creuerunt. Pro ipsis ergo bonis uiris
est, ut esse interriti possint, multum inter formidolosa
uersari et aequo animo ferre quae non sunt mala
nisi male sustinenti.

V. 1 Adice nunc quod pro omnibus est optimum
quemque, ut ita dicam, militare et edere operas.
Hoc est propositum deo, quod sapienti uiro, ostendere haec quae uulgus appetit, quae reformidat, nec
bona esse nec mala. Apparebit autem bona esse
si illa non nisi bonis uiris tribuerit, et mala esse si
tantum malis irrogauerit. 2 Detestabilis erit caecitas,
si nemo oculos perdiderit nisi cui eruendi sunt :
itaque careant luce Appius et Metellus. Non sunt
diuitiae bonum : itaque habeat illas et Elius leno,
ut homines pecuniam, cum in templis consecra-
uerint, uideant et in fornice. Nullo modo magis
potest deus concupita traducere quam si illa ad
turpissimos defert, ab optimis abigit. 3 — At iniquum
est uirum bonum debilitari aut configi aut alli-
gari, malos integris corporibus solutos ac delicatos
incedere. — Quid porro ? non est iniquum fortes
uiros arma sumere et in castris pernoctare et pro

V, 2 Elius *dett.* ; Aelius *A.*

mit der Zeit nämlich wird ihnen ein Vergnügen, was sie
unter Zwang begonnen haben. Keine Häuser, keine Wohn-
sitze haben sie außer denen, die Müdigkeit für den Tag auf-
schlägt; dürftig der Lebensunterhalt, und auch der noch mit
Anstrengung zu beschaffen, schauerlich die Härte des Klimas,
unbedeckt die Körper: das, was dir Elend erscheint, ist so
vieler Völker Leben. 16 Was bewunderst du werthafte Menschen, daß sie sich [vom Schicksal] schütteln lassen, um sich
zu stählen? Nicht ist ein Baum fest noch stark, wenn gegen
ihn nicht häufig der Wind anstürmt: gerade nämlich durch
die starke Beanspruchung gewinnt er Festigkeit, und finden
seine Wurzeln sichereren Halt; leicht zu zerbrechen sind
Bäume, die in sonnigem Tal gewachsen sind. Gerade also
werthaften Menschen dient es, um unerschrocken sein zu
können, daß sie sich viel in furchterregenden Situationen
bewegen und mit Gleichmut ertragen, was nur schlecht ist,
wenn man es schlecht aushält.

V. 1 Nimm hinzu: für die Gesamtheit ist es von Gewinn,
daß gerade die Besten – sozusagen – das Leben eines Soldaten
führen und Leistungen auf sich nehmen. Das ist die Absicht
des Gottes, was auch die eines Weisen – zu zeigen: was die
Masse begehrt, wovor sie sich fürchtet, kann weder gut sein
noch schlecht. Erweisen wird sich aber: gut ist es, wenn er es
nur werthaften Menschen zuweist, und schlecht, wenn er es
nur schlechten zuerkennt. 2 Verabscheuenswert wird Blind-
heit sein, wenn niemand die Augen verliert, außer wem sie
ausgerissen werden müssen: daher sollen verzichten auf das
Augenlicht Appius und Metellus[19]. Nicht ist Reichtum ein
Gut: daher soll ihn besitzen auch der Zuhälter Elius, damit
die Menschen das Geld, obgleich sie es im Tempel geweiht
haben[20], erblicken auch im Bordell. Auf keine Weise eher
kann der Gott Gegenstände der Sehnsucht in Verruf bringen,
als wenn er sie zu überaus Verworfenen bringt, von den Hervorragenden verjagt. 3 ,,Aber unbillig ist es, wenn ein
guter Mensch verstümmelt, gekreuzigt oder gebunden wird,
schlechte unversehrten Körpers ein Leben in Freiheit und
Genuß führen.'' Na, und? Ist es *nicht* unbillig, wenn tapfere
Männer sich waffnen, im Feldlager nächtigen und, mit ver-

uallo obligatis stare uulneribus, interim in urbe
securos esse percisos et professos inpudicitiam ? Quid
porro ? non est iniquum nobilissimas uirgines ad
sacra facienda noctibus excitari, altissimo somno
inquinatas frui ? **4** Labor optimos citat. Senatus
per totum diem saepe consulitur, cum illo tempore
uilissimus quisque aut in Campo otium suum oblectet
aut in popina lateat aut tempus in aliquo circulo
terat. Idem in hac magna re publica fit : boni uiri
laborant, impendunt, impenduntur, et uolentes
quidem. Non trahuntur a fortuna, sequuntur illam,
et aequant gradus. Si scissent, antecessissent. **5** Hanc
quoque animosam Demetrii fortissimi uiri uocem
audisse me memini : « Hoc unum, inquit, de uobis,
Di immortales, queri possum, quod non ante mihi
notam uoluntatem uestram fecistis : prior enim ad
ista uenissem, ad quae nunc uocatus adsum. Vultis
liberos sumere ? Vobis illos sustuli. Vultis aliquam
partem corporis ? Sumite. Non magnam rem pro-
mitto : cito totum relinquam. Vultis spiritum ?
Quidni nullam moram faciam quo minus recipiatis
quod dedistis ? A uolente feretis quicquid petieritis.
6 Quid ergo est ? maluissem offerre quam tradere.
Quid opus fuit auferre ? Accipere potuistis. Sed
ne nunc quidem auferetis, quia nihil eripitur nisi
retinenti. » Nihil cogor, nihil patior inuitus, nec seruio
deo, sed assentior, eo quidem magis quod scio omnia
certa et in aeternum dicta lege decurrere. **7** Fata
nos ducunt et quantum cuique temporis restat prima
nascentium hora disposuit. Causa pendet ex causa ;

---

3 percisos *Lipse*; probisos *A*⁵ (*ex incerta scriptura praue correctum*) ‖
5 queri *uulg.*; quaeri *A* ‖ **7** restat *dett.* ; restet *A*⁵ (*corr. ex* prestat *A*¹)
‖ hora *uulg.* ; ora *A*.

bundenen Wunden, vor dem Wall Wache stehen, inzwischen
aber zu Rom in Sicherheit sind Menschen, deren Existenz in
Perversion und Unzucht besteht? Ist es *nicht* unbillig, daß
edelste Jungfrauen die heiligen Riten zu vollziehen in den
Nächten geweckt werden, tiefsten Schlaf dreckige Dirnen
genießen? 4 Die Anstrengung fordert die Besten. Der Senat
berät oft den ganzen Tag, während zu dieser Zeit gerade die
verächtlichsten Existenzen auf dem Marsfeld müßiggehen
oder in einer Kaschemme stecken oder in sonstwelcher Gesellschaft die Zeit umbringen. Dasselbe geschieht in der großen Gemeinschaft aller Menschen: Menschen von Wert mühen
sich ab, bringen Opfer, lassen sich opfern, und aus eigenem
Willen! Nicht brauchen sie vom Schicksal gezogen zu werden,
sie folgen ihm, und sie halten Schritt. Hätten sie gewußt,
wären sie ihm vorausgegangen. 5 Auch diesen leidenschaftlichen Ausspruch des stolzen Demetrius gehört zu haben
erinnere ich mich: „Diese eine Klage", sagte er, „kann ich
über euch, unsterbliche Götter, vorbringen, daß ihr nicht
vorher mir euren Willen bekannt gemacht habt: früher nämlich hätte ich mich zu den Aufgaben eingefunden, bei denen
ich nunmehr nur aufgefordert zur Stelle sein kann. Wollt ihr
meine Kinder nehmen? Für euch habe ich sie großgezogen.
Wollt ihr einen Teil meines Körpers? Nehmt. Keine große
Sache verspreche ich: rasch werde ich ihn ganz aufgeben.
Wollt ihr mein Leben? Warum sollte ich verzögern, daß ihr
zurückbekommt, was ihr gegeben habt? Von einem Will-
fährigen werdet ihr erhalten, was immer ihr verlangt. 6 Wie
also? Lieber hätte ich angeboten als übergeben. Was war es
nötig, zu entreißen? Empfangen hättet ihr können. Aber
nicht einmal jetzt werdet ihr entreißen, weil man nur dem
entreißt, der festhält." Zu nichts lasse ich mich zwingen,
nichts dulde ich ungern, und nicht unterwerfe ich mich dem
Gott, sondern stimme ihm zu, desto eher freilich, als ich
weiß, alles läuft nach bestimmtem und auf ewig gültigem
Gesetz ab. 7 Entscheidungen des Schicksals leiten uns, und
wieviel einem jeden Zeit bleibt – die erste Stunde, da man
zur Welt kommt, hat es festgelegt. Ursache hängt von Ur-

priuata ac publica longus ordo rerum trahit.
Ideo fortiter omne patiendum est, quia non, ut
putamus, incidunt cuncta, sed ueniunt. Olim con-
stitutum est quid gaudeas, quid fleas, et, quamuis magna uideatur uarietate singulorum uita
distingui, summa in unum uenit : accipimus peri-
tura perituri. 8 Quid itaque indignamur ? quid
querimur ? Ad hoc parti sumus. Vtatur ut uult
suis natura corporibus ; nos, laeti ad omnia et
fortes, cogitemus nihil perire de nostro. Quid
est boni uiri ? Praebere se fato. Grande solacium est cum uniuerso rapi : quicquid est quod
nos sic uiuere, sic mori iussit, eadem necessitate
et deos alligat; irreuocabilis humana pariter ac
diuina cursus uehit. Ille ipse omnium conditor et
rector scripsit quidem fata, sed sequitur; semper
paret, semel iussit. 9 — Quare tamen deus tam iniquus in distributione fati fuit, ut bonis uiris paupertatem et uulnera et acerba funera ascriberet ?
— Non potest artifex mutare materiam. Hoc
pactum est : quaedam separari a quibusdam non
possunt, cohaerent, indiuidua sunt. Languida ingenia et in somnum itura aut in uigiliam somno
simillimam inertibus nectuntur elementis ; ut effi-
ciatur uir cum cura dicendus, fortiore texto opus
est. Non erit illi planum iter : sursum oportet
ac deorsum eat, fluctuetur ac nauigium in turbido
regat ; contra fortunam illi tenendus est cursus.
Multa accident dura, aspera, sed quae molliat et
complanet ipse. 10 Ignis aurum probat, miseria

---

7 distingui *uulg.*; distinguit *A* ‖ 8 parti *Hermes* (*iam Gertz in
apparatu critico*) ; parati A ‖ ille *uulg.* ; illa *A* ‖ 9 pactum est *Waltz* ;
passa est *A* ‖ texto *Waltz*; fato *A*

sache ab; private und öffentliche Verhältnisse reißt die dauernde Weltordnung mit sich. Deswegen muß tapfer alles getragen werden, weil nichts, wie wir meinen, zufällig geschieht,
sondern alles verursacht eintritt. Vor Zeiten ist festgesetzt
worden, woran du dich freuen sollst, worüber weinen, und
mag noch so große Vielfalt scheinbar das Leben jedes einzelnen gestalten, das Ergebnis kommt auf *eines* hinaus: wir
empfangen Vergängliches, selber vergänglich. 8 Was also
entrüsten wir uns? Was klagen wir? Dazu sind wir geboren.
Verfahre, wie sie will, die Natur, mit unseren Körpern, ihrem
Eigentum; wir, freudig bei allem und mutig, wollen bedenken,
nichts gehe zugrunde, was uns gehört. Was ist eines werthaften Mannes Haltung? Sich darzubieten dem Schicksal.
Bedeutender Trost ist es, mit dem All fortgerissen zu werden:
was immer es ist, das uns so zu leben, so zu sterben geheißen
hat, mit derselben Unausweichlichkeit bindet es auch die
Götter; unwiderrufliche Bahn führt Menschliches gleicher
Weise und Göttliches. Er selber, des Alls Gründer und Lenker, hat gewiß geschrieben die Schicksalsbeschlüsse, aber er
befolgt sie; stets gehorcht er, einmal hat er befohlen. 9 „Warum war dennoch der Gott so ungerecht bei der Einteilung des
Schicksals, daß er guten Menschen Armut, Wunden und
bitteres Sterben bestimmte?" Nicht kann der Schöpfer ändern
den Stoff[21]. Das ist ausgemacht[22]: manches kann von manchem nicht getrennt werden, es hängt in sich zusammen, ist
unteilbar. Schlaffe und zum Schlafe – oder einem Wachen,
was dem Schlafe äußerst ähnlich – neigende Naturen werden
aus trägen Grundbestandteilen gefügt; daß entstehe ein
Mann, von dem man nur voller Hochachtung sprechen kann,
bedarf es kräftigeren Gewebes. Nicht wird er finden ebenen
Weg: auf und ab muß er gehen, von den Wellen sich umtreiben lassen und sein Schiff im Sturm lenken; *gegen* das
Schicksal muß er halten den Kurs. Viel Hartes wird er erleben, Bitteres, aber er kann es lindern und ausgleichen, er
selbst. 10 Feuer prüft Gold, Unglück tapfere Männer. Sieh

fortes uiros. Vide quam alte escendere debeat uirtus :
scies illi non per secura uadendum.

> « Ardua prima uia est et quam uix mane recentes
> Enituntur equi. Medio est altissima caelo,
> Vnde mare et terras ipsi mihi saepe uidere
> Sit timor et pauida trepidet formidine pectus.
> Vltima prona uia est et eget moderamine certo ;
> Tunc etiam quae me subiectis excipit undis,
> Ne ferar in praeceps, Tethys solet ima uereri. »

11 Haec cum audisset ille generosus adulescens :
« Placet, inquit, uia. Escendo : est tanti per ista ire
casuro. » Non desinit acrem animum metu territare :

> « Vtque uiam teneas nulloque errore traharis,
> Per tamen aduersi gradieris cornua Tauri
> Haemoniosque arcus uiolentique ora Leonis. »

Post haec ait : « Iunge datos currus ! His quibus deter-
reri me putas incitor. Libet illic stare, ubi ipse Sol
trepidat. » Humilis et inertis est tuta sectari : per
alta uirtus it.

VI. 1 — Quare tamen bonis uiris patitur aliquid
mali deus fieri ? — Ille uero non patitur : omnia
mala ab illis remouit, scelera et flagitia et cogitationes improbas et auida consilia et libidinem caecam
et alieno imminentem auaritiam. Ipsos tuetur ac
uindicat ; numquid hoc quoque aliquis a deo exigit,
ut bonorum uirorum etiam sarcinas seruet ? Remittunt ipsi hanc deo curam : externa contemnunt.

---

10 escendere *unus dett.*; excendere (*fortasse* extendere) *A* ‖ quam
uix mane *A* ; qua uix mane *Ouidii codd.* ‖ trepidet *A*; trepidat *Ouidii
codd.* ‖ Tethys *uulg.* ; thetis *A*³‖ ima *A*; ipsa *Ouidii codd.* ‖ **11** Escendo
Bongars ; excendo *A*³ (*corr. ex* exscendo, *ut uidetur, A*¹).

VI, 1 etiam *uulg.* ; etimi *A*.

die Höhe, zu der aufsteigen muß die Charakterstärke – dann
wirst du wissen, nicht durch gefahrloses Gelände führt ihr
Weg.

„Steil am Beginn ist der Weg, und kaum erklimmen ihn,
morgens noch frisch, die Pferde. Mitten am Himmel ist er
am höchsten, so daß von dort das Meer und die Länder zu
sehen mir selber oft macht Furcht und von bebendem Grausen zittert das Herz. Am Ende geneigt ist der Weg und bedarf
entschlossener Lenkung; dann auch: die mit ausgebreiteten
Wogen mich aufnimmt, Tethys – daß ich stürze zum Abgrund, pflegt sie in der Tiefe zu fürchten[23]."

11 Als dies gehört hatte der wohlgemute Jüngling, sprach er:
„Er gefällt mir, der Weg. Ich steige ihn hinan: das ist es mir
wert, durch derlei Gefahren zu gehen, auch wenn ich fallen
werde." Nicht läßt der Vater ab, den feurigen Willen [des
Sohnes] mit einschüchternden Bildern in Furcht zu versetzen:

„Magst du auch die Bahn halten und durch keinerlei Irrtum vom Weg dich abbringen lassen, dennoch kommst an
des feindlichen Hörnern vorbei du, des Stieres, an des Schützen Bogen und an des wütenden Rachen, des Löwen[24]."

Darauf sprach der Sohn: „Schirr an den zugesagten Wagen.
Was mich abschreckt, wie du meinst, reizt mich. Es gefällt,
dort zu stehen, wo der Sonnengott selber zittert." Des Niedrigen und Bequemen Wesen ist es, Sicherheit zu suchen –
über Höhen schreitet Mannesart.
VI. 1 „Warum duldet dennoch der Gott, daß guten Menschen etwas Böses geschieht?" Er hingegen duldet es nicht:
alles Böse hält er von ihnen fern, Verbrechen, entehrende
Taten, unreine Gedanken, begehrliche Pläne, blinde Gier,
nach fremdem Eigentum greifende Habsucht. Gerade sie
schützt und bewahrt er; fordert vielleicht auch dies einer
von dem Gott, er solle gar noch der guten Menschen Rei-
segepäck hüten? Es erlassen sie selber dem Gott diese Sorge:
Äußerlichkeiten verachten sie. 2 Demokrit warf seinen

2 Democritus diuitias proiecit, onus illas bonae mentis existimans. Quid ergo miraris si id deus bono uiro accidere patitur, quod uir bonus aliquando uult sibi accidere ? Filios amittunt uiri boni : quidni, cum aliquando et occidant ? In exsilium mittuntur : quidni, cum aliquando ipsi patriam non repetituri relinquant ? Occiduntur : quidni, cum aliquando ipsi sibi manus afferant? **3** Quare quaedam dura patiuntur ? Vt alios pati doceant : nati sunt in exemplar. Puta itaque deum dicere : « Quid habetis quod de me queri possitis, uos, quibus recta placuerunt ? Aliis bona falsa circumdedi et animos inanes uelut longo fallacique somnio lusi : auro illos et argento et ebore adornaui, intus boni nihil est. **4** Isti quos pro felicibus aspicis, si non qua occurrunt, sed qua latent uideris, miseri sunt, sordidi, turpes, ad similitudinem parietum suorum extrinsecus culti. Non est ista solida et sincera felicitas : crusta est, et quidem tenuis. Itaque, dum illis licet stare et ad arbitrium suum ostendi, nitent et imponunt ; cum aliquid incidit quod disturbet ac detegat, tunc apparet quantum latae ac uerae foeditatis alienus splendor absconderit. **5** Vobis dedi bona certa, mansura, quanto magis uersauerit aliquis et undique inspexerit meliora maioraque : permisi uobis metuenda contemnere, cupiditates fastidire. Non fulgetis extrinsecus ; bona uestra introrsus obuersa sunt : sic mundus exteriora contempsit, spectaculo sui laetus. Intus omne posui bonum ; non egere felicitate felicitas uestra est. **6** — At multa incidunt tristia, horrenda, dura toleratu. — Quia non poteram uos istis subducere, animos

---

3 queri *uulg.* ; quaeri *A* ‖ 5 posui *Lipse* ; posuit *A.*

Reichtum von sich, als eine Last für die rechte seelische Haltung sah er ihn an. Was also wunderst du dich, wenn das der
Gott einem guten Menschen geschehen läßt, was ein guter
Mensch bisweilen selbst erleben will? Gute Menschen verlieren Söhne: warum nicht, da sie sie gelegentlich sogar
töten[25]? In die Verbannung werden sie geschickt: warum
nicht, da sie gelegentlich selbst das Vaterland verlassen, um
nicht zurückzukehren? Sie werden getötet: warum nicht, da
sie gelegentlich selbst Hand an sich legen? 3 Warum nehmen
sie manches Harte auf sich? Daß sie andere dulden lehren:
geboren sind sie zum Vorbild. Denk dir also, der Gott
spräche: ,,Welchen Grund habt ihr, über mich klagen zu
können, ihr, die sich zum Rechten entschlossen haben?
Andere habe ich mit unechten Gütern umgeben und ihre
eitlen Seelen wie mit einem langen und trügerischen Traum
genarrt: mit Gold, Silber und Elfenbein habe ich sie ausgestattet, *drinnen* gibt es nichts Gutes. 4 Sie, die du für
glücklich ansiehst – wenn du sie nicht, wo sie sich dem Blick
darbieten, sondern wo sie sich ihm entziehen, gesehen hast –
sie sind unglücklich, schmutzig, häßlich, ähnlich den Wänden ihres Hauses äußerlich aufgemacht. Nicht ist dies sicheres und reines Glück: Schale ist es, und jedenfalls eine dünne.
Solange sie daher stehen können und nach eigenem Ermessen
sich darstellen, glänzen sie und machen Eindruck; wenn
etwas geschieht, was sie verwirrt und sie bloßstellt, dann
wird offenkundig, wieviel ausgedehnte und wahre Scheußlichkeit geliehener Glanz verborgen hat. 5 Euch habe ich
gegeben verläßliche Güter, bleibende, je mehr einer sie hin
und her dreht und von allen Seiten betrachtet, desto bessere
und größere: ich habe euch gestattet, Furchtbares geringzuschätzen, vor Begierden Ekel zu empfinden. Nicht glänzt ihr
äußerlich; eure Güter sind nach innen gewandt: so hat das
All das Äußerliche verachtet, von dem Schauspiel seiner
selbst erfreut. Ins Innere habe ich alles Gut gelegt; nicht zu
entbehren das Glück, darin besteht euer Glück. 6 ,Aber viel
ereignet sich Trauriges, Schreckliches, schwer zu Tragendes.'
Weil ich euch vor diesem nicht in Schutz nehmen konnte,

uestros aduersus omnia armaui. Ferte fortiter. Hoc
est quo deum antecedatis : ille extra patientiam malorum est, uos supra patientiam. Contemnite paupertatem : nemo tam pauper uiuit quam natus est.
Contemnite dolorem : aut soluetur aut soluet. Contemnite mortem : quae uos aut finit aut transfert.
Contemnite fortunam : nullum illi telum quo feriret
animum dedi. 7 Ante omnia caui ne quis uos teneret
inuitos : patet exitus. Si pugnare non uultis, licet
fugere. Ideo ex omnibus rebus quas esse uobis neces-
sarias uolui nihil feci facilius quam mori. Prono
animam loco posui : trahitur. Attendite modo, et
uidebitis quam breuis ad libertatem et quam expedita ducat uia. Non tam longas in exitu uobis quam
intrantibus moras posui ; alioqui magnum in uos
regnum fortuna tenuisset, si homo tam tarde more-
retur quam nascitur. 8 Omne tempus, omnis uos locus
doceat quam facile sit renuntiare naturae et munus
illi suum impingere. Inter ipsa altaria et sollemnes
sacrificantium ritus, dum optatur uita, mortem
condiscite : corpora opima taurorum exiguo conci-
dunt uulnere et magnarum uirium animalia humanae
manus ictus impellit. Tenui ferro commissura cer-
uicis abrumpitur, et, cum articulus ille qui caput
collumque committit incisus est, tanta illa moles
corruit. 9 Non in alto latet spiritus, nec utique ferro
eruendus est ; non sunt uulnere penitus impresso
scrutanda praecordia : in proximo mors est. Non
certum ad hos ictus destinaui locum : quacumque uis,
peruium est. Ipsum illud quod uocatur mori, quo
anima discedit a corpore, breuius est quam ut sentiri

---

9 destinaui *uulg.* ; estimaui *A* ‖ uis *Wölfflin* ; ui *A (praue corr.*
ex uis).

habe ich eure Herzen gegen alles gewappnet. Tragt es tapfer. Das ist es, worin ihr dem Gott überlegen seid: er steht außerhalb des Erleidens von Unglück, ihr über dem Erleiden. Verachtet die Armut: niemand stirbt so arm, wie er geboren ward. Verachtet den Schmerz: er wird gelöst oder erlöst euch. Verachtet den Tod: er macht mit euch ein Ende oder bringt euch anderswo hin. Verachtet das Schicksal: keine Waffe habe ich ihm gegeben, mit der es eure Seele verwunden kann. 7 Vor allem habe ich dafür gesorgt, daß keiner euch festhalte gegen euren Willen: offen steht der Weg aus dem Leben. Wenn ihr kämpfen nicht wollt, könnt ihr fliehen. Deswegen habe ich von allen Dingen, die ich als euch unentbehrlich ansah, nichts leichter gemacht als zu sterben. Auf abschüssige Stelle habe ich die Lebenskraft gesetzt: sie wird eingeatmet. Achtet nur darauf, und ihr werdet sehen, welch kurzer und bequemer Weg zur Freiheit führt. Nicht so lange Zeit habe ich zum Verlassen des Lebens auch gesetzt wie für euren Eintritt ins Leben; sonst hätte das Schicksal große Gewalt über euch, wenn der Mensch so langsam stürbe, wie er geboren wird. 8 Jeder Augenblick, jeder Ort soll euch lehren, wie leicht es ist, der Natur aufzukündigen und ihr Geschenk ihr vor die Füße zu werfen. Gerade an den Altären und bei den feierlichen Zeremonien der Opfernden, während man sich das Leben wünscht, lernt man den Tod. Die wohlgenährten Leiber der Stiere stürzen von einer kleinen Wunde, und Tiere von großer Kraft schlägt ein Hieb von Menschenhand nieder. Ein schmales Messer zerschneidet die Muskeln des Nackens, und ist das Gelenk, das Kopf und Hals verbindet, eingeschnitten worden, bricht diese große Masse zusammen. 9 Nicht in der Tiefe verborgen ist die Lebenskraft, und nicht muß sie unbedingt mit dem Schwerte aus dem Grunde zerstört werden; nicht muß man in tiefer Wunde durchsuchen die Eingeweide: ganz in der Nähe ist der Tod. Keine bestimmte Stelle habe ich für diesen Stoß vorbehalten: wo immer du willst, ist ein Weg. Eben das, was sterben heißt – die Seele trennt sich vom Körper –, ist zu kurz, als daß

tanta uelocitas possit. Siue fauces nodus elisit, siue
spiramentum aqua praeclusit, siue in caput lapsos
subiacentis soli duritia comminuit, siue haustus
ignis cursum animae remeantis interscidit, quicquid
est, properat. Ecquid erubescitis ? Quod tam cito
fit, timetis diu ! »

9 Ecquid *uulg.* ; et quid *A.*

man solche Geschwindigkeit wahrnehmen könnte. Mag nun den Hals eine Schlinge zudrücken, mag den Atem Wasser absperren, mag den, der auf den Kopf fällt, die Härte des Bodens zerschellen lassen, mag eingeatmete Feuerhitze dem Odem den Weg abschneiden, was immer es ist, es geschieht rasch. Schämt ihr euch nicht? Was so schnell eintritt, fürchtet ihr so lange!"

DE CONSTANTIA SAPIENTIS

—

ÜBER DIE STANDHAFTIGKEIT DES WEISEN

NEC INIURIAM NEC CONTUMELIAM
ACCIPERE SAPIENTEM

(DE CONSTANTIA SAPIENTIS)

I. 1 Tantum inter Stoicos, Serene, et ceteros sapientiam professos interesse quantum inter feminas
et mares non immerito dixerim, cum utraque turba
ad uitae societatem tantundem conferat, sed altera
pars ad obsequendum, altera imperio nata sit.
Ceteri sapientes molliter agunt et blande, ut fere
domestici et familiares medici aegris corporibus
non qua optimum et celerrimum est medentur, sed
qua licet ; Stoici, uirilem ingressi uiam, non ut amoena
ineuntibus uideatur curae habent, sed ut quam
primum nos eripiat et in illum editum uerticem
educat, qui adeo extra omnem teli iactum surrexit
ut supra fortunam emineat. 2 — At ardua per quae
uocamur et confragosa sunt. — Quid enim ? plano
aditur excelsum ? Sed ne tam abrupta quidem sunt
quam quidam putant. Prima tantum pars saxa
rupesque habet et inuii speciem, sicut pleraque ex
longinquo speculantibus abscisa et conexa uideri
solent, cum aciem longinquitas fallat, deinde propius adeuntibus eadem illa, quae in unum congesserat

I, 1 agunt *addidi post* molliter (*antea Koch post* blande).

AN SERENUS

DASS WEDER UNRECHT NOCH BELEIDIGUNG ERLEIDE DER WEISE

ÜBER DIE STANDHAFTIGKEIT DES WEISEN

I. 1 Serenus, zwischen den Stoikern und den übrigen Philosophen besteht ein so großer Unterschied wie zwischen Mann und Frau, möchte ich nicht ohne Grund sagen, da beide Gruppen ebensoviel zum Zusammenleben beitragen, aber die eine zum Gehorchen, die andere zur Herrschaft geboren ist. Die übrigen Philosophen handeln weichlich und schmeichlerisch, wie gewöhnlich zu Haus und Gesinde gehörende Ärzte kranke Körper nicht, wie es am besten ist, heilen, sondern wie sie dürfen. Die Stoiker, einen männlichen Weg einschlagend, kümmern sich nicht darum, daß er lieblich denen erscheine, die ihn betreten, sondern daß er möglichst bald uns befreie und auf jenen ragenden Gipfel führe, der so weit außer jeder Schußweite sich erhebt, daß er über das Schicksal hinausragt. 2 ,,Aber steil ist die Gegend, durch die wir gerufen werden, und unwegsam.'' Was denn, auf ebenem Weg erreicht man Höhe? Aber nicht einmal so schroff ist das Gelände, wie manche meinen. Der erste Teil nur hat Steine und Felsen und bietet den Anblick von Weglosem, wie das meiste aus der Ferne den Betrachtenden abweisend und geschlossen zu scheinen pflegt, da die Entfernung die Sehkraft täuscht; wenn man sich dann nähert, öffnet sich allmählich jenes, was

error oculorum, paulatim adaperiuntur, tum illis
quae praecipitia ex interuallo apparebant redit lene
fastigium.

II. 1 Nuper, cum incidisset mentio M. Catonis,
indigne ferebas, sicut es iniquitatis impatiens, quod
Catonem aetas sua parum intellexisset, quod supra
Pompeios et Caesares surgentem infra Vatinios
posuisset, et tibi indignum uidebatur quod illi dissua-
suro legem toga in foro esset erepta quodque, a
Rostris usque ad Arcum Fabianum per seditiosae
factionis manus traditus, uoces improbas et sputa
et omnes alias insanae multitudinis contumelias
pertulisset. 2 Tum ego respondi habere te quod rei
publicae nomine moureris, quam hinc P. Clodius,
hinc Vatinius ac pessimus quisque uenundabat et,
caeca cupiditate correpti, non intellegebant se, dum
uendunt, et uenire ; pro ipso quidem Catone securum te esse iussi : nullum enim sapientem nec iniuriam accipere nec contumeliam posse, Catonem
autem certius exemplar sapientis uiri nobis deos
immortales dedisse quam Ulixen et Herculem prioribus saeculis. Hos enim Stoici nostri sapientes pro-
nuntiauerunt, inuictos laboribus et contemptores
uoluptatis et uictores omnium terrorum. 3 Cato non
cum feris manus contulit, quas consectari uenatoris
agrestisque est, nec monstra igne ac ferro persecutus
est, nec in ea tempora incidit quibus credi posset
caelum umeris unius inniti, excussa iam antiqua
credulitate et saeculo ad summam perducto soller-
tiam. Cum ambitu congressus, multiformi malo,
et cum potentiae immensa cupiditate, quam totus

II, 2 terrorum *Lipse* ; terrarum *A*.

in *eines* zusammengezogen hatte eine Täuschung der Augen; darauf erhält jenes, was abschüssig aus Entfernung schien, seine sanfte Neigung zurück.

II. 1 Kürzlich, als die Rede auf Marcus Cato kam, warst du empört, da du Ungerechtigkeit nicht ertragen kannst, daß den Cato seine Zeit zu wenig verstanden habe, daß sie ihn, obwohl er Männer wie Pompeius und Caesar überragte, hinter Kreaturen wie Vatinius[1] gesetzt habe, und dir schien unwürdig, daß ihm, als er von einem Gesetzesvorschlag[2] abraten wollte, die Toga auf dem Forum heruntergerissen worden sei und daß er, von den Rostren[3] bis zum Bogen des Fabius durch die Teilnehmer an einer Protestdemonstration hindurch vorwärtsgestoßen, unflätige Bezeichnungen, Anspucken und alle anderen Beschimpfungen einer tobenden Menge erlitten habe. 2 Da entgegnete ich, du habest Anlaß, dich für den Staat zu erregen, den bald Publius Clodius[4], bald Vatinius und jeder Schurke sonst feilbietet, und bei dessen Ausverkauf sie, von blinder Gier ergriffen, nicht wahrhaben wollten, daß sie sich *auch* verkaufen; für Cato selber freilich hieß ich dich unbesorgt sein: kein Weiser nämlich könne Unrecht leiden noch Schmach, Cato aber hätten zu einem unzweifelhafteren Vorbild eines weisen Menschen uns die unsterblichen Götter bestimmt als Odysseus und Herakles vergangenen Jahrhunderten. Diese nämlich haben wir Stoiker zu Weisen erklärt, da sie nicht zu bezwingen durch Belastungsproben, Verächter des Genusses und Sieger über alle Schrecknisse. 3 Cato hat nicht mit wilden Tieren gekämpft, die zu verfolgen Aufgabe des Jägers und Landmannes ist, hat weder Ungeheuer mit Feuer und Schwert beseitigt[5], noch ist er in ein Zeitalter geraten, in dem man glauben konnte, der Himmel laste auf den Schultern eines einzigen, denn schon war der alte, unbefangene Glaube dahin und die Zeit zu höchstem geistigem Raffinement fortgeschritten. Mit der politischen Intrige zusammengeraten, dem vielgestaltigen Übel, und mit der maßlosen Gier nach Macht, die der ganze Erdkreis,

---

[1] Diese Anmerkung wie auch die folgenden finden sich im Anhang dieses Bandes.

orbis in tres diuisus satiare non poterat, aduersus
uitia ciuitatis degenerantis et pessum sua mole siden-
tis stetit solus, et cadentem rem publicam, quantum
modo una retrahi manu poterat, tenuit, donec
abstractus comitem se diu sustentatae ruinae dedit
simulque exstincta sunt quae nefas erat diuidi : neque
enim Cato post libertatem uixit, nec libertas post
Catonem. 4 Huic tu putas iniuriam fieri potuisse a
populo, quod aut praeturam illi detraxit aut
togam, quod sacrum illud caput purgamentis oris
aspersit ? Tutus est sapiens, nec ulla affici aut iniuria
aut contumelia potest.

III. 1 Videor mihi intueri animum tuum incensum
et efferuescentem. Paras acclamare : « Haec sunt quae
auctoritatem praeceptis uestris detrahant : magna
promittitis et quae ne optari quidem, nedum credi
possint ; deinde, ingentia locuti, cum pauperem negastis esse sapientem, non negatis solere illi et seruum
et tectum et cibum deesse ; cum sapientem negastis
insanire, non negatis et alienari et parum sana uerba
emittere et quicquid uis morbi cogit audere ; cum
sapientem negastis seruum esse, idem non itis infi-
tias et ueniturum et imperata facturum et domino
suo seruilia praestaturum ministeria. Ita, sublato
alte supercilio, in eadem quae ceteri descenditis,
mutatis rerum nominibus. 2 Tale itaque aliquid et
in hoc esse suspicor, quod prima specie pulchrum
atque magnificum est, nec iniuriam nec contumeliam
accepturum esse sapientem. Multum autem interest
utrum sapientem extra indignationem an extra
iniuriam ponas. Nam, si dicis illum aequo animo
laturum, nullum habet priuilegium : contigit illi
res uulgaris et quae discitur ipsa iniuriarum assidui-

unter drei Männer verteilt[6], nicht sättigen konnte – gegen
die Entsittlichung einer entartenden und durch ihr eigenes
Gewicht absinkenden Gesellschaft stand er allein; und als
der Staat fiel — soweit ihn *eine* Hand nur zurückreißen konnte,
hielt er ihn, bis er, fortgerissen, sich als Begleiter dem lange
aufgehaltenen Untergang hingab und das zugleich ausgelöscht
wurde, was voneinander zu trennen ein Verstoß gegen göttliches Recht war: weder nämlich lebte Cato nach dem Tode
der Freiheit weiter noch die Freiheit nach dem Tode Catos.
4 Ihm, meinst du, habe Unrecht geschehen können vom Volk,
weil es die Prätur ihm vorenthielt oder die Toga herunterriß,
weil es sein ehrwürdiges Haupt mit dem Auswurf seines
Mundes beschmutzte? In Sicherheit ist der Weise, und nicht
kann ihm angetan werden ein Unrecht oder eine Schmach.
III. 1 Ich meine förmlich zu sehen, wie du kochst und
schäumst. Eben willst du ausrufen: „Das ist es, was euren
Lehren die Gültigkeit nimmt: Großes versprecht ihr, was
man nicht einmal wünschen, geschweige denn glauben kann;
dann, nach großartigen Reden, wenn ihr behauptet habt, arm
sei der Weise nicht, leugnet ihr keineswegs, ihm pflege ein
Sklave und ein Obdach und Speise zu fehlen; nachdem ihr
behauptet habt, der Weise sei durchaus bei Verstand, leugnet
ihr nicht, daß er nicht bei sich sei, unvernünftige Worte
ausstoße und, was immer die Gewalt seines kranken Zu-
standes erzwingt, wage; nachdem ihr behauptet habt, der
Weise sei nicht Sklave, bestreitet ihr nicht, daß er verkauft
werden, Befehle ausführen und seinem Herrn Sklavendienste
leisten wird. So, mit hochgezogener Augenbraue, steigt ihr
auf dasselbe Niveau hinab wie die anderen – ihr ändert nur
die Bezeichnungen der Dinge. 2 Etwas Derartiges arg-
wöhne ich auch bei dem, was auf den ersten Blick schön und
prächtig ist: weder Unrecht noch Schmach erleide der Weise.
Einen großen Unterschied aber macht es, ob du den Weisen
außerhalb empörter Empfindung oder außerhalb des Unrechtes setzt. Denn wenn du behauptest, er werde es mit
Gleichmut tragen, hat er kein Vorrecht: ihm fügt sich eine
ganz alltägliche Sache, die sich erlernen läßt gerade durch
das ständige Vorkommen von Ungerechtigkeiten – Geduld.

tate, patientia. Si negas accepturum iniuriam, id
est neminem illi tentaturum facere, omnibus relictis
negotiis, Stoicus fio.» 3 Ego uero sapientem non ima-
ginario honore uerborum exornare constitui, sed eo
loco ponere quo nulla permittatur iniuria. Quid
ergo ? nemo erit qui lacessat, qui tentet ? Nihil
in rerum natura tam sacrum est quod sacrilegum
non inueniat. Sed non ideo diuina minus in sublimi
sunt, si exsistunt qui magnitudinem multum ultra
se positam non tacturi appetant. Inuulnerabile est
non quod non feritur, sed quod non laeditur : ex hac
tibi nota sapientem exhibebo. 4 Numquid dubium
est quin certius robur sit quod non uincitur quam
quod non lacessitur, cum dubiae sint uires inex-
pertae, at merito certissima firmitas habeatur quae
omnes incursus respuit ? Sic tu sapientem melioris
scito esse naturae si nulla illi iniuria nocet quam si
nulla fit. Et illum fortem uirum dicam quem bella
non subigunt nec admota uis hostilis exterret, non
cui pingue otium est inter desides populos. 5 Hoc
igitur dico, sapientem nulli esse iniuriae obnoxium.
Itaque non refert quam multa in illum coiciantur
tela, cum sit nulli penetrabilis. Quomodo quorundam
lapidum inexpugnabilis ferro duritia est nec secari
adamas aut caedi uel deteri potest, sed incurrentia
ultro retundit, quemadmodum quaedam non possunt
igne consumi, sed flamma circumfusa rigorem suum
habitumque conseruant, quemadmodum proiecti
quidam in altum scopuli mare frangunt nec ipsi ulla
saeuitiae uestigia tot uerberati saeculis ostentant,
ita sapientis animus solidus est et id roboris collegit,
ut tam tutus sit ab iniuria quam illa quae rettuli.

III, 5 collegit *uulg.* ; colligit *A*.

Wenn du behauptest, er werde kein Unrecht erleiden, das heißt, niemand werde versuchen, es ihm zu tun, dann lasse ich alle Tätigkeiten liegen und werde Stoiker." 3 Ich allerdings habe den Weisen nicht durch eine scheinhafte Ehre von Worten auszuzeichnen mir vorgenommen, sondern ihm eine Stellung zu geben, wohin kein Unrecht reicht. Wie also? Niemand wird es geben, der ihn herausfordert, der ihn in seine Gewalt zu bringen sucht? Nichts in der Welt ist so ehrwürdig, daß es einen Schänder nicht fände. Aber nicht ist deswegen Göttliches weniger erhaben, wenn es Menschen gibt, die weit über ihnen stehende Größe – ohne sie zu erreichen – angreifen. Unverwundbar ist nicht, wonach man nicht schlägt, sondern was man nicht verletzt: an Hand dieses Kennzeichens werde ich dir den Weisen vor Augen führen. 4 Besteht etwa ein Zweifel, daß eine zuverlässigere Kraft ist, was nicht besiegt, als was nicht herausgefordert wird, während zweifelhaften Wertes sind Kräfte ohne Erprobung, hingegen mit Recht für verläßlichste Festigkeit gehalten wird, was alle Angriffe abgewiesen hat? *So,* sollst du wissen, ist der Weise von besserem Wesen, wenn ihm kein Unrecht schadet, als wenn ihm keines geschieht. Und jenen nenne ich einen tapferen Mann, den Kriege moralisch nicht beugen, noch, wenn sie naht, feindliche Macht erschreckt, nicht den, der behagliches Wohlleben führt unter trägen Völkern. 5 Das also behaupte ich: der Weise gibt sich keinem Unrecht preis. Daher ist es gleichgültig, wieviele Geschosse auf ihn geschleudert werden, da er von keinem zu verwunden ist. Wie mancher Steine Härte unüberwindlichen Widerstand dem Eisen leistet und weder geschnitten werden kann der Diamant noch zerschlagen und abgenutzt, sondern umgekehrt, was ihn angreift, abstumpft, wie manches vom Feuer nicht verzehrt werden kann, sondern, von der Flamme umlodert, seine Gestalt und Kraft bewahrt, wie manche in die hohe See hinausragende Klippen die Meereswogen brechen und selber keine Einwirkung der Elementargewalt, obwohl ihr so viele Jahrhunderte ausgesetzt, erkennen lassen, so ist des Weisen Seele fest und hat die Kraft gesammelt, daß sie vor Unrecht so sicher ist wie das, was ich zum Vergleich vorgebracht habe.

IV. 1 Quid ergo ? non erit aliquis qui sapienti facere tentet iniuriam ? — Tentabit, sed non peruenturam ad eum : maiore enim interuallo a contactu inferiorum abductus est quam ut ulla uis noxia usque ad illum uires suas perferat. Etiam cum potentes et imperio editi et consensu seruientium ualidi nocere intendent, tam citra sapientiam omnes eorum impetus deficient quam quae neruo tormentisue in altum exprimuntur, cum extra uisum exsilierint, citra caelum tamen flectuntur. 2 Quid? tu putas tum, cum stolidus ille rex multitudine telorum diem obscuraret, ullam sagittam in solem incidisse, aut demissis in profundum catenis Neptunum potuisse contingi ? Vt caelestia humanas manus effugiunt et ab iis qui templa diruunt ac simulacra conflant nihil diuinitati nocetur, ita quicquid fit in sapientem proterue, petulanter, superbe, frustra tentatur. 3 — At satius erat neminem esse qui facere uellet. — Rem difficilem optas humano generi, innocentiam ; et non fieri eorum interest qui facturi sunt, non eius qui pati, ne si fiat quidem, potest. Immo nescio an magis uires sapientia ostendat tranquillitate inter lacessentia, sicut maximum argumentum est imperatoris armis uirisque pollentis tuta securitas in hostium terra.

V. 1 Diuidamus, si tibi uidetur, Serene, iniuriam a contumelia. Prior illa natura grauior est, haec leuior et tantum delicatis grauis, qua non laeduntur homines, sed offenduntur. Tanta est tamen animo-

---

IV, 2 demissis *Pincianus* ; dimissis *A* ‖ ab iis *Wesenberg* ; ab his *A* ‖ superbe *uulg.* ; superbae *A* ‖ 3 tranquillitate *Waltz* ; tranquillitatis *A* ‖ imperatoris *uulg.* ; imperatori *A* (*erasae litterae plures insequuntur, ut uid.* est).

IV. 1 „Wie also? Wird keiner auftreten, der dem Weisen
Unrecht zu tun versucht?" Man wird es versuchen, aber es
wird ihm nichts anhaben: zu großer Abstand nämlich hält
ihn von der Berührung mit Unterlegenem fern, als daß irgendeine schädliche Gewalt bis zu ihm ihre Wirkung vordringen
lassen könnte. Auch wenn Machthaber, mit umfassender
Handlungsvollmacht ausgestattet und durch die einmütige
Ergebenheit ihrer Untergebenen stark, zu schaden suchen,
werden ihre Angriffe unterhalb ihres Zieles, der Weisheit,
zusammenbrechen, wie Geschosse, die von Bogen oder Wurf-
geschütz in die Höhe geschleudert werden – obwohl sie über
den Gesichtskreis hinausfliegen –, dennoch unterhalb des
Himmels umbiegen. 2 Was? Du meinst, damals, als jener
verblendete König[7] durch die Masse der Geschosse den Tag
verdunkelte, habe *ein* Pfeil die Sonne getroffen oder von den
Ketten, die er in die Tiefe versenken ließ, habe Neptunus
berührt werden können? Wie Himmlisches sich Menschen-
händen entzieht und diejenigen, die Tempel einreißen und
Götterbilder einschmelzen, der Gottheit keinerlei Schaden
zufügen, so wird, was immer gegen den Weisen geschieht:
Unverschämtheit, Frechheit, Schroffheit, vergeblich unternommen. 3 „Aber besser wäre es, daß es niemanden gäbe,
der [Unrecht] tun wollte." Eine schwierige Sache forderst du
für das Menschengeschlecht: Reinheit des Herzens; und daß
[Unrecht] nicht geschehe, ist wichtig für die, die es zu tun im
Begriffe sind, nicht für den, der nicht einmal, wenn es geschieht, darunter leiden kann. Im Gegenteil zeigt vielleicht
die Weisheit ihre Kraft eher durch ruhige Haltung bei Angriffen, wie den stärksten Beweis dafür, daß ein Feldherr
stark an Waffen und Mannschaft ist, Furchtlosigkeit in Fein-
desland darstellt.

V. 1 Unterscheiden wir, wenn es dir gut scheint, Serenus, Unrecht von Beleidigung. Das erste ist seinem Wesen nach schwerer, das zweite leichter und nur für Empfindliche schwer, es
schädigt nicht die Menschen, sondern kränkt sie. So groß ist

rum dissolutio et uanitas, ut quidam nihil acerbius putent. Sic inuenies seruum qui flagellis quam colaphis caedi malit et qui mortem ac uerbera tolerabiliora credat quam contumeliosa uerba. 2 Ad tantas ineptias peruentum est ut non dolore tantum, sed doloris opinione uexemur, more puerorum, quibus metum incutit umbra et personarum deformitas et deprauata facies, lacrimas uero euocant nomina parum grata auribus et digitorum motus et alia quae impetu quodam erroris improuidi refugiunt.

3 Iniuria propositum hoc habet, aliquem malo afficere. Malo autem sapientia non relinquit locum : unum enim illi malum est turpitudo, quae intrare eo ubi iam uirtus honestumque est non potest. Ergo, si iniuria sine malo nulla est, malum nisi turpe nullum est, turpe autem ad honestis occupatum peruenire non potest, iniuria ad sapientem non peruenit. Nam, si iniuria alicuius mali patientia est, sapiens autem nullius mali est patiens, nulla ad sapientem iniuria pertinet. 4 Omnis iniuria deminutio eius est in quem incurrit, nec potest quisquam iniuriam accipere sine aliquo detrimento uel dignitatis uel corporis uel rerum extra nos positarum. Sapiens autem nihil perdere potest : omnia in se reposuit, nihil fortunae credidit, bona sua in solido habet, contentus uirtute, quae fortuitis non indiget ideoque nec augeri nec minui potest (nam et in summum perducta incrementi non habent locum, et nihil eripit fortuna nisi quod dedit ; uirtutem autem non dat, ideo nec detrahit : libera est, inuiolabilis, immota, inconcussa, sic contra casus indurata ut ne inclinari

V, 4 deminutio *Muret* ; diminutio *A* ‖ credidit *Wölfflin* ; credit *A* ‖ habeat (*ante* locum) *uulg.* ; habet *A* ‖ indurata *Pincianus* ; indurat *A.*

dennoch der Menschen seelische Schwäche und Eitelkeit, daß manche nichts Bittereres kennen. So wirst du einen Sklaven finden, der sich lieber auspeitschen als ohrfeigen läßt und der Tod und Prügel für erträglicher hält als entehrende Worte. 2 Bis zu solchem Widersinn geht es, daß wir uns nicht nur durch den Schmerz, sondern durch den Gedanken an Schmerz quälen lassen, nach Art von Kindern, denen Angst einjagt ein Schatten, häßliches Aussehen von Masken und ein verzerrtes Gesicht, Tränen aber entlocken Bezeichnungen, wenig angenehm den Ohren, ferner Bewegungen der Finger und anderes, wovor sie in einem Anfall von unvermuteter, irriger Furcht zurückweichen.

3 Unrecht hat diesen Vorsatz, jemandem Böses zu tun. Für Böses aber läßt die Weisheit keinen Raum: einziges Böses nämlich ist ihr die Schande, die eintreten dort nicht kann, wo männliche Festigkeit des Charakters und Sinn für Ehre sich befindet. Also, wenn Unrecht ohne Böses keines ist, Böses nur in Schändlichem besteht, Schändliches aber zu einem dem Ehrenhaften hingegebenen Menschen nicht vordringen kann, dringt Unrecht zum Weisen nicht vor. Denn wenn Unrecht das Ertragen von etwas Bösem ist, der Weise aber nichts Böses erleidet, reicht kein Unrecht an den Weisen heran. 4 Alles Unrecht ist eine Minderung dessen, gegen den es anrennt, und nicht kann einer Unrecht hinnehmen ohne irgendeinen Schaden an seinem Ansehen, seinem Körper oder den Gütern, die außerhalb unser liegen. Der Weise aber kann nichts verlieren: alles hat er in sich geborgen, nichts dem Schicksal anvertraut, seine Güter hat er in Sicherheit, zufrieden mit seiner sittlichen Vollkommenheit, die auf Zufälliges nicht angewiesen ist und deswegen weder vergrößert noch gemindert werden kann (denn zur Vollendung Geführtes hat für weitere Zunahme keinen Raum, und nichts entreißt das Schicksal, außer was es gegeben hat; die sittliche Festigkeit des Mannes aber verleiht es nicht, deswegen entreißt es sie nicht: frei ist sie, unverletzlich, unveränderlich, unerschütterlich, so gegen Zufälle gefestigt, daß sie nicht einmal

quidem, nedum uinci possit ; aduersus apparatus
terribilium rectos oculos tenet ; nihil ex uultu mutat,
siue illi dura siue secunda ostentantur). 5 Itaque nihil
perdet quod perire sensurus sit ; unius enim in
possessione uirtutis est, ex qua depelli numquam
potest. Ceteris precario utitur : quis autem iactura
mouetur alieni ? Quod si iniuria nihil laedere potest
ex iis quae propria sapientis sunt, quia, uirtute salua,
sua salua sunt, iniuria sapienti non potest fieri.
6 Megaram Demetrius ceperat, cui cognomen Poliorcetes fuit. Ab hoc Stilpon philosophus interrogatus
num aliquid perdidisset : « Nihil, inquit ; omnia mea
mecum sunt. » Atqui et patrimonium eius in praedam
cesserat, et filias rapuerat hostis, et patria in alienam
dicionem peruenerat, et ipsum rex circumfusus
uictoris exercitus armis ex superiore loco rogitabat.
7 At ille uictoriam illi excussit et se, urbe capta,
non inuictum tantum, sed indemnem esse testatus
est. Habebat enim uera secum bona, in quae non est
manus iniectio. At quae dissipata et direpta fere-
bantur non iudicabat sua, sed aduenticia et nutum
fortunae sequentia ; ideo ut non propria dilexerat.
Omnium enim extrinsecus affluentium lubrica et
incerta possessio est.

VI. 1 Cogita nunc an huic fur aut calumniator
aut uicinus impotens aut diues aliquis regnum orbae
senectutis exercens facere iniuriam possit, cui bellum
et hostis et ille egregiam artem quassandarum urbium
professus eripere nihil potuit. 2 Inter micantes ubique
gladios et militarem in rapina tumultum, inter

5 ex iis *Wesenberg* ; ex his *A* ǁ uirtute salua sua *Madvig* ; uirtute
sua *A* ǁ 6 Poliorcetes *uulg.* ; poli hercetes *A* ǁ Stilpon (= Στίλπων)
uulg. ; Stilbon *A* ǁ dicionem *uulg.* ; condicionem *A*.

gebeugt, geschweige denn besiegt werden kann; auf die Vor-
bereitungen zu Schrecklichem richtet sie gerade den Blick;
nichts ändert sich in ihrem Antlitz, zeige sich ihr Hartes
oder Günstiges). 5 Daher wird [der Weise] nichts verlieren,
dessen Verlust er empfinden wird; einzig nämlich im Besitz
sittlicher Fähigkeit ist er, aus dem man ihn niemals vertrei-
ben kann. Das übrige nutzt er auf Borg: wer aber läßt sich
durch den Verlust von fremdem Eigentum beunruhigen?
Wenn nun das Unrecht nichts verletzen kann von dem, was
Eigentum des Weisen ist – denn wenn sein Charakter unversehrt ist, ist sein Eigentum unversehrt –, kann Unrecht dem
Weisen nicht geschehen. 6 Megara hatte Demetrius einge-
nommen, der den Beinamen Poliorketes[8] trug. Von ihm
wurde der Philosoph Stilpon[9] gefragt, ob er etwas verloren
habe. „Nichts", sagte er, „alles Meine habe ich bei mir."
Und doch war sein Vermögen zur Beute geworden, und hatte
die Töchter entführt der Feind, und war die Vaterstadt
unter fremde Botmäßigkeit gekommen, und fragte gerade
ihn der König, umgeben von des siegreichen Heeres Waffen,
von oben herab. Aber er nahm ihm die Freude am Sieg und
bezeugte, er sei, trotz Einnahme der Stadt, nicht nur unbe-
siegt, sondern ohne Verlust geblieben. Er hatte nämlich die
wahren Güter in sich, auf die es keinen Zugriff gibt. Aber
was zerstreut und geraubt davongetragen wurde, hielt er
nicht für sein Eigentum, sondern für dem Schicksal unterworfen und dem Wink des Schicksals gehorchend: deswegen
hatte er es, als sei es nicht sein Eigentum, geliebt. Denn
Besitz an allem, was von außen zufließt, ist schlüpfrig und
ungewiß.
VI. 1 Überleg nun, ob diesem Manne ein Dieb oder Ver-
leumder oder despotischer Nachbar oder irgendein Reicher,
der sich zur Herrschsucht sein kinderloses Greisenalter zu-
nutze macht, Unrecht tun kann, ihm, dem Krieg und Feind
und jener Mann, der sich frei zu seiner Fähigkeit, Städte zu
zerstören, bekannt hat, nichts entreißen konnte. 2 Zwischen
den ringsum blitzenden Schwertern und dem räuberischen

flammas et sanguinem stragemque impulsae ciuitatis, inter fragorem templorum super deos suos
cadentium, uni homini pax fuit. Non est itaque
quod audax iudices promissum, cuius tibi, si parum
fidei habeo, sponsorem dabo. Vix enim credis tantum
firmitatis in hominem aut tantam animi magnitudinem cadere. Sed, si prodit in medium qui dicat :
3 « Non est quod dubites an attollere se homo natus
supra humana possit, an dolores, damna, ulcerationes,
uulnera, magnos motus rerum circa se frementium
securus aspiciat, et dura placide ferat et secunda
moderate, nec illis cedens nec his fretus unus idemque
inter diuersa sit, nec quicquam suum nisi se putet
esse. 4 En adsum hoc uobis probaturus, sub isto tot
ciuitatum euersore munimenta incussu arietis labe-
fieri et turrium altitudinem cuniculis ac latentibus
fossis repente desidere et aequaturum editissimas
arces aggerem crescere, at nulla machinamenta posse
reperiri quae bene fundatum animum agitent.
5 Erepsi modo e ruinis domus et, incendiis undique
relucentibus, flammas per sanguinem fugi ; filias
meas quis casus habeat, an peior publico, nescio ;
solus et senior et hostilia circa me omnia uidens,
tamen integrum incolumemque esse censum meum
profiteor : teneo, habeo quicquid mei habui. 6 Non
est quod me uictum uictoremque te credas : uicit
fortuna tua fortunam meam. Caduca illa et dominum
mutantia ubi sint nescio ; quod ad res meas pertinet,
mecum sunt, mecum erunt. 7 Perdiderunt isti diuites
patrimonia, libidinosi amores suos et magno pudoris
impendio dilecta scorta, ambitiosi curiam et forum

VI, 2 in hominem *uulg.* ; in homine *A* ‖ 3 cedens *uulg.* ; caedens
A ‖ *Verba* quoque ea parte qua melior est *post* putet esse *deleui.*

Treiben der Soldaten, zwischen Flammen, Blut und Trümmern einer vernichteten Stadt, zwischen dem Krachen der über ihren Göttern zusammenstürzenden Tempel gab es für *einen* Menschen Friede. Nicht also besteht Anlaß, daß du für ein voreiliges Versprechen hältst, für das ich dir, wenn ich zu wenig Vertrauen genieße, einen Bürgen stellen werde. Kaum nämlich glaubst du, soviel Festigkeit könne einem Menschen und soviel seelische Größe zufallen. Aber wenn in die Mitte einer tritt und sagt: 3 ,,Keinen Grund gibt es, zu zweifeln, ob man sich, als Mensch geboren, über den Bereich des Menschlichen erheben kann, ob man Schmerzen, Verluste, Geschwüre, Wunden, die großen Bewegungen der rings um einen tobenden Ereignisse unbekümmert betrachten kann, Hartes fügsam erträgt und Glückhaftes bescheiden, weder vor jenem ausweichend noch diesem vertrauend ein und derselbe in verschiedenen Situationen ist und nichts für sein eigen hält außer sich selber. 4 Da bin ich und will euch beweisen, daß unter diesem Zerstörer so vieler Städte wohl die Befestigungen durch den Rammschlag des Sturmbocks ins Wanken kommen, der Türme Höhe durch Stollen und verborgene Gräben plötzlich zum Einsturz gebracht werden und zur Höhe ragender Burgen ein Wall wächst, aber keine Vorrichtungen erfunden werden können, die eine gut gegründete Seele um ihre Ruhe bringen. 5 Hervorgekrochen bin ich eben aus den Trümmern meines Hauses und bin, während Brände von allen Seiten leuchten, vor den Flammen durch Blut geflohen; welch Schicksal meine Töchter ereilt hat, ob ein schlimmeres als die Stadt, ich weiß es nicht; allein und gealtert und Feindliches rings um mich sehend, erkläre ich dennoch, daß unangetastet mein Besitz ist: ich behalte, ich besitze, was ich besessen habe. 6 Keinen Grund gibt es, daß du mich für besiegt und dich für siegreich hältst: besiegt hat dein Schicksal mein Schicksal. Jene Dinge, hinfällig und den Besitzer wechselnd, wo sie sind, ich weiß es nicht; was meinen Besitz angeht – er ist bei mir, er wird bei mir sein. 7 Verloren haben diese Reichen ihr ererbtes Vermögen, die Lüsternen ihre Liebschaften und ihre um den hohen Preis ihres Anstandes geliebten Kokotten, die Ehrgeizigen Rathaus und

et loca exercendis in publico uitiis destinata ; fene-
ratores perdiderunt tabellas, quibus auaritia falso
laeta diuitias imaginatur : ego quidem omnia integra
illibataque habeo. Proinde istos interroga qui flent,
qui lamentantur, strictis gladiis nuda pro pecunia
corpora opponunt, qui hostem onerato sinu fugiunt. »
8 Ergo ita habe, Serene, perfectum illum uirum,
humanis diuinisque uirtutibus plenum, nihil perdere. Bona eius solidis et inexsuperabilibus munimentis praecincta sunt. Non Babylonios illis muros
contuleris, quos Alexander intrauit ; non Cartha-
ginis aut Numantiae moenia, una manu capta ; non
Capitolium arcemue, habent ista hostile uestigium.
Illa, quae sapientem tuentur, et a flamma et ab
incursu tuta sunt, nullum introitum praebent, excelsa,
inexpugnabilia, diis aequa.

VII. 1 Non est quod dicas, ita ut soles, hunc
sapientem nostrum nusquam inueniri. Non fingimus
istud humani ingenii uanum decus nec ingentem
imaginem falsae rei concipimus, sed qualem conformamus exhibuimus, exhibebimus, raro forsitan
magnisque aetatum interuallis unum (neque enim
magna et excedentia solitum ac uulgarem modum
crebro gignuntur); ceterum hic ipse M. Cato, a cuius
mentione haec disputatio processit, uereor ne supra
nostrum exemplar sit.

2 Denique ualidius debet esse quod laedit eo quod
laeditur. Non est autem fortior nequitia uirtute :
non potest ergo laedi sapiens. Iniuria in bonos nisi
a malis non tentatur : bonis inter se pax est. Quod

8 habe *dett.* ; habes *A* ‖ munimentis *uulg.* ; monimentis *A* ‖
illis *Gertz* ; illi *A*.
  VII, 1 ita *uulg.* ; ista *A* ‖ conformamus *Wölfflin* ; confirmamus *A* ‖
2 *Verba* mali tam bonis perniciosi quam inter se *post* pax est *deleui.*

Forum und die Stätten, dazu bestimmt, ihre Charakterschwächen öffentlich zu entfalten; die Wucherer haben verloren ihre Bücher, in denen die Habsucht, über Trügerisches
froh, eingebildeten Reichtum verzeichnet: ich jedenfalls besitze alles unangetastet und unvermindert. Ebenso frag jene,
die weinen, die klagen, blanken Schwertern für ihr Geld die
bloßen Leiber entgegenwerfen, die vor dem Feind, Besitz in
den Kleidern versteckt, fliehen." 8 So also sieh es an,
Serenus: der vollkommene Mann, mit den Vorzügen von
Menschen und Göttern ausgestattet, verliert nichts. Seine
Güter sind mit starken und unüberwindlichen Befestigungen
umgeben. Nicht die Mauern von Babylon kannst du mit
ihnen vergleichen, in die Alexander eindrang, nicht die Mauern von Karthago und Numantia, von *einer* Hand [10] genommen, nicht das Kapitol oder die Burg – sie tragen Spuren des
feindlichen Andrängens. Das, was den Weisen schützt, ist
vor Feuer und vor Ansturm sicher, keinen Zugang bietet es,
ragend, uneinnehmbar, den Göttern gleich.

VII. 1 Keinen Grund gibt es, daß du sagst, so wie du es
gerne tust, dieser unser Weise sei nirgend zu finden. Nicht
denken wir dies als nichtigen Glanz menschlicher Charakterstärke aus, und nicht ersinnen wir ein großartiges Bild von
einer Sache ohne Realität, sondern wie wir ihn uns vorstellen,
haben wir ihn [als wirklich] erwiesen, werden wir ihn erweisen, selten vielleicht und in den großen Abständen von
Zeitaltern nur *einen* (nicht nämlich gibt es Großes, das übliche
und gewöhnliche Maß Übertreffendes häufig); übrigens gerade
dieser Cato, von dessen Erwähnung diese Erörterung ausgegangen ist – vielleicht steht er oberhalb unseres Idealbildes.
2 Endlich muß stärker sein, was verletzt, als das, was verletzt wird. Nicht ist aber sittliche Verkommenheit stärker als
sittliche Vollkommenheit: nicht kann also verletzt werden
der Weise. Unrecht wird gegen Gute nur von Schlechten
gerichtet: die Guten untereinander haben Frieden. Wenn

si laedi nisi infirmior non potest, malus autem bono
infirmior est, nec iniuria bonis nisi a dispari uerenda
est, iniuria in sapientem uirum non cadit. Illud
enim iam non es admonendus, neminem bónum
esse nisi sapientem. 3 — Si iniuste, inquis, Socrates
damnatus est, iniuriam accepit. — Hoc loco intelle-
gere nos oportet posse euenire ut faciat aliquis
iniuriam mihi et ego non accipiam : tamquam si
quis rem quam e uilla mea subripuit in domo mea
ponat, ille furtum fecerit, ego nihil perdiderim.
4 Potest aliquis nocens fieri, quamuis non nocuerit. Si
quis cum uxore sua tamquam cum aliena concumbat,
adulter erit, quamuis illa adultera non sit. Aliquis
mihi uenenum dedit, sed uim suam remixtum cibo
perdidit : uenenum ille dando scelere se obligauit,
etiam si non nocuit. Non minus latro est, cuius telum
opposita ueste elusum est. Omnia scelera etiam ante
effectum operis, quantum culpae satis est, perfecta
sunt. 5 Quaedam eius condicionis sunt et hac uice
copulantur, ut alterum sine altero esse possit, alterum
sine altero non possit. Quod dico conabor facere
manifestum. Possum pedes mouere, ut non curram ;
currere non possum, ut pedes non moveam. Possum,
quamuis in aqua sim, non natare ; si nato, non
possum in aqua non esse. 6 Ex hac sorte et hoc est de
quo agitur : si iniuriam accepi, necesse est factam
esse ; si est facta, non est necesse accepisse me.
Multa enim incidere possunt quae summoueant
iniuriam : ut intentatam manum deicere aliquis
casus potest et emissa tela declinare, ita iniurias

3 inquis *dett.* ; inquit *A* ‖ 4 remixtum *uulg.* ; remixtam *A* ‖ ille
Madvig ; illud *A* ‖ scelere *uulg.* ; sceleri *A* ‖ 6 intentatam manum *unus
dett.* ; intentata manu *A*.

nun lediglich der weniger Starke verletzt wird, der Schlechte
aber schwächer als der Gute ist und Unrecht die Guten nur
von Unebenbürtigen zu fürchten haben, trifft Unrecht den
weisen Mann nicht. Daran nämlich brauchst du nicht mehr
erinnert zu werden, niemand sei gut, wenn nicht der Weise.
3 „Wenn ungerecht", sagst du, „Sokrates verurteilt worden
ist, hat er Unrecht erlitten." An dieser Stelle müssen wir
einsehen, es kann vorkommen, daß einer mir Unrecht tut und
ich erleide es nicht: so, wie wenn einer einen Gegenstand,
den er aus meinem Landhaus heimlich weggenommen hat,
in mein Haus legt, *er* doch wohl einen Diebstahl begangen
hat, *ich* nichts verloren habe. 4 Es kann jemand einer bösen
Tat schuldig werden, obgleich er keinen Schaden verursacht
hat. Wenn jemand bei seiner eigenen Frau, als sei er bei einer
fremden, liegt, ist er ein Ehebrecher, obwohl *sie* keine Ehe-
brecherin ist. Jemand hat mir Gift gegeben, aber seine Kraft
hat es, gemischt mit Speise, verloren: indem er Gift gab, hat
er sich in ein Verbrechen verstrickt, auch wenn es keinen
Schaden angerichtet hat. Ebenso ist ein Straßenräuber, wessen Waffe durch Abwehr mit der Kleidung pariert worden ist.
Alle Verbrechen sind auch vor dem Erfolg der Tat, soweit
genug Schuld besteht, ausgeführt. 5 Manche Dinge haben
diese Voraussetzung und stehen in dieser wechselseitigen
Beziehung, daß das eine ohne das zweite existieren kann, das
zweite nicht ohne das erste. Was ich meine, will ich versuchen
handgreiflich zu machen. Ich kann die Füße bewegen, ohne
zu laufen; laufen kann ich nicht, ohne die Füße zu bewegen.
Ich brauche, obwohl ich im Wasser bin, nicht zu schwimmen;
wenn ich schwimme, muß ich im Wasser sein. 6 Von dieser
Art ist auch das, was hier behandelt wird: wenn ich Unrecht
erleide, muß es getan worden sein; wenn es getan worden ist,
brauche ich es nicht erlitten zu haben. Viel nämlich kann
sich ereignen, was abwehrt Unrecht: wie die erhobene Hand
ein Zufall sinken machen und abgeschossene Pfeile ablenken

qualescumque potest aliqua res repellere et in medio
intercipere, ut et factae sint nec acceptae.

VIII. 1 Praeterea iustitia nihil iniustum pati potest,
quia non coeunt contraria ; iniuria autem non potest
fieri nisi iniuste : ergo sapienti iniuria non potest
fieri. Nec est quod mireris si nemo illi potest iniuriam
facere : ne prodesse quidem quisquam potest. Et
sapienti nihil deest quod accipere possit loco muneris,
et malus nihil potest dignum tribuere sapiente :
habere enim prius debet quam dare ; nihil autem
habet quod ad se transferri sapiens gauisurus sit.
2 Non potest ergo quisquam aut nocere sapienti aut
prodesse, quoniam diuina nec iuuari desiderant nec
laedi possunt, sapiens autem uicinus proximusque
diis consistit, excepta mortalitate similis deo. Ad
illa nitens pergensque excelsa, ordinata, intrepida,
aequali et concordi cursu fluentia, secura, benigna,
bono publico nata, et sibi et aliis salutaria, nihil
humile concupiscet, nihil flebit. 3 Qui, rationi innixus,
per humanos casus diuino incedit animo, non habet
ubi accipiat iniuriam : ab homine me tantum dicere
putas ? ne a fortuna quidem, quae, quotiens cum
uirtute congressa est, numquam par recessit. Si
maximum illud, ultra quod nihil habent iratae leges
ac saeuissimi domini quod minentur, in quo imperium
suum fortuna consumit, aequo placidoque animo
accipimus et scimus mortem malum non esse, ob
hoc ne iniuriam quidem, multo facilius alia tolera-
bimus, damna et dolores, ignominias, locorum com-
mutationes, orbitates, discidia, quae sapientem,

kann, so vermag jedes beliebige Unrecht irgendein Umstand
abzuwenden und unterwegs abzufangen, so daß es begangen
ist und doch nicht erlitten. VIII. 1 Außerdem kann die Gerechtigkeit nichts Unge-
rechtes erleiden, weil nicht sich vereinigen Gegensätze; Un-
recht kann aber nicht geschehen, wenn nicht in ungerechter
Weise: also kann dem Weisen Unrecht nicht geschehen.
Keinen Grund gibt es, daß du dich wunderst, wenn niemand
ihm kann Unrecht tun: nicht einmal nützen kann ihm jemand.
Dem Weisen fehlt nichts, was er annehmen könnte als Geschenk, und der Schlechte kann nichts des Weisen Würdiges
schenken: haben nämlich muß er eher als geben; nichts aber
hat er, worüber der Weise, daß es ihm übertragen wird, sich
freut. 2 Nicht kann also irgendeiner entweder schaden dem
Weisen oder nützen, da ja Göttliches weder Hilfe zu erhalten
wünscht noch verletzt werden kann, der Weise aber in ihrem
Umkreis und am nächsten den Göttern steht, abgesehen von
seiner Sterblichkeit ähnlich dem Gott. Dorthin strebend und
vordringend, dem Erhabenen, Geordneten, Unerschütter-
lichen, in gleichmäßiger und harmonischer Bahn sich Be-
wegenden, Unanfechtbaren, Gütigen, zu allgemeinem Wohl
Geschaffenen, für sich und andere Heilsamen, wird er nichts
Niedriges begehren, nichts beweinen. 3 Wer, auf die Vernunft gestützt, durch die Schicksalsfälle des menschlichen
Lebens mit göttlicher Beseeltheit schreitet, kann nirgend Unrecht erleiden: vom Menschen – ich meinte nur dies, glaubst
du? Nicht einmal vom Schicksal, das, sooft es mit der Mannhaftigkeit gekämpft, niemals als ebenbürtig [den Platz] verlassen hat. Wenn wir jenes Größte, über das hinaus nichts
haben Willkürgesetze und grausamste Tyrannen, was sie
androhen können, worin seine Herrschaft das Schicksal erschöpft, mit gleichmütiger und gelassener Haltung hinnehmen und wissen, der Tod ist kein Übel (deswegen nicht
einmal ein Unrecht), dann werden wir viel leichter anderes
ertragen, Verluste und Schmerzen, Herabsetzungen, Wechsel
des Wohnortes, Sterben von Kindern, Scheidungen – was

etiam si uniuersa circumueniant, non mergunt,
nedum ut ad singulorum impulsus maereat. Et, si
fortunae iniurias moderate fert, quanto magis hominum potentium, quos scit fortunae manus esse!

IX. 1 Omnia itaque sic patitur ut hiemis rigorem
et intemperantiam caeli, ut feruores morbosque et
cetera forte accidentia, nec de quoquam tam bene
iudicat ut illum quicquam putet consilio fecisse,
quod in uno sapiente est. Aliorum omnium non
consilia, sed fraudes et insidiae et motus animorum
inconditi sunt, quos casibus adnumerat. Omne
autem fortuitum circa nos saeuit : et iniuria.

2 Illud quoque cogita, iniuriarum latissime patere
materiam illis per quae periculum nobis quaesitum
est, ut accusatore submisso aut criminatione falsa
aut irritatis in nos potentiorum odiis quaeque alia
inter togatos latrocinia sunt. Est et illa iniuria
frequens, si lucrum alicui excussum est aut praemium
diu captatum, si magno labore affectata hereditas
auersa est et quaestuosae domus gratia erepta. Haec
effugit sapiens, qui nescit nec in spem nec in metum
uiuere. 3 Adice nunc quod iniuriam nemo immota
mente accipit, sed ad sensum eius perturbatur, caret
autem perturbatione uir ereptus erroribus, moderator
sui, altae quietis et placidae. Nam, si tangit illum
iniuria, et mouet et impellit; caret autem ira sapiens,
quam excitat iniuriae species, nec aliter careret
ira nisi et iniuria, quam scit sibi non posse fieri.

3 maereat *uulg.* ; mereat *A.*

IX, 1 adnumerat *dett.* ; adnumerant *A* ‖ et iniuria *dett.* ; et inuitia
A ‖ 2 odiis *Madvig* ; motis *A* ‖ alicui *uulg.* ; alicuius *A* ‖ 3 uir ereptus
erroribus, moderator sui *Madvig* ; uir erectus. erroribus moderator
suis *A* ‖ impellit *Bentley* ; impedit *A* ‖ non posse fieri *uulg.* ; posse
non fieri *A.*

den Weisen, auch wenn es ihn alles zusammen einkreist, nicht
untertauchen kann, geschweige denn, daß er beim Ansturm
von einzelnem Trauer empfindet. Und wenn er des Schicksals Ungerechtigkeiten gefaßt erträgt, wieviel eher die von
Machthabern, die – das weiß er – des Schicksals Werkzeuge
sind!

IX. 1 Alles also erduldet er so wie des Winters Kälte und
die Heftigkeit der Witterung, wie Hitze, Krankheiten und
was sonst zufällig sich ereignet; und über niemand urteilt er
so günstig, daß er glaubt, jener habe etwas aus klarer Absicht getan – was einzig dem Weisen gegeben ist. Alle anderen
haben nicht überlegte Absichten, sondern Tücke, Hinter-
hältigkeit und ungeordnete Seelenregungen, die er zufälligem
Geschehen zurechnet. Alles Zufällige aber wütet nur rings um
uns – auch das Unrecht.

2 Jenes auch bedenke: für Ungerechtigkeiten bietet sich
überaus reiche Gelegenheit in den Situationen, wo man uns
zu gefährden sucht, z. B. mit vorgeschicktem Ankläger oder
mit falscher Beschuldigung oder mit gegen uns aufgebrach-
tem — der Mächtigen — Haß, oder was es sonst unter Bürgern
für andere Gemeinheiten gibt. Es ist auch jenes Unrecht
häufig, daß ein Gewinn jemandem entrissen wird oder eine
Auszeichnung, der man schon lange nachgejagt ist, eine
unter großer Mühe angestrebte Erbschaft einem entwunden
worden ist und eines reichen Hauses einträgliches Wohl-
wollen genommen. Das meidet der Weise, der es nicht versteht, mit dem Blick auf Hoffnung und Furcht zu leben.
3 Setz hinzu, daß Unrecht niemand unbewegten Gemütes
hinnimmt, sondern bei dessen Wahrnehmung erregt wird,
frei aber von Erregung ist ein Mann, wenn er, entzogen allen
Irrungen, Herr seiner selbst, von tiefer Ruhe und friedlicher.
Denn berührt ihn Unrecht, erregt es und bedrängt es ihn;
frei aber ist der Weise von Zorn, den erweckt des Unrechtes
Anblick, und nicht anders wäre er frei von Zorn, wenn nicht
auch von Unrecht, das ihm, wie er weiß, nicht geschehen

Inde tam erectus laetusque est, inde continuo gaudio elatus. Adeo autem ad offensiones rerum hominumque non contrahitur, ut ipsa illi iniuria usui sit, per quam experimentum sui capit et uirtutem tentat. 4 Faveamus, obsecro uos, huic proposito aequisque et animis et auribus adsimus, dum sapiens iniuriae excipitur ! Nec quicquam ideo petulantiae uestrae aut rapacissimis cupiditatibus aut caecae temeritati superbiaeque detrahitur : saluis uitiis uestris haec sapienti libertas quaeritur. Non ut uobis facere non liceat iniuriam agimus, sed ut ille omnes iniurias inultas dimittat patientiaque se ac magnitudine animi defendat. 5 Sic in certaminibus sacris plerique uicerunt caedentium manus obstinata patientia fatigando : ex hoc puta genere sapientem, eorum qui exercitatione longa ac fideli robur perpetiendi lassandique omnem inimicam uim consecuti sunt.

X. 1 Quoniam priorem partem percucurrimus, ad alteram transeamus, qua quibusdam propriis, plerisque uero communibus contumeliam refutabimus. Est minor iniuria, quam queri magis quam exsequi possumus, quam leges quoque nulla dignam uindicta putauerunt. 2 Hunc affectum mouet humilitas animi contrahentis se ob dictum factumue inhonorificum: « Ille me hodie non admisit, cum alios admitteret », et : « Sermonem meum aut superbe auersatus est aut palam risit », et : « Non in medio me lecto, sed in imo collocauit », et alia huius notae, quae quid

---

3 Adeo *uulg.* ; ideo *A* ‖ 4 inultas dimittat *Waltz*; in altum demittat *A*² (dimittat *A*¹) ‖ caedentium *uulg.* ; cedentium *A*.

X, 1 qua *unus dett.* ; quam *A* ‖ refutabimus *unus dett.* ; refutauimus *A* ‖ queri *uulg.* ; quaeri *A* ‖ possumus *uulg.* ; possimus *A* ‖ 2 factumue *Gertz* ; factumque *A*³ (*corr. ex* factum *A*¹) ‖ superbe *uulg.* ; superbae *A*.

kann. Daher ist er so aufrecht und heiter, daher von beständiger Heiterkeit erhoben. So wenig aber läßt er sich bei Kränkungen durch Dinge und Menschen entmutigen, daß ihm gerade Unrecht von Nutzen ist, durch das er eine Erfahrung von sich selbst bekommt und seine sittliche Festigkeit erprobt. 4 Wir wollen – ich bitte euch inständig – treu bleiben diesem Vorsatz und mit gleicher Gesinnung und gleichen Ohren dabeisein, wenn der Weise von Unrecht ausgenommen wird. Und nicht wird deswegen etwas eurem Mutwillen, euren gierigen Leidenschaften oder eurem blinden Leichtsinn entzogen: wohlbehalten bleiben eure Charakterschwächen, während sich diese Freiheit der Weise erringt. Nicht drängen wir darauf, daß ihr die Freiheit, Unrecht zu tun, nicht haben sollt, sondern daß *er* auf Rache für alle Ungerechtigkeiten verzichtet und sich mit Geduld und Seelengröße verteidigt. 5 So haben bei den Göttern geweihten Wettkämpfen viele gesiegt, indem sie der Schlagenden Hände durch hartnäckige Geduld ermüdeten: von dieser Art stell dir den Weisen vor, zu denen gehörig, die durch lange, verläßliche Übung die Stärke, alle feindliche Gewalt auszuhalten und zunichte zu machen, erreicht haben.

X. 1 Da wir den ersten Teil durchgegangen sind, wollen wir zum zweiten übergehen, in dem wir mit einigen speziellen, vorwiegend aber allgemeinen Argumenten die Beleidigung als unwesentlich erweisen werden. Sie ist ein kleineres Unrecht, das wir mehr beklagen als verfolgen können, welches auch die Gesetze keiner Strafe für würdig gehalten haben. 2 Diese Empfindung stammt aus engherziger Gesinnung, die sich erregt wegen einer ehrenrührigen Äußerung oder Handlung: „Er hat mich heute nicht vorgelassen, obwohl er andere eintreten ließ", und: „Von der Unterhaltung mit mir hat er sich voll Hochmut abgewendet oder sie öffentlich lächerlich gemacht", und: „Nicht an der Mitte der Tafel[11], sondern unten hat er mir meinen Platz bestimmt", und anderes dieser

uocem nisi querellas nausiantis animi ? In quae
fere delicati et felices incidunt ; non uacat enim
haec notare cui peiora instant. 3 Nimio otio ingenia
natura infirma et muliebria et inopia uerae iniuriae
lasciuientia his commouentur, quorum pars maior
constat uitio interpretantis. Itaque nec prudentiae
quicquam in se esse nec fiduciae ostendit qui contumelia afficitur. Non dubie enim contemptum se
iudicat, et hic morsus non sine quadam humilitate
animi euenit supprimentis se ac descendentis.
Sapiens autem a nullo contemnitur : magnitudinem
suam nouit, nullique tantum de se licere renuntiat
sibi, et omnes has quas non miserias animorum,
sed molestias dixerim non uincit, sed ne sentit
quidem. 4 Alia sunt quae sapientem feriunt, etiam
si non peruertunt, ut dolor corporis et debilitas aut
amicorum liberorumque amissio et patriae bello
flagrantis calamitas : haec non nego sentire sapientem, nec enim lapidis illi duritiam ferriue asserimus.
Nulla uirtus est, quae non sentias perpeti. Quid ergo
est ? quosdam ictus recipit, sed receptos euincit et
sanat et comprimit ; haec uero minora ne sentit quidem nec aduersus ea solita illa uirtute utitur dura
tolerandi, sed aut non adnotat aut digna risu putat.

XI. 1 Praeterea, cum magnam partem contumeliarum superbi insolentesque faciant et male felicitatem ferentes, habet quo istum affectum inflatum
respuat, pulcherrimam uirtutem omnium, animi
magnitudinem. Illa quicquid eiusmodi est trans-
currit, ut uanas species somniorum uisusque noctur-

3 quorum *dett.* ; quarum *A* ‖ renuntiat *unus dett.* ; nuntiat *A*
4 sentias *uulg.* ; sentiat se *A*.
XI, 1 magnitudinem *Waltz* ; magnanimitatem *A*.

Art – was soll ich es anders nennen als Nörgeleien einer ver-
drießlichen Seele? Darauf verfallen ziemlich Verwöhnte und
vom Glück Begünstigte; nicht hat nämlich Zeit, dies zu rügen,
wen Schlimmeres bedroht. 3 Bei allzu großer Muße lassen sich
manche Charaktere, von Natur schwach und weibisch und
durch Fehlen von ernstem Unrecht überheblich, durch solche
Dinge beeindrucken, deren größerer Teil besteht im Miß-
verstehen des Betroffenen. Daher zeigt, es wohne ihm keinerlei Klugheit und Vertrauen inne, wer sich von Beleidigung
beeindrucken läßt. Ohne Zweifel nämlich hält er sich für
mißachtet, und dieser ätzende Schmerz stellt sich nicht ohne
eine gewisse Engherzigkeit eines sich herabsetzenden und
erniedrigenden Charakters ein. Der Weise aber läßt sich von
niemandem verachten: seine Größe kennt er, und er sagt
sich, niemandem sei so etwas ihm gegenüber gestattet, und
alle diese – nicht seelische Schmerzen möchte ich sie nennen,
sondern – Verdrießlichkeiten überwindet er nicht, sondern
bemerkt sie nicht einmal. 4 Anderes ist es, was den Weisen
betrifft, auch wenn es ihn nicht zu Boden wirft, wie körperlicher Schmerz und Hinfälligkeit oder Verlust von Freunden
und Kindern und des Vaterlandes, wenn es im Kriege brennt,
Unglück: dies, ich bestreite es nicht, empfindet der Weise,
nicht nämlich des Steines Härte oder des Eisens schreiben
wir ihm zu. Nicht ist es männliche Charakterstärke, was man
nicht empfindet, zu ertragen. Wie also steht es? Manche
Schläge muß er hinnehmen, aber danach überwindet er sie
und heilt und unterdrückt sie; diese Nichtigkeiten aber bemerkt er nicht einmal, und nicht braucht er gegen sie jene
gewohnte Fähigkeit einzusetzen, Hartes zu ertragen, sondern
entweder nimmt er sie nicht zur Kenntnis oder sieht sie als
lächerlich an.

XI. 1 Außerdem: während einen großen Teil der Beschimpfungen Überhebliche und Unverschämte begehen und
Menschen, die ihr Glück nicht zu tragen verstehen, hat er,
um diese Aufgeblasenheit zurückzuweisen, die schönste aller
Tugenden – Großmut. Sie – was immer dieser Art ist, sie
läßt es außer acht, wie nichtige Traumgebilde und nächt-

nos nihil habentes solidi atque ueri. 2 Simul illud
cogitat, omnes inferiores esse quam ut illis audacia
sit tanto excelsiora despicere. Contumelia a contemptu
dicta est, quia nemo nisi quem contempsit tali iniuria
notat ; nemo autem maiorem melioremque contemnit,
etiam si facit aliquid quod contemnentes solent. Nam
et pueri os parentium feriunt, et crines matris tur-
bauit lacerauitque infans et sputo aspersit, aut nuda-
uit in conspectu suorum tegenda et uerbis obsce-
nioribus non pepercit, et nihil horum contumeliam
dicimus. Quare ? quia qui facit contemnere non potest.
3 Eadem causa est cur nos mancipiorum nostrorum
urbanitas in dominos contumeliosa delectet, quorum audacia ita demum sibi in conuiuas ius facit,
si coepit a domino, et, ut quisque contemptissimus
et in ludibrium est, ita solutissimae linguae est.
Pueros quidam in hoc mercantur procaces, et illorum impudentiam acuunt ac sub magistro habent,
qui probra meditate effundant, nec has contumelias
uocamus, sed argutias. Quanta autem dementia
est iisdem modo delectari, modo offendi, et rem ab
amico dictam maledictum uocare, a seruulo ioculare
conuicium !

XII. 1 Quem animum nos aduersus pueros habemus, hunc sapiens aduersus omnes, quibus etiam
post iuuentam canosque puerilitas est. An quicquam
isti profecerunt, quibus animi mala sunt auctique
in maius errores, qui a pueris magnitudine tantum
formaque corporum differunt, ceterum non minus
uagi incertique, uoluptatum sine dilectu appetentes,

----

2 qui facit *uulg.* ; qui fecit *A* ‖ 3 in ludibrium *Waltz* ; ut ludibrium *A* ‖ effundant *uulg.* ; effundunt *A* ‖ iisdem *uulg.* ; hisdem *A* ‖
ioculare *uulg.* ; ioculari *A*.

liche Erscheinungen, die ohne Festes und Wahres sind. 2 Zugleich denkt sie daran, alle seien zu niedrig, als daß sie die Unverschämtheit besäßen, so hoch über ihnen Stehendes zu mißachten. [Das Wort] *Beleidigung* kommt von *verächtlicher Gesinnung*[12], weil niemand jemanden – außer wen er verachtet – mit solchem Unrecht kränkt; niemand aber verachtet einen Größeren und Besseren, auch wenn er etwas tut, was Verachtende gewöhnlich tun. Denn Knaben schlagen die Eltern ins Gesicht, und die Haare der Mutter verwirrt und zerzaust das Kind und bespritzt sie mit Speichel, oder es entblößt vor den Augen der Seinen, was bedeckt zu sein hätte, und mit anstößigen Worten spart es nicht – und nichts davon nennen wir Beleidigung. Warum? Weil, wer es tut, nicht verachten kann. 3 Derselbe Grund ist es, warum unserer Sklaven freimütiger, bis zur Beleidigung gehender Witz ihren Herren gegenüber uns belustigt; ihre Dreistigkeit schafft sich so schließlich ein Recht gegenüber den Gästen, wenn sie begonnen hat beim Herrn, und je unbedeutender jeder ist und ein Gespött, desto loser ist sein Mundwerk. Jungs kaufen manche zu diesem Zweck, freche – und ihre Schamlosigkeit schärfen sie und unterstellen sie einem Lehrer –, die Schmähworte mit Überlegung von sich geben, und nicht nennen wir das Beleidigung, sondern geistreiche Einfälle. Welche Unvernunft aber ist es, an demselben sich bald zu erheitern, bald sich darüber gekränkt zu fühlen und das Wort eines Freundes als Schmähung zu bezeichnen, das eines kleinen Sklaven als spaßhafte Stichelei!

XII. 1 Wie wir uns gegenüber Kindern verhalten, so der Weise gegenüber allen, die auch nach der Jugend und nach dem Ergrauen der Haare ihre Kindlichkeit behalten haben. Oder sind diejenigen etwas vorangekommen, denen seelische Schwächen geblieben sind und weiter angewachsen sind die Irrtümer? Die von Kindern durch die Größe nur und Gestalt ihrer Körper sich unterscheiden, sonst aber nicht weniger unbeständig und haltlos, nach Genüssen ohne Wahl ver-

trepidi, et non ingenio, sed formidine quieti ? 2 Non
ideo quicquam inter illos puerosque interesse quis
dixerit, quod illis talorum nucumue et aeris minuti
auaritia est, his auri argentique et urbium, quod illi
inter ipsos magistratus gerunt et praetextam fas-
cesque ac tribunal imitantur, hi eadem in Campo
Foroque et in Curia serio ludunt, illi in litoribus
harenae congestu simulacra domuum excitant, hi,
ut magnum aliquid agentes in lapidibus ac parietibus
et tectis moliendis occupati, tutelae corporum inuenta
in periculum uerterunt. Ergo par pueris longiusque
progressis, sed in alia maioraque error est. 3 Non
immerito itaque horum contumelias sapiens ut iocos
accipit, et aliquando illos tamquam pueros malo
poenaque admonet, non quia accepit iniuriam, sed
quia fecerunt et ut desinant facere. Sic enim et
pecora uerbere domantur, nec irascimur illis cum
sessorem recusauerunt, sed compescimus, ut dolor
contumaciam uincat. Ergo et illud solutum scies,
quod nobis opponitur : quare, si non accepit iniuriam
sapiens nec contumeliam, punit eos qui fecerunt ?
Non enim se ulciscitur, sed illos emendat.

XIII. 1 Quid est autem quare hanc animi firmitatem non credas in uirum sapientem cadere, cum
tibi in aliis idem notare, sed non ex eadem causa
liceat ? Quis enim phrenetico medicus irascitur ?
quis febricitantis et a frigida prohibiti maledicta
in malam partem accipit ? 2 Hunc affectum aduersus
omnes habet sapiens, quem aduersus aegros suos
medicus, quorum nec obscena, si remedio egent,
contrectare nec reliquias et effusa intueri dedi-

XII, 2 simulacra *uulg.*; simulac *A* (*erasis, ut uidetur*, ra) ‖ agentes *uulg.*,
egentes *A* (*corr. ex* degentes) ‖ 3 admonet *Fickert* ; admonet afficit *A*.

langend, furchtsam, und nicht aus Einsicht, sondern aus
Angst ruhig? 2 Nicht deswegen wird einer sagen, es bestehe
zwischen jenen und den Kindern ein Unterschied, weil Kinder
auf Würfel, Nüsse und Kleingeld Gier haben, diese auf Gold,
Silber und Städte, weil jene unter sich Beamte spielen und
Amtstracht, Rutenbündel und Gerichtsstätte nachahmen,
diese dasselbe Spiel auf Marsfeld, Forum und in der Kurie im
Ernst betreiben, jene am Strand durch Anhäufen von Sand
Abbilder von Häusern errichten, diese, als betrieben sie etwas
Großes, beschäftigt, Steine zu bewegen und Mauern und
Dächer zu erbauen, zum Schutze der Körper Erfundenes in
Gefahr verwandelt haben. Also: Knaben *und* Erwachsene
leiden an demselben Irrtum, aber er geht auf anderes und
Größeres. 3 Nicht zu Unrecht nimmt daher deren Beleidigungen der Weise wie Scherze hin, und manchmal ermahnt
er sie wie Kinder mit Unannehmlichkeit und Strafe, nicht,
weil *er* Unrecht erlitten hat, sondern weil *sie* es begangen
haben und damit sie es zu tun aufhören. So nämlich werden
auch Tiere durch Schläge gezähmt, und nicht zürnen wir
ihnen, wenn sie den Reiter nicht aufsitzen lassen, sondern
zügeln sie, damit Schmerz ihre Widerspenstigkeit breche.
Also ist auch dieser Einwand gelöst, siehst du, den man uns
entgegenhält: warum, wenn kein Unrecht erleidet der Weise
und keine Beleidigung, straft er die, die es getan haben?
Nicht nämlich rächt er sich, sondern bessert sie.

XIII. 1 Welchen Grund gibt es aber, daß du nicht
glaubst, diese Festigkeit der Seele falle einem weisen Manne
zu, obwohl dir doch an anderen dasselbe zu beobachten
– aber nicht aus demselben Anlaß – möglich ist? Welcher
Arzt nämlich zürnt einem Tobsüchtigen? Wer, wenn einer
fiebert und ihm kaltes Wasser vorenthalten wird, nimmt seine
Schmähungen übel? 2 Diese Einstellung hat gegenüber
allen der Weise, wie gegenüber seinen Patienten der Arzt;
weder ihre Schamteile, wenn sie Heilung brauchen, zu be-
tasten noch ihre Exkremente und ihren Urin zu betrachten

gnatur, nec per furorem saeuientium excipere conuicia. Scit sapiens omnes hos qui togati purpuratique
incedunt ualentes coloratos esse, quos non aliter
uidet quam aegros intemperantes. Itaque ne suc-
censet quidem si quid in morbo petulantius ausi
sunt aduersus medentem et, quo animo honores
eorum nihilo aestimat, eodem parum honorifice
facta. 3 Quemadmodum non placebit sibi si illum
mendicus coluerit, nec contumeliam iudicabit si
illi homo plebis ultimae salutanti mutuam saluta-
tionem non reddiderit, sic ne se suspiciet quidem
si illum multi diuites suspexerint (scit enim illos
nihil a mendicis differre, immo miseriores esse : illi
enim exiguo, hi multo egent), et rursus non tangetur
si illum rex Medorum Attalusue Asiae salutantem
silentio ac uultu arroganti transierit. Scit statum eius
non magis habere quicquam inuidendum quam eius
cui in magna familia cura obtigit aegros insanosque
compescere. 4 Num moleste feram, si mihi non reddiderit nomen aliquis ex his qui ad Castoris negotiantur,
nequam mancipia ementes uendentesque, quorum
tabernae pessimorum seruorum turba refertae sunt ?
Non, ut puto. Quid enim is boni habet, sub quo nemo
nisi malus est ? Ergo, ut huius humanitatem inhu-
manitatemque neglegit, ita et regis : « Habes sub
te Parthos et Medos et Bactrianos, sed quos metu
contines, sed propter quos remittere arcum tibi
non contigit, sed hos deterrimos, sed uenales, sed
nouum aucupantes dominium. » 5 Nullius ergo moue-
bitur contumelia : omnes enim inter se differant,

XIII, 2 ualentes coloratos esse *Waltz* ; ualentes coloratos male
sanos esse *A* ‖ 3 ne se suspiciet *Fickert*; ne suspiciet *A* ‖ 4 nequam
uulg. ; nequa *A* ‖ hos deterrimos *Waltz* ; postterrimos *A* ‖ dominium
delt. ; dominum *A* ‖ 5 differant *Gertz* : differunt *A*.

hält er für seiner unwürdig, noch beim Anfall von Tobsüchtigen Beschimpfungen hinzunehmen. Er weiß, der Weise: alle, die in Toga und Purpur einherschreiten, haben nur die frische Farbe wie Gesunde – er sieht sie nicht anders an als unenthaltsame Kranke. Daher wird er nicht einmal ärgerlich, wenn sie in ihrer Krankheit sich eine Ungezogenheit herausnehmen gegen den Heilenden, und wie er aus ihren Auszeichnungen sich nichts macht, so aus ihrem zu wenig ehrerbietigen Verhalten. 3 Wie er es sich nicht zugute halten wird, wenn ihn ein Bettler achtungsvoll grüßt, und er es nicht für eine Schmach ansehen wird, wenn ihm ein Mensch niedrigster Herkunft auf seinen Gruß keinen Gegengruß entbietet, so wird er sich nicht einmal Achtung abnötigen, wenn ihn viele Reiche hochachten (er weiß nämlich, daß sich jene in nichts von Bettlern unterscheiden, im Gegenteil unglücklicher dransind: jene nämlich brauchen wenig, diese viel), und umgekehrt wird es ihn ungerührt lassen, wenn an ihm der Perserkönig oder König Attalus[13] von Asien trotz seines Grußes mit Schweigen und hochmütiger Miene vorübergeht. Er weiß, dessen Stellung gibt nicht ein wenig mehr Anlaß zu Neid als dessen, der in einem großen Gesinde die Aufgabe hat, die Kranken und Wahnsinnigen zu bändigen. 4 Nehme ich es vielleicht übel, wenn mir den Gruß nicht erwidert einer von den Männern, die am Castortempel ihr Geschäft machen mit Kauf und Verkauf minderer Sklaven, deren Buden mit übelster Sklaven Gesindel vollgestopft sind? Nicht, wie ich meine. Was nämlich hat der Gutes, dem niemand außer einem Schlechten untersteht? Also: wie er dessen feine oder ungehobelte Lebensart nicht beachtet, so auch des Königs: ,,Du hast unter dir Parther, Meder, Baktrier, aber mit Furcht hältst du sie in der Zucht, aber ihretwegen darfst du den Bogen nicht entspannen, diese Lumpen, bestechliches Pack, auf neue Herrschaft wartend." 5 Keines Menschen Mißachtung wird ihn aus der Ruhe bringen: sollen sich alle voneinander unterscheiden, der Weise jedenfalls hält sie alle

sapiens quidem pares illos ob aequalem stultitiam
omnes putat. Nam, si semel se demiserit eo ut aut
iniuria moueatur aut contumelia, non poterit umquam
esse securus; securitas autem proprium bonum sapientis est. Nec committet ut iudicando contumeliam sibi
factam honorem habeat ei qui fecit; necesse est enim,
a quo quisque contemni moleste ferat, suspici gaudeat.

XIV. 1 Tanta quosdam dementia tenet, ut sibi
contumeliam fieri putent posse a muliere. Quid refert
quam adeant, quot lecticarios habentem, quam
oneratas aures, quam laxam sellam ? Aeque imprudens animal est et, nisi scientia accessit ac multa
eruditio, ferum, cupiditatum incontinens. Quidam
se a cinerario impulsos moleste ferunt et contumeliam uocant ostiarii difficultatem, nomenclatoris
superbiam, cubicularii supercilium. O quantus inter
ista risus tollendus est, quanta uoluptate implendus
animus ex alienorum errorum tumultu contemplanti
quietem suam! 2 — Quid ergo ? sapiens non accedet
ad fores quas durus ianitor obsidet ? — Ille uero, si
res necessaria uocabit, experietur, et illum, quisquis
erit, tamquam canem acrem obiecto cibo leniet, nec
indignabitur aliquid impendere ut limen transeat,
cogitans et in pontibus quibusdam pro transitu
dari. Itaque illi quoque, quisquis erit, qui hoc salu-
tationum publicum exerceat donabit : scit emere
uenalia. Ille pusilli animi est, qui sibi placet quod
ostiario libere respondit, quod uirgam eius fregit,
quod ad dominum accessit et petiit corium. Facit se
aduersarium qui contendit, et, ut uincat, par fuit.

XIV, 1 adeant *Waltz*; habeant *A* ‖ quot *uulg.*; quod *A* ‖ Aeque *uulg.*;
aequae *A* ‖ inter ista risus *unus dett.* (risus inter ista *Gertz*); risus inter
ista risus *A* ‖ tollendus *uulg.* ; tolerandus *A* ‖ 2 petiit *uulg.*; petit *A*.

für gleich wegen der gleichen Torheit. Denn wenn er sich einmal herabläßt, sich von Unrecht betroffen zu fühlen oder von Beschimpfung, wird er niemals innerlich ruhig sein können; innere Sicherheit aber ist das eigentliche Gut des Weisen. Er wird sich hüten zu glauben, er sei beleidigt worden, und dadurch Ehre dem zu erweisen, der ihn beleidigt hat; denn unausweichlich ist: der, von dem mißachtet zu werden ein jeder sich ärgert, empfindet das voll Freude als Anerkennung.

XIV. 1 So große Unvernunft hält manche Menschen in Bann, daß sie meinen, Beleidigung könne ihnen widerfahren von einer Frau. Was kommt es darauf an, welcher Frau sie sich nähern, wieviele Sänftenträger sie hat, wie [von Schmuck] beschwert ihre Ohren, wie bequem ihr Sessel? Ein unterschiedslos unverständiges Wesen ist sie, und wenn nicht Wissen hinzukommt und viel Erziehung, ein wildes Tier, seiner Begierden nicht mächtig. Manche nehmen es übel, wenn sie vom dem Sklaven, der die Haare kräuselt, einen Stoß erhalten haben, und beleidigendes Verhalten nennen sie des Türhüters Unzugänglichkeit, des Namennenners Überheblichkeit, des Kammerdieners gehobene Augenbraue. Ach, welch lautes Gelächter muß man bei solchen Kleinigkeiten erheben, welch große Freude muß empfinden, wer von fremder Verirrungen Getümmel weg den Blick auf seine Ruhe richtet! 2 ,,Wie also? Der Weise wird sich nicht nähern der Tür, die ein unzugänglicher Türhüter bewacht?" Er aber, wenn eine dringende Angelegenheit ruft, wird es versuchen, und ihn, wer immer es ist, wird er – wie einen scharfen Hund mit einem leckeren Köder – besänftigen, nicht wird er es für unwürdig halten, etwas aufzuwenden, um die Schwelle zu überschreiten, im Gedanken daran, auch auf manchen Brücken werde für den Übergang gezahlt. Daher wird er auch bei ihm, wer immer es ist, der diese ,,Begrüßungsgebühr" erhebt, zahlen: er weiß, er kauft Käufliches. Jener ist kleinen Geistes, der sich darin gefällt, daß er dem Türhüter ,,freimütig" geantwortet, daß er dessen Stab zerbrochen, daß er zum Herrn vorgedrungen und verlangt die Peitsche. Es macht sich zum Gegner, wer streitet, und hat

3 — At sapiens colapho percussus quid faciet? —
Quod Cato, cum illi os percussum esset : non excan-
duit, non uindicauit iniuriam, ne remisit quidem, sed
factam negauit ; maiore animo non agnouit quam
ignouisset. Non diu in hoc haerebimus : quis enim
nescit nihil ex his quae creduntur mala aut bona ita
uideri sapienti ut omnibus ? 4 Non respicit quid
homines turpe iudicent aut miserum ; non it qua
populus, sed, ut sidera contrarium mundi iter inten-
dunt, ita hic aduersus opinionem omnium uadit.

XV. 1 Desinite itaque dicere : « Non accipiet ergo
sapiens iniuriam, si caedetur, si oculus illi eruetur ?
non accipiet contumeliam, si obscenorum uocibus
improbis per forum agetur, si in conuiuio regis
recumbere infra mensam uescique cum seruis igno-
miniosa officia sortitis iubebitur, si quid aliud ferre
cogetur eorum quae excogitari pudori ingenuo
molesta possunt ? » 2 In quantumcumque ista uel
numero uel magnitudine creuerint, eiusdem naturae
erunt : si non tangent illum parua, ne maiora quidem ; si non tangent pauca, ne plura quidem. Sed
ex imbecillitate uestra coniecturam capitis ingentis
animi, et, cum cogitastis quantum putetis uos pati
posse, sapientis patientiae paulo ulteriorem termi-
num ponitis. At illum in aliis mundi finibus sua uirtus
collocauit, nihil uobiscum commune habentem.
3 Quaere et aspera et quaecumque toleratu grauia
sunt audituque et uisu refugienda : non obruetur
eorum coetu et, qualis singulis, talis uniuersis obsistet.
Qui dicit illud tolerabile sapienti, illud intolerabile
et animi magnitudinem intra certos fines tenet, male

---

4 it *uulg.* ; iit *A* (*praue corr. ex* hit).
XV, 3 Quaere *Madvig* ; quare *A*.

sich, mag er siegen, auf die gleiche Stufe gestellt. 3 „Aber der Weise – von einer Ohrfeige getroffen: was wird er tun?" Was Cato getan hat, als man ihn ins Gesicht geschlagen: er ist nicht aufgebraust, hat nicht gerächt die schwere Beleidigung, hat sie nicht einmal abgewiesen, sondern bestritten, daß sie geschehen; größer die Haltung, in der er sie nicht anerkannt hat, als mit der er sie verziehen hätte. Nicht lange werden wir dabei uns aufhalten: wer nämlich weiß nicht, daß nichts von dem, was für schlecht oder gut gehalten wird, derart dem Weisen vorkommt wie der Menge? 4 Nicht achtet er darauf, was die Menschen für schimpflich erklären oder unglücklich; nicht geht er, wo das Volk, sondern wie die Sterne den entgegengesetzten Weg wie die Welt einschlagen, so schreitet *er* gegen die Richtung der allgemeinen Auffassung.

XV. 1 Hört also auf zu sprechen: „Nicht erleidet also der Weise Unrecht, wenn er geschlagen, wenn ein Auge ihm herausgerissen wird? Nicht erleidet er eine Kränkung, wenn er unter des Pöbels bösartigen Worten über das Forum gejagt wird, wenn er beim Gastmahl des Königs Platz zu nehmen unten am Tisch und zu essen mit Sklaven, die zu entehrenden Diensten bestimmt, geheißen wird, wenn er etwas anderes zu ertragen gezwungen wird von den Dingen, die sich auszudenken dem Taktgefühl des freien Mannes nur peinlich sein können?" 2 Zu welcher Größe immer dergleichen an Zahl und Bedeutung anwächst, von derselben Art wird es sein: wenn ihn nicht berührt Kleines, so nicht einmal Größeres; wenn ihn nicht berührt wenig, so nicht einmal mehr. Aber aus eurer Schwäche entnehmt ihr den Schluß auf einen bedeutenden Kopf, und wenn ihr bedacht habt, wieviel *ihr* meint ertragen zu können, setzt ihr die Grenze für des Weisen Leidensfähigkeit ein wenig weiter. Aber *ihm* hat an anderer Stelle des Alls seine sittliche Vollendetheit einen Platz angewiesen, denn nichts hat er mit euch gemein. 3 Such Hartes und was immer zu ertragen schwerfällt, was zu hören und zu sehen an Flucht denken läßt: nicht wird er begraben durch deren Zusammentreffen, und wie jedem einzeln, so wird er allem zusammen Widerstand leisten. Wer behauptet, dies sei erträglich für den Weisen, jenes unerträglich, und seine seelische Größe innerhalb bestimmter Grenzen hält, fängt es schlecht an: es bezwingt uns das Schick-

agit : uincit nos fortuna, nisi tota uincitur. 4 Ne putes
istam stoicam esse duritiam, Epicurus, quem uos
patronum inertiae uestrae assumitis putatisque mollia
ac desidiosa praecipere et ad uoluptates ducentia :
« Raro, inquit, sapienti fortuna interuenit. » Quam
paene emisit uiri uocem ! Vis tu fortius loqui et
illam ex toto summouere! 5 Domus haec sapientis
angusta, sine cultu, sine strepitu, sine apparatu,
nullis asseruatur ianitoribus turbam uenali fastidio
digerentibus, sed per hoc limen uacuum et ab ostiariis
liberum fortuna non transit : scit non esse illic sibi
locum, ubi sui nihil est.

XVI. 1 Quod si Epicurus quoque qui corpori
plurimum indulsit, aduersus iniurias exsurgit, quid
apud nos incredibile uideri potest aut supra humanae naturae mensuram ? Ille ait iniurias tolerabiles
esse sapienti, nos iniurias non esse. 2 Nec enim est
quod dicas hoc naturae repugnare : non negamus
rem incommodam esse uerberari et impelli et aliquo
membro carere, sed omnia ista negamus iniurias
esse ; non sensum illis doloris detrahimus, sed nomen
iniuriae, quod non potest recipi uirtute salua. Vter
uerius dicat uidebimus ; ad contemptum quidem
iniuriae uterque consentit. Quaeris quid inter duos
intersit ? Quod inter gladiatores fortissimos, quorum
alter premit uulnus et stat in gradu, alter respiciens
ad clamantem populum significat nihil esse et inter-
cedi non patitur. 3 Non est quod putes magnum quo
dissidemus : illud quo de agitur, quod unum ad
nos pertinet, utraque exempla hortantur, contemnere iniurias et quas iniuriarum umbras ac suspiciones dixerim, contumelias, ad quas despiciendas

XVI, 3 quo (*ante* dissidemus) *uulg.* ; quod *A* ‖ nos *uulg.* ; uos *A*.

sal, wenn es nicht ganz bezwungen wird. 4 Nicht darfst du
denken, das sei stoische Härte – Epikur, den ihr zum Schirm-
herrn eurer Lässigkeit nehmt und der, wie ihr meint, Weich-
lichkeit und Müßiggang lehre und was zum Genuß führt, er
sagt: „Selten tritt dem Weisen das Schicksal in den Weg."
Welch – nahezu eines Mannes – Wort hat er gesprochen!
Wolle *du* männlicher sprechen und das Schicksal gänzlich aus
dem Wege schaffen! 5 Dies Haus des Weisen, eng, ohne
Verfeinerung, ohne Lärm, ohne Aufwand, wird von keinen
Türstehern behütet, die die Menge mit käuflichem Hochmut
ordnen, aber über diese leere und von Türwächtern freie
Schwelle kann das Schicksal nicht treten: es weiß, nicht hat
es dort einen Platz, wo ihm nichts gehört.

XVI. 1 Wenn nun auch Epikur, der dem Körper sehr viel
nachsieht, gegen Ungerechtigkeiten aufsteht, was kann dann
bei uns unglaubwürdig erscheinen oder überschreitend
menschliches Maß? Jener sagt, Unrecht ist erträglich für
den Weisen, wir, Ungerechtigkeiten gibt es nicht. 2 Nicht
nämlich besteht ein Grund, daß du sagst, das widerstrebe der
Natur: durchaus nicht leugnen wir, unangenehm sei es, ge-
peitscht zu werden oder gestoßen und ein Glied nicht mehr
zu haben, sondern dies alles, behaupten wir, seien keine Ungerechtigkeiten; nicht das Gefühl des Schmerzes sprechen
wir diesen Vorgängen ab, sondern die Bezeichnung Unrecht,
weil man es nicht erleiden kann, wenn die charakterliche
Festigkeit ungebrochen. Wer von beiden der Wahrheit näher
ist, werden wir sehen; in der Geringschätzung jedenfalls des
Unrechtes stimmen beide überein. Du fragst, welcher Unterschied zwischen beiden bestehe? Der, welcher zwischen zwei
sehr tapferen Gladiatoren besteht, von denen der eine seine
Wunde sich nicht anmerken läßt und Haltung bewahrt, der
andere, mit einem Blick auf das Geschrei des Volkes, erklärt,
es sei nichts, und kein Einschreiten duldet. 3 Nicht
brauchst du für wesentlich zu halten, worin wir verschiedener
Meinung sind: das, worum es geht, was einzig uns betrifft,
legen beide Beispiele nahe, geringzuachten die Ungerechtigkeiten und, was ich als Spiegelbild von Ungerechtigkeiten
und als Ahnung bezeichnen möchte, Beleidigungen, auf die

non sapiente opus est uiro, sed tantum consipiente,
qui sibi possit dicere : « Vtrum merito mihi ista accidunt an immerito ? Si merito, non est contumelia,
iudicium est ; si immerito, illi qui iniusta facit eru-
bescendum est. » 4 Et quid est illud quod contumelia
dicitur ? In capitis mei leuitatem iocatus est et in
oculorum ualetudinem et in crurum gracilitatem et
in staturam : quae contumelia est, quod apparet
audire ? Coram uno aliquid dictum ridemus, coram
pluribus indignamur, et eorum aliis libertatem non
relinquimus, quae ipsi in nos dicere assueuimus ;
iocis temperatis delectamur, immodicis irascimur.

XVII. 1 Chrysippus ait quendam indignatum quod
illum aliquis ueruecem marinum dixerat. In senatu
flentem uidimus Fidum Cornelium, Nasonis Ouidii
generum, cum illum Corbulo struthocamelum depi-
latum dixisset : aduersus alia maledicta mores et
uitam conuulnerantia frontis illi firmitas constitit,
aduersus hoc tam absurdum lacrimae prociderunt.
Tanta animorum imbecillitas est, ubi ratio discessit !
2 Quid quod offendimur si quis sermonem nostrum
imitatur, si quis incessum, si quis uitium aliquod
corporis aut linguae exprimit ? Quasi notiora illa
fiant alio imitante quam nobis facientibus ! Senectutem quidam inuiti audiunt et canos et alia ad
quae uoto peruenitur. Paupertatis maledictum quosdam perussit, quam sibi obiecit quisquis abscondit.
Itaque materia petulantibus et per contumeliam
urbanis detrahitur, si ultro illam et prior occupes :

3 consipiente *Ruben*; conspiciente *A* ‖ qui sibi possit *uulg.* ; quisi-
possit *A* (quidsipossit *praue corr. manus recentior*).

XVII, 1 ueruecem *uulg.* ; berbecem *A*‖uitam *uulg.* ; uitia *A* ‖ 2 quidam *uulg.* ; quidem *A*.

herabzusehen gar nicht ein weiser Mann nötig ist, sondern nur ein vernünftiger, der sich zu sagen vermag: ,,Zu Recht geschieht mir dies oder zu Unrecht? Wenn zu Recht, ist es nicht Beleidigung, ein Urteil ist es; wenn zu Unrecht, muß der, der Unrechtes tut, erröten." 4 Und was ist das, was man Beleidigung nennt? Über meine Kahlköpfigkeit hat man sich lustig gemacht oder Augenkrankheit, meine dünnen Beine oder meine Erscheinung – das ist eine Beleidigung: was offenkundig ist, gesagt zu bekommen? Unter vier Augen lachen wir über ein Witzwort, vor mehr Menschen entrüsten wir uns, und zu diesen Dingen lassen wir anderen die Freiheit nicht, die wir selber gegen uns vorzubringen gewohnt sind; an maßvollen Witzen haben wir unsere Freude, über maßlose erzürnen wir.

XVII. 1 Chrysippus berichtet, jemand habe sich empört, daß ihn einer Meerhammel genannt hatte. Im Senat haben wir erlebt, wie Cornelius Fidus weinte, des Ovidius Naso Schwiegersohn, als ihn Corbulo einen Vogel Strauß, einen gerupften, genannt hatte; gegenüber anderen Schmähungen, obwohl sie Charakter und Lebenswandel verletzend angriffen, blieb ihm das Gesicht ungerührt, bei diesem derart abwegigen Wort stürzten die Tränen. So groß ist seelische Schwäche, wo die Vernunft fehlt! 2 Was, daß wir uns verletzt fühlen, wenn jemand unsere Redeweise nachahmt, wenn jemand unseren Gang, wenn jemand eine Unzulänglichkeit von Körper oder Sprache nachmacht? Als ob *das* bekannter würde, wenn es ein anderer nachmacht, als wenn wir es tun. Von Alter hören manche ungern und von grauen Haaren und anderem, zu dem man sonst auf eigenen Wunsch kommt. Die hämische Anspielung auf Armut brennt manche schmerzlich; sich selber macht sie zum Vorwurf, wer immer sie verbirgt. Daher wird der Stoff den Lästermäulern und taktlos Witzigen genommen, wenn du von dir aus ihn – und als erster! – verwendest: niemand gibt zu Gelächter Anlaß, der

nemo risum praebuit qui ex se cepit. 3 Vatinium, hominem natum et ad risum et ad odium, scurram fuisse uenustum ac dicacem memoriae proditum est : in pedes suos ipse plurima dicebat et in fauces concisas ; sic inimicorum, quos plures habebat quam morbos, et in primis Ciceronis urbanitatem effugerat. Si hoc potuit ille duritia oris, qui assiduis conuiciis pudere dedidicerat, cur is non possit qui studiis liberalibus et sapientiae cultu ad aliquem profectum peruenerit ? 4 Adice quod genus ultionis est eripere ei qui fecit factae contumeliae uoluptatem. Solent dicere : « O miserum me ! Puto, non intellexit. » Adeo fructus contumeliae in sensu et indignatione patientis est. Deinde non deerit illi aliquando par : inuenietur qui te quoque uindicet.

XVIII. 1 C. Caesar, inter cetera uitia quibus abundabat contumeliosus, mira libidine ferebatur omnes aliqua nota feriendi, ipse materia risus benignissima : tanta illi palloris insaniam testantis foeditas erat, tanta oculorum sub fronte anili latentium toruitas, tanta capitis destituti et emendicaticiis capillis aspersi deformitas. Adice obsessam saetis ceruicem, et exilitatem crurum, et enormitatem pedum. Immensum est si uelim singula referre per quae in parentes auosque suos contumeliosus fuit, per quae in uniuersos ordines ; ea referam quae illum exitio dederunt. 2 Asiaticum Valerium in primis amicis habebat, ferocem uirum et uix aequo animo alienas contumelias laturum. Huic in conuiuio, id est in

2 cepit *uulg.* ; caepit *A* || 3 uenustum *uulg.* ; et uenustum *A* || dedidicerat *Scaliger et Pincianus* ; didicerat *A* || peruenerit *Muret* ; peruenerat *A*.
XVIII, 1 C. *uulg.* ; G̅. *A* || mira libidine *Haase* ; mirabiliter *A* || emendicaticiis *Gertz* ; emendicatis *A*[1] (uel emendicitis *suprascripsit A*[3]).

über sich selber lacht. 3 Vatinius[14], ein Mensch, geboren zu
Spott und Haß, ist ein Witzbold gewesen, geistvoll und scharf-
züngig – wie der Nachwelt überliefert ist: auf seine Füße hat
er selber viele Witze gemacht und auf seinen vernarbten
Hals; so hatte er sich seiner Feinde – und er besaß mehr als
Gebrechen – und besonders Ciceros Anzüglichkeiten[15] entzogen. Wenn dies jener vermochte, mit Unverschämtheit
des Gesichtes, der unter beständigen Schmähungen sich zu
schämen verlernt hatte, warum sollte es der nicht können,
der durch eines freien Mannes angemessene Studien und die
Beschäftigung mit Philosophie einen bestimmten Grad persönlicher Reife erreicht hat? 4 Nimm hinzu, daß es eine
Art von Rache ist, dem, der sie begangen hat, den Spaß an
einer Beleidigung zu verderben. Sie pflegen zu sagen: „Ich
Armer! Ich glaube, er hat nicht begriffen." So sehr beruht
der Erfolg einer Beleidigung auf dem empörten Gefühl dessen,
der sie erlebt. Sodann wird nicht fehlen einer, der dem einmal
gewachsen: es wird sich einer finden, der auch dich rächt.

XVIII. 1 Gaius Caesar [Caligula], zu allen Schwächen,
an denen er reich war, von verletzender Art, ließ sich immer
wieder von einer erstaunlichen Sucht hinreißen, alle mit
irgendeiner hämischen Bemerkung zu treffen – obwohl selber
ein höchst ergiebiges Objekt zu Spott: so krasse Scheußlichkeit von Blässe, die von Wahnsinn zeugte, eignete ihm, solch
wilder Blick der tief unter einer Altweiberstirn liegenden
Augen, solche Mißgestalt von kahlem und mit erbettelten
Haaren geputztem Kopf. Nimm hinzu den von Borsten besetzten Nacken und die Magerkeit der Beine und die riesen-
hafte Größe der Füße. Jedes Maß überstiege es, wollte ich
einzeln aufführen, womit er gegen seine Väter und Vorfahren
schandhaft aufgetreten ist, womit gegen alle Stände; das
will ich berichten, was ihn zugrunde gerichtet hat. 2 Valerius Asiaticus[16] hatte er unter seinen engsten Freunden,
einen Mann, der leidenschaftlich und kaum imstande, mit
Gleichmut Beleidigungen bei Fremden zu ertragen. Ihm

contione, uoce clarissima qualis in concubitu esset
uxor eius obiecit. Di boni! hoc uirum audire!
Et usque eo licentiam peruenisse ut, non dico
consulari, non dico amico, sed tantum marito
princeps et adulterium suum narret et fastidium!
3 Chaereae contra, tribuno militum, sermo non
pro manu erat, languidus sono et, ni facta nosses,
suspectior. Huic Gaius signum petenti modo Vene-
ris, modo Priapi dabat, aliter atque aliter expro-
brans armato mollitiam ; haec ipse perlucidus,
crepidatus, auratus. Coegit itaque illum uti ferro,
ne saepius signum peteret. Ille primus inter coniu-
ratos manum sustulit, ille ceruicem mediam uno
ictu decidit. Plurimum deinde undique publicas
ac priuatas iniurias ulciscentium gladiorum inges-
tum est, sed primus uir fuit qui minime uisus
est. 4 At idem Gaius omnia contumelias putabat,
ut sunt ferendarum impatientes faciendarum cupi-
dissimi. Iratus fuit Herennio Macro quod illum
Gaium salutauerat, nec impune cessit primipilari
quod Caligulam dixerat : hoc enim in castris
natus et alumnus legionum uocari solebat, nullo
nomine militibus familiarior umquam factus ; sed
iam Caligulam conuicium et probrum iudicabat
cothurnatus. 5 Ergo hoc ipsum solacio erit, etiam
si nostra facilitas ultionem omiserit, futurum aliquem qui poenas exigat a procace et superbo et
iniurioso, quae uitia numquam in uno homine et in
una contumelia consumuntur.

2 *Post* uirum audire *uerba quae sunt* principem scire *deleui* ‖ 3 Chaereae
contra tribuno *Gertz*; chereae contribuno *A* ‖ 4 At *uulg.* ; ad *A* ‖ putabat *Muret*; putat *A* ‖ ut sunt *Madvig*; et sunt *A* ‖ cothurnatus *Pincianus* ; conturbatus *A*.

hielt Gaius beim Gastmahl, also in Gegenwart zahlreicher
Zuhörer, mit schallender Stimme vor, wie sich seine Frau
im Bett benommen habe. Gütige Götter! Das mußte der
Mann sich anhören! Und so weit ging die Unverschämtheit,
daß der Kaiser – ich sage nicht, dem ehemaligen Konsul,
sage nicht, dem Freunde, sondern nur – dem Ehemann seinen
Ehebruch mitteilte *und* seine Enttäuschung. 3 Dem Chaerea[17] dagegen, dem Oberst, stand die Rede nicht für die Tat,
matt im Ton und, wenn man seine Taten nicht kennte, eher
ein Gegenstand von Mißtrauen. Ihm gab Gaius, wenn er die
Parole holte, bald „Venus", bald „Priapus", wobei er ihm,
immer wieder anders, trotz seiner vollen Uniform, Weichlich-
keit vorwarf; und das, während er selber in durchsichtigen
Gewändern, in zierlichen Sandalen, mit Gold behängt. Er
hat ihn also gezwungen, zum Schwert zu greifen, um nicht
öfter die Parole holen zu müssen. Er hat als erster unter den
Verschwörern die Hand gehoben, er hat den Hals mit einem
Hieb mitten durchgeschlagen. Sehr viele Schwerter drangen
noch von allen Seiten auf Gaius ein, rächend öffentliches und
persönliches Unrecht, aber als erster trat wie ein Mann auf,
der am wenigsten danach aussah. 4 Aber derselbe Gaius
hielt alles für Beleidigungen, wie eben Kränkungen zu ertragen unfähig sind Menschen, die sie mit Leidenschaft zufügen. Erzürnt war er dem Herennius Macer, der ihn mit
„Gaius" gegrüßt hatte, und nicht ungestraft ging es einem
Primipilaren[18] durch, daß er ihn „Caligula" genannt hatte:
so nämlich wurde er, im Lager geboren und Zögling der
Legionen, gewöhnlich genannt, da unter keinem Namen den
Soldaten jemals vertrauter geworden; aber nunmehr hielt
er „Caligula" für Schmähung und Beschimpfung, da er den
Kothurn trug. 5 Also: eben dies wird ein Trost sein, auch
wenn unsere Umgänglichkeit auf Rache verzichtet hat, es
werde einen geben, der den Unverschämten, Hoffärtigen und
Ungerechten straft, Fehler, die sich niemals an *einem* Menschen oder bei *einer* Kränkung erschöpfen.

XIX. **1** Respiciamus eorum exempla quorum lau-
damus patientiam, ut Socratis, qui comoediarum
publicatos in se et spectatos sales in partem bonam
accepit risitque non minus quam cum ab uxore
Xanthippe immunda aqua perfunderetur. Antis-
theni mater barbara et Thraessa obiciebatur ;
respondit et deorum matrem Idaeam esse. **2** Non est
in rixam colluctationemque ueniendum. Procul aufe-
rendi pedes sunt, et quicquid horum ab imprudentibus fiet (fieri autem nisi ab imprudentibus non
potest) neglegendum, et honores iniuriaeque uulgi
in promiscuo habendae, nec his dolendum nec illis
gaudendum. **3** Alioqui multa timore contumeliarum
aut taedio necessaria omittemus publicisque et
priuatis officiis, aliquando etiam salutaribus, non
occurremus, dum muliebris nos cura angit aliquid
contra animum audiendi. Aliquando etiam, obirati
potentibus, detegemus hunc affectum intemperanti
libertate. Non est autem libertas nihil pati : fallimur ;
libertas est animum superponere iniuriis et eum
facere se ex quo solo sibi gaudenda ueniant, exteriora diducere a se, ne inquieta agenda sit uita
omnium risus, omnium linguas timenti. Quis enim est
qui non possit contumeliam facere, si quisquam
potest ? **4** Diuerso autem remedio utetur sapiens
affectatorque sapientiae. Imperfectis enim et adhuc
ad publicum se iudicium dirigentibus hoc pro-
ponendum est, inter iniurias ipsos contumeliasque
debere uersari : omnia leuiora accident exspectan-
tibus. Quo quisque honestior genere, fama, patrimonio
est, hoc se fortius gerat, memor in prima acie

XIX, **1** Socratis *uulg.* ; Socrates *A* ‖ et spectatos *uulg.* ; expec-
tatos *A* ‖ **3** diducere *Gertz* ; deducere *A*.

XIX. 1 Blicken wir auf der Männer Beispiele, deren Geduld wir preisen, wie das des Sokrates, der die gegen ihn vor
das Publikum gebrachten und auf ihn gemünzten Witze der
Komödie harmlos nahm und belachte, ebenso, wie wenn er
von seiner Frau Xanthippe mit Abwaschwasser begossen
wurde. Dem Antisthenes warf man gerne seine ausländische
und aus Thrakien stammende Mutter vor; er entgegnete,
auch die Göttermutter stamme vom Ida. 2 Nicht darf man
es zu Zank und Streit kommen lassen. Weit hinweg muß man
gehen, und was auch immer an diesen Dingen von Unver-
nünftigen geschieht (geschehen aber kann es *nur* von Unver-
nünftigen), ihm ist keine Beachtung zu schenken, Ehrungen
und Ungerechtigkeiten der Masse sind für belanglos anzusehen, weder darf man über sie Schmerz empfinden noch
Freude. 3 Sonst werden wir viel Notwendiges aus Furcht
vor Beleidigungen oder aus Abneigung liegenlassen und unsere Pflichten in Öffentlichkeit und Privatleben, gelegentlich
sogar, wenn sie einträglich sind, nicht wahrnehmen, solange
uns weibische Sorge ängstigt, etwas gegen unser Gefühl zu
hören. Manchmal auch, aus Zorn gegen Machthaber, werden
wir diese Einstellung aufdecken, in ungestümem Freimut.
Nicht ist es aber Freiheit, nichts zu dulden; wir täuschen
uns; Freiheit besteht darin, sich über Ungerechtigkeiten hin-
wegzusetzen und sich so zu erziehen, daß man aus sich selbst
allein Anlässe zu Freude bekommt, Äußerlichkeiten von sich
zu entfernen, um nicht ein unruhiges Leben führen zu müssen, vor dem allgemeinen Gelächter, vor dem allgemeinen
Gerede in Furcht. Wer nämlich ist es, der uns *nicht* Beleidigung antun könnte, wenn irgendeiner es kann? 4 Verschiedene Hilfsmittel aber wird der Weise anwenden und der nach
der Weisheit Strebende. Wer nämlich unfertig ist und sich
noch nach dem Urteil der Allgemeinheit richtet, muß sich
vor Augen halten, daß er selber sich im Bereich von Ungerechtigkeiten und Beleidigungen bewegen muß: alles trifft
weniger schwer, die damit rechnen. Je angesehener ein jeder
wegen Herkunft, Ruf, Vermögen ist, desto mannhafter führe
er sich, eindenk, in der vordersten Reihe stehen die besten

lectos ordines stare. Contumelias et uerba probrosa
et ignominias et cetera dehonestamenta uelut
clamorem hostium ferat et longinqua tela et saxa
sine uulnere circa galeas crepitantia. Iniurias uero
ut uulnera, alia armis, alia pectori infixa, non deiectus,
ne motus quidem gradu, sustineat. Etiam si premeris
et infesta ui urgeris, cedere tamen turpe est :
assignatum a natura locum tuere. Quaeris quis hic sit
locus ? Viri. 5 Sapienti aliud auxilium est, huic contrarium : uos enim rem geritis, illi parta uictoria est.
Ne repugnate uestro bono, et hanc spem, dum ad
uerum peruenitis, alite in animis, libentesque meliora
excipite et opinione ac uoto iuuate : esse aliquid
inuictum, esse aliquem in quem nihil fortuna possit,
e re publica est generis humani.

4 lectos *Waltz* ; altos *A* ‖ urgeris *uulg.* ; urgere *A* (*forma a Senecae
usu aliena*) ‖ quaeris *uulg.* ; queris *A* ‖ 5 peruenitis *uulg.* ; perue-
nistis *A* ‖ alite *uulg.* ; aliter *A* ‖ humani *unus dett.* ; humani est *A*.

Offiziere. Beleidigungen, Schmähworte, Beschimpfungen und die übrigen Ehrabschneidereien ertrage er wie das Kriegsgeschrei von Feinden, Geschosse und Steine, die, ohne zu verwunden, um die Helme prasseln. Ungerechtigkeiten aber halte er aus wie Verwundungen, teils den Waffen, teils der Brust zugefügt, ohne sich werfen zu lassen, ja nicht einmal einen Schritt sich zu bewegen. Auch wenn man gegen dich anstürmt und mit feindlicher Gewalt bedrängt – zu weichen ist dennoch eine Schande: den von der Natur angewiesenen Platz behaupte. Du fragst, welcher Platz das sei? Der eines Mannes.   5 Für den Weisen gibt es eine andere Hilfe, dieser entgegengesetzt: ihr nämlich kämpft, er hat den Sieg errungen. Nicht dürft ihr Widerstand leisten eurem Gut, und diese Hoffnung, bis ihr zur Wahrheit gelangt seid, nähret in eurer Seele, freudig nehmt das Bessere in euch auf und fördert es mit Glauben und Gelübde: es gibt etwas Unbesiegliches, es gibt einen, gegen den das Schicksal nichts vermag – das liegt im Wesen der Gemeinschaft aller Menschen.

DE IRA

—

ÜBER DEN ZORN

DE IRA

LIBER PRIMVS

I. 1 Exegisti a me, Nouate, ut scriberem quemadmodum posset ira leniri, nec immerito mihi uideris
hunc praecipue affectum pertimuisse maxime ex
omnibus taetrum ac rabidum. Ceteris enim aliquid
quieti placidique inest, hic totus concitatus et in
impetu est doloris, armorum sanguinis suppliciorum
minime humana furens cupiditate, dum alteri
noceat sui neglegens, in ipsa irruens tela et ultionis
secum ultorem tracturae auidus. 2 Quidam itaque e
sapientibus uiris iram dixerunt breuem insaniam ;
aeque enim impotens sui est, decoris oblita, neces-
situdinum immemor, in quod coepit pertinax et
intenta, rationi consiliisque praeclusa, uanis agitata
causis, ad dispectum aequi uerique inhabilis, ruinis
simillima quae super id quod oppressere franguntur.
3 Vt scias autem non esse sanos quos ira possedit,
ipsum illorum habitum intuere ; nam ut furentium

I, 1 est doloris *LP* : doloris est *a* || ultionis [ti *in rasura*] *a L* || secum
ultorem tracture *L* : secum multa [multam *P*] rem tracture
P a corr. in secum multa ira tracturum *a*.

2 dispectum *L* : desp-*a* : insp-*P*.

ÜBER DEN ZORN

Erstes Buch

I. 1 Novatus, du hast mich aufgefordert, ich solle darüber schreiben, wie der Zorn beschwichtigt werden könne, und nicht zu Unrecht, wie mir scheint, fürchtest du diese Leidenschaft besonders, da sie am meisten von allen widerwärtig und tollwütig. Den übrigen nämlich wohnt noch etwas Ruhiges und Gelassenes inne, diese ist ganz und gar leidenschaftlich erregt und steht unter dem Ansturm von Schmerz, in kaum noch menschlicher Gier nach Waffen, Blut, Hinrichtungen rasend; wenn sie nur einem anderen schaden kann, ihrer selbst nicht achtend: eben den Geschossen entgegenstürzend und auf Rache, obwohl sie den Rächer mit sich reißen wird, versessen. 2 Manche also von den Philosophen haben den Zorn genannt: zeitweiligen Wahnsinn[1]; denn in gleicher Weise ist er nicht Herr seiner selbst, des Anstandes vergessend, ohne an Bindungen zu denken, in dem, was er begonnen hat, beharrlich und rastlos, Vernunft und klaren Überlegungen unzugänglich, von nichtigen Anlässen umgetrieben, zur Unterscheidung von Gerecht und Wahr unfähig, dem einstürzenden Gebäude sehr ähnlich, das über dem, was es begräbt, zerschellt. 3 Um aber zu wissen: nicht sind bei Verstand, die der Zorn ergriffen, brauchst du nur gerade ihr Verhalten zu betrachten; denn wie bei Rasenden sichere

---

[1] Diese Anmerkung wie auch die folgenden finden sich im Anhang dieses Bandes.

certa indicia sunt audax et minax uultus, tristis
frons, torua facies, citatus gradus, inquietae manus,
color uersus, crebra et uehementius acta suspiria,
ita irascentium eadem signa sunt : **4** flagrant emicant
oculi, multus ore toto rubor exaestuante ab imis
praecordiis sanguine, labra quatiuntur, dentes com-
primuntur, horrent ac surriguntur capilli, spiritus
coactus ac stridens, articulorum se ipsos torquen-
tium sonus, gemitus mugitusque et parum explanatis
uocibus sermo praeruptus et complosae saepius
manus et pulsata humus pedibus et totum concitum
corpus « magnasque irae minas agens », foeda uisu
et horrenda facies deprauantium se atque intumes-
centium. **5** Nescias utrum magis detestabile uitium
sit an deforme. Cetera licet abscondere et in abdito
alere : ira se profert et in faciem exit,quantoque maior
hoc efferuescit manifestius. Non uides ut omnium
animalium simul ad nocendum insurrexerunt prae-
currant notae ac tota corpora solitum quietumque
egrediantur habitum et feritatem suam exasperent ?
6 Spumant apris ora, dentes acuuntur attritu, taurorum cornua iactantur in uacuum et harena pulsu
pedum spargitur, leones fremunt, inflantur irritatis
colla serpentibus, rabidarum canum tristis aspectus
est : nullum est animal tam horrendum tam perni-
ciosumque natura ut non appareat in illo, simul ira
inuasit, nouae feritatis accessio. **7** Nec ignoro ceteros
quoque affectus uix occultari, libidinem metumque
et audaciam dare sui signa et posse praenosci ; neque

4 emicant *P et plerique dett.* : ac micant *a* ‖ exaestuante *L* : et aes-
tuante *Pa* ‖ magnasque... agens *excerptum esse ex iambico uersu arbi-
tratus est Aem. Thomas* ‖ se *om. a*.
    5 in *ante* abdito *om. a* ‖ praecurrant (prae *per compendium*) *L Pa* :
proc-*uulgo ante Fickert* ‖ ac tota *P a* : et t. *L* ‖ quietumque *L uulgo*
⌊quaecumque *P*] : quietum *a*.
    6 que *post* perniciosum *P a* : *post* tam *unus L* ‖ nouae *L P a* : noua
uulgo.

Anzeichen sind die tollkühne und drohende Miene, die finstere Stirn, das grimmige Gesicht, der hastige Gang, die
unruhigen Hände, die wechselnde Gesichtsfarbe, schnelles
und heftiges Atmen, so gibt es bei Zürnenden dieselben
Merkmale: 4 es brennen, flackern die Augen, starke Röte
im ganzen Gesicht, weil das Blut aus den Tiefen der Brust
emporwallt, die Lippen beben, die Zähne werden zusammengepreßt, es sträuben sich und richten sich auf die Haare, der
Atem gepreßt und pfeifend, der sich selber verdrehenden
Gelenke Knacken, Stöhnen und Brüllen,und von unverständlichen Worten die Redeweise schroff, zusammengeschlagen
des öfteren die Hände, der Boden von den Füßen gestampft,
der ganze Körper erschüttert und ,,die äußerst bedrohlichen
Zeichen des Zorns zeigend", scheußlich anzusehen und
schrecklich das Antlitz der sich selbst Entstellenden und
Aufblähenden.   5 Du wirst nicht wissen, ob es eher ein verabscheuenswerter Charaktermangel ist oder ein häßlicher.
Die übrigen Leidenschaften kann man verstecken und im
Verborgenen nähren: Zorn bringt sich selber ans Licht und
zeichnet sich im Gesicht ab, und je größer er ist, desto deutlicher braust er auf. Siehst du nicht, wie bei allen Tieren –
sobald sie sich, um Schaden anzurichten, erhoben haben –
Anzeichen voraufgehen und sie ganz und gar das gewohnte,
ruhige Verhalten aufgeben und ihre Wildheit aufflammen
lassen? 6 Schaum steht den Ebern vor den Lefzen, die
Zähne wetzen sich durch Reiben, der Stiere Hörner stoßen
ins Leere, und Sand wird durch den Schlag der Hufe aufgewirbelt, die Löwen brüllen, es bläht sich, wenn sie gereizt
werden, der Hals der Schlangen, tollwütiger Hunde Anblick
ist beängstigend: kein Tier ist so schrecklich und so gefährlich
von Natur, daß sich nicht zeige bei ihm, sobald Zorn es
überfällt, unerhörter Wildheit Zuwachs.   7 Und ich weiß
sehr wohl: auch die übrigen leidenschaftlichen Regungen
lassen sich kaum verheimlichen, Begehren und Furcht und
Kühnheit geben Anzeichen ihrer selbst und können im vor-

enim ulla uehementior intra agitatio quae nihil
moueat in uultu. Quid ergo interest ? Quod alii
affectus apparent, hic eminet.

II. 1 Iam uero si effectus eius damnaque intueri
uelis, nulla pestis humano generi pluris stetit. Videbis caedes ac uenena et reorum mutuas sordes et
urbium clades et totarum exitia gentium et principum sub ciuili hasta capita uenalia et subiectas tectis
faces nec intra moenia coercitos ignes sed ingentia
spatia regionum hostili flamma relucentia. 2 Aspice
nobilissimarum ciuitatum fundamenta uix notabilia :
has ira deiecit ; aspice solitudines per multa milia
sine habitatore desertas : has ira exhausit ; aspice
tot memoriae proditos duces mali exempla fati :
alium ira in cubili suo confodit, alium intra sacra
mensae iura percussit, alium intra leges celebrisque
spectaculum fori lancinauit, alium filii parricidio dare
sanguinem iussit, alium seruili manu regalem aperire
iugulum, alium in cruces membra diffindere. 3 Et
adhuc singulorum supplicia narro : quid si tibi
libuerit relictis in quos ira uiritim exarsit aspicere
caesas gladio contiones et plebem immisso milite
contrucidatam et in perniciem promiscuam totos
populos capitis damna*tos*...

... 4 tamquam aut curam nostram deserentibus
aut auctoritatem contemnentibus. Quid ? Gladia-
toribus quare populus irascitur, et tam inique ut
iniuriam putet quod non libenter pereunt ? Contemni se iudicat et uultu, gestu, ardore a spectatore
in aduersarium uertitur. 5 Quicquid est tale, non est

---

7 intra *om. L* ‖ agitatio *Madvig* : cogitacio *a* cogitatio est *L P*.

II, 2 intra (*bis*) a : inter *uulgo* ‖ diffindere *a* : diffundere *L P*
distendere *dett.*

3 uiritim *P* : uirium *a* ‖ damnatos *Madvig* : damna *a L* ‖ *Lacunam
indicauit Muret.*

4 *a uerbo* tamquam *A incipit.*

aus erkannt werden; nicht nämlich gibt es irgendein heftigeres seelisches Geschehen, dem keine Bewegung im Gesicht entspräche. Was also ist der Unterschied? Daß die anderen Leidenschaften deutlich werden, diese hervorspringt.

II. 1 Nun aber – wenn du ihre vernichtenden Folgen betrachten willst: kein Unheil ist das Menschengeschlecht teurer zu stehen gekommen. Sehen wirst du Mord, Vergiftung, gegenseitiger Anklage Schmutz, Zerstörung von Städten, ganzer Völker Ausrottung, Köpfe von Fürsten, bei der Sklavenauktion zu ersteigern, geworfen in Häuser Brandfackeln, nicht innerhalb der Mauern gebändigt die Brände, sondern riesige Flächen Landes von feindlicher Flamme leuchtend. 2 Sieh berühmtester Städte Grundmauern, die kaum noch erkennbar: sie hat der Zorn gestürzt; sieh die Einöden, über viele Meilen ohne Einwohner, verlassen; sie hat der Zorn entvölkert; sieh so viele Feldherren, der Nachwelt überliefert als unheilvollen Geschickes Beispiele: den einen hat der Zorn auf dem Bett erdolcht, einen anderen beim geheiligten Gastmahl durchbohrt, einen anderen bei der Rechtsprechung und angesichts des belebten Forums zerfleischt, einen anderen durch seines Sohnes Mordtat sein Blut hingeben lassen, einem anderen mit Sklavenhand die herrscherliche Kehle zerschneiden, einem anderen am Kreuz die Glieder zerteilen lassen. 3 Und bislang berichte ich nur vom Tod einzelner: was, wenn es dir beliebt, auf sich beruhen zu lassen die Fälle, bei denen der Zorn gegen den einzelnen Menschen entbrannt ist, und zu betrachten, wie gefällt vom Schwert Versammlungen und Volk von befohlener Soldateska niedergemetzelt und zu unterschiedslosem Verderben ganze Völker verurteilt ...

4 ... als ob sie unserer Sorge sich entzögen und unser moralisches Gewicht geringschätzten. Was? Den Gladiatoren – warum zürnt ihnen das Volk, und so unbillig, daß es für Unrecht hält, wenn sie nicht mit Vergnügen sterben? Für mißachtet hält es sich, und in Miene, Verhalten, leidenschaftlicher Anteilnahme verwandelt es sich aus einem Zuschauer in einen Gegner. 5 Was immer derart ist, nicht ist

ira sed quasi ira, sicut puerorum qui si ceciderunt
terram uerberari uolunt et saepe ne sciunt quidem
cui irascantur, sed tantum irascuntur, sine causa et
sine iniuria, non tamen sine aliqua iniuriae specie
nec sine aliqua poenae cupiditate. Deluduntur itaque
imitatione plagarum et simulatis deprecantium
lacrimis placantur et falsa ultione falsus dolor
tollitur.

III. 1 Irascimur, inquit, saepe non illis qui laeserunt sed iis qui laesuri sunt, ut scias iram non ex
iniuria nasci. — Verum est irasci nos laesuris, sed
ipsa cogitatione nos laedunt, et iniuriam qui factu-
rus est iam facit. — 2 Vt scias, inquit, non esse
iram poenae cupiditatem, infirmissimi saepe poten-
tissimis irascuntur nec poenam concupiscunt quam
non sperant. — Primum diximus cupiditatem esse
poenae exigendae, non facultatem ; concupiscunt
autem homines et quae non possunt. Deinde nemo
tam humilis est qui poenam uel summi hominis spe-
rare non possit : ad nocendum potentes sumus.
3 Aristotelis finitio non multum a nostra abest :
ait enim iram esse cupiditatem doloris reponendi.
Quid inter nostram et hanc finitionem intersit,
exsequi longum est. Contra utramque dicitur
feras irasci nec iniuria irritatas nec poenae dolo-
risue alieni causa, nam etiam si haec efficiunt non
haec petunt. 4 Sed dicendum est feras ira carere
et omnia praeter hominem ; nam cum sit inimica
rationi, nusquam tamen nascitur nisi ubi rationi
locus est. Impetus habent ferae, rabiem, feritatem,
incursum ; iram quidem non magis quam luxuriam,

5 cui *A L P* : cur *Gruter.*

III, 1 laesuri *correxisse uidetur ex* laesori [*expuncta* o] *A* ‖ iniuriam
P uulgo : -ria *A.*
2 omnes *uel* homnes A[1] : *corr.* A[5].
3 finitio *A* : diffinitio *P* def- *dett. Lactantius* ‖ causa [*erasa supra*
ultimam a *lineola*] *A.*

es Zorn, sondern gleichsam Zorn, so, wie bei kleinen Jungen,
die, wenn sie gefallen sind, die Erde geschlagen sehen wollen
und oft nicht einmal wissen, wem sie zürnen, sondern einfach
nur zürnen, ohne Anlaß und ohne schwere Kränkung, nicht
jedoch ohne einen gewissen Schein von Kränkung noch ohne
Verlangen nach Strafe. Sie lassen sich also etwas vormachen
durch Vorspiegelung von Schlägen, können, wenn man mit
gespielten Tränen Abbitte leistet, versöhnt werden, und mit
nicht existenter Strafe läßt sich nicht existenter Schmerz
erledigen.

III. 1 „Wir zürnen", heißt es, „oft nicht denen, die uns
verletzt haben, sondern denen, die uns verletzen wollen, so
daß man erkennt, Zorn entsteht nicht aus schwerer Kränkung." Wahr ist es, wir zürnen denen, die uns verletzen
wollen, aber durch die bloße Absicht verletzen sie uns, und
wer ein Unrecht zu begehen im Begriffe ist, begeht es bereits. 2 „Daß du erkennest", heißt es, „nicht ist Zorn Verlangen nach Strafe – äußerst Schwache zürnen oft den
Mächtigsten, und nicht verlangen sie nach Strafe, die sie
nicht erhoffen können." Erstlich haben wir erklärt, es handle
sich um das Verlangen, Strafe zu vollziehen, nicht die Möglichkeit; es verlangen aber die Menschen auch, wozu sie keine
Kraft haben. Ferner ist niemand so unbedeutend, daß er
Bestrafung auch der höchstgestellten Person nicht erhoffen
dürfte: zu schaden sind wir imstande. 3 Des Aristoteles
Bestimmung[2] weicht nicht viel von unserer ab: er sagt nämlich, Zorn sei das Verlangen, Schmerz zu vergelten. Den
Unterschied zwischen unserer und dieser Bestimmung auszuführen, würde zu weit gehen. Gegen jede von beiden wendet
man ein, wilde Tiere zürnten, weder von Unrecht gereizt
noch durch einen Anlaß zu Strafe und Schmerz bei anderen,
denn auch wenn sie dies bewirken, gehen sie nicht darauf aus.
4 Hingegen muß gesagt werden: wilde Tiere kennen keinen
Zorn (und alles sonst), außer dem Menschen; denn obwohl
der Zorn verfeindet ist mit der Vernunft, entsteht er dennoch nirgends, außer wo die Vernunft einen Platz hat.
Ungestümes Verhalten haben Tiere an sich, Toben, Wildheit,
Angriff; Zorn allerdings ebenso wenig wie Genußsucht, und

et in quasdam uolu*p*tates intemperantiores homine
sunt. 5 Non est quod credas illi qui dicit :

> Non aper ırasci meminit, non fidere cursu
> Cerua nec armentis incurrere fortibus ursi.

Irasci dicit incitari, impingi ; irasci quidem non magis
sciunt quam ignoscere. 6 Muta animalia humanis
affectibus carent, habent autem similes illis quosdam impulsus : alioquin si amor in illis esset et
odium, esset amicitia et simultas, dissensio et concordia ; quorum aliqua in illis quoque exstant uestigia, ceterum humanorum pectorum propria bona
malaque sunt. 7 Nulli nisi homini concessa prudentia
est, prouidentia, diligentia, cogitatio nec tantum uirtutibus humanis animalia sed etiam uitiis prohibita
sunt. Tota illorum ut extra ita intra forma humanae
dissimilis est ; regium est illud et principale aliter
ductum. Vt uox est quidem sed non explanabilis
et perturbata et uerborum inefficax, ut lingua sed
deuincta nec in motus uarios soluta, ita ipsum
principale parum subtile, parum exactum. Capit
ergo uisus speciesque rerum quibus ad impetus euo-
cetur, sed turbidas et confusas. 8 Ex eo procursus
illorum tumultusque uehementes sunt, metus autem
sollicitudinesque et tristitia et ira non sunt, sed his
quaedam similia : ideo cito cadunt et mutantur in
contrarium et cum acerrime saeuierunt expaueruntque
pascuntur et ex fremitu discursuque uesano statim
quies soporque sequitur.

IV. 1 Quid esset ira satis explicitum est. Quo

---

4 uoluptates *L dett.* : uoluntates *A P*‖ homine *L dett.* : homines *A P*.
6 multa *A P [punctis corr. A]* ‖ si amor in illis esset. et odium. esset.
si amicitia et simultas. si dissensio. et concordia *A L corr. Madvig.*
7 regium *L dett.* : regum *A P*¹ ‖ ut [*ante* uox] *in rasura A*³.
8 illorum *dett.* : illarum *A P L. Nescio an Seneca* κατὰ σύνεσιν **ferarum**
subaudierit‖ discursu * q ; *A*¹⁻² [s *erasa*]‖ uaesano *A*¹ *corr. A*⁶ *in marg.*

gegenüber manchen Begierden sind sie unmäßiger als der
Mensch. 5 Keinen Grund gibt es, daß du dem glaubst, der
behauptet[3]:

Nicht denkt der Eber daran, zu zürnen, nicht sich zu verlassen auf den Lauf die Hindin, und nicht auf das Zugvieh
sich zu stürzen, das starke, die Bären.

Zürnen nennt er, gereizt, bedrängt zu werden; zu zürnen
freilich verstehen sie ebenso wenig wie zu verzeihen.
6 Stumme Tiere kennen nicht, wie der Mensch, Seelenregungen, haben aber eine Art von ihnen ähnlichen Trieben: sonst,
wenn Liebe ihnen innewohnte und Haß, gäbe es Freundschaft
und Streit, Meinungsverschiedenheit und Einigkeit; davon
gibt es auch bei jenen gewisse Spuren, im übrigen sind es
der Menschenherzen eigentümliche Vorzüge und Fehler.
7 Niemandem außer dem Menschen ist zugestanden Klugheit,
Voraussicht, Gewissenhaftigkeit, Denkvermögen, und nicht
nur die Fähigkeiten des Menschen sind den Tieren, sondern
auch seine Schwächen versagt. Ganz und gar ist ihre Gestalt
wie äußerlich so innerlich der des Menschen unähnlich; jener
königliche und führende Seelenteil ist anders gebildet. Wie
es [bei ihnen] eine Stimme gibt, aber nicht artikuliert und
wirr und zu Worten nicht fähig, wie eine Zunge, aber gebunden und nicht zu differenzierten Bewegungen gelöst, so ist
der leitende Seelenteil selber zu wenig fein, zu wenig entwickelt. Er erfaßt also Erscheinungen und Vorstellungen der
Dinge, von denen er zu triebhaftem Verhalten angeregt wird,
aber sie bleiben trübe und verworren. 8 Aus diesem Grund
sind ihr Vorwärtsstürmen und ihre Verwirrung heftig, Furcht
aber, Beunruhigung, Trauer und Zorn gibt es nicht, sondern
diesem in gewisser Weise ähnliches: deswegen fallen sie
rasch ab und ändern ihr Verhalten ins Gegenteil, und obwohl
sie überaus erregt gewütet und sich entsetzt haben, weiden sie
nun, und auf Gebrüll und tolles Umherrennen folgt sofort
schläfrige Ruhe.
IV. 1 Das Wesen des Zornes ist ausreichend entwickelt.

distet ab iracundia apparet : quo ebrius ab ebrioso
et timens a timido. Iratus potest non esse iracundus ;
iracundus potest aliquando iratus non esse. 2 Cetera
quae pluribus apud Graecos nominibus in species
iram distinguunt, quia apud nos uocabula sua non
habent, praeteribo, etiam si amarum nos acerbumque
dicimus nec minus stomachosum, rabiosum, clamo-
sum, difficilem, asperum, quae omnia irarum dif-
ferentiae sunt ; inter hos morosum ponas licet,
delicatum iracundiae genus. 3 Quaedam enim sunt
irae quae intra clamorem considant, quaedam non
minus pertinaces quam frequentes, quaedam saeuae
manu uerbis parciores, quaedam in uerborum male-
dictorumque amaritudinem effusae, quaedam ultra
querelas et auersationes non exeunt, quaedam altae
grauesque sunt et introrsus uersae : mille aliae species
sunt mali multiplicis.

V. 1 Quid esset ira quaesitum est, an in ullum
aliud animal quam in hominem caderet, quo ab
iracundia distaret, quot eius species essent ; nunc
quaeramus an ira secundum naturam sit et an utilis
atque ex aliqua parte retinenda.

2 An secundum naturam sit manifestum erit, si
hominem inspexerimus. Quo quid est mitius, dum in
recto animi habitus est ? Quid autem ira crudelius est ?
Homine aliorum amantius ? Quid ira infestius ?
Homo in adiutorium mutuum genitus est, ira in
exitium ; hic congregari uult, illa discedere ; hic
prodesse, illa nocere ; hic etiam ignotis succurrere,

IV, 1 iracundus potest A^1 *inter haec uerba* non [*quod in textu* L P
habent] *supra uersum add.* A^3.

3 considant A [*unde* considerantur P] : concidant L *et plerique dett.*

V, 1 quod A^1 *corr. in* quot A^2 : et quae L P *uulgo.*

2 quod A^1 *corr. in* quo A^2 ‖ habitus A P *quod Gertz recte contulit
cum ep.* XCV, 57 : habitu L *uulgo* ‖ homine aliorum A L *et multi dett.* :
homine quid [*om.* aliorum] P quid homine al. *alii dett.*

Wie er sich unterscheidet von Jähzorn, ist offenkundig: wie
der Trunkene vom Trunksüchtigen und der von Furcht Er-
füllte vom Furchtsamen. Ein Zorniger kann durchaus ein
Mensch ohne Anlage zum Zorn sein; ein jähzorniger Mensch
kann gelegentlich nicht zornig sein. 2 Die übrigen Formen,
die bei den Griechen mit mehr Begriffen in Spielarten den
Zorn unterteilen – weil sie bei *uns* keine eignen Bezeichnungen haben, will ich sie übergehen, auch wenn *wir* von einem
reizbaren Menschen und barschen sprechen und nicht weniger
von einem galligen, wütigen, aufbrausenden, abweisenden,
schroffen: alles Erscheinungsformen von Zorn; zu ihnen
magst du auch den mürrischen Menschen rechnen, eine
wählerisch verwöhnte Form von Zorn. 3 Manche Arten
nämlich gibt es von Zorn, die sich in Gebrüll auswettern,
manche, die ebenso verbohrt wie häufig, manche, die grausam
in Taten, sparsamer mit Worten, manche, die in einen ver-
letzenden Schwall von Worten und Beschimpfungen sich
ergießen, manche gehen über Quengeleien und ablehnende
Empfindungen nicht hinaus, manche sind tief und ernst und
nach innen gewandt: tausend andere Spielarten gibt es des
vielgestaltigen Übels.

V. 1 Was das Wesen des Zornes sei, ist untersucht worden,
ob er irgendein anderes Lebewesen als den Menschen befalle,
wie er sich vom Jähzorn unterscheide, wieviele Formen es
von ihm gebe; jetzt wollen wir untersuchen, ob der Zorn der
Natur entspreche, ob er nützlich sei und zu einem Teil bei-
zubehalten.

2 Ob er der Natur entspreche, wird deutlich sein, wenn wir
den Menschen betrachten. Was ist milder als er, solange die
Verfassung seiner Seele sich im Lot befindet? Was aber ist
grausamer als der Zorn? Was mehr als der Mensch liebevoll
gegen andere? Was feindseliger als der Zorn? Der Mensch ist
zu gegenseitiger Hilfe geschaffen, der Zorn zu Vernichtung;
der Mensch will die Gemeinschaft suchen, der Zorn aus ihr
ausscheiden; dieser will nützen, jener schaden, dieser auch

illa etiam carissimos petere ; hic aliorum commodis
uel impendere se paratus est, illa in periculum dum-
modo deducat descendere. 3 Quis ergo magis naturam
rerum ignorat quam qui optimo eius operi et emendatissimo hoc ferum ac perniciosum uitium assignat ?
Ira, ut diximus, auida poenae est, cuius cupidinem
inesse pacatissimo hominis pectori minime secundum eius naturam est. Beneficiis enim humana uita
constat et concordia, nec terrore sed mutuo amore
in foedus auxiliumque commune constringitur.

VI. 1 Quid ergo ? Non aliquando castigatio necessaria est ? — Quidni ? Sed haec sincera, cum ratione ;
non enim nocet sed medetur specie nocendi. Quemadmodum quaedam hastilia detorta ut corrigamus
adurimus et adactis cuneis non ut frangamus sed
ut explicemus elidimus, sic ingenia uitio praua dolore
corporis animique corrigimus. 2 Nempe medicus
primo in leuibus uitiis temptat non multum ex
cotidiana consuetudine inflectere et cibis, potionibus,
exercitationibus ordinem imponere ac ualetudinem
tantum mutata uitae dispositione firmare. Proximum est ut modus proficiat ; si modus et ordo non
proficit, subducit aliqua et circumcidit ; si ne adhuc
quidem respondet, interdicit cibis et abstinentia
corpus exonerat ; si frustra molliora cesserunt,
ferit uenam membrisque, si adhaerentia nocent et
morbum diffundunt, manus affert ; nec ulla dura
uidetur curatio cuius salutaris effectus est. 3 Ita
legum praesidem ciuitatisque rectorem decet quam
diu potest uerbis et his mollioribus ingenia curare,

commodis *Erasme* : incommodis *A*.
3 et emendatissimo *L P A*³ : et mendatissimo (?) *A*¹‖ cupiditnem
[t *expuncta*] *A*.
VI, 1 sincera *A* : sine ira *Gertz*.
2 adhoc *A P quod saepe codices Senecae pro* adhuc *habent* [*cf.Aem.
Thomas Herm. XXVIII p.* 308 *n*³].

Unbekannten zu Hilfe eilen, jener auch die Liebsten angreifen; dieser ist dem Wohl anderer sogar sich aufzuopfern bereit, jener, sich auf Gefahr einzulassen, wenn er nur andere
mitnehmen kann.   3 Wer also verkennt die Natur mehr, als
wer ihrem besten und vollkommensten Werk diesen grausamen und verderblichen Fehler zuschreibt? Der Zorn, wie wir
gesagt haben, ist gierig auf Strafe; daß Verlangen danach
dem sehr friedlichen Menschen innewohne, entspricht keineswegs seinem Wesen. In Wohltaten nämlich besteht das Leben
des Menschen und Einvernehmen, nicht von Schrecken, sondern gegenseitiger Zuneigung wird es zum Bund und zu gemeinsamer Hilfe vereint.

VI. 1 „Wie also? Niemals ist Züchtigung nötig?" Warum
nicht? Aber sie soll unverfälscht, mit Vernunft [stattfinden];
nicht nämlich stiftet sie Schaden, sondern heilt trotz des
Anscheines zu schaden. Wie wir manche krummen Pfähle, um
sie geradezubiegen, anbrennen und mit Keilen, nicht um sie
zu brechen, sondern sie zu strecken, hart behandeln, so richten wir von Fehlern verbogene Charaktere mit körperlichem
und seelischem Schmerz wieder gerade.   2 Selbstverständlich versucht der Arzt anfangs bei geringfügigen Erkrankungen nicht viel von der täglichen Gewohnheit abzugehen und
den Speisen, Getränken, Leibesübungen eine feste Ordnung
aufzuerlegen und die Gesundheit lediglich durch Änderung
der Lebensweise zu festigen. Am nächsten liegt, daß Maß
weiterhilft; wenn Maß und Ordnung keine Hilfe bringt, entfernt er einiges und beschneidet es; und wenn nicht einmal
jetzt Erfolg sich einstellt, untersagt er Speisen und entlastet
durch eine Fastenkur den Körper; wenn die milderen Maßregeln vergeblich geblieben sind, schlägt er eine Ader, und an
die Glieder, wenn sie, weiterhin [am Körper] verbleibend,
Schaden bringen und die Krankheit sich ausdehnen lassen,
legt er Hand an; und nicht scheint hart irgendeine Behandlung, wenn heilsam ihre Wirkung ist.   3 In der Weise versucht der Gesetzeshüter und der Staatslenker – das ist angemessen – so lange wie möglich mit Worten, und zwar mit

ut facienda suadeat cupiditatemque honesti et aequi
conciliet animis faciatque uitiorum odium, pretium
uirtutum ; transeat deinde ad tristiorem orationem
qua moneat adhuc et exprobret ; nouissime ad
poenas et has adhuc leues reuocabiles decurrat ;
ultima supplicia sceleribus ultimis ponat, ut nemo
pereat nisi quem perire etiam pereuntis intersit.
4 Hoc uno medentibus erit dissimilis quod illi quibus
uitam non potuerunt largiri facilem exitum praestant,
hic damna*t*is cum dedecore et traductione uitam
exigit, non quia delectetur ullius poena (procul est
enim a sapiente tam inhumana feritas) sed ut documentum omnium sint et qui alicui noluerunt prodesse
morte certe eorum respublica utatur. Non est ergo
natura hominis poenae appetens ; ideo ne ira quidem
secundum naturam hominis quia poenae appetens est.
5 Et Platonis argumentum afferam (quid enim nocet
alienis uti ex parte qua nostra sunt) « Vir bonus »
inquit « non laedit. » Poena laedit : bono ergo
poena non conuenit, ob hoc nec ira quia poena irae
conuenit. Si uir bonus poena non gaudet, non gau-
debit ne eo quidem affectu cui poena uoluptati est :
ergo non est naturalis ira.

VII. **1** Numquid, quamuis non sit naturalis ira,
assumenda est, quia utilis saepe fuit ? Extollit
animos et incitat ; nec quicquam sine illa magnificum in bello fortitudo gerit, nisi hinc flamma sub-
dita est et hic stimulus peragitauit misitque in pericula audaces. Optimum itaque quidam putant tem-

---

3 uirtutum *A sed* i *supra* um *addidit A*[1] *(?)* : uirtutis *P* ‖ reuocabiles *A* et reuocabiles *dett. uulgo* ‖ ultima *A*[1] [l *ex* t *correcta*].
4 damnatis *Barriera ex paucis dett.* : damnat ; (= damnatus *quod est
in P) A* damnatos *Fickert* ‖ uitam *A L P* [m *per lineolam, sed in A
lineolam manus recentior uidetur apposuisse*] uitam exigere *similiter
atque* poenas exigere (IX, 4) *structum esse uidit Barriera* : uita *uulgo* ‖
alicui *A L P* : alioqui *Barriera.*

sanfteren, die Menschen zu heilen, daß er ihnen Pflichten
nachzukommen rät und ihnen Verlangen nach dem Ehrenhaften und Gerechten nahelegt und Haß auf Charaktermän-
gel in ihnen erweckt, aber Wertschätzung sittlicher Vollkommenheit; er gehe darauf [erst] zu ernsterer Rede über,
mit der er noch immer mahne und Vorhaltungen mache;
schließlich schreite er zur Bestrafung, und vorläufig noch zu
leichter und widerrufbarer; die schlimmsten Strafen lege er
auf die schlimmsten Verbrechen, so daß niemand stirbt
außer dem, dessen Sterben auch in seinem eigenen Interesse
liegt.   4 Einzig in dem einen Punkt wird er den Ärzten nicht
ähnlich sein, daß jene, wem sie das Leben nicht haben schenken können, einen leichten Tod gewähren, er aber von den
unter Schande und öffentlicher Bloßstellung Verurteilten das
Leben fordert – nicht weil er Freude hätte an irgend jemandes Bestrafung (fern nämlich liegt dem Weisen so unmensch-
liche Grausamkeit), sondern damit sie eine Belehrung für alle
seien und die menschliche Gemeinschaft vom Tode jedenfalls
derer, die [im Leben] niemandem haben helfen wollen, einen
Gewinn habe. Nicht also hat die Natur des Menschen Verlangen nach Strafe; deswegen entspricht nicht einmal der
Zorn der Natur des Menschen, weil er Verlangen nach Strafe
hat.   5 Und Platons Beweis[4] will ich heranziehen (was nämlich schadet es, sich fremder Gedanken zu bedienen, soweit
sie unsere sind). „Ein guter Mensch", sagt er, „verletzt nicht."
Strafe verletzt: einem guten Menschen also entspricht Strafe
nicht, deswegen auch nicht der Zorn, weil Strafe zu Zorn
paßt. Wenn ein guter Mensch an Strafe sich nicht freut,
wird er sich nicht einmal an *der* Leidenschaft freuen, der
Strafe ein Vergnügen bedeutet: also ist nicht naturgemäß
der Zorn.

VII. 1 Ist etwa der Zorn, obwohl er nicht naturgemäß ist,
hinzunehmen, weil er oft nützlich ist? Er erhebt die Seele
und spornt sie; und nichts vollbringt ohne ihn Großartiges
im Krieg die Tapferkeit, wenn hier nicht eine Anfeuerung
gegeben ist und dieser Ansporn erregt und in die Gefahr
schickt die Wagemutigen. Für das Beste also halten es
manche, den Zorn zu mäßigen, nicht zu tilgen, und, nachdem

perare iram, non tollere, eoque detracto quod exundat ad salutarem modum cogere, id uero retinere sine
quo languebit actio et uis ac uigor animi resoluetur.
— 2 Primum facilius est excludere perniciosa quam
regere et non admittere quam admissa moderari ;
nam cum se in possessione posuerunt, potentiora
rectore sunt nec recidi se minuiue patiuntur. 3 Deinde
ratio ipsa cui freni traduntur tam diu potens est
quam diu diducta est ab affectibus ; si miscuit se
illis et inquinauit, non potest continere quos summouere potuisset. Commota enim semel et excussa
mens ei seruit quo impellitur. 4 Quarundam rerum
initia in nostra potestate sunt, ulteriora nos ui sua
rapiunt nec regressum relinquunt. Vt in praeceps
datis corporibus nullum sui arbitrium est nec resistere morariue deiecta potuerunt, sed consilium omne
et paenitentiam irreuocabilis praecipitatio abscidit et
non licet eo non peruenire quo non ire licuisset, ita
animus, si in iram, amorem aliosque se proiecit affectus,
non permittitur reprimere impetum ; rapiat illum
oportet et ad imum agat pondus suum et uitiorum
natura procliuis.

VIII. 1 Optimum est primum irritamentum irae
protinus spernere ipsisque repugnare seminibus et
dare operam ne incidamus in iram. Nam si coepit
ferre transuersos, difficilis ad salutem recursus est,
quoniam nihil rationis est ubi semel affectus inductus
est iusque illi aliquod uoluntate nostra datum est :
faciet de cetero quantum uolet, non quantum per-
miseris. 2 In primis, inquam, finibus hostis arcen-
dus est ; nam cum intrauit et portis se intulit, modum
a captiuis non accipit. Neque enim sepositus est

VII. 2 rectore *dett.* ; rectores *A* ‖ recidi *A*[1] [c *in rasura pro* d].
3 eis eruit *A*[1] : ei seruit *A*[5] (?) *et ceteri codices* eo ruit *Windhaus* ‖
quo *A* : a quo *Muret.*
4 non rellicuisset *in* non ire licuisset *corr. A*[1].

entfernt, was überflüssig, auf ein wohltätiges Maß zu beschränken, das aber festzuhalten, ohne das die Tätigkeit erlahmt und die geistige Spannkraft ermattet. 2 Erstens ist es leichter, auszuschließen Verderbliches als zu beherrschen, und es nicht zuzulassen als, wenn es zugelassen, im rechten Maß zu halten; denn nachdem es Besitz von uns ergriffen hat, ist es mächtiger als sein Lenker, und zurückschneiden oder verringern läßt es sich nicht. 3 Zweitens ist die Vernunft selber, der die Zügel übergeben werden, nur so lange mächtig, wie sie sich entfernt hält von Leidenschaften; wenn sie sich gemischt mit ihnen und dabei beschmutzt hat, kann sie nicht im Zaume halten, die sie hätte entfernen können. Einmal in Leidenschaft geraten nämlich und in Erregung versetzt, dient die Seele dem, der sie anstößt. 4 Mancher Dinge Beginn ist in unserer Macht, weiter entwickelt, reißen sie uns mit ihrer Gewalt davon und lassen keine Rückkehr übrig. Wie abgestürzte Körper keine Herrschaft über sich haben und Widerstand leisten oder verhalten im Sturz nicht können, sondern alle Überlegung und Reue der unwiderrufliche Sturz abgeschnitten hat und man unbedingt dort hingelangen muß, wohin man nicht hätte zu gelangen brauchen, so bleibt der Seele, wenn sie in Zorn, Liebe und andere Leidenschaften sich gestürzt hat, keine Möglichkeit, zu unterdrücken den Ansturm; hinabreißen muß sie und in die Tiefe führen ihr eigenes Gewicht und der Schwächen Wesen, das in den Abgrund gleiten macht.

VIII. 1 Am besten ist es, den ersten Reiz zum Zorn sofort abzuweisen und gerade den keimenden Anfängen Widerstand zu leisten und sich Mühe zu geben, daß wir nicht in Zorn verfallen. Denn wenn er begonnen hat, uns auf den falschen Weg zu führen, ist schwierig der Rückweg zur Rettung, da ja nichts in der Gewalt der Vernunft liegt, wo einmal Leidenschaft eingezogen ist und ein Recht ihr mit unserer Zustimmung gegeben: die Leidenschaft wird in Zukunft tun, was sie will, nicht, was man gestattet. 2 Besonders, sage ich, muß von den Grenzen der Feind ferngehalten werden; denn wenn er eingedrungen ist und sich auf die Tore geworfen hat, nimmt er von den Unterworfenen keine Beschränkung hin.

animus et extrinsecus speculatur affectus ut illos non patiatur ultra quam oportet procedere, sed in affectum ipse mutatur ideoque non potest utilem illam uim et salutarem proditam iam infirmatamque reuocare. **3** Non enim, ut dixi, separatas ista sedes suas diductasque habent, sed affectus et ratio in melius peiusque mutatio animi est. Quomodo ergo ratio occupata et oppressa uitiis resurget quae irae cessit ? Aut quemadmodum ex confusione se liberabit in qua peiorum mixtura praeualuit ? — **4** Sed quidam, inquit, in ira se continent. — Vtrum ergo ita ut nihil faciant eorum quae ira dictat an ut aliquid ? Si nihil faciunt, apparet non esse ad actiones rerum necessariam iram, quam uos quasi fortius aliquid ratione haberet aduocabatis. **5** Denique interrogo : ualentior est quam ratio an infirmior ? Si ualentior, quomodo illi modum ratio poterit imponere, cum parere nisi imbecilliora non soleant ? Si infirmior est, sine hac per se ad rerum effectus sufficit ratio nec desiderat imbecillioris auxilium. — **6** At irati quidam constant sibi et se continent. — Quando ? Cum iam ira euanescit et sua sponte decedit, non cum in ipso feruore est ; tunc enim potentior est. — **7** Quid ergo ? Non aliquando in ira quoque et dimittunt incolumes intactosque quos oderunt et a nocendo abstinent. — Faciunt. Quando ? Cum affectus repercussit affectum et aut metus aut cupiditas aliquid impetrauit. Non rationis tunc beneficio quieuit, sed affectuum infida et mala pace.

IX. **1** Deinde nihil habet in se utile nec acuit animum ad res bellicas. Numquam enim uirtus uitio adiuuanda est se contenta. Quotiens impetu opus est, non irascitur sed exsurgit et in quantum putauit opus esse concitatur remittiturque, non aliter quam

VIII, **3** se liberabit *P uulgo* : seliberauit *A*.

Nicht nämlich hat die Seele einen Platz für sich und beobachtet von außen die Leidenschaften [in der Weise], daß sie diese nicht weiter als nötig sich entwickeln läßt, sondern in Leidenschaft verwandelt sie sich selber, und deshalb kann sie jene nützliche und heilsame Kraft, wenn sie bereits preisgegeben und geschwächt, nicht zurückrufen. 3 Nicht nämlich, wie ich sagte, haben Seele und Leidenschaften ihre gesonderten und getrennten Sitze für sich, sondern Leidenschaft und Vernunft sind Wandlung der Seele zum Besseren und Schlechteren[5]. Wie also wird die Vernunft, besetzt und bedrückt von Schwächen, sich wieder erheben, wenn sie dem Zorn nachgegeben hat? Oder wie wird sie von der Verwirrung sich befreien, in der die Mischung mit Schlechterem die Vorherrschaft besitzt? 4 „Aber manche", heißt es, „nehmen sich im Zorn zusammen." In der Weise also, daß sie nichts tun von dem, was der Zorn gebieterisch sagt, oder etwas? Wenn sie nichts tun, erweist sich: nicht ist zu Handlungen nötig Zorn, den ihr, wie wenn er etwas der Vernunft Überlegenes besäße, herbeiruft. 5 Schließlich frage ich: ist er stärker als die Vernunft oder schwächer? Wenn stärker, wie wird ihm ein Maß die Vernunft auferlegen können, wenn nur Schwächeres zu gehorchen pflegt? Wenn er schwächer ist, genügt ohne ihn, für sich, zum Vollzug von Taten die Vernunft und braucht nicht eines Schwächeren Hilfe.   6 „Aber manche Zornigen bleiben sich gleich und nehmen sich zusammen." Wann? Wenn der Zorn schon schwindet und von sich aus vergeht, nicht, wenn er in der Glut selbst ist; dann nämlich ist er stärker. 7 „Wie also? Nicht entläßt man gelegentlich auch im Zorn unversehrt und unberührt, die man haßt, und steht davon ab, ihnen Schaden zu tun?" Man tut das. Wann? Wenn Leidenschaft zurückschlägt Leidenschaft und Furcht oder Begehren etwas erreicht hat. Nicht durch Verdienst der Vernunft ist der Zorn dann ruhig, sondern durch der Leidenschaften nicht verläßlichen und schlechten Frieden.

IX. 1 Ferner hat der Zorn in sich nichts Nützliches und schärft nicht den Mut zu Kriegstaten. Niemals nämlich braucht sich die Tapferkeit von der Schwäche helfen zu lassen, sich selbst genug. Immer wenn ein Angriff nötig ist, zürnt sie nicht, sondern erhebt sich und, soweit sie es für nötig hält, erregt sie sich und entspannt sie sich, nicht anders

quae tormentis exprimuntur tela in potestate
mittentis sunt in quantum torqueantur. 2 « Ira »
inquit Aristoteles « necessaria est, nec quicquam
sine illa expugnari potest nisi illa implet animum et
spiritum accendit ; utendum autem illa est non ut duce
sed ut milite. » Quod est falsum ; nam si exaudit
rationem sequiturque qua ducitur, iam non est ira,
cuius proprium est contumacia ; si uero repugnat et
non ubi iussa est quiescit sed libidine ferociaque
prouehitur, tam inutilis animi minister est quam miles
qui signum receptui neglegit. 3 Itaque si modum
adhiberi sibi patitur, alio nomine appellanda est ;
desiit ira esse, quam effrenatam indomitamque intellego ; si non patitur, perniciosa est nec inter auxilia
numeranda. 4 Ita aut ira non est aut inutilis est.
Nam si quis poenam exigit non ipsius poenae auidus
sed quia oportet, non est adnumerandus iratis.
Hic erit utilis miles qui scit parere consilio ; affectus
quidem tam mali ministri quam duces sunt.

X. 1 Ideo numquam assumet ratio in adiutorium
improuidos et uiolentos impetus, apud quos nihil
ipsa auctoritatis habeat, quos numquam comprimere
possit nisi pares illis similisque opposuerit ut irae
metum, inertiae iram, timori cupiditatem. 2 Absit
hoc a uirtute malum ut umquam ratio ad uitia con-
fugiat ! Non potest hic animus fidele otium capere,
quatiatur necesse est fluctueturque qui malis suis
tutus est, qui fortis esse nisi irascitur non potest,
industrius nisi cupit, quietus nisi timet : in tyrannide
illi uiuendum est in alicuius affectus uenienti seruitutem. Non pudet uirtutes in clientelam uitiorum

IX, 3 desiit *unus det.* : desit *A* desinit *dett. uulgo.* ǁ perni * ciosa *A*
(*erasa* c *uel* o).

X, 1 *uerba* ut... cupiditatem *delenda esse arbitratur Gertz.*

2 capere, quatiatur *interpunxit Gertz* [capere : quatiatur *uulgo*] .

als Geschosse, die von Wurfmaschinen geschleudert werden, in der Gewalt des Schießenden sich befinden, wie weit sie geschleudert werden. 2 „Der Zorn", sagt Aristoteles[6], „ist unentbehrlich, und nichts kann ohne ihn erobert werden, wenn er nicht die Seele erfüllt und den Geist entflammt; man muß sich aber seiner bedienen nicht als Feldherrn, sondern als Soldaten." Das ist falsch; denn wenn er auf die Vernunft hört und ihr folgt, wohin er geführt wird, ist er nicht mehr Zorn, dessen Eigenart der Eigensinn ist; wenn er aber sich widersetzt und nicht, sobald er Befehl dazu hat, Ruhe gibt, sondern in Willkür und Wildheit vorwärtsstürmt, ist er ein so unnützer Gehilfe der Seele wie ein Soldat, der das Zeichen zum Rückzug nicht beachtet. 3 Also: wenn er sich Maß auferlegen läßt, muß er mit einer anderen Bezeichnung benannt werden; er hat aufgehört, Zorn zu sein, den ich als zügellos und ungezähmt verstehe; wenn er Maß nicht duldet, ist er verderblich und darf nicht unter die Hilfsmittel gerechnet werden. 4 So ist er entweder nicht Zorn, oder er ist unbrauchbar. Denn wenn jemand Strafe auferlegt, nicht aus Verlangen nach der Strafe an sich, sondern weil es nötig ist, darf er nicht unter die Zornigen gerechnet werden. Der wird ein brauchbarer Soldat sein, der es versteht, zu gehorchen dem wohlüberlegten Befehl; Leidenschaften jedenfalls sind so schlechte Helfer wie Führer.

X. 1 Deswegen wird niemals die Vernunft zu Hilfe heranziehen blinde und ungestüme Triebe, auf die sie keinerlei Einfluß hat, die sie niemals niederzuhalten fähig ist, außer sie setzte ihnen ebenbürtige und gleiche entgegen, wie dem Zorn Furcht, der Trägheit Zorn, der Furcht Begierde. 2 Ferne sei von sittlicher Vollkommenheit dieses Unglück, daß jemals die Vernunft zu Unvollkommenheiten sich flüchte! Nicht kann *die* Seele verläßliche Ruhe gewinnen – erschüttert wird sie mit Notwendigkeit und von Stürmen hin und her geworfen – die aufgrund ihrer Schwächen sicher ist, die tapfer zu sein, außer sie zürnt, nicht vermag, tätig nicht, außer sie begehrt, ruhig nicht, außer sie fürchtet: unter Tyrannei muß sie leben, begibt sie sich in irgendeiner Leidenschaft Sklavendienst. Nicht schämt man sich, sittliche Fähigkeiten unter die Schutzbefohlenen von Unvollkommen-

demittere ? **3** Deinde desinit quicquam posse ratio,
si nihil potest sine affectu et incipit par illi similisque
esse. Quid enim interest, si aeque affectus inconsulta
res est sine ratione quam ratio sine affectu inefficax ?
Par utrumque est ubi esse alterum sine altero non
potest. Quis autem sustineat affectum exaequare
rationi ? — **4** Ita, inquit, utilis affectus est si modicus
est. — Immo si natura utilis est. Sed si impatiens
imperii rationisque est, hoc dumtaxat moderatione
consequetur ut quo minor fuerit minus noceat :
ergo modicus affectus nihil aliud quam malum modicum est.

XI. **1** Sed aduersus hostes, inquit, necessaria est
ira. — Nusquam minus : ubi non effusos esse oportet
impetus sed temperatos et oboedientes. Quid enim
est aliud quod barbaros tanto robustiores corporibus,
tanto patientiores laborum comminuat nisi ira
infestissima sibi ? Gladiatores quoque ars tuetur,
ira denudat. **2** Deinde quid opus est ira, cum idem
proficiat ratio. An tu putas uenatorem irasci feris ?
Atqui et uenientis excipit e*t* fugientis persequitur, et
omnia illa sine ira facit ratio. Quid Cimbrorum
Teutonorumque tot milia superfusa Alpibus ita sustulit ut tantae cladis notitiam ad suos non nuntius
sed fama pertulerit, nisi quod erat illis ira pro uirtute ? Quae ut aliquando propulit strauitque obuia,
ita saepius sibi exitio est. **3** Germanis quid est
animosius ? Quid ad incursum acrius ? Quid armorum
cupidius, quibus innascuntur innutriunturque, quorum unica illis cura est in alia neglegentibus ? Quid
induratius ad omnem patientiam, ut quibus magna
ex parte non tegimenta corporum prouisa sint, non

---

3 similisque *corr. ex* similesque *fort. A*[1].

XI, 2 etuenientis [*prior* t *expuncta*] *A* : euenientes *P* ǁ et fugientes
Gruter : effugientis *A*.

heiten einzuordnen? 3 Dann hört sie auf, irgendetwas zu vermögen, die Vernunft, wenn sie nichts anderes vermag ohne Leidenschaft, und beginnt, gleich ihr und ähnlich zu sein. Was nämlich ist der Unterschied, wenn ebenso Leidenschaft eine unbedachte Sache ist ohne die Vernunft, wie Vernunft ohne Leidenschaft unwirksam? Gleich sind beide, wo das eine ohne das andere nicht bestehen kann. Wer aber wollte es auf sich nehmen, die Leidenschaft auf eine Stufe zu stellen mit der Vernunft? 4 „In *der* Form", heißt es, „ist nützlich Leidenschaft, wenn sie gemäßigt bleibt." Nein, wenn sie ihrem Wesen nach nützlich ist. Aber wenn sie unfähig ist, Herrschaft und Vernunft zu ertragen, wird sie dahin lediglich durch Mäßigung kommen, daß sie desto weniger schadet, je kleiner sie ist: also – maßvolle Leidenschaft ist nichts anderes als ein maßvolles Übel.

XI. 1 „Aber gegenüber den Feinden", heißt es, „ist notwendig der Zorn." Nirgend weniger! Hier dürfen nicht überströmen die stürmischen Regungen, sondern müssen sich mäßigen und gehorchen. Was sonst nämlich ist es, das die Barbaren, so viel kräftiger an Wuchs, so viel fähiger zu Strapazen, schwächt – wenn nicht der Zorn, der sich selber am feindlichsten? Auch die Gladiatoren schützt ihre Geschicklichkeit, Zorn öffnet ihre Deckung. 2 Sodann, was braucht es Zorn, wenn Vernunft dasselbe bewirkt! Oder meinst du, ein Jäger zürne den wilden Tieren? Und doch – stürmen sie an, fängt er sie ab, und fliehen sie, verfolgt er sie, und alles das tut ohne Zorn die Vernunft. Was hat der Kimbern und Teutonen so viele Tausende, als sie über die Alpen geströmt waren, in *der* Weise vernichtet, daß solcher Niederlage Kenntnis zu den Ihren nicht ein Bote, sondern das Gerücht gebracht hat – außer, daß sie hatten Zorn statt Tapferkeit? Er hat zwar manchmal fortgestoßen und niedergestreckt, wie ihm entgegentritt, aber des öfteren ist er sein eigenes Verderben. 3 Germanen – was ist beherzter? Was beim Sturm heftiger? Was begieriger nach Waffen, für die sie geboren und erzogen werden, denen ihre einzige Sorge gilt, während sie anderes vernachlässigen? Was abgehärteter zu jeglicher Ausdauer, da zum großen Teil nicht für Bekleidung

suffugia aduersus perpetuum caeli rigorem ? **4** Hos tamen Hispani Gallique et Asiae Syriaeque molles bello uiri antequam legio uisatur caedunt ob nullam aliam rem opportunos quam iracundiam. Agedum illis corporibus, illis animis delicias, luxum, opes ignorantibus da rationem, da disciplinam : ut nihil amplius dicam, necesse erit certe nobis mores Romanos repetere. **5** Quo alio Fabius affectas imperii uires recreauit quam quod cunctari et trahere et morari sciit, quae omnia irati nesciunt ? Perierat imperium, quod tunc in extremo stabat, si Fabius tantum ausus esset quantum ira suadebat : habuit in consilio fortunam publicam et aestimatis uiribus, ex quibus iam perire nihil sine uniuerso poterat, dolorem ultionemque seposuit in unam utilitatem et occasiones intentus ; iram ante uicit quam Hannibalem. **6** Quid Scipio ? Non relicto Hannibale et Punico exercitu omnibusque quibus irascendum erat, bellum in Africam transtulit tam lentus ut opinionem luxuriae segnitiaeque malignis daret ? **7** Quid alter Scipio ? Non circa Numantiam multum diuque sedit et hunc suum publicumque dolorem aequo animo tulit, diutius Numantiam quam Carthaginem uinci ? Dum circumuallat et includit hostem, eo compulit ut ferro ipsi suo caderent. **8** Non est itaque utilis ne in proeliis quidem aut bellis ira ; in temeritatem enim prona est et pericula dum inferre uult non cauet. Illa certissima est uirtus quae se diu multumque circumspexit et rexit et ex lento ac destinato prouexit.

---

4 his pani *A.*

5 moraris ciit *A* : morari scit *P* morari sciuit *uulgo* |*de illa forma cf.* nesciit *ep.* LXXXVI, 11, scieris *ep.* CX, 12] ‖ occasiones *unus det.* : occasionis *A ceteri.*

8 rexit *A P* : texit *dett.*

des Körpers gesorgt ist, nicht für Schutz gegen die ständige
Rauheit des Klimas? 4 Es schlagen sie dennoch Spanier,
Gallier, Asiens und Syriens unkriegerische Männer[7], ehe
sich eine Legion sehen läßt, aus keinem anderen Grunde als
wegen ihres Jähzornes. Auf! Diesen Körpern, diesen Seelen –
denn sie kennen Genuß, Üppigkeit, Reichtum nicht – gib
Vernunft, gib Zucht – nichts weiter will ich sagen: nötig
wird es bestimmt sein für uns, römische Sitten zu erneuern.
5 Wodurch sonst hat Fabius die angegriffenen Kräfte des
Reiches wiederhergestellt, als daß er zu zögern und hinzu-
ziehen und aufzuhalten verstand, was alles Zornige nicht
können? Untergegangen wäre das Reich, das sich damals in
äußerster Gefahr befand, wenn Fabius so viel gewagt hätte,
wie der Zorn zu raten suchte: er hat das Schicksal des Staates
erwogen und, nach Einschätzung seiner Mittel, von denen
nichts mehr zugrunde gehen durfte, ohne das Ganze [mit
sich zu reißen], Schmerz und Rache ferngehalten, auf den
Nutzen allein und Gelegenheiten bedacht; den Zorn hat er
eher besiegt als Hannibal. 6 Was Scipio? Hat er *nicht* Hannibal zurückgelassen, das punische Heer und alles, worüber
man in Zorn geraten mußte, und den Krieg nach Afrika
hinübergetragen, so langsam, daß er den Eindruck von Genußsucht und Gleichgültigkeit den Böswilligen bot? 7 Was
der jüngere Scipio? Hat er *nicht* vor Numantia oft und lange
gelegen und diesen seinen und des Staates Schmerz mit
Gleichmut getragen, längere Zeit werde Numantia niedergekämpft als Karthago? Während er mit Wällen einkreiste
und einschloß den Feind, brachte er es dahin, daß sie selber
durch ihre eigenen Schwerter fielen. 8 Nicht ist daher nützlich, nicht einmal in Schlachten oder Kriegen, der Zorn; zu
blindwütigem Verhalten nämlich neigt er, und vor Gefahren,
während er sie [anderen] bringt, hütet er sich nicht. Jene
Mannhaftigkeit ist am sichersten, die sich lange und vielmals
umblickt, sich beherrscht und langsam und bedächtig vor-
rückt.

XII. 1 Quid ergo ? inquit, uir bonus non irascitur,
si caedi patrem suum uiderit, si rapi matrem ? — Non
irascetur, sed uindicabit, sed tuebitur. Quid autem
times ne parum magnus illi stimulus etiam sine ira
pietas sit ? Aut dic eodem modo : « Quid ergo ? Cum
uideat secari patrem suum filiumue, uir bonus non
flebit nec linquetur animo ? » Quae accidere feminis
uidemus, quotiens illas leuis periculi suspicio perculit. 2 Officia sua uir bonus exsequetur inconfusus,
intrepidus, et sic bono uiro digna faciet ut nihil
faciat uiro indignum. Pater caedetur : defendam ;
caesus est : exsequar, quia oportet non quia dolet.
3 Cum hoc dicis, Theophraste, quaeris inuidiam
praeceptis fortioribus et relicto iudice ad coronam
uenis : quia unusquisque in eiusmodi suorum casu
irascitur, putas iudicaturos homines id fieri debere
quod faciunt ; fere enim iustum quisque affectum
iudicat quem agnoscit. — 4 Irascuntur boni uiri pro
suorum iniuriis. — Sed idem faciunt, si calda non
bene praebetur, si uitreum fractum est, si calceus
luto sparsus est. Non pietas illam iram sed infirmitas
mouet, sicut pueris qui tam parentibus amissis flebunt
quam nucibus. 5 Irasci pro suis non est pii animi
sed infirmi ; illud pulcrum dignumque pro parentibus
liberis, amicis ciuibus prodire defensorem, ipso
officio ducente uolente, iudicantem prouidentem,
non impulsum et rabidum. Nullus enim affectus
uindicandi cupidior est quam ira et ob id ipsum ad

XII, 1 irascitur *A P* : irascetur *L Muret* ‖ pa∗trem *A*[1] [*scribere
coeperat* partem] ‖ uideat *A P* : uiderit *L uulgo* ‖ necari *coni. Wolters et
Hermes.*

2 exsequetur [s *expuncta*] *A* : exequitur *L P uulgo.*

3 dicistheo praste *A*[1] ; *litteras recte diuisit et signum aspirationis
supra uersum addidit A*[2] ‖ adgnoscit [d *postea expuncta*] A.

4 infirmatas *corr. in* infirmitas *A*[1].

5 uolente *A* [*et L qui etiam* iudicante prouidente *habet*] : uolentem
Puulgo.

XII. 1 „Was also?" heißt es, „ein guter Mann zürnt nicht, wenn er sieht, wie sein Vater getötet, seine Mutter entführt wird?" Nicht zürnen wird er, sondern strafen, sondern schützen. Was aber fürchtest du, daß nicht groß genug für ihn als Stachel, auch ohne Zorn, das sittliche Pflichtbewußtsein ist? Oder sprich in derselben Weise: „Was also? Wenn er sieht, wie hingemetzelt wird sein Vater oder Sohn, wird ein guter Mann nicht weinen, und wird er nicht seine Fassung verlieren?" Das sehen wir den Frauen widerfahren, sooft sie eine leichte Ahnung von Gefahr erschüttert. 2 Seinen Pflichten wird der gute Mann nachkommen, ohne die Fassung zu verlieren, ohne zu zittern, und in *der* Weise wird er, was eines rechtschaffenen Mannes würdig, tun, daß er nichts tut, was eines Mannes unwürdig. Der Vater soll getötet werden: ich werde ihn verteidigen; er ist getötet worden: ich werde ihn rächen, weil es nötig ist, nicht, weil es mir wehtut. 3 Wenn du dies sagst, Theophrastus[8], suchst du in Mißkredit mannhaftere Lehren zu bringen, verläßt den [berufenen] Richter und wendest dich an die Menge: weil ein jeder bei einem derartigen Erlebnis der Seinen zürnt, meinst du, urteilen dürften die Menschen, das *müsse* geschehen, was sie tun; fast jeder nämlich erklärt für berechtigt die Leidenschaft, zu der er sich bekennt. 4 „Es zürnen gute Männer für das Unrecht an den Ihrigen." Aber dasselbe tun sie, wenn warmes Wasser nicht gut gereicht wird, wenn ein Glas zerbrochen, ein Schuh mit Schmutz bespritzt ist. Nicht liebevolles Pflichtgefühl erregt diesen Zorn, sondern Schwäche, wie bei Knaben, die beim Verlust der Eltern so weinen werden wie beim Verlust von Nüssen. 5 Zu zürnen für die Seinen ist nicht die Art einer treu sorgenden Seele, sondern einer schwachen; jenes ist schön und angemessen, für Eltern, Kinder, Freunde, Mitbürger hervorzutreten als Verteidiger; unter eben der Pflicht Führung und nach ihrem Willen, mit Urteil und Weitblick, nicht ungestüm und wütig. Keine Leidenschaft nämlich ist zu strafen begehrlicher als der Zorn und eben deswegen zu strafen unfähig: vorschnell und kopf-

uindicandum inhabilis : praerapid*a* et amens, ut
omnis fere cupiditas, ipsa sibi in id in quod properat
opponitur. Itaque nec in pace nec in bello umquam
bono fuit ; pacem enim similem belli efficit, in armis
uero obliuiscitur Martem esse communem uenitque
in alienam potestatem dum in sua non est. 6 Deinde
non ideo uitia in usum recipienda sunt quia aliquando
aliquid effecerunt ; nam et febres quaedam genera
ualetudinis leuant nec ideo non ex toto illis caruisse
melius est : abominandum remedii genus est sanitatem debere morbo. Simili modo ira, etiam si aliquando ut uenenum et praecipitatio et naufragium
ex inopinato profuit, non ideo salutaris iudicanda
est : saepe enim saluti fuere pestifera.

XIII. 1 Deinde quae habenda sunt quo maiora
eo meliora et optabiliora sunt. Si iustitia bonum est,
nemo dicet meliorem futuram si quid detractum ex
ea fuerit ; 2 si fortitudo bonum est, nemo illam desi-
derabit ex aliqua parte deminui ; ergo et ira quo
maior hoc melior ; quis enim ullius boni accessionem
recusauerit ? Atqui augeri illam inutile est ; erg*o*
et esse ; non est bonum quod incremento malum fit.
— 3 Utilis, inquit, ira est quia pugnaciores facit. —
Isto modo et ebrietas : facit enim proteruos et audaces
multique meliores ad ferrum fuere male sobrii ;
isto modo dic et phrenesin atque insaniam uiribus
necessariam quia saepe ualidiores furor reddit.
4 Quid ? Non aliquotiens metus ex contrario fecit

---

praerapida *unus det. Muret* [praerabida *alii*] : praerapidus *A L P* ‖
in quod *L uulgo* : in quo *A P* ‖ efficit *L uulgo* : effecit *A P*.

6 remedi *A* [*alterum* i *supra uersum addidit A*[1] *aut A*[2]] ‖ ex inopinato
dett. uulgo : exopinato *A P* : necopinato *Gronov.*

XIII, 1 obtabili orasunt *sed* b *ex* p *corr. A*[1] *et uerba recte diuisit*
A[1,2].

2 ullius *L P* : illius *A*.

3 pugnatiores [ti *ex* ci *uidetur corr.*] A ‖ propteruos [p *expuncta*]
A ‖ phrenesin [in *in rasura*] *A*[1] : -im *P*.

los, wie beinahe jede Begierde, ist er selber sich hinderlich
bei dem, was er sich als Ziel gesetzt hat. Daher war er weder
im Frieden noch im Kriege jemals von Nutzen; den Frieden
nämlich macht er ähnlich dem Krieg, in Waffen aber vergißt
er, daß Mars unparteiisch ist und unter fremde Gewalt
kommt, wenn er nicht in der eigenen bleibt. 6 Sodann
dürfen nicht deswegen Fehlhaltungen in Dienst genommen
werden, weil sie gelegentlich etwas bewirkt haben; denn auch
Fieberanfälle lindern manche Arten von Krankheiten, und
nicht ist es deswegen besser, nicht völlig von ihnen frei zu
sein; verabscheuenswert ist die Heilmethode, Gesundheit zu
schulden der Krankheit. In ähnlicher Weise ist der Zorn,
auch wenn er gelegentlich, wie Gift und Absturz und Schiffbruch, unvermutet genützt hat, deswegen nicht für heilsam
zu erachten: oft nämlich hat zur Rettung gedient Verderbliches.

XIII. 1 Ferner: was man besitzen muß, ist desto besser
und wünschenswerter, je größer es ist. Wenn Gerechtigkeit
ein Gut ist, wird niemand behaupten, sie werde besser, wenn
etwas von ihr weggenommen worden ist; 2 wenn Tapferkeit ein Gut ist, wird niemand sie in irgendeinem Teil ver-
mindert wünschen; also ist auch der Zorn je größer desto
besser; wer nämlich wollte irgendeines Gutes Zuwachs zu-
rückweisen? Und doch ist es nicht nützlich, daß der Zorn
wächst – also auch, daß er existiert; nicht ist ein Gut, was
durch Anwachsen schlecht wird. 3 ,,Nützlich‟, heißt es,
,,ist der Zorn, weil er kämpferischer macht.‟ Auf diese Weise
auch die Trunkenheit: sie macht nämlich frech und wag-
halsig, und viele sind besser im Kampf gewesen, wenn sie
nicht ganz nüchtern; behaupte nur, daß auf diese Weise auch
Tobsucht und Wahnsinn für die Kräfte notwendig, weil oft
kräftiger der Zorn macht. 4 Was? Nicht hat immer wieder
Furcht im Gegenteil kühn gemacht und die Angst vor dem

audacem et mortis timor etiam inertissimos exci-
tauit in proelium ? Sed ira, ebrietas, metus aliaque
eiusmodi foeda et caduca irritamenta sunt nec uirtutem instruunt quae nihil uitiis eget, sed segnem alioqui
animum et ignauum paulum alleuant. 5 Nemo irascendo fit fortior nisi qui fortis sine ira non fuisset.
Ita non in adiutorium uirtutis uenit sed in uicem.
Quid quod, si bonum esset ira, perfectissimum quemque sequeretur ? Atqui iracundissimi infantes
senesque et aegri sunt et inualidum omne natura
querulum est.

XIV. 1 « Non potest » inquit « fieri » Theophrastus
« ut non uir bonus irascatur malis ». — Isto modo
quo melior quisque hoc iracundior erit : uide ne
contra placidior solutusque affectibus et cui nemo
odio sit. 2 Peccantis uero quid habet cur oderit, cum
error illos in eiusmodi delicta compellat ? Non est
autem prudentis errantis odisse, alioqui ipse sibi
odio erit. Cogitet quam multa contra bonum morem
faciat, quam multa ex is quae egit ueniam deside-
rent ; iam irascetur etiam sibi. Neque enim aequus
iudex aliam de sua, aliam de aliena causa sententiam
fert. 3 Nemo, inquam, inuenietur qui se possit absol-
uere, et innocentem quisque se dicit respiciens
testem, non conscientiam. Quanto humanius mitem
et patrium animum praestare peccantibus et illos
non persequi sed reuocare ! Errantem per agros
ignorantia uiae melius est *ad* affec*tatu*m iter admouere
quam expellere.

XV. 1 Corrigendus est itaque qui peccat et admonitione et ui, et molliter et aspere, meliorque tam sibi
quam aliis faciendus non sine castigatione, sed sine

XIV, 1 Theoprastus *A*.
2 is *Rossbach* (iis *Wesenberg*) : his *A*.
3 *post* persequi *erasa est* se *aut* s *in A* ‖ ad affectatum *correxi* : affectum *A* ad rectum *L P uulgo*.

Tode auch die Energielosesten angetrieben zum Kampf?
Aber Zorn, Trunkenheit, Furcht und anderes dieser Art sind
häßliche und fragwürdige Antriebe und bilden nicht Tapferkeit aus, die keiner charakterlichen Schwächen bedarf, sondern die sonst träge und unfähige Seele regen sie ein wenig
an. 5 Niemand wird durch Zürnen tapferer, außer wer tapfer ohne Zorn nicht gewesen wäre. So kommt der Zorn nicht
als Hilfe der Tapferkeit, sondern als Ersatz. Wie nun, daß der
Zorn, wäre er ein Gut, gerade den vollendetsten Menschen
folgen würde? Und doch sind am meisten zu Zorn veranlagt
Kinder, alte Menschen und Kranke, und alles Schwächliche
ist von Natur zu Klagen bereit.

XIV. 1 „Nicht kann es", sagt Theophrastus, „geschehen,
daß ein guter Mann nicht in Zorn gerät über Schlechte." Auf
diese Weise wird ein jeder, je besser er ist, desto jähzorniger
sein: vielleicht ist er im Gegenteil ruhiger und frei von Leidenschaften und ein Mensch, dem niemand ein Gegenstand von
Haß ist. 2 Die sich aber schuldig gemacht haben – welchen
Grund hätte er, sie zu hassen, da Irrtum sie zu Vergehen
dieser Art treibt? Nicht ist es aber Eigenart des Einsichtigen,
Irrende zu hassen, sonst ist er sich selber Anlaß zu Haß. Er
bedenke, wie oft er gegen die gute Sitte verstößt, wieviel von
dem, was er getan hat, Verzeihung heischt; schon wird er
auch auf sich selber zornig werden. Nicht nämlich fällt ein
gerechter Richter *ein* Urteil über seinen eigenen Fall, ein
anderes über einen fremden. 3 Niemand, sage ich, wird sich
finden, der sich freisprechen könnte, und schuldlos nennt sich
ein jeder, mit Rücksicht auf einen Zeugen, nicht das Gewissen. Wieviel menschlicher, verständnisvolle und väterliche
Gesinnung zu zeigen den Fehlenden und sie nicht zu bestrafen, sondern zurückzurufen! Wenn jemand über die Felder
irrt, aus mangelnder Kenntnis des Weges – besser ist es, ihn
auf den rechten Weg zu bringen als zu verjagen.

XV. 1 Zurechtgebogen werden muß also, wer Verfehlungen begeht, mit Zuspruch und Gewalt, gelinde und hart, und
bessergemacht werden muß er, so für sich wie für andere,
nicht ohne Züchtigung, sondern ohne Zorn; wer nämlich

ira ; quis enim cui medetur irascitur ? — At corrigi
nequeunt nihilque in illis lene aut spei bonae capax
est. — Tollantur e coetu mortalium facturi peiora
quae contingunt, et quo uno modo possunt desinant
mali esse, sed hoc sine odio. 2 Quid enim est cur
oderim cui tum maxime prosum cum illum sibi
eripio ? Num quis membra sua tunc odit cum
abscidit ? Non est illa ira sed misera curatio. Rabidos
effligimus canes et trucem atque immansuetum
bouem occidimus et morbidis pecoribus ne gregem
polluant ferrum demittimus ; portentosos fetus
exstinguimus, liberos quoque, si debiles monstrosique editi sunt, mergimus ; nec ira sed ratio est a
sanis inutilia secernere. 3 Nihil minus quam irasci
punientem decet, cum eo magis ad emendationem
poena proficiat si iudicio lata est. Inde est quod
Socrates seruo ait : « Caederem te nisi irascerer ».
Admonitionem serui in tempus sanius distulit, illo
tempore se admonuit. Cuius erit [tam] temperatus
affectus, cum Socrates non sit ausus se irae com-
mittere ?

XVI. 1 Ergo ad coercitionem errantium scelera-
torumque irato castigatore non opus est ; nam cum
ira delictum animi sit, non oportet peccata corrigere
peccantem. — Quid ergo ? Non irascar latroni ?
Quid ergo ? Non irascar uenefico ? — Non ; neque
enim mihi irascor, cum sanguinem mitto. Omne
poenae genus remedii loco admoueo. 2 « Tu adhuc
in prima parte uersaris errorum nec grauiter labe-

XV, 1 leue *A P* : lene *L dctt.*

2 monstrosique [i *supra uersum add. fort. A¹*] *A.*

3 iudicio lata *L P* : iudici olata *A* iudicio data *dett.* [*cf. Sen. Thyest.*
74] ‖ tam *quod uulgo omittitur inclusi ut ortum ex sequenti syllaba.*

XVI, 1 uenefic⁎o (i *erasa*) A ‖ remedii [*alterum* i *suprascripsit*
fortasse A¹] A.

2 tu *in rasura A¹ quae scribere coeperat* adh *omisso pronomine.*

zürnt dem, den er heilt? ,,Aber geradebiegen kann man sie
nicht, und nichts an ihnen ist von feiner Art oder berechtigt
zu guter Hoffnung.'' Entfernt werden sollen aus der Gemeinschaft der Menschen, die schlechter machen, was sie berühren,
und in der Form, zu der sie einzig in der Lage sind, sollen sie
aufhören, schlecht zu sein, aber dies ohne Haß. 2 Welchen
Anlaß nämlich habe ich, zu hassen, wem ich dann am
meisten nütze, wenn ich ihn sich selber entreiße? Haßt jemand etwa seine Glieder dann, wenn er sie abschneidet?
Nicht ist das Zorn, sondern eine beklagenswerte Handlung.
Tollwütige Hunde schlagen wir nieder, einen widerspenstigen
und unbezähmbaren Stier töten wir, und krankes Vieh, daß
es nicht die Herde anstecke, schlachten wir; Mißgeburten
löschen wir aus, Kinder auch, wenn sie schwächlich und
mißgestaltet geboren worden sind, ertränken wir; und nicht
Zorn, sondern Vernunft ist es, vom Gesunden Untaugliches
zu sondern. 3 Nichts weniger als in Zorn zu geraten steht
dem Strafenden an, da desto eher zur Besserung die Strafe
verhilft, wenn sie mit klarer Überlegung verhängt worden ist.
Daraus erklärt sich, was Sokrates zu einem Sklaven sagt:
,,Ich würde dich schlagen, wenn ich nicht zornig wäre.'' Die
Zurechtweisung des Sklaven verschob er auf einen günstige-
ren Zeitpunkt, in diesem Augenblick ermahnte er sich selber.
Wessen leidenschaftliche Erregung wird ein Maß haben, da
Sokrates es nicht gewagt hat, sich dem Zorn zu überlassen?
XVI. 1 Folglich bedarf es zur Bestrafung von Irrenden
und Verbrechern eines zornigen Zuchtmeisters nicht; denn
da Zorn ein Vergehen der Seele ist, darf Verfehlungen nicht
bessern ein Fehlender. ,,Was also? Nicht soll ich zürnen dem
Straßenräuber? Was also? Nicht soll ich zürnen dem Gift-
mischer?'' Nein; denn ich zürne mir nicht, wenn ich mich zur
Ader lasse. Jede Art von Strafe ziehe ich als Heilmittel heran. 2 ,,Du verweilst bis jetzt in der ersten Phase der Verirrungen, und nicht schwer fehlst du, sondern häufig: Ver-

ris sed frequenter : obiurgatio te primum secreta deinde publicata emendare temptabit ; tu longius iam processisti quam ut possis uerbis sanari : ignominia contineberis ; tibi fortius aliquid et quod sentias inurendum est : in exsilium et loca ignota mitteris ; in te duriora remedia iam solida nequitia desiderat : et uincula publica et carcer adhibetur ; **3** tibi insanabilis animus et sceleribus scelera contexens, et iam non causis, quae numquam malo defuturae sunt, impelleris, sed satis tibi est magna ad peccandum causa peccare, perbibisti nequitiam et ita uisceribus immiscuisti ut nisi cum ipsis exire non possit, olim miser mori quaeris : bene de te merebimur, auferemus tibi istam qua uexas, uexaris insaniam et per tua alienaque uolutato supplicia id quod unum tibi bonum   superest   repraesentabimus,   mortem.   » Quare irascar cui cum maxime prosum ? Interim optimum misericordiae genus est occidere. **4** Si intrassem ualetudinarium exercitatus et sciens aut domus diuitis, non idem imperassem omnibus per diuersa aegrotantibus ; uaria in tot animis uitia uideo et ciuitati curandae adhibitus sum, pro cuiusque morbo medicina quaeratur : hunc sanet uerecundia, hunc peregrinatio, hunc dolor, hunc egestas, hunc ferrum. **5** Itaque et si peruersa induenda magistratui uestis et conuocanda classico contio est, procedam in tribunal non furens nec infestus, sed uultu legis et illa sollemnia uerba leni magis grauique

publicata *A L P* : publica *dett. uulgo* ‖ adhibetur *A L P* : adhibebitur *Erasme*[2].

3 animus est *dett. uulgo* ‖ et iam *uulgo* : etiam *A* ‖ quam *A*[1] P [m *in utroque expuncta*] ‖ uexas *A om. ceteri codices* ‖ uolutato *Muret* « *ex libro Siculo* » : uolutate *idem liber et L* uoluptate *A P* ‖ it *A*[1] : id *corr. fort. A*[2].

4 domus *A* : domos *P* domum *L*.

5 uultu leni et illa solemnia uerba magis graui quam rabida *coniecit Pincianus* ‖ agi *scilicet* ad supplicium *Stangl* : lege *add. Pincianus et Gertz.*

weis wird dich, zunächst unter vier Augen, dann in der
Öffentlichkeit, zu bessern suchen; zu weit schon ist es mit dir
gekommen, als daß dich Worte heilen könnten: durch eine
ehrenrührige Strafe wirst du in Zucht gehalten; dir muß etwas
Stärkeres, und was du spürst, aufgebrannt werden: in die
Verbannung und unbekannte Gegenden wirst du geschickt;
gegen dich verlangt härtere Heilmittel die schon verfestigte
Niedertracht: öffentliche Fesselung und Kerker wird man
anwenden; 3 deine Seele ist unheilbar, und Verbrechen
reiht sie an Verbrechen, und nicht durch Gründe, die niemals
einem schlechten Menschen fehlen werden, läßt du dich an-
treiben, sondern ein genügend großer Grund zum Vergehen
ist, dich zu vergehen, du hast dich mit Niedertracht vollge-
sogen und so sie deinen Eingeweiden vermischt, daß sie nur
mit ihnen selbst aus dir herausfinden kann, einst wünschst du
in deinem Elend, zu sterben: gut werden wir es mit dir meinen,
wegnehmen werden wir dir diese Seelenkrankheit, mit der
du quälst, von der du gequält wirst, und da du in eigener und
fremder Marter dich bewegt hast, werden wir das Gut, das
allein für dich übrigbleibt, dir gewähren – den Tod." Warum
soll ich zürnen, wem ich am meisten helfe? Bisweilen ist es
die beste Form des Mitleides, zu töten.   4 Wenn ich beträte
ein Lazarett, ausgebildet und sachverständig, oder das An-
wesen eines Reichen, würde ich nicht dieselben Anordnungen
treffen für alle, da sie an verschiedenen Krankheiten leiden;
mannigfache Gebrechen sehe ich bei soviel Seelen, und die
Gesellschaft zu behandeln bin ich herangezogen worden: für
eines jeden Krankheit soll ein Heilmittel gesucht werden;
diesen heilt Zurückhaltung, diesen Aufenthalt in der Fremde,
diesen Schmerz, diesen Armut, diesen das Schwert.   5 Also:
auch wenn ich als Beamter die dunkle Amtstracht anlegen
und einberufen muß mit Trompetensignal die Volksversammlung, werde ich den Richtplatz betreten – nicht wütend und
drohend, sondern mit einem Gesicht des Gesetzes, und jene

quam-rabida uoce concipiam et agi iubebo non iratus
sed seuerus ; et cum ceruicem noxio imperabo prae-
cidi et cum p*arricida*s insuam culleo et cum mittam
in supplicium militare et cum Tarpeio proditorem
hostemue publicum imponam, sine ira eo uultu
animoque ero quo serpentes et animalia uenenata
percutio. — 6 Iracundia opus est ad puniendum.
— Quid ? Tibi lex uidetur irasci iis quos non nouit,
quos non uidit, quos non futuros sperat ? Illius itaque
sumendus est animus, quae non irascitur, sed constituit. Nam si bono uiro ob mala facinora irasci
conuenit, et ob secundas res malorum hominum
inuidere conueniet. Quid enim est indignius quam
florere quosdam et eos indulgentia fortunae abuti
quibus nulla potest satis mala inueniri fortuna ?
Sed tam commoda illorum sine inuidia uidebit quam
scelera sine ira ; bonus iudex damnat improbanda,
non odit. — 7 Quid ergo ? Non, cum eiusmodi aliquid
sapiens habebit in manibus, tangetur animus eius
eritque solito commotior ? — Fateor : sentiet leuem
quemdam tenuemque motum ; nam, ut dicit Zenon,
in sapientis quoque animo, etiam cum uulnus sana-
tum est, cicatrix manet. Sentiet itaque suspiciones
quasdam et umbras affectuum, ipsis quidem care-
bit.

XVII. 1 Aristoteles ait affectus quosdam, si quis
illis bene utatur, pro armis esse. Quod uerum foret,
si uelut bellica instrumenta sumi deponique possent
induentis arbitrio. Haec arma quae Aristoteles uirtuti dat ipsa per se pugnant, non exspectant manum,
et habent, non habentur. 2 Nihil aliis instrumentis

---

parricidas *dett.* [paricidas *L*] : perindices *A* periudices *P* [*in
utroque* per *per compendium*].
6 quosdam *sine additamento satis planum mihi uidetur; aliter censuerunt multi, nihil uero probabile coniecerunt.*
XVII, 1 queristoteles [a *supra uersum addidit fortasse A*[1]].

feierlichen Worte werde ich mit mehr ruhiger und gewichtiger als mit wütender Stimme formulieren, und hinzurichten werde ich befehlen nicht zornig, sondern ernst; und wenn ich den Hals dem Schuldigen abzuschlagen anordne, und wenn ich Vatermörder einnähen lasse in den Sack, und wenn ich einen Soldaten vor das Hinrichtungskommando schicke, und wenn ich auf den tarpeischen Felsen den Verräter oder Staatsfeind stelle – ohne Zorn werde ich *die* Miene und *die* Einstellung haben, mit der ich Schlangen und giftige Tiere vernichte. 6 „Jähzorn ist nötig zum Strafen." Was? Dir scheint das Gesetz denen zu zürnen, die es nicht gesehen hat, die es nicht geben wird, wie es hofft? Des Gesetzes Einstellung muß man daher annehmen, das nicht zürnt, sondern anordnet. Denn wenn es sich für einen guten Mann wegen böser Taten zu zürnen gehört, wird es auch wegen des Wohlergehens schlechter Menschen mißgünstig zu sein sich gehören. Was nämlich ist empörender, als daß manche ein üppiges Leben führen und diejenigen die Güte des Schicksals mißbrauchen, für die kein genügend schlimmes Schicksal gefunden werden kann? Aber ebenso wird er ihre Vorteile ohne Mißgunst ansehen wie Verbrechen ohne Zorn; ein guter Richter verurteilt, was zu mißbilligen ist, er haßt es nicht. 7 „Was also? Nicht, wenn etwas dieser Art der Weise in Händen hat, läßt er sich davon berühren und wird erregter sein als gewohnt?" Ich gebe zu: empfinden wird er eine Art leichter und flüchtiger Bewegung; denn, wie es sagt Zenon, auch in des Weisen Seele, selbst wenn die Wunde verheilt ist, bleibt eine Narbe. Er wird daher verspüren eine Art von Ahnung und Abbild der Leidenschaften, von ihnen selber freilich wird er frei sein.

XVII. 1 Aristoteles sagt, manche Leidenschaften seien, wenn einer sich ihrer recht bedient, wie Waffen. Das wäre richtig, wenn sie wie Kriegswerkzeuge genommen und weggelegt werden könnten, nach dem Urteil dessen, der sie anlegt. Die Waffen, die Aristoteles der sittlichen Vollkommenheit aushändigt, kämpfen von allein, sie warten nicht auf die Handhabung, sie führen, nicht: werden geführt. 2 Keineswegs sind andere Hilfsmittel nötig, hinreichend hat uns mit

opus est, satis nos instruxit ratione natura. Hoc
dedit telum firmum, perpetuum, obsequens, nec
anceps nec quod in dominum remitti posset. Non ad
prouidendum tantum sed ad res gerendas satis est
per se ipsa ratio; etenim quid est stultius quam hanc
ab iracundia petere praesidium, rem stabilem ab
incerta, fidelem ab infida, sanam ab aegra ? 3 Quid
quod *ad* actiones quoque in quibus solis opera iracundiae uidetur necessaria multo per se ratio fortior
est ? Nam cum iudicauit aliquid faciendum, in eo
perseuerat ; nihil enim melius inuentura est se
ipsa quo mutetur : ideo stat semel constitutis. 4 Iram
saepe misericordia retro egit ; habet enim non soli-
dum robur, sed uanum tumorem uiolentisque prin-
cipiis utitur, non aliter quam qui a terra uenti surgunt et fluminibus paludibusque concepti sine pertinacia uehementes sunt : 5 incipit magno impetu,
deinde defecit ante tempus fatigata, et, quae nihil
aliud quam crudelitatem ac noua genera poenarum
uersauerat, cum animaduertendum est, iam fracta
lenisque est. Affectus cito cadit, aequalis est ratioi
6 Ceterum etiam ubi perseuerauit ira, nonnumquam,
si plures sunt qui perire meruerunt, post duorum
triumue sanguinem occidere desinit. Primi eius
ictus acres sunt : sic serpentium uenena a cubili
erepentium nocent, innoxii dentes sunt cum illos
frequens morsus exhausit. 7 Ergo non paria patiuntur
qui paria commiserant et saepe qui minus commisit
plus patitur, quia recentiori obiectus est. Et in totum

2 ratione *L P* : -ni *A* ‖ stultius [ius *ex* is *corr.*] A¹: stultitius *P*.
3 ad actiones *L dett.* : actiones *A P*.
5 defecit A P *et plerique dett.* : deficit *L alii* ‖ iam fracta *Muret* :
iam ira fracta *A L P sed* ira *ex corr.* A¹ *ortum uidetur*.
6 Primi A¹ *corr. ex* primus ‖ sic *A L P* : sicut *uulgo* ‖ uenena *A
sed* ne *suprascripsit* A²‖ inoxii A [*sed ultimam* i *addidit in fine uersus*
A²].
7 commiserant *A L*: commiserunt *P dett.* ‖ recentiori A¹ [i *supra
uersum* A²].

Vernunft ausgerüstet die Natur. Damit hat sie eine Waffe
gegeben, stark, beständig, gefügig, weder unzuverlässig noch
fähig, sich gegen ihren Besitzer zu wenden. Nicht nur vor-
auszuschauen, sondern tatkräftig zu handeln genügt für sich
allein die Vernunft; denn was ist törichter, als daß sie vom
Jähzorn erbitte Hilfe, die Beständige vom Unsteten, die
Verläßliche vom Unzuverlässigen, die Gesunde vom Kranken? 3 Was, daß auch bei Taten, zu denen allein die Mit-
wirkung des Zornes nötig erscheint, aus sich selber die Vernunft viel wirksamer ist? Denn wenn sie zu dem Schluß
gekommen ist, etwas müsse geschehen, bleibt sie dabei;
nichts Besseres nämlich wird sie finden, sich darein zu verwandeln, als sich selber: deswegen bleibt sie bei dem einmal
Beschlossenen. 4 Den Zorn bringt oft das Mitleid zur
Umkehr; er hat nämlich keine gediegene Kraft, sondern
besteht in gehaltlosem Anschwellen und ist zu Anfang ge-
walttätig, nicht anders als Winde, die von der Erde sich erheben und, in Flüssen und Sümpfen entstanden, ohne Ausdauer heftig sind[9]: 5 er beginnt mit großem Ungestüm,
dann läßt er nach, vor der Zeit ermüdet, und er, der auf nichts
anderes als Grausamkeit und neue Arten von Strafen ge-
sonnen hatte – wenn eingeschritten werden muß, ist er bereits gebrochen und besänftigt. Leidenschaft verfällt rasch,
gleichmäßig ist die Vernunft. 6 Im übrigen: auch wenn der
Zorn andauert – bisweilen, wenn es mehr Menschen sind,
die zu sterben verdient haben, hört er nach der Hinrichtung
von zweien oder dreien zu töten auf. Seine ersten Schläge
sind scharf: so wirkt der Schlangen Gift schädlich, wenn sie
aus ihrem Lager hervorkriechen, unschädlich sind die Zähne,
wenn sie häufiger Biß erschöpft hat. 7 Also leidet nicht
Entsprechendes, wer Entsprechendes begangen hat, und oft
leidet mehr, wer weniger begangen hat, weil er dem Zorn in

inaequalis est : modo ultra quam oportet excurrit,
modo citerius debito resistit ; sibi enim indulget et
ex libidine iudicat et audire non uult et patrocinio
non relinquit locum et ea tenet quae inuasit et eripi
sibi iudicium suum, etiam si prauum est, non sinit.

XVIII. 1 Ratio utrique parti tempus dat ; deinde
aduocationem et sibi petit, ut excutiendae ueritati
spatium habeat : ira festinat. Ratio id iudicare uult
quod aequum est : ira id aequum uideri uult quod
iudicauit. 2 Ratio nihil praeter ipsum de quo agitur
spectat : ira uanis et extra causam obuersantibus
commouetur. Vultus illam securior, uox clarior,
sermo liberior, cultus delicatior, aduocatio ambi-
tiosior, fauor popularis exasperant ; saepe infesta
patrono reum damnat ; etiam si ingeritur oculis
ueritas, amat et tuetur errorem ; coargui non uult
et in male coeptis honestior illi pertinacia uidetur
quam paenitentia. 3 Cn. Piso fuit memoria nostra
uir a multis uitiis integer, sed prauus et cui placebat
pro constantia rigor. Is cum iratus duci iussisset eum
qui ex commeatu sine commilitone redierat, quasi
interfecisset quem non exhibebat, roganti tempus
aliquod ad conquirendum non dedit. Damnatus extra
uallum productus est et iam ceruicem porrigebat
cum subito apparuit ille commilito qui occisus
uidebatur. 4 Tunc centurio supplicio praepositus
condere gladium speculatorem iubet, damnatum
ad Pisonem reducit redditurus Pisoni innocentiam :
nam militi fortuna reddiderat. Ingenti concursu
deducuntur complexi alter alterum cum magno

XVIII, 1 ueritatis patium *correxit* A¹⁻² ‖ uideri uult *pauci dett.* :
uideri non uult *A L P* [*sed* non *expunctum in L*].

2 nil *A ut saepius* ‖ fabor *A¹ sed* b *in* u *corr.*

3 rigor. is *A³ in rasura* [*fuerat fortasse* rigores] ‖ et iam *in ras. A³ P*
etiam *A¹*.

4 speculatorem *A* : spic- *P et plerique dett.*

frischerem Stadium begegnet ist. Und insgesamt ist er nicht
gleichmäßig: bald geht er weiter als nötig, bald bleibt er
hinter dem Nötigen zurück; sich nämlich gibt er nach, und
nach Willkür richtet er, hören will er nicht, und der Fürsprache läßt er keinen Raum, das hält er, was er ergriffen,
und daß ihm benommen wird die eigene Entscheidung, auch
wenn sie verkehrt ist, duldet er nicht.

XVIII. 1 Die Vernunft läßt beiden Seiten Zeit; sodann sucht
sie Gelegenheit zu Rechtsberatung auch für sich, damit sie
die Wahrheit an den Tag zu bringen Raum hat – der Zorn hat
es eilig. Die Vernunft will das Urteil fällen, das gerecht ist –
der Zorn will das für gerecht angesehen wissen, was er als
Urteil gefällt hat. 2 Die Vernunft sieht auf nichts außer
eben dem, um das es geht – der Zorn läßt sich durch Nichtiges und nicht zur Sache Gehöriges beeinflussen. Ein gelasse-
neres Gesicht, eine klarere Stimme, eine freiere Sprechweise,
ein eleganteres Auftreten, eine ehrgeizigere Prozeßführung,
Ansehen beim Volk reizen ihn heftig; oft, aus feindlicher
Gesinnung gegenüber dem Verteidiger, verurteilt der Zorn
den Angeklagten; auch wenn vor Augen geführt wird die
Wahrheit, liebt und schützt er den Irrtum; er will sich nicht
widerlegen lassen, und bei schlecht Begonnenem scheint
ihm ehrenhafter Rechthaberei als Reue.   3 Gnaeus Piso[10]
war, zu unserer Zeit, ein Mann, von vielen Fehlern frei, aber
verbohrt, und ihm gefiel als konsequentes Verhalten starre
Härte. Als er im Zorn hinzurichten befohlen hatte einen
Soldaten, der aus dem Urlaub ohne seinen Kameraden zurückgekehrt war, als habe er getötet, wen er nicht mit-
brachte, gab er ihm trotz seiner Bitte keine Zeit zum Nach-
forschen. Verurteilt wurde er aus der Umwallung geführt,
und schon bot er den Nacken dar, als plötzlich erschien jener
Kamerad, der für getötet galt.   4 Da befiehlt der die Hinrichtung leitende Hauptmann dem Profoß, das Schwert ein-
zustecken, führt den Verurteilten zu Piso zurück, in der
Absicht, wiederzugeben dem Piso die Unschuld: denn dem
Soldaten hatte das Schicksal sie zurückgegeben. In riesigem
Auflauf werden die Kameraden – einer umarmt den anderen –

gaudio castrorum commilitones. Conscendit tribunal
furens Piso ac iubet duci utrumque, et eum militem
qui non occiderat et eum qui non perierat. 5 Quid hoc
indignius ? Quia unus innocens apparuerat duo
peribant. Piso adiecit et tertium. Nam ipsum cen-
turionem qui damnatum reduxerat duci iussit.
Constituti sunt in eodem illo loco perituri tres ob
unius innocentiam. 6 O quam sollers est iracundia
ad fingendas causas furoris ! « Te » inquit « duci
iubeo quia damnatus es ; te quia causa damnationis
commilitoni fuisti ; te quia iussus occidere imperatori non paruisti. » Excogitauit quemadmodum tria
crimina faceret, quia nullum inuenerat.

XIX. 1 Habet, inquam, iracundia hoc mali :
non uult regi ; irascitur ueritati ipsi, si contra uoluntatem suam apparuit ; cum clamore et tumultu
et totius corporis iactatione quos destinauit insequitur adiectis conuiciis maledictisque. 2 Hoc non
facit ratio, sed si ita opus est, silens quietaque totas
domus funditus tollit et familias rei publicae pesti-
lentes cum coniugibus ac liberis perdit, tecta ipsa
diruit et solo exaequat et inimica libertati nomina
exstirpat : hoc non frendens nec caput quassans
nec quicquam indecorum iudici faciens, cuius tum
maxime placidus esse debet et in statu uultus, cum
magna pronuntiat. 3 « Quid opus est, » inquit Hieronymus « cum uelis caedere aliquem, tua prius labra
mordere ? » Quid si ille uidisset desilientem de tri-
bunali proconsulem et fasces lictori auferentem et
suamet uestimenta scindentem, quia tardius scin-
debantur aliena ? 4 Quid opus est mensam euertere ?

5 peri∗bant [e *erasa*] *A* : perierant [per *per compendium*] *P*.
XIX, 1 uoluntatem *uulgo* : uoluptatem *A L P*.
2 tum *A P* : tunc *dett.*
3 fasces *L* : faces *A P*.

unter lautem Jubel des Lagers vorgeführt. Es besteigt das
Tribunal voller Wut Piso und befiehlt, beide hinzurichten,
sowohl den Soldaten, der nicht gemordet hatte, als auch den,
der nicht umgekommen war. 5 Was wäre empörender als
dies? Weil *einer* sich als unschuldig erwiesen hatte, starben
zwei. Piso fügte auch einen dritten hinzu. Denn eben den
Hauptmann, der den Verurteilten zurückgebracht hatte, befahl er hinzurichten. Hingestellt worden sind auf demselben
Platz, zu sterben, drei Männer wegen eines Unschuld.
6 O, wie tüchtig ist der Jähzorn, Anlässe zu finden zur Wut!
„Dich", sagt er, „befehle ich hinzurichten, weil du verurteilt
bist; dich, weil du Anlaß der Verurteilung dem Kameraden
geworden bist, dich, weil du trotz des Befehles zu töten dem
General nicht gehorcht hast." Ausgedacht hat er sich, wie
er drei Verbrechen begehe, weil er keines gefunden hatte.

XIX. 1 Es hat, sage ich, der Jähzorn folgenden Nachteil:
er will sich nicht lenken lassen; er zürnt der Wahrheit selber,
wenn sie gegen seinen Willen offenkundig wird; mit Geschrei
und Getöse und des ganzen Körpers erregter Bewegung verfolgt er, auf wen er es abgesehen hat, hinzugefügt noch Beschimpfungen und Schmähungen. 2 Das tut nicht die Vernunft, sondern wenn es in dieser Weise nötig ist, vernichtet
sie schweigend und gelassen ganze Hausgemeinschaften von
Grund auf, und Familien – sind sie dem Staate schädlich –
vernichtet sie mit Frauen und Kindern, die Häuser selber
reißt sie ein und macht sie dem Erdboden gleich, und für
die Freiheit bedrohliche Namen rottet sie aus: dies, ohne mit
den Zähnen zu knirschen noch den Kopf zu werfen noch
irgendetwas des Richters nicht Angemessenes zu tun, dessen
Antlitz dann am ehesten gelassen sein muß und Fassung
bewahren, wenn er Wichtiges verkündet. 3 „Was ist es
nötig", sagt Hieronymus[11], „wenn du jemanden töten willst,
deine Lippen vorher zu beißen?" Wenn er nun gesehen hätte,
wie herabsprang vom erhöhten Platz des Richters der Prokonsul und die Fasces dem Liktor wegnahm und seine eigenen
Kleider zerriß, weil zu langsam fremde zerrissen wurden?
4 Was ist es nötig, den Tisch umzuwerfen? Was, die Becher

Quid pocula affligere? Quid se in columnas impingere?
Quid capillos auellere, femur pectusque percutere?
Quantam iram putas, quae, quia in alium non tam
cito quam uult erumpit, in se reuertitur? Tenentur
itaque a proximis et rogantur ut sibi ipsi placentur.
5 Quorum nihil facit quisquis uacuus ira meritam
cuique poenam iniungit. Dimittit saepe eum cuius
peccatum deprendit; si paenitentia facti spem bonam
pollicetur, si intellegit non ex alto uenire nequitiam,
sed summo quod aiunt animo inhaerere, dabit impu-
nitatem nec accipientibus nocituram nec dantibus;
6 nonnumquam magna scelera leuius quam minora
compescet, si illa lapsu non crudelitate commissa
sunt, his inest latens et operta et inueterata calliditas;
idem delictum in duobus non eodem malo afficiet,
si alter per neglegentiam admisit, alter curauit ut
nocens esset. 7 Hoc semper in omni animaduersione
seruabit ut sciat alteram adhiberi ut emendet malos,
alteram ut tollat; in utroque non praeterita, sed
futura intuebitur (nam, ut Plato ait: « nemo prudens
punit, quia peccatum est, sed ne peccetur; reuocari
enim praeterita non possunt, futura prohibentur »),
et quos uolet nequitiae male cedentis exempla fieri
palam occidet, non tantum ut pereant ipsi, sed ut
alios pereundo deterreant. 8 Haec cui expendenda
aestimandaque sunt uides quam debeat omni perturbatione liber accedere ad rem summa diligentia
tractandam, potestatem uitae necisque; male irato
ferrum committitur.

XX. 1 Ne illud quidem iudicandum est aliquid
iram ad magnitudinem animi conferre; non est
enim illa magnitudo, tumor est; nec corporibus

---

4 auellere *A* : euellere *P dett. uulgo* ‖ quantam *A* : quanti *Barriera*
5 ira *A* [*lineola supra a deleta*] ‖ dimittit *A* : -tet *Gertz.*
7 anim* aduersione [*fuerat* anim; *i. e.* animus].

zu Boden zu schmeißen? Was, den Kopf gegen Säulen zu
schmettern? Was, die Haare auszureißen, Schenkel und
Brust zu schlagen? Für wie groß hältst du einen Zorn, der,
weil er gegen einen anderen nicht so rasch, wie er will, los-
bricht, sich gegen sich selber kehrt? Festgehalten werden sie
daher von ihren Angehörigen und angefleht, daß sie mit sich
selber wieder einig werden. 5 Dergleichen tut nichts, wer
immer frei von Zorn die verdiente Strafe einem jeden auferlegt. Er entläßt oft den, dessen Vergehen er wahrnimmt;
wenn Reue über die Tat berechtigte Hoffnung verspricht,
wenn er erkennt, nicht aus der Tiefe kommt die Schlechtigkeit, sondern der Oberfläche der Seele, wie man sagt, an-
haftet, wird er Straflosigkeit gewähren, denn weder wer sie
empfängt, hat von ihr Schaden noch, wer sie gewährt;
6 bisweilen wird er große Untaten leichter als kleinere ahnden, wenn jene aus Versehen, nicht aus Grausamkeit begangen worden sind, diesen innewohnt heimliche, verdeckte und
verhärtete Verschlagenheit; dasselbe Vergehen wird er bei
zwei Menschen nicht mit derselben Strafe verfolgen, wenn es
der eine aus Fahrlässigkeit begangen hat, der andere die
Absicht hatte zu schaden. 7 Dies wird er stets bei jedem
Eingreifen beachten, daß er weiß: das eine verhängt er, um
Schlechte zu bessern, das andere, um sie zu vernichten; bei
beiden wird er nicht das Vergangene, sondern das Zukünftige
ins Auge fassen (denn, wie Platon sagt[12]: „Kein kluger
Mensch straft, weil gefehlt worden ist, sondern damit nicht
gefehlt werde; ungeschehen machen nämlich kann man Vergangenes nicht, Zukünftiges wird verhindert"), und Menschen, die er als Beispiel unverbesserlicher Schlechtigkeit
dienen lassen will, tötet er in aller Öffentlichkeit, nicht nur,
damit sie selber sterben, sondern damit sie andere durch
ihren Tod abschrecken. 8 Wer dies erwägen und abschätzen
muß – du siehst, wie er gezwungen ist, von jeder Erregung
frei heranzugehen an dieses mit höchster Sorgfalt zu behan-
delnde Problem: die Macht über Leben und Tod; schlecht
die Folgen, wird einem Zornigen das Schwert anvertraut[13].
XX. 1 Nicht einmal zu folgendem Urteil darf man kommen, etwas trage der Zorn zur Seelengröße bei; denn nicht
handelt es sich bei ihm um Größe, sondern um ein Anschwel-

copia uitiosi umoris intentis morbus incrementum est
sed pestilens abundantia. **2** Omnes quos uecors animus supra cogitationes extollit humanas altum quiddam et sublime spirare se credunt : ceterum nihil
solidi subest, sed in ruinam prona sunt quae sine
fundamentis creuere. Non habet ira cui insistat.
Non ex firmo mansuroque oritur, sed uentosa et
inanis est tantumque abest a magnitudine animi
quantum a fortitudine audacia, a fiducia insolentia,
ab austeritate tristitia, a seueritate crudelitas.
3 Multum, inquam, interest inter sublime*m* animum
et superbum. Iracundia nihil amplum decorumque
molitur, contra mihi uidetur, ueternosi et infelicis
animi imbecillitatis sibi conscia, saepe indolescere,
ut exulcerata et aegra corpora quae ad tactus leuissimos gemunt. Ita ira muliebre maxime ac puerile
uitium est. — At incidit et in uiros. — Nam uiris
quoque puerilia ac muliebria ingenia sunt. **4** Quid
ergo ? Non aliquae uoces ab iratis emittuntur quae
magno emissae uideantur animo ueram ignorantibus
magnitudinem ? Qualis illa dira et abominanda :
« Oderint dum metuant ». Sullano scias saeculo
scriptam. Nescio utrum sibi peius optauerit, ut odio
esset an ut timori. « Oderint ». Occurrit illi futurum
ut exsecrentur, insidientur, opprimant. Quid adiecit ?
Di illi male faciant, adeo repperit dignum odio
remedium. « Oderint... » Quid ? Dum pareant ? Non.
Dum probent ? Non. Quid ergo ? « Dum timeant. »
Sic ne amari quidem uellem. **5** Magno hoc dictum
spiritu putas ? Falleris ; nec enim magnitudo ista

XX, **1** uitiosium oris A^1 *corr.* A^3 in uitiosi humoris.
2 ira *in rasura* A^1.
3 sublimem *uulgo* : sublime A ‖ conscia A L : conscii *paucissimi dett.;*
illud recte praetulit Barriera ‖ quae *uulgo om.*
4 magne misse *habuisse uidetur* A^1, *corr. fortasse eadem manus* ‖
syllano A ‖ peius *in rasura* A^3 *scriptura* A^1 *plane erasa* ‖ quid dum P :
quiddum A ‖ non *per compendium utroque loco in rasura* A^1.

len; und nicht ist bei Körpern, sind sie durch die Menge
schlechter Flüssigkeit gedunsen, die Krankheit ein Wachstum, sondern schädliche Überfülle. 2 Alle, die Wahnsinn
über dem Menschen entsprechende Gedanken hinaushebt:
ein Hohes und Erhabenes zu atmen, glauben sie; im übrigen
liegt nichts Festes zugrunde, sondern zum Einsturz neigt
sich, was ohne Fundament aufgeschossen ist. Nicht hat der
Zorn, worauf er festen Stand faßt. Nicht aus Festem und
Dauerhaftem entsteht er, sondern windig und nichtig ist er
und so weit von Seelengröße entfernt wie von Tapferkeit
tollkühner Mut, von Selbstvertrauen Überheblichkeit, von
edlem Mut Trübsinn, von Strenge Grausamkeit. 3 Groß,
sage ich, ist der Unterschied zwischen einer erhabenen Seele
und einer hochfahrenden. Jähzorn setzt nichts Bedeutendes
und Ansehnliches ins Werk, dagegen scheint er mir, der
Schwäche seiner schlaffen und kraftlosen Sinnesart sich bewußt, oft in Wehleidigkeit zu verfallen, wie von Geschwüren
bedeckte und kranke Menschen, die bei den leichtesten Berührungen stöhnen. So ist der Zorn am ehesten eine weibische
und kindische Schwäche. ,,Aber er befällt auch Männer.''
Denn auch Männern wohnt kindische und weibische Veranlagung inne. 4 Was also? Sprechen nicht manche Worte
die Erzürnten, die aus großer Gesinnung denen gesprochen
erscheinen, die wahre Größe nicht kennen? Zum Beispiel
jener entsetzliche und verabscheuenswürdige Ausspruch [14]:
,,Mögen sie hassen, wenn sie nur fürchten!'' In der Zeit des
Sulla, möchte man meinen, geschrieben. Ich weiß nicht,
welcher von beiden Wünschen schlechter für ihn war, daß er
gehaßt werde oder gefürchtet. ,,Sollen sie hassen!'' In den
Sinn kommt ihm, man werde ihn verfluchen, ihm nach dem
Leben trachten, ihn überwältigen. Was hat er hinzugefügt?
Die Götter sollen es ihm schlimm ergehen lassen, ein so sehr
des Hasses würdiges Heilmittel hat er gefunden. ,,Sollen sie
hassen ...'' Was? Wenn sie nur gehorchen? Nein. Wenn sie
nur einverstanden sind? Nein. Was also? ,,Wenn sie nur
fürchten.'' *So* wollte ich nicht einmal geliebt werden. 5 In
großer Sinnesart sei dies gesprochen, meinst du? Du täuschst
dich; nicht nämlich ist das Größe, sondern Ungeheuerlich-

est sed immanitas. Non est quod credas irascentium
uerbis, quorum strepitus magni, minaces sunt, intra
mens pauidissima. **6** Nec est quod existimes uerum
esse quod apud disertissimum uirum *T.* Liuium
dicitur : « Vir ingenii magni magis quam boni. »
Non potest istud separari : aut et bonum erit aut
nec magnum, quia magnitudinem animi inconcussam
intellego et introrsus solidam et ab imo parem
firmamque, qualis inesse malis ingeniis non potest.
7 Terribilia enim esse et tumultuosa et exitiosa
possunt : magnitudinem quidem, cuius firmamentum
roburque bonitas est, non habebunt. Ceterum sermone,
conatu et omni extra paratu facient magnitudinis
fidem; **8** eloquentur aliquid quod tu magni putes, sicut
C. Caesar qui iratus caelo quod obstreperetur pantomi-
mis, quos imitabatur studiosius quam spectabat, quodque comessatio sua fulminibus terreretur (prorsus
parum certis) ad pugnam uocauit Iovem et quidem
sine missione, Homericum illum exclamans uersum :

'Η μ'ἀνάειρ' ἢ ἐγώ σέ·

9 Quanta dementia fuit! Putauit aut sibi noceri ne ab
Ioue quidem posse aut se nocere etiam Ioui posse. Non
puto parum momenti hanc eius uocem ad incitandas
coniuratorum mentes addidisse : ultimae enim patientiae uisum est eum ferre qui Iouem non ferret.

XXI. **1** Nihil ergo in ira, ne cum uidetur quidem
uehemens et deos hominesque despiciens, magnum,
nihil nobile est. Aut si uidetur alicui magnum ani
mum ira producere, uideatur et luxuria : ebore

---

5 strepitus *A*[1] [tre *in rasura*].
6 uirum Livium *in margine adscripsit A*[2] [*in contextu habent L P*]:
T *add. Gertz* ‖ non potest *L uulgo* : potest *A P* ‖ separari*aut *A*[2] (*uerba
continuasse uidetur A*[1]).
8 animi *post* magni *addidit Gertz* ‖ opstreperetur *A P* : obstreperet
L uulgo ‖ commessatio *A P* (*ita scripserunt Pb in epistulis*) : comess
L ‖ *graecum uersum* « *in libro Siculo ita plane omnibus litteris scriptum* »
esse testatur Muret : ΗΜΑΝΑΡΕΓΩϹΕ *AP*.

keit. Kein Anlaß für dich, zu glauben den Sprüchen der
Zürnenden; ihr Getön ist laut, drohend, ihre innere Haltung
höchst furchtsam.   6 Und es besteht kein Anlaß für dich zu
meinen, wahr sei, was bei dem Sprachmeister Titus Livius
behauptet wird: ,,Ein Mann von Geistesgröße eher als von
Charakter." Nicht kann so etwas getrennt werden: entweder
ist es auch gut oder nicht auch groß, weil ich Seelengröße als
unerschütterlich auffasse und innerlich gefestigt und von
Grund auf sich gleich und stark, wie sie schlechten Charakteren nicht innewohnen kann.   7 Schrecklich nämlich sein,
verwirrend und verderblich, das können sie: Größe freilich,
deren Festigkeit und Stärke ihre sittliche Vollkommenheit
ist, werden sie nicht haben. Übrigens, im Gespräch, in ihrem
Auftreten und ganzen äußeren Gehaben werden sie einen
Eindruck von Größe erwecken;   8 sie werden etwas aussprechen, was du hochschätzt, wie Gaius Caesar. Aus Zorn
über den Himmel, weil er [von Donner] gestört wurde während der Pantomimen, bei denen er eifriger mitwirkte als
zuschaute, und weil sein festliches Gelage von Blitzen in
Schrecken versetzt wurde (leider zu wenig treffsicheren),
forderte er zum Zweikampf Iuppiter, und zwar auf Leben
und Tod, indem er einen Homervers[15] ausrief:

> Heb mich, oder ich dich!

9 Wie groß war dieser Wahnsinn! Er meinte, er könne nicht
einmal von Iuppiter Schaden erleiden oder er sogar Iuppiter
Schaden zufügen. Nicht zu wenig Bedeutung, glaube ich,
hat dieses Wort von ihm gehabt, die Gesinnung der Verschwö-
rer zu bestärken: eine Sache äußerster Geduld schien es
nämlich, den zu ertragen, der Iuppiter nicht ertrug.
    XXI.   1 Nichts also ist am Zorn – nicht einmal wenn er
heftig scheint und gegen Götter und Menschen voller Verachtung – Großes, nichts Vornehmes. Oder wenn er jemandem Seelengröße hervorzubringen scheint, der Zorn, dürfte
es auch die Verschwendungssucht: von Elfenbeinsesseln will

sustineri uult, purpura uestiri, auro tegi, terras
transferre, maria concludere, flumina praecipitare,
nemora suspendere ; 2 uideatur et auaritia magni
animi : aceruis auri argentique incubat et prouin-
ciarum nominibus agros colit et sub singulis uilicis
latiores habet fines quam quos consules sortiebantur ;
3 uideatur et libido magni animi : transnat freta,
puerorum greges castrat, sub gladium mariti uenit
morte contempta ; uideatur et ambitio magni
animi : non est contenta honoribus annuis ; si fieri
potest, uno nomine occupare fastus uult, per omnem
orbem titulos disponere. 4 Omnia ista, non refert
in quantum procedant extendantque se, angusta
sunt, misera, depressa ; sola sublimis et excelsa
uirtus est, nec quicquam magnum est nisi quod simul
placidum.

XXI, 3 ui *prioris* uideatur *in rasura A*¹ ‖ uenit morte *A*¹ uxor
adscripsit in margine A³, *in contextu ante uel post* mortem *habent
deteriores, ut falsum interpretamentum recte reiecit Gertz* ‖ fastuus *A*¹
priorem u *expunctam radendo correxit* A² *in* fastus *quod habet P.*

4 omnia ista, non refert... se, angusta *interpunxit Gertz coll. dial.*
X, x, 5 : omnia ista non... se : angusta *uulgo* ‖ *post* depressa *in fine
uersus maior rasura, sub qua quid fuerit non apparet* A ‖ placidu
M ᴜᴜ ᴜᴜ L A Senece Ad Nouatum De ira liber primus explicit| Incipit
ad eundem liber secundus *A.*

sie sich tragen lassen, mit Purpur sich kleiden, mit Gold
bedecken, Länder versetzen, Meere eindämmen, Flüsse in
Wasserfälle umwandeln, schwebende Haine anlegen; 2 es
dürfte auch die Habsucht den Anschein von großer Seele
erwecken: auf Haufen von Gold und Silber liegt sie, und
Äcker, die man als Provinzen bezeichnen könnte, bebaut sie,
und unter jedem einzelnen Gutsverwalter läßt sie ausge-
dehntere Gebiete beaufsichtigen, als Konsuln sie erlosen;
3 es dürfte auch die sinnliche Gier den Eindruck von großer
Seele erwecken: sie durchschwimmt Meerengen, Scharen
von Knaben entmannt sie, unter das Schwert des Ehemanns
kommt sie, des Todes nicht achtend; es dürfte auch der
Ehrgeiz den Eindruck von großer Seele erwecken: nicht ist
er zufrieden mit Ämtern, die auf ein Jahr begrenzt; wenn es
geschehen kann, will er mit *einem* Namen die Verzeichnisse
der Beamten in Beschlag nehmen, in aller Welt seine Ehren-
inschriften verteilen. 4 All dies – nicht kommt es darauf an,
wieweit es sich entwickelt und sich ausbreitet – ist beschränkt, elend, bedrückt; einzig hoch und erhaben ist die
sittliche Vollkommenheit, und nichts ist groß, wenn es nicht
zugleich von Gelassenheit erfüllt.

LIBER SECVNDVS

I. 1 Primus liber, Nouate, benigniorem habuit
materiam ; facilis enim in procliuia uitiorum decursus
est. Nunc ad exiliora ueniendum est ; quaerimus
enim ira utrum iudicio an impetu incipiat, id est
utrum sua sponte moueatur an quemadmodum
pleraque quae intra nos insciis nobis oriuntur.
2 Debet autem in haec se demittere disputatio ut
ad illa quoque altiora poss*i*t exsurgere : nam et in
corpore nostro ossa neruique et articuli, firmamenta
totius et u*i*talia, minime speciosa uisu, prius ordinan-
tur, deinde haec ex quibus omnis in faciem aspectum-
que decor est ; post haec omnia qui maxime oculos
rapit color ultimus perfecto iam corpore affunditur.
3 Iram quin species oblata iniuriae moueat non est
dubium ; sed utrum speciem ipsam statim sequatur
et non accedente animo excurrat, an illo assentiente
moueatur quaerimus. 4 Nobis placet nihil illam per se
audere sed animo approbante ; nam speciem capere
acceptae iniuriae et ultionem eius concupiscere et
utrumque coniungere, nec laedi se debuisse et
uindicari debere, non est eius impetus qui sine
uoluntate nostra concitatur. 5 Ille simplex est, hic
compositus et plura continens ; intellexit aliquid,
indignatus est, damnauit, ulciscitur : haec non possunt fieri, nisi animus eis quibus tangebatur assensus
est.

I, 2 demittere A^5 : dimittere A^1 P ‖ possit *dett. uulgo* : posset *A P* ‖
uitalia *Pincianus* : ut alia *A* ‖ faciem adspectumque *A* : facie aspec-
tuque *P dett.*
    3 ipsam *A* : ipsa *Gertz.*
    4 nec ledi se A^5 *in rasura* [A^1 *habuisse uidetur* necledisse *ut L
et alii dett.*]
    5 eis *L P dett.* : eius *A* ‖ a✱sensus A^5 [accensus *P*].

ZWEITES BUCH

I. 1 Novatus, das erste Buch enthielt einen dankbareren
Stoff; leicht darzustellen nämlich ist der Charakterschwächen
Abgleiten auf schiefe Bahn. Jetzt ist ein trockenerer Stoff
zu behandeln; wir untersuchen nämlich, ob der Zorn aus
Vorbedacht oder aus seelischer Aufwallung beginnt, das
heißt, ob er absichtlich in Bewegung kommt oder so wie die
meisten Regungen, die in unserem Unterbewußtsein entstehen. 2 Es muß aber zu diesem sich herablassen die Erörterung, damit sie auch zu jenen höheren Problemen aufsteigen kann: denn auch in unserem Körper werden Knochen,
Sehnen und Gelenke, feste Stützen des Ganzen und lebens-
wichtig, [wenngleich] am wenigsten schön zu betrachten,
zuerst zu einem festen Gefüge verbunden, darauf das, woraus
aller Liebreiz für Gestalt und Anblick herrührt, nach alledem
wird, was am meisten die Augen auf sich lenkt, die letzte
Farbe, wenn der Körper schon vollendet ist, über ihn ge-
breitet. 3 Zorn – daß ihn die Vorstellung von Unrecht,
bietet sie sich, erregt, ist nicht zweifelhaft. Aber ob er auf die
Vorstellung selber unmittelbar folgt und, ohne daß eine
seelische Regung hinzuträte, ausbricht oder unter Zustimmung der Seele erregt wird, fragen wir. 4 *Wir* glauben,
nichts wage der Zorn aus sich selber, sondern nur mit Billi-
gung der Seele; denn die Vorstellung zu bilden von erlittenem
Unrecht, dessen Bestrafung zu begehren und beides miteinander zu verbinden: man hätte nicht verletzt werden dürfen
und müsse sich rächen, das ist nicht Eigenart eines Antriebes,
der ohne unseren Willen sich einstellt. 5 Jener [instinktive
Antrieb] ist einfach, dieser zusammengesetzt und mehr ent-
haltend; er hat etwas wahrgenommen, sich entrüstet, ein
Urteil gesprochen, er rächt sich: das kann nicht geschehen,
wenn die Seele nicht dem, wovon sie berührt wurde, zuge-
stimmt hat.

II. 1 Quorsus, inquis, haec quaestio pertinet. —
Ut sciamus quid sit ira. Nam si inuitis nobis nascitur,
numquam rationi succumbet. Omnes enim motus
qui non uoluntate nostra fiunt inuicti et ineuitabiles
sunt, ut horror frigida aspersis, ad quosdam tactus
aspernatio ; ad peiores nuntios subriguntur pili et
rubor ad improba uerba suffunditur sequiturque
uertigo praerupta cernentis ; quorum quia nihil
in nostra potestate est, nulla quo minus fiant ratio
persuadet. 2 Ira praeceptis fugatur ; est enim uolun-
tarium animi uitium, non ex his quae condicione quadam humanae sortis eueniunt ideoque etiam sapien-
tissimis accidunt, inter quae et primus ille ictus
animi ponendus est qui nos post opinionem iniuriae
mouet. 3 Hic subit etiam inter ludicra scaenae spectacula et lectiones rerum uetustarum. Saepe Clodio
Ciceronem expellenti et Antonio occidenti uidemur
irasci ; quis non contra Marii arma, contra Sullae
proscriptionem concitatur ? Quis non Theodoto et
Achillae et ipsi puero non puerile auso facinus infestus est ? 4 Cantus nos nonnumquam et citata modu-
latio instigat Martiusque ille tubarum sonus ; mouet
mentes et atrox pictura et iustissimorum suppliciorum tristis aspectus ; 5 id est quod arridemus riden-
tibus et contristat nos turba maerentium et effer-
uescimus ad aliena certamina. Quae non sunt irae,
non magis quam tristitia est quae ad conspectum
mimici naufragii contrahit frontem, non magis quam

II, 1 inuitabiles A^1 [ta *ex corr. ipsius manus* 1 *quae* inuict *scribere
coeperat*] *corr.* A^5: inmutabiles P‖horror A [h *in rasura fortasse m.* 1] ‖
tactus [us *in rasura in qua antea* is *fuisse uidetur*] ‖ robur A^1 P *corr. in*
rubor A^5.

3 et iam A ‖ clodio ciceronem expellenti L P *uulgo*: claudio ciceron✶
expellenti A^5 [*in margine* A^6 ciceronem] ; A^1 *habuerat* clo✶✶ cicerone
excellenti ‖ mari A^1 *corr. in* marij A^5 ‖ sullae A^5 : sille A^5.

4 in✶stigat [*altera* s *primo expuncta deinde erasa*] A ‖ *post* sonus
interpunctionem addidit Madvig.

5 id est quod A P : inde est quod L *uulgo.*

II. 1„Wohin", sagst du, „zielt diese Untersuchung?" Daß wir wissen, was ist Zorn. Denn wenn er ohne unseren Willen entsteht, wird er sich niemals der Vernunft unterwerfen. Alle Regungen nämlich, die nicht mit unserem Willen geschehen, sind unüberwindlich und unvermeidbar, wie der Schauder, wenn man mit kaltem Wasser bespritzt wird, wie bei gewissen Berührungen Abweisung; bei schlimmeren Nachrichten richten sich die Haare auf, und Röte überflutet bei schamlosen Worten das Gesicht, und es stellt sich Schwindel ein, wenn man in einen Abgrund schaut; weil von diesen Erscheinungen nichts in unserer Gewalt ist, kann keine Vernunft dazu raten, daß es nicht geschieht. 2 Zorn wird von sittlichen Vorsätzen vertrieben; er ist nämlich eine dem Willen unterliegende Schwäche der Seele, nicht zu dem gehörig, was durch eine Art Bedingung menschlichen Schicksals geschieht und deshalb auch den Weisesten zustößt – Dinge, zu denen auch jener erste Stoß zu setzen ist, der uns nach der Vorstellung eines Unrechtes erregt. 3 Er kommt uns auch an bei Inszenierungen im Theater und der Lektüre alter Geschichten. Oft zürnen wir dem Clodius, weil er Cicero in die Verbannung treibt, und dem Antonius, weil er ihn tötet, scheint es; wer erregt sich nicht gegen des Marius Waffen, gegen des Sulla Proskription? Wer ist nicht auf Theodotos und Achillas und den Knaben[1] selbst voll Haß, der eine nicht kindliche Schandtat gewagt hat? 4 Gesang reizt uns bisweilen und rascher Rhythmus und jener kriegerische Klang der Trompeten; es erregt das Gemüt ein schauerliches Gemälde und gerechter Hinrichtungen ernst stimmender Anblick; 5 das ist der Grund, daß wir mitlachen, wenn man lacht, uns in Trauer versetzt eine Schar von Trauernden und wir schäumen bei fremden Streitigkeiten. Das sind keine Regungen von Zorn, ebenso wenig, wie es Trauer ist, was beim Anblick eines auf der Bühne dargestellten Schiffbruches die Stirn verdüstert, ebenso wenig Furcht, was –

---

[1] Diese Anmerkung wie auch die folgenden finden sich im Anhang dieses Bandes.

timor qui Hannibale post Cannas moenia circumsi-
dente lectoris percurrit animos, sed omnia ista motus
sunt animorum moueri nolentium, nec affectus sed
principia proludentia affectibus. 6 Sic enim militaris
uiri in media pace iam togati aures tuba suscitat
equosque castrenses erigit crepitus armorum. Alexandrum aiunt Xenophanto canente manum ad arma
misisse.

III. 1 Nihil ex his quae animum fortuito impellunt
affectus uocari debet : ista, ut ita dicam, patitur magis
animus quam facit. Ergo affectus est non ad oblatas
rerum species moueri, sed permittere se illis et hunc
fortuitum motum prosequi. 2 Nam si quis pallorem
et lacrimas procidentis et irritationem umoris obsceni
altumue suspirium et oculos subito acriores aut quid
his simile indicium affectus animique signum putat,
fallitur nec intellegit corporis hos esse pulsus. 3 Itaque
et fortissimus plerumque uir dum armatur expalluit
et signo pugnae dato ferocissimo militi paulum genua
tremuerunt et magno imperatori antequam inter se
acies arietarent cor exsiluit et oratori eloquentissimo
dum ad dicendum componitur summa riguerunt.
4 Ira non moueri tantum debet sed excurrere ; est
enim impetus ; numquam autem impetus sine assensu
mentis est ; neque enim fieri potest ut de ultione et
poena agatur animo nesciente. Putauit se aliquis
laesum, uoluit ulcisci, dissuadente aliqua causa
statim resedit : hanc iram non uoco, motum animi
rationi parentem ; illa est ira quae rationem trans-

lectoris... animos *quod est in omnibus codicibus audacter defendit
W. Bährens [Glotta vol. 4 [1913] p. 271.]*

6 Xenophanto* [o *ex corr. et cum rasura fortasse a manu 1*] A.

III, 1 ex is *Rossbach* ‖ motum [tum *in rasura A*[5]].

2 altumue [*supra priorem* u *lineola erasa*] A : alterumue P ‖ pulsus
L *uulgo* : pulsos A P.

3 exilluit *fortasse A*[1] *corr. radendo A*[5] ‖ eloquentissimo *in ras. A*[5].

wenn Hannibal nach Cannae die Mauern belagert – des
Lesers Herz zittern läßt, sondern alles das sind Erregungen
der Seele, obwohl sie sich gar nicht erregen lassen will, und
nicht Leidenschaften, sondern Anfänge und Vorspiele zu
Leidenschaften. 6 So erregt eines Soldaten Ohren mitten
im Frieden, trägt er auch die Toga, die Trompete und läßt
Armeepferde aufhorchen das Getöse von Waffen. Alexander,
heißt es, habe – sang Xenophantes – nach dem Schwert
gegriffen.
    III. 1 Nichts von dem, was die Seele zufällig erschüttert,
darf Leidenschaft genannt werden: derartiges – sozusagen –
erleidet die Seele mehr als tut es. Also ist Leidenschaft nicht,
wenn sich die Vorstellungen von Dingen bieten, sich zu erregen, sondern sich ihnen hinzugeben und dieser zufälligen
Regung zu folgen. 2 Denn wenn einer Erblassen, fallende
Tränen, geschlechtliche Erregung oder tiefen Seufzer, plötzlich stechende Augen oder was diesem ähnlich, für ein Merkmal von Leidenschaft oder ein Kennzeichen der Stimmung
hält, täuscht er sich und erkennt nicht, daß es sich nur um
körperliche Regungen handelt. 3 Daher: auch ein sehr
tapferer Mann, meist, wenn er sich waffnet, erbleicht, und
beim Zeichen zur Schlacht zittern dem unerschrockensten
Soldaten ein wenig die Knie, und schlägt auch einem großen
Feldherrn, bevor die Kampfreihen aufeinanderprallen, heftig
das Herz, und auch dem routiniertesten Redner, schickt er
sich zum Sprechen an, werden die Hände kalt. 4 Zorn darf
nicht nur erregt werden, sondern muß hervorbrechen; er ist
nämlich Angriff; niemals aber gibt es Angriff ohne Zustimmung der Seele; nicht nämlich kann es geschehen, daß es um
Rache und Strafe geht – ohne Wissen der Seele. Es hat einer
den Eindruck gewonnen, er sei gekränkt worden, er hat sich
rächen wollen; da ein Grund davon abrät, hat er sich sofort
wieder beruhigt: das nenne ich nicht Zorn, sondern eine der
Vernunft gehorchende Gemütsbewegung; das ist Zorn, was

silit, quae secum rapit. 5 Ergo prima illa agitatio
animi quam species iniuriae incussit non magis ira
est quam ipsa iniuriae species ; ille sequens impetus
qui speciem iniuriae non tantum accepit sed appro-
bauit ira est, concitatio animi ad ultionem uoluntate
et iudicio pergentis. Numquam dubium est quin
timor fugam habeat, ira impetum : uide ergo an
putes aliquid sine assensu mentis aut peti posse aut
caueri.

IV. 1 Et ut scias quemadmodum incipiant affectus aut crescant aut efferantur, est primus motus
non uoluntarius, quasi praeparatio affectus et quaedam comminatio ; alter cum uoluntate non contumaci,
tamquam oporteat me uindicari cum laesus sim
aut oporteat hunc poenas dare cum scelus fecerit ;
tertius motus est iam impotens, qui non si oportet
ulcisci uult sed utique, qui rationem euicit. 2 Primum illum animi ictum effugere ratione non possumus, sicut ne illa quidem quae diximus accidere
corporibus, ne nos oscitatio aliena sollicitet, ne oculi
ad intentationem subitam digitorum comprimantur :
ista non potest ratio uincere, consuetudo fortasse
et assidua obseruatio extenuat. Alter ille motus,
qui iudicio nascitur, iudicio tollitur.

V. 1 Illud etiamnunc quaerendum est, ii qui
uulgo saeuiunt et sanguine humano gaudent an
irascantur, cum eos occidunt a quibus nec acceperunt
iniuriam nec accepisse ipsos existimant : qualis
fuit Apollodorus aut Phalaris. 2 Haec non est ira,
feritas est ; non enim quia accipit iniuriam nocet, sed

IV, 1 oporteat *L P uulgo* : oportet *A*.
2 intentationem subitam *L uulgo* : inpotentationem [imp- *P*]
subita *A P*.

V, 1 ii *Wesenberg* : hic *A sed* c *ex* i *corr. alia manus* ‖ saeuiunt *L*
P uulgo : se niuunt *A* ‖ apollodo*rus apud phalaris [*erasae duae lit-*
terae fortasse lo ; d *ex* t *corr.*] *A* Apollodorus apud Phalarim *L P*.
2 accipit *A L* : accepit *P dett.*

die Vernunft überrennt, was sie mit sich reißt. 5 Also: jene
erste Erregung der Seele, die die Vorstellung von Unrecht
hervorgerufen hat, ist ebenso wenig Zorn wie die Vorstellung
des Unrechts an sich; der sich anschließende Ungestüm, der
die Vorstellung des Unrechts nicht nur hingenommen, sondern auch anerkannt hat, ist Zorn: eine Erregung der Seele,
die mit Willen und Bewußtsein auf Rache ausgeht. Niemals
besteht Zweifel, daß Furcht Flucht im Sinne hat, Zorn
Angriff: sieh also zu, ob du meinst, etwas könne ohne Zustimmung des Verstandes entweder erstrebt oder aus Vorsicht vermieden werden.

IV. 1 Und damit du weißt, wie Leidenschaften entstehen
oder wachsen oder sich hinreißen lassen – es ist die erste
Regung nicht dem Willen unterworfen, gleichsam eine Vor-
bereitung der Leidenschaft und eine Art von Androhung;
die zweite geschieht mit Willen – nicht eigensinnigem, als
müsse ich mich rächen, da *ich* gekränkt worden sei oder als
müßte *er* bestraft werden, da er ein Verbrechen begangen hat;
die dritte Regung ist nicht mehr Herr ihrer selbst, die nicht,
wenn es nötig ist, sich rächen will, sondern in jedem Fall; die
die Vernunft besiegt hat. 2 Jenem ersten Stoß gegen unsere
Seele vermögen wir mit Hilfe der Vernunft nicht auszuwei-
chen, so, wie nicht einmal dem, was nach unserer Behauptung
dem Körper widerfährt: nicht soll uns fremdes Gähnen reizen, [selber zu gähnen], nicht sollen die Augen bei plötzlichem Ausstrecken der Finger zugekniffen werden – derartiges
kann die Vernunft nicht überwinden, Gewohnheit vielleicht
und ständige Aufmerksamkeit mindert es. Jene zweite Regung, die aus Überlegung erwächst, wird auch von Überlegung wieder aufgehoben.

V. 1 Außerdem ist auch die Frage zu untersuchen: diejenigen, die nach Gewohnheit wüten und an Menschenblut
ihre Freude haben – zürnen sie, wenn sie die töten, von denen
sie kein Unrecht erlitten haben, weder in Wirklichkeit noch
in ihrer eigenen Einbildung? So ist Apollodoros gewesen oder
Phalaris². 2 Das ist kein Zorn, Roheit ist es; nicht nämlich, weil sie Unrecht erleidet, schadet sie, sondern sie ist

parata est dum noceat uel accipere, nec illi uerbera
lacerationesque in ultionem petuntur sed in uoluptatem. — 3 Quid ergo ? — Origo huius mali ab ira est,
quae ubi frequenti exercitatione et satietate in
obliuionem clementiae uenit et omne foedus humanum eiecit animo, nouissime in crudelitatem transit :
rident itaque gaudentque et uoluptate multa per-
fruuntur plurimumque ab iratorum uultu absunt,
per otium saeui. 4 Hannibalem aiunt dixisse, cum
fossam sanguine humano plenam uidisset : « O for-
mosum spectaculum ! » Quanto pulchrius illi uisum
esset, si flumen aliquod lacumque complesset !
Quid mirum si hoc maxime spectaculo caperis
innatus sanguini et ab infante caedibus admotus ?
Sequetur te fortuna crudelitati tuae per XX annos
secunda dabitque oculis tuis gratum ubique spectaculum ; uidebis istud et circa Trasumennum et circa
Cannas et nouissime circa Carthaginem tuam.
5 Volesus nuper sub diuo Augusto proconsul Asiae,
cum CCC uno die securi percussisset, incedens inter
cadauera uultu superbo, quasi magnificum quiddam
conspiciendumque fecisset, graece proclamauit :
« O rem regiam ! » Quid hic rex fecisset ? Non fuit
haec ira sed maius malum et insanabile.

VI. 1 Virtus, inquit, ut honestis rebus propitia
est, ita turpibus irata esse debet. — Quid si dicatur
uirtutem et humilem et magnam esse debere ?
Atqui hoc dicit qui illam extolli uult et deprimi,
quoniam laetitia ob recte factum clara magnifi-
caque est, ira ob alienum peccatum sordida et angusti

uel *J. Lipse* : uelle *A L* ‖ lacerationesq ; *in rasura A*⁵.
3 seuit [t *expuncta*] *A*.
4 formonsum *A*¹ *ut uidetur* ; *corr. in -* osum *A*⁵ ‖ trhansymennum *A* :
transimenum *L*.
5 proconsul* asiae *A*⁵ [a *in rasura duarum litterarum, ut uidetur* es].
VI. 1 *atqui A*⁵ [anqui *P*] ‖ clara *A*¹ [*lineola supra alteram* a *erasa*] ‖
magnifica [*om.* que] *P*.

bereit, wenn sie nur Schaden anrichten kann, ihn sogar
zu leiden, und nicht verlangt sie Geißelhiebe und Martern
zur Rache, sondern zum Vergnügen. 3 ,,Was also?" Der
Ursprung dieses Übels liegt im Zorn; sobald er durch häufige
Übung und Sättigung zum Vergessen der Milde gekommen
ist und jede menschliche Beziehung verstoßen hat aus der
Seele, geht er zuletzt in Grausamkeit über: sie lachen also,
amüsieren sich, genießen großes Vergnügen und haben in
den wenigsten Fällen den Gesichtsausdruck von Zornigen,
zum Zeitvertreib grausam. 4 Hannibal soll gesagt haben,
als er einen Graben voll Menschenblut sah: ,,Ein herrlicher
Anblick!" Wieviel schöner wäre es ihm vorgekommen, wenn
es einen Fluß und See gefüllt hätte! Was Wunder, wenn dich
dieser Anblick besonders gefangen nimmt, da du für Blut
geboren und von Kindheit an Morden gewöhnt worden? Es
wird dich Fortuna bei deiner Grausamkeit durch zwanzig
Jahre huldvoll geleiten und gewähren deinen Augen überall
willkommenen Anblick; du wirst ihn sehen am trasumenni-
schen See und bei Cannae und zuletzt bei deinem Karthago.
5 Volesus[3], jüngst unter dem Divus Augustus Prokonsul von
Asien – als er 300 Menschen an *einem* Tage mit dem Beil hatte
hinrichten lassen, schritt er durch die Reihen der Leichen
mit hochmütiger Miene, und als habe er etwas Großartiges
und Sehenswertes vollbracht, rief er auf Griechisch aus:
,,O königliche Tat!" Was hätte er als König getan? Nicht
war das Zorn, sondern ein größeres Übel und unheilbares.

VI. 1 ,,Die sittliche Vollkommenheit", heißt es, ,,muß,
wie sie ehrenhaften Dingen gewogen ist, so schändlichen
zornig sein." Was, wenn gesagt wird, sie müsse niedrig *und*
groß sein? Und doch sagt dies, wer sie erhoben und niedergedrückt wünscht, da ja Freude über eine gute Tat leuchtend
und großartig, Zorn über ein fremdes Vergehen schmutzig

pectoris est. 2 Nec umquam committet uirtus ut
uitia dum compescit imitetur ; iram ipsam castigandam habet, quae nihilo melior est, saepe etiam
peior is delictis quibus irascitur. Gaudere laetarique
proprium et naturale uirtutis est ; irasci non est
ex dignitate eius, non magis quam maerere : atqui
iracundiae tristitia comes est et in hanc omnis ira
uel post paenitentiam uel post repulsam reuoluitur.
3 Et si sapientis est peccatis irasci, magis irascetur
maioribus et saepe irascetur : sequitur ut non
tantum iratus sit sapiens sed iracundus. Atqui si
nec magnam iram nec frequentem in animo sapientis
locum habere credimus, quid est quare non ex toto
illum hoc affectu liberemus ? 4 Modus enim esse
non potest, si pro facto cuiusque irascendum est ;
nam *a*ut iniquus erit si aequaliter irascetur delictis
inaequalibus, aut iracundissimus si totiens excan-
duerit quotiens iram scelera meruerint.

VII. 1 Et quid indignius quam sapientis affectum
ex aliena pendere nequitia ? Desinet ille Socrates
posse eundem uultum domum referre quem domo
extulerat ; atqui si irasci sapiens turpiter factis
debet et concitari contristarique ob scelera, nihil
est aerumnosius sapiente : omnis illi per iracundiam
maeroremque uita transibit. 2 Quod enim momentum
erit quo non improbanda uideat ? Quotiens processerit
domo, per sceleratos illi auarosque et prodigos et
impudentis et ob ista felices incedendum erit ;
nusquam oculi eius flectentur ut non quod indignen-
tur inueniant ; deficiet si totiens a se iram quotiens

---

2. iram ipsam *A* : ipsam iram *L P uulgo* ‖ is *Rossbach* : his
*A*⁵ *in rasura scriptura manus 1 plane deleta* hiis *L* ‖ iracundia et *A L*
P corr. uulgo.
4 nam aut *dett. uulgo* : [nam ut *A P*] ‖ iniquus *A*⁵ : iniquos
*fortasse A*¹ [iniquus *P*].

VII, 1 ille [e *ex* o *corr. uidetur*] *A*¹.

und kleinlich ist. 2 Und niemals wird es die sittliche Vollkommenheit dahin kommen lassen, daß sie Charakterschwächen, während sie sie niederzuhalten sucht, nachahmt; den
Zorn selbst hat sie zu züchtigen, der um nichts besser ist, oft
auch schlechter als die Vergehen, denen er zürnt. Heiter und
froh zu sein ist eine charakteristische und wesenhafte Eigen-
schaft der sittlichen Vollkommenheit; zu zürnen entspricht
nicht ihrer Würde, ebenso wenig wie zu trauern: und doch
ist finsteres Wesen des Jähzorns Begleiter, und hierein verwandelt sich jeder Zorn, als Folge von Reue oder Niederlage.
3 Und wenn es zum Wesen des Weisen gehört, über Vergehen
zu zürnen, wird er eher über Größere zürnen, und oft wird er
zürnen: die Folge – nicht nur erzürnt ist der Weise, sondern
jähzornig. Und doch – wenn weder starker Zorn noch häufiger
in der Seele des Weisen einen Platz hat, wie wir glauben, welchen Grund gibt es, daß wir uns nicht völlig von diesen Eigenschaften befreien? 4 Ein Maß nämlich kann es nicht geben,
wenn man entsprechend der Tat eines jeden zürnen muß;
denn entweder ist er ungerecht, wenn er in gleicher Weise
zürnt ungleichen Vergehen, oder in hohem Grade zornmütig,
wenn er so oft sich erregt, wie Verbrechen Zorn verdient
haben.

VII. 1 Und was ist unwürdiger, als daß des Weisen seelische Verfassung von fremder Schlechtigkeit abhängt? Nicht
mehr wird jener Sokrates in der Lage sein, mit demselben
Gesichtsausdruck nach Hause zurückzukehren, mit dem er
von dort weggegangen war; und doch – wenn zürnen muß
der Weise schändlichen Taten und sich erregen und betrüben
wegen Verbrechen, dann gibt es nichts, was mehr mit Mühsal
belastet ist als der Weise: ganz in Zorn und Trauer wird ihm
das Leben dahingehen. 2 Welchen Augenblick nämlich
wird es geben, in dem er nicht zu Mißbilligendes zu sehen
bekäme? Sooft er das Haus verläßt, muß er mitten durch
Übeltäter, Habgierige, Verschwender, Schamlose – und auf
Grund dessen Glückliche! – seinen Weg nehmen; nirgend
können sich seine Augen umsehen, ohne zu finden, was sie
mit Empörung erfüllt; seine Kraft wird versagen, wenn er
so oft zu Zorn sich zwingt, wie eine Ursache es erforderlich

causa poscet exegerit. 3 Haec tot milia ad forum prima
luce properantia quam turpes lites, quanto turpiores
aduocatos habent ! Alius iudicia patris accusat quae
mereri satius fuit, alius cum matre consistit, alius
delator uenit eius criminis cuius manifestior reus est,
et iudex damnaturus quae fecit eligitur, et corona
proclamat pro mala causa, bona patroni uoce cor-
rupta.

VIII. 1 Quid singula persequor ? Cum uideris
forum multitudine refertum et saepta concursu
omnis frequentiae plena et illum circum in quo
maximam sui partem populus ostendit, hoc scito
istic tantundem esse uitiorum quantum hominum.
2 Inter istos quos togatos uides nulla pax est ;
alter in alterius exitium leui compendio ducitur ;
nulli nisi ex alterius iniuria quaestus est ; felicem
oderunt, infelicem contemnunt ; maiorem grauan-
tur, minori graues sunt ; diuersis stimulantur cupiditatibus ; omnia perdita ob leuem uoluptatem
praedamque cupiunt. Non alia quam in ludo gladia-
torio uita est cum isdem uiuentium pugnantiumque.
3 Ferarum iste conuentus est, nisi quod illae inter se
placidae sunt morsuque similium abstinent, hi mutua
laceratione satiantur. Hoc uno ab animalibus mutis
differunt, quod illa mansuescunt alentibus, horum
rabies ipsos a quibus est nutrita depascitur.

IX. 1 Numquam irasci desinet sapiens, si semel
coeperit ; omnia sceleribus ac uitiis plena sunt ;

3 proclamat *addidi* : probat malam causam *Hermes ; alii aliter emen-
dauerunt.*

VIII, 2 cum isdem A^1 *L vulgo* : quorum A^5 ‖ uiuentium A^1 *L P :
in* ludentium *corr.* A^5.

3 iste A^1 *L P* : idem *in rasura* A^5‖hoc uno *L P quod uix recipi potest*:
hoc in uno *A sed* u *redintegrata est*, in *scripsit* A^5 *in rasura duarum
triumue litterarum quarum ultimam* c *aut* t *fuisse Gertz credebat.*

IX, 1 desines A^1 *corr.* A^{1-2}, *deinde radendo* A^5.

macht. 3 Diese vielen Tausende, die zum Forum schon am
frühen Morgen eilen – wie schändliche Händel, um wieviel
schändlichere Anwälte haben sie! Einer klagt gegen die Entscheidungen seines Vaters, derer sich würdig zu erweisen
besser gewesen wäre, ein anderer streitet mit seiner Mutter,
ein dritter kommt als Denunziant eines Verbrechens, dessen
offenkundig eher er schuldig ist, und einen Richter, der verurteilen wird, was er selber getan hat, wählt man, und die
Zuhörer nehmen Partei für eine schlechte Sache, verleitet
durch des Anwalts Rede[4].

VIII. 1 Was gehe ich den Problemen einzeln nach? Wenn
du siehst: das Forum von der Masse verstopft und den Ver-
sammlungsplatz vom Zusammenströmen der ganzen Menge
gefüllt und jenen Zirkus, wo in Masse das Volk sich
zeigt, dann sollst du dies wissen: dort gibt es ebensoviel
Fehler wie Menschen. 2 Zwischen denen, die du in der Toga
des Bürgers siehst, besteht kein Frieden; einer läßt sich zu
des anderen Verderben durch einen winzigen Vorteil ver-
leiten; jeder findet nur im Unrecht an anderen seinen Geld-
erwerb; den Glücklichen haßt, den Unglücklichen verachtet
man; den Höheren findet man lästig, dem Niedrigeren ist man
lästig, von verschiedenerlei Begierden läßt man sich erregen;
alles wünscht man zerstört für ein flüchtiges Vergnügen, für
ein Stück Beute. Nicht anders als in einer Gladiatorenkaserne
verläuft das Leben, denn mit denselben Menschen lebt man
und kämpft man. 3 Von wilden Tieren ist diese Ansamm-
lung, außer daß jene untereinander friedlich sind und ihre
Artgenossen nicht beißen, diese an gegenseitigem Zerfleischen sich sättigen. Einzig dadurch unterscheiden sie sich
von den zur Sprache nicht fähigen Tieren, daß jene zahm
werden gegenüber ihren Ernährern, der Menschen Raserei
eben jene verschlingt, von denen sie genährt worden ist.

IX. 1 Niemals wird zu zürnen aufhören der Weise, wenn
er einmal begonnen hat; alles ist von Verbrechen und Lastern

plus committitur quam quod possit coercitione sanari;
certatur ingenti quidem nequitiae certamine :
maior cotidie peccandi cupiditas, minor uerecundia
est : expulso melioris aequiorisque respectu quocumque uisum est libido se impingit, nec furtiua
iam scelera sunt : praeter oculos eunt adeoque in
publicum missa nequitia est et in omnium pectoribus
eualuit ut innocentia non rara sed nulla sit. 2 Numquid enim singuli aut pauci rupere legem ? Vndique
uelut signo dato ad fas nefasque miscendum coorti
sunt :

> non hospes ab hospite tutus,
> Non socer a genero ; fratrum quoque gratia rara est.
> Imminet exitio uir coniugis, illa mariti ;
> Lurida terribiles miscent aconita nouercae,
> Filius ante diem patrios inquirit in annos,

3 Et quota ista pars scelerum est ? Non descripsit
castra ex una parte contraria et parentium liberorumque sacramenta diuersa, subiectam patriae ciuis
manu flammam et agmina infestorum equitum ad
conquirendas proscriptorum latebras circumuoli-
tantia et uiolatos fontes uenenis et pestilentiam manu
factam et praeductam obsessis parentibus fossam,
plenos carceres et incendia totas urbes concremantia
dominationesque funestas et regnorum publicorum-
que exitiorum clandestina consilia, et pro gloria
habita quae quamdiu opprimi possunt scelera sunt,
raptus ac stupra et ne os quidem libidini exceptum.
4 Adde nunc publica periuria gentium et rupta

quidem *A L P* : quodam *Pincianus* ‖ equorisque *supra uersum* i
add. A¹ corr. radendo A⁵ ‖ *post* publicum *in A rasura est in qua* est
uidetur fuisse.

2 affas *A¹ corr. A¹⁻², deinde A⁵* ‖ coorti sunt A⁵ : c**oatisunt (?)
A¹ coherciti s. *P* cohorti s. *L.*

3 una parte *A* : uno partu *Petschenig* : una patria *Rech* ‖ libidini
[*ultima* i *corr. ex* e] *A.*

erfüllt; mehr wird verbrochen, als daß es durch Strafe ge-
sühnt werden könnte; man bestreitet einen einfach ungeheuerlichen Wettkampf von Verworfenheit: größer ist täglich die Begierde, sich zu verfehlen, kleiner das sittliche
Feingefühl: vertrieben ist die Rücksicht auf das Bessere und
Gerechtere, wohin immer es ihr wünschenswert scheint,
stürzt sich die Begierde, nicht mehr heimlich ereignen sich
die Verbrechen: vor unseren Augen finden sie statt, und so
weit ist in die Öffentlichkeit eingedrungen Verworfenheit,
und hat sie in aller Herzen Gewalt gewonnen, daß Unschuld
nicht selten geworden, sondern verschwunden ist. 2 Denn
haben etwa einzelne und wenige gebrochen das Gesetz? Von
allen Seiten, wie auf ein Zeichen hin, ist man aufgestanden,
Recht und Unrecht heillos zu vermischen:

Nicht ist der Gastfreund vor dem Gastfreund sicher, nicht
der Schwiegervater vor dem Schwiegersohn; auch der
Brüder Einverständnis ist selten. Es sinnt der Mann auf den
Tod der Gattin, die Frau auf den des Gatten; schreckliche
Stiefmütter mischen tödliche Gifte, der Sohn fragt vor
der Zeit nach den Lebensjahren des Vaters[5].

3 Und der wievielte Teil von Verbrechen ist das? Nicht hat
der Dichter beschrieben die Armeen, von *einem* Volke einander feindlich, und der Eltern und Kinder entgegengesetzte
Fahneneide, den von Bürgerhand in die Vaterstadt geworfe-
nen Brand und die Scharen feindlicher Reiter, die aufzuspüren der Geächteten Schlupfwinkel herbeifliegen, und die ver-
gifteten Brunnem und die absichtlich verursachte Seuche
und die gegen die belagerten Eltern vorgebrachten Sappen,
die vollen Kerker und die Feuersbrünste, ganze Städte
niederbrennend, den Wechsel unheilvoller Gewaltherrschaft
und die heimlichen Pläne zur Vernichtung von Königstum
und Volksherrschaft, und daß für rühmlich gehalten, was,
solange man es unterdrücken kann, Verbrechen ist: Raub,
Unzucht, und daß nicht einmal der Mund ausgenommen von
Unzucht. 4 Füg nun hinzu die offiziellen Meineide der

foedera et praedam ualidioris quicquid non resis-
tebat a*b*ductum, circumscriptiones, furta, fraudes,
infitiationes, quibus trina non sufficiunt fora. Si
tantum irasci uis sapientem quantum scelerum
indignitas exigit, non irascendum illi sed insanien-
dum est.

X. 1 Illud potius cogitabis non esse irascendum
erroribus. Quid enim si quis irascatur in tenebris
parum uestigia certa ponentibus ? Quid si quis
surdis imperia non exaudientibus ? Quid si pueris,
quod neglecto dispectu officiorum ad lusus et ineptos
aequalium iocos spectent ? Quid si illis irasci uelis,
quod aegrotant, senescunt, fatigantur ? Inter cetera
mortalitatis incommoda et hoc est, caligo mentium
nec tantum necessitas errandi sed errorum amor.
2 Ne singulis irascaris uniuersis ignoscendum est ;
generi humano uenia tribuenda est. Si irasceris
iuuenibus senibusque quod peccant, irascere infantibus : peccaturi sunt. Numquis irascitur pueris,
quorum aetas nondum nouit rerum discrimina ?
Maior est excusatio et iustior hominem esse quam
puerum. 3 Hac condicione nati sumus, animalia
obnoxia non paucioribus animi quam corporis morbis,
non quidem obtusa nec tarda, sed acumine nostro
male utentia, alter alteri uitiorum exempla : quisquis
sequitur priores male iter ingressos, quidni habeat
excusationem cum publica uia errauerit ? 4 In

---

4 praedam *A P* : in praedam *uulgo* ǁ abductum *L Pincianus* : add-
A P.

X, 1 iocosspectent *A* [*priorem* s *supra uersum addidit A*²] ǁ uis
in uelis *corr. A*¹ ǁ quod aegrotant ? senescunt ? fatigantur ? *A* :
qui egrotant s. f. *L P* [*dubium hunc locum quidam corrigere uolue-
runt.*]

2 tribuenda *A sed* a *ex* u *corr. fortasse A*¹ ǁ peccaturi *A*¹ *P* : quod
*supra uersum A*⁶ (?), *in contextu L uulgo.*

3 editione *A*⁵ *addita lineola supra* c *et* ditione *in maiore rasura
scripto ; ex A*¹ *tantum* c *et* e *apparent* ǁ altera alteri *A P recte defendit
Barriera* : alter alteri *Muret.*

Völker, die gebrochenen Verträge, und daß als Beute des Stärkeren, was immer keinen Widerstand leisten konnte, hinweggeführt, die Gaunereien, Diebstähle, Betrügereien, Veruntreuungen, für die verdreifachte Gerichte nicht ausreichen. Wenn du den Weisen so viel zürnen lassen willst, wie es Erbitterung über Verbrechen nahe legt, müßte er nicht zürnen, sondern rasen.

X. 1 Daran eher wirst du denken: nicht darf man zürnen über Verirrungen. Was nämlich, wenn einer zürnt über Menschen, die in der Dunkelheit zu wenig sicher ihre Schritte setzen? Was, wenn einer zürnt über Taube, weil sie Befehlen nicht gehorchen? Was, wenn er Knaben zürnt, weil sie die Beachtung ihrer Pflichten vernachlässigen und nur ihre Spiele und harmlosen Neckereien mit Gleichaltrigen im Sinne haben? Was, wenn du ihnen zürnen wolltest, daß sie krank sind, altern, ermüden? Zu den übrigen Unannehmlichkeiten der Sterblichkeit gehört auch dies: Umnachtung des Verstandes und nicht nur die Unvermeidlichkeit von Irrtum, sondern auch die Liebe zu Irrtümern. 2 Um ihnen nicht einzeln zu zürnen, mußt du allen verzeihen; dem Menschengeschlecht muß man Verzeihung zugestehen. Wenn du zürnst jungen und alten Männern, weil sie sich verfehlen, zürne auch Kindern: sie werden sich verfehlen. Zürnt einer vielleicht Knaben, deren Alter noch nicht kennt der Dinge Unterschiede? Größer ist die Entschuldigung und gerechter, Mensch zu sein als Knabe. 3 Unter *der* Voraussetzung sind wir geboren worden, als Geschöpfe unterworfen nicht weniger Krankheiten der Seele als des Körpers, nicht freilich stumpf und träge, sondern die Schärfe unseres Verstandes schlecht gebrauchend, einer dem anderen für Schwächen und Fehler ein Beispiel: wer immer denen folgt, die vor ihm einen falschen Weg eingeschlagen haben, warum sollte er nicht Entschuldigung finden, wenn er auf dem Weg der Allgemeinheit

singulos seueritas imperatoris destringitur, at necessaria uenia est ubi totus deseruit exercitus. Quid
tollit iram sapientis ? Turba peccantium : intellegit
quam et iniquum sit et periculosum irasci publico
uitio. 5 Heraclitus quotiens prodierat et tantum circa
se male uiuentium, immo male pereuntium uiderat,
flebat, miserebatur omnium qui sibi laeti felicesque
occurrebant, miti animo, sed nimis imbecillo : et ipse
inter deplorandos erat. Democritum contra aiunt
numquam sine risu in publico fuisse; adeo nihil illi
uidebatur serium eorum quae serio gerebantur. Isticcine irae locus est ubi aut ridenda omnia aut flenda
sunt ? 6 Non irascetur sapiens peccantibus : quare ?
Quia scit neminem nasci sapientem sed fieri, scit
paucissimos omni aeuo sapientis euadere, quia
condicionem humanae uitae perspectam habet ;
nemo autem naturae sanus irascitur. Quid enim si
mirari uelit non in siluestribus dumis poma pendere ?
Quid si miretur spineta sentesque non utili aliqua
fruge compleri ? Nemo irascitur ubi uitium natura
defendit. 7 Placidus itaque sapiens et aequus erroribus, non hostis sed correptor peccantium, hoc
cotidie procedit animo : « Multi mihi occurrent uino
dediti, multi libidinosi, multi ingrati, multi auari,
multi furiis ambitionis agitati. » Omnia ista tam
propitius aspiciet quam aegros suos medicus. 8 Numquid ille cuius nauigium multam undique laxatis
compagibus aquam trahit nautis ipsique nauigio
irascitur ? Occurrit potius et aliam excludit undam,

---

4 destringitur *Madvig* : dist- *A*.

5, isticcine ire locus est ubi aut ridenda *L, interpunxit Barriera*:
ubi isticcine locus est aut rid. *A P* [iccine *in rasura A*⁵ *nec quid antea
fuerit apparet*] ubi istic irae locus *Pincianus*.

6 fieri, scit *interpunxit Madvig* : fieri. scit *uulgo* ‖ spin& asentesque
*ut uidetur A*¹ *corr. A*⁵.

7 s; correptor *L P* : s; corrector *in rasura A*⁵.

8 nauigium *L P uulgo*: naufragium *A* ‖ et [*ante* fecunda] *in rasura A*⁵.

geirrt? 4 Gegen den einzelnen wird die Strenge des Feldherrn aufgeboten, aber unausweichlich ist Verzeihung, wo
das ganze Heer desertiert ist. Was hebt auf den Zorn des
Weisen? Die Menge der Fehlenden: er sieht ein, wie unbillig
es ist und gefährlich, zu zürnen einem allgemein verbreiteten
Fehler. 5 Heraklit – sooft er ausgegangen war und soviel
Menschen rings um sich elend leben, vielmehr elend zugrunde
gehen gesehen hatte, weinte er, empfand er Mitleid mit allen,
die ihm fröhlich und glücklich begegneten, in seiner milden,
aber allzu schwachen Gesinnung: auch er selbst gehörte zu
den Beklagenswerten. Demokrit dagegen soll sich niemals
ohne Lachen in der Öffentlichkeit gezeigt haben; so sehr
schien nichts ihm ernsthaft von dem, was ernsthaft betrieben
wurde. Ist da für Zorn ein Ort, wo entweder lächerlich alles
ist oder beweinenswert? 6 Nicht wird zürnen der Weise den
Fehlenden – warum? Weil er weiß: niemand kommt weise
zur Welt, sondern wird es; weil er weiß: äußerst wenige in
jedem Zeitalter werden weise; weil er die Bedingung des
menschlichen Lebens durchschaut hat; niemand aber zürnt
der Natur bei klarem Verstand. Was nämlich, wenn er sich
wundern wollte, daß an Waldgesträuch kein Obst hängt?
Was, wenn er sich wundert, daß Dornengebüsch und -hecken
sich nicht mit irgendwelcher nützlichen Frucht füllen?
Niemand zürnt, wo einen Fehler die Natur verteidigt.
7 Friedlich also gestimmt und billig gegen Irrtümer, nicht
Feind, sondern Besserer der Fehlenden, geht in diesem Gedanken der Weise täglich aus: „Viele begegnen mir, dem
Weine ergeben, viele lüstern, viele undankbar, viele habsüch-
tig, viele von den Furien des Ehrgeizes umgetrieben." All
das wird er so wohlwollend betrachten wie seine Patienten
ein Arzt. 8 Zürnt vielleicht jener, dessen Schiff, da die
Verbände überall locker geworden sind, viel Wasser zieht,
der Besatzung oder dem Schiff selbst? Er sorgt eher für
Abhilfe, sperrt das Wasser teils aus, teils schöpft er es aus,

aliam egerit, manifesta foramina praecludit, latentibus et ex occulto sentinam ducentibus labore continuo resistit, nec ideo intermittit quia quantum
exhaustum est subnascitur. Lento adiutorio opus
est contra mala continua et fecunda, non ut desinant
sed ne uincant.

XI. 1 Vtilis est, inquit, ira, quia contemptum
effugit, quia malos terret. — Primum ira, si quantum minatur ualet, ob hoc ipsum quod terribilis est
et inuisa est ; periculosius est autem timeri quam
despici. Si uero sine uiribus est, magis exposita
contemptui est et derisum non effugit ; quid enim est
iracundia in . superuacuum tumultuante frigidius ?
2 Deinde non ideo quaedam quia sunt terribiliora
potiora sunt nec hoc sapienti adici uelim : « Quod
ferae, sapientis quoque telum est, timeri. » Quid ?
Non timetur febris, podagra, ulcus malum ? Numquid
ideo quicquam in istis boni est ? At contra omnia
despecta foedaque et turpia, ipsoque eo timentur.
Sic ira per se deformis est et minime metuenda, at
timetur a pluribus sic ut deformis persona ab infantibus. 3 Quid quod semper in auctores redundat
timor nec quisquam metuitur ipse securus ? Occurrat
hoc loco tibi Laberianus ille uersus qui medio ciuili
bello in theatro dictus totum in se populum non
aliter conuertit quam si missa esset uox publici
affectus :

Necesse est multos timeat quem multi timent.

4 Ita natura constituit ut quicquid alieno metu
magnum est a suo non uacet. Leonum quam pauida

XI, 2 nec hoc *Erasme* : nehoc *A* ‖ sapienti adici [*quae ab A*[1] *coniuncta
diuisit A*[5]] : sapientia [-tiam *P*] dici *L P* sapienti dici *Erasme uel*
addici *Petschenig et Fickert* ‖ ulcus *corr. ex* ultus *fortasse A*[1-2] *deinde
A*[5] ‖ at *A*[5] [*ut L*] *in rasura paulo maiore* : an *uulgo* ‖ ipsoque eo *Gertz* :
ipso quo *A* ipso quoque *P* eo ipso quo *L* ‖ at *A*[5] *in rasura.*
3 ciuili bello *L P uulgo et uerbis coniunctis A*[1] *corr. in* cuius libello *A*[5].

erkennbare Löcher verstopft er, verborgenen und unbemerkt
Bilgenwasser sammelnden tritt er mit unablässiger Bemühung
entgegen, und nicht hört er deswegen auf, weil so viel, wie
ausgeschöpft ward, wieder nachfließt. Ausdauernde Hilfe ist
not gegen andauernde und unerschöpfliche Übel – nicht,
damit sie aufhören, sondern damit sie nicht die Überhand
gewinnen.

XI. 1 „Nützlich ist", heißt es, „der Zorn, weil er der Verachtung entgeht, weil er die Schlechten in Schrecken versetzt." Erstens: wenn der Zorn vermag, was er androht, ist
er eben deswegen, weil er schrecklich ist, auch verhaßt; gefährlicher aber ist es, gefürchtet als verachtet zu werden.
Wenn er aber ohne Kraft ist, sieht er sich eher ausgesetzt der
Verachtung und entgeht dem Gelächter nicht; was nämlich
ist wirkungsloser als Jähzorn, wenn er ins Leere tobt?
2 Zweitens: nicht sind deswegen manche Dinge, weil schrecklicher, wichtiger, und nicht möchte ich folgendes dem Weisen
beigelegt wissen: „Was des wilden Tieres Waffe, ist es auch
des Weisen – gefürchtet zu werden." Was? Wird *nicht* gefürchtet Fieber, Gicht, bösartiges Geschwür? Ist vielleicht
deswegen etwas Gutes an diesen Krankheiten? Aber im
Gegenteil: alles ist verächtlich, scheußlich und häßlich, und
eben deswegen wird es gefürchtet. So ist der Zorn aus sich
mißgestaltet und am wenigsten zu fürchten, aber er wird
gefürchtet von der Mehrzahl, so, wie eine mißgestaltete
Maske von Kindern. 3 Was, daß immer auf die Urheber
zurückfällt Furcht und niemand gefürchtet wird, der selber
ohne Furcht ist? Es könnte dir hier jener Vers des Laberius
in den Sinn kommen, der, mitten im Bürgerkrieg auf der
Bühne gesprochen, den Beifall des ganzen Volkes nicht anders auf sich zog als wäre er eine Äußerung der allgemeinen
Stimmung:

Notwendig fürchtet viele, wen viele fürchten.

4 So hat die Natur beschlossen: was immer durch Furcht
anderer groß ist, ist nicht von eigener frei. Wie furchtsam

sunt ad leuissimos sonos pectora ! Acerrimas feras
umbra et uox et odor insolitus exagitat : quicquid
terret, et trepidat. Non est ergo quare concupiscat
quisquam sapiens timeri, nec ideo iram magnum
quiddam putet quia formidini est, quoniam quidem
etiam contemptissima timentur ut uenena et ossa
pestifera et morsus. 5 Nec mirum est, cum maximos
ferarum greges linea pinnis distincta contineat et
in insidias agat, ab ipso affectu dicta formido : uanis
enim uana terrori sunt. Curriculi motus rotarumque
uersata facies leones redegit in caueam, elephantos
porcina uox terret. 6 Sic itaque ira metuitur quomodo
umbra ab infantibus, a feris rubens pinna. Non ipsa
in se quicquam habet firmum aut forte, sed leues
animos mouet.

XII. 1 Nequitia, inquit, de rerum natura tollenda
est, si uelis iram tollere ; neutrum autem potest
fieri. — Primum potest aliquis non algere, quamuis
ex rerum natura hiems sit, et non aestuare, quamuis
menses aestiui sint : aut loci beneficio aduersus intem-
periem anni tutus est aut patientia corporis sensum
utriusque peruicit. 2 Deinde uerte istud : necesse est
prius uirtutem ex animo tollas quam iracundiam
recipias, quoniam cum uirtutibus uitia non coeunt
nec magis quisquam eodem tempore et iratus potest
esse et uir bonus quam aeger et sanus. —3 Non potest,
inquit, omnis ex animo ira tolli, nec hoc hominis
natura patitur. — Atqui nihil est tam difficile et

4 terret *uulgo* : deterret *A P* ‖ uenena et ossa pestifera [mortifera *L*]
et morsus [orsus *in rasura A*⁵] *A P quem locum fortasse corruptum alii
aliter correxerunt.*

5 linia *corr. in* linea *A* ‖ pinnis *corr. in* pennis *primo A*¹⁻² *deinde
radendo A*⁵ ‖ affectu *A P* : effectu *L uulgo* ‖ redegit *A* : redigit *uetus
lectio Pinciani* ‖ elefantos *A P.*

6 ira *A*¹ *sed lineola supra a erasa* ‖ pinna *A*¹ *alteram* n supra *uersum
addidit A*¹⁻² ‖ in se *A*⁵ *in rasura.*

XII, 2 uir *A*⁵.

3 irato illi *A*¹ *et primo P* : *in utroque corr. in* ira tolli.

sind Löwen bei dem leisesten Geräusch! Die wildesten Tiere
versetzt ein Schatten, ein Ton, ein ungewohnter Geruch in
Aufregung: was immer Schrecken erweckt, zittert auch.
Nicht also besteht ein Grund, weswegen begehren könnte ein
Weiser, gefürchtet zu werden, noch, daß er darum Zorn für
etwas Großes hielte, weil er Furcht verursacht, da jedenfalls
auch die verächtlichsten Dinge gefürchtet werden, z. B. Gifte
und verderbenbringende Gräten und Bisse[6]. 5 Und kein
Wunder ist es, wenn die größten Herden wilder Tiere eine
Leine, mit Federn besetzt, zusammenhält und in die Falle
treibt; wegen der furchtsamen Empfindung hat sie den Namen „Scheuche"[7]: Nichtigem nämlich ist Nichtiges schrecklich. Das Rollen eines Wagens und der wechselnde Anblick
von Rädern scheucht Löwen in ihre Höhle, Elefanten erschreckt das Grunzen eines Schweines. 6 So also wird der
Zorn gefürchtet wie ein Schatten von Kindern, von wilden
Tieren eine rote Feder. Nicht hat er selber in sich etwas
Festes oder Starkes, sondern haltlose Gemüter beeindruckt
er.

XII. 1 „Die Schlechtigkeit", heißt es, „ist aus der Welt
zu schaffen, wenn man den Zorn beseitigen will; keines aber
von beidem kann geschehen." Erstens braucht jemand nicht
zu frieren, obwohl es an sich Winter ist, und nicht zu schwitzen, obwohl die Sommermonate da sind: entweder ist er durch
die Gunst der geographischen Lage gegen extreme Witterung
der Jahreszeit geschützt, oder seine abgehärtete Konstitution
hat die Empfindung von beidem überwunden. 2 Zweitens:
kehr den Gedanken um – notwendig mußt du erst die sittliche
Vollkommenheit aus deiner Seele entfernen, ehe du den Jähzorn eintreten läßt, da ja mit den guten Seiten des Charakters Schwächen nicht zusammengehen und ebenso wenig
jemand zu gleicher Zeit zornig sein kann *und* ein guter Mann
wie krank und gesund. 3 „Nicht kann", heißt es, „ganz aus
der Seele der Zorn entfernt werden, und nicht duldet das
des Menschen Wesen." Und doch – nichts ist so schwierig

arduum quod non humana mens uincat et in fami-
liaritatem perducat assidua meditatio, nullique
sunt tam feri et sui iuris affectus ut non disciplina
perdomentur. 4 Quodcumque sibi imperauit animus,
obtinuit : quidam ne umquam riderent consecuti
sunt ; uino quidam, alii uener*e*, quidam omni umore
interdixere corporibus ; alius contentus breui somno
uigiliam indefatigabilem extendit ; didicerunt tenuissimis et aduersis funibus currere et ingentia uixque
humanis toleranda uiribus onera portare et in
immensam altitudinem mergi ac sine ulla respirandi
uice perpeti maria : 5 mille sunt alia in quibus pertinacia impedimentum omne transcendit ostendit-
que nihil esse difficile cuius sibi ipsa mens patientiam
indiceret. Istis quos paulo ante rettuli aut nulla
tam pertinacis studii aut non digna merces fuit
(quid enim magnificum consequitur ille qui meditatus
est per intentos funes ire, qui sarcinae ingenti ceruices
supponere, qui somno non summittere oculos, qui
penetrare in imum mare ?), et tamen ad finem
operis non magno auctoramento labor peruenit ;
6 nos non aduocabimus patientiam, quos tantum
praemium exspectat, felicis animi immota tranquillitas ? Quantum est effugere maximum malum, iram,
et cum illa rabiem, saeuitiam, crudelitatem, furorem,
alios comites eius affectus !

XIII. 1 Non est quod patrocinium nobis quaeramus
et excusatam licentiam, dicentes aut utile id esse
aut ineuitabile ; cui enim tandem uitio aduocatus
defuit ? Non est quod dicas excidi non posse : sana-
bilibus aegrotamus malis ipsaque nos˙in rectum

---

4 Venere *L primo ; alia manus supra* e *finalem* i *scripsit* : ueneri
A P ‖ omni umore *habuit A*¹ *et recte defendit Joh. Müller* : omni in ore
*A*⁵ omni humori *L* animalium omnium ori *P*.

6 eius affectus ! *dett. et uulgo inde a Justo Lipse:* eius affectus eius?
A et aff. eius *dett.* etiam aff. eius *P*.

und mühevoll, daß nicht die menschliche Seele es bewältigt
und Vertrautheit herbeiführt ständiger Umgang damit, und
keine Leidenschaften sind so wild und von eigenem Recht,
daß sie nicht durch Zucht zu bezähmen wären. 4 Was
immer sich die Seele befohlen hat, hält sie inne: manche
haben es geschafft, niemals zu lächeln; manche haben sich
den Wein, andere den Liebesgenuß, manche jedes Getränk
versagt; ein anderer, zufrieden mit kurzem Schlaf, hat das
Wachen unermüdlich ausgedehnt; man hat gelernt, auf
äußerst dünnen und steil geneigten Seilen zu laufen und ungeheure, mit Menschenkraft kaum zu bewältigende Lasten
zu tragen, in unermeßliche Tiefe zu tauchen und, ohne einmal
Atem zu holen, den Wasserdruck auszuhalten: 5 tausend andere Dinge gibt es, bei denen Hartnäckigkeit jedes Hindernis
überwindet und dartut, nichts ist schwierig, dessen Erdulden
sich die Seele selber auferlegt. Für diese, von denen ich eben
berichtet habe, hat es keinen oder keinen angemessenen Lohn
so ausdauernden Strebens gegeben (was nämlich Großartiges
erreicht jener, der im Sinne hat, über ausgespannte Seile zu
gehen, ungeheure Last auf den Nacken zu laden, nicht zum
Schlafe die Augen zu schließen, einzudringen in die Tiefe des
Meeres?), und dennoch kommt zum Ziel der Unternehmung
um ein kleines Handgeld die Mühe;   6 *wir* sollen nicht herbeirufen die Ausdauer, da [uns] eine so große Belohnung erwartet:
einer glücklichen Seele unerschütterliche Ruhe? Wieviel bedeutet es, dem größten Übel zu entkommen, dem Zorn, und
mit ihm der Raserei, Wildheit, Grausamkeit, Wut und anderen
Begleitern dieser Leidenschaft!

XIII. 1 Nicht, daß wir Verteidigung für uns suchen und
entschuldbare Freiheit, indem wir sagen, entweder sei dies
nützlich oder unvermeidlich; denn welcher Schwäche hat
schließlich ein Verteidiger gefehlt? Kein Grund besteht, daß
du sagst, man könne es nicht ausrotten: an heilbaren Schwächen kranken wir, und die Natur selber hilft uns, die wir zum

genitos natura, si emendari uelimus, iuuat. Nec
ut quibusdam uisum est, arduum in uirtutes et
asperum iter est : plano adeuntur. 2 Non uanae
*uo*bis auctor rei uenio. Facilis est ad beatam uitam
uia : inite modo bonis auspiciis ipsisque dis bene
iuuantibus. Multo difficilius est facere ista quae
facitis. Quid est animi quiete otiosius, quid ira labo-
riosius ? Quid clementia remissius, quid crudelitate negotiosius ? Vacat pudicitia, libido occupatis-
sima est. Omnium denique uirtutum tutela facilis
est, uitia magno coluntur. 3 Debet ira remoueri
(hoc ex parte fatentur etiam qui dicunt esse minuen-
dam) : tota dimittatur, nihil profutura est. Sine
illa facilius rectiusque scelera tollentur, mali punientur
et transducentur in melius. Omnia quae debet sapiens
sine ullius malae rei ministerio efficiet nihilque admis-
cebit cuius modum sollicitius obseruet.

XIV. 1 Numquam itaque iracundia admittenda
est, aliquando simulanda, si segnes audientium animi
concitandi sunt, sicut tarde consurgentis ad cursum
equos stimulis facibusque subditis excitamus. Aliquando incutiendus est iis metus apud quos ratio
non proficit : irasci quidem non magis utile est quam
maerere, quam metuere. — 2 Quid ergo ? Non incidunt causae quae iram lacessant ? — Sed tunc
maxime illi opponendae manus sunt. Nec est difficile uincere animum, cum athletae quoque in uilissima
sui parte occupati tamen ictus doloresque patiantur
ut uires caedentis exhauriant, nec cum ira suadet
feriunt sed cum occasio. 3 Pyrrhum maximum prae-

XIII, 2 uobis *L uulgo* : nobis *A P*.
adbeatam *A* d *ex* b *corr. fortasse A¹.*
3 sollicitius *A P* : sollicitus *edd. inde a Curioni.*

XIV,   causae *A⁵ P* : causa *A¹* ‖ quae *P uulgo* : que *in rasura A⁵*
scriptura A¹ plane erasa ‖ feriunt *A quod defendit W. Bährens* : feriant
P dett. [exhaur.ant ; nec... feriunt *uulgo*.]
3 Phyrrum *A* : Pirrhum *L P*.

Rechten geboren sind, wenn wir uns bessern lassen wollen.
Und nicht, wie es manchen vorgekommen, ist steil und rauh
der Weg zu sittlicher Vollkommnung: auf ebener Bahn kommt
man dahin. 2 Nicht als Gewährsmann einer nichtigen
Sache komme ich euch. Leicht ist der Weg zum glücklichen
Leben: geht ihn nur unter guten Vorzeichen und mit der
Götter selber guter Hilfe. Viel schwieriger ist, das zu tun, was
ihr tut. Was ist sorgloser als Seelenruhe, was anstrengender
als Zorn? Was gelassener als Milde, was ruheloser als Grau-
samkeit? Muße hat die Keuschheit, Genußsucht bleibt keine
Zeit. Aller sittlichen Vollkommenheit Sicherung ist leicht,
Charakterschwächen werden um einen hohen Preis unter-
halten.   3 Es muß der Zorn beseitigt werden (das geben zum
Teil auch die zu, die erklären, er sei zu mindern): gänzlich
werde er entlassen, keinerlei Nutzen wird er bringen. Ohne
ihn wird man leichter und richtiger Verbrechen beseitigen,
Schlechte bestrafen und auf den Weg bringen zum Besseren.
Alles, was er muß, wird der Weise ohne irgendeiner schlechten
Sache Hilfe ausführen, und nichts wird er beimischen, dessen
Bemessung er in größerer Sorge beobachten müßte.
    XIV. 1 Niemals darf daher Jähzorn zugelassen werden,
obwohl er gelegentlich vorzutäuschen, wenn die trägen Seelen
der Zuhörer aufzurütteln sind, so, wie wir Pferde, wenn sie
sich nur langsam zum Lauf bequemen, mit Sporen und Sta-
cheln anfeuern. Manchmal ist auch denen Furcht einzuflö-
ßen, bei denen Vernunft nichts ausrichtet: zu zürnen ist freilich ebensowenig nützlich wie zu trauern, wie zu fürchten.
2 „Was also? Nicht treten Fälle ein, die zu Zorn reizen?" Aber dann muß man am ehesten Hand an ihn legen.
Und nicht ist es schwierig, zu überwinden die Gemütsbewegung, da auch Ringkämpfer, obgleich nur am unwesent-
lichsten Teil ihrer selbst betroffen, dennoch Schläge und
Schmerzen aushalten, um die Kräfte des Gegners zu erschöpfen, und nicht, wenn der Zorn rät, schlagen sie zu,
sondern wenn eine [günstige] Gelegenheit. 3 Pyrrhus, der

ceptorem certaminis gymnici solitum aiunt iis quos
exercebat praecipere ne irascerentur ; ira enim perturbat artem et qua noceat tantum aspicit. Saepe
itaque ratio patientiam suadet, ira uindictam, et
qui primis defungi malis potuimus, in maiora deuol-
uimur. 4 Quosdam unius uerbi contumelia non aequo
animo lata in exsilium proiecit, et qui leuem iniuriam
silentio ferre noluerant grauissimis malis obruti
sunt, indignatique aliquid ex plenissima libertate
deminui seruile in sese attraxerunt iugum.

XV. 1 Vt scias, inquit, iram habere in se generosi
aliquid, liberas uidebis gentes quae iracundissimae
sunt, ut Germanos et Scythas. — Quod euenit, quia
fortia solidaque natura ingenia antequam disciplina
molliantur prona in iram sunt. Quaedam enim non
nisi melioribus innascuntur ingeniis, sicut ualida
arbusta et laeta quamuis neglecta tellus creat, et
alta fecundi soli silua est : 2 itaque et ingenia natura
fortia iracundiam ferunt nihilque tenue et exile
capiunt ignea et feruida, sed imperfectus illis uigor
est ut omnibus quae sine arte ipsius tantum naturae
bono exsurgunt, sed nisi cito domita sunt quae for-
titudini apta erant audaciae temeritatique consue-
scunt. 3 Quid ? Non mitioribus animis uitia leniora
coniuncta sunt, ut misericordia et amor et uerecundia ? Itaque saepe tibi bonam indolem malis quoque
suis ostendam ; sed non ideo uitia non sunt si naturae melioris indicia sunt. 4 Deinde omnes istae
feritate liberae gentes leonum luporumque ritu ut
seruire non possunt, ita nec imperare ; non enim
humani uim ingenii, sed feri et intractabilis habent ;

---

perturbat [per *per compendium*] A^5 P : p**** bat A^1 ‖ suadet *dett.*
uulgo : inuadet *A L P.*

XV, 1 alta L : alia A $P.$
2 teme*ritatique con*suescunt A^5 P : temeri ********** suescunt $A^1.$
3 Quid P *uulgo* : quod [*per compendium*] $A.$
4 istae *uulgo* : iste L P : istinc [inc *in ras.* A^5] ‖ uim *in rasura* $A^5.$

bedeutendste Lehrmeister des gymnischen Wettkampfes,
soll die Gewohnheit gehabt haben, denen, die er trainierte,
einzuschärfen, sie sollten nicht in Zorn geraten; Zorn nämlich
verdirbt die Kunst, und wie er schaden kann, sieht er lediglich zu. Häufig daher rät die Vernunft zu Geduld, der Zorn
zur Rache, und die wir mit den ersten Schwierigkeiten haben
fertig werden können, verwickeln uns in größere. 4 Manche
hat eines einzigen Wortes Schmach, weil nicht mit Gleichmut
ertragen, ins Exil getrieben, und die eine leichte Kränkung
nicht mit Schweigen hatten ertragen wollen, sind von schwer-
stem Unglück vernichtet worden, und in ihrer Empörung,
ein wenig Einbuße an ihrer übergroßen Freiheit zu erleiden,
haben sie das Joch der Sklaverei auf sich herabgezogen.
XV. 1 „Um zu wissen", heißt es, „Zorn habe in sich etwas
Edles, solltest du die freien Völker betrachten, die höchst
jähzornig sind, z. B. die Germanen und Skythen." Das geschieht, weil tapfer und kräftig veranlagte Naturen, bevor
sie durch geistige Zucht Milderung erfahren, zum Zorn geneigt sind. Manches nämlich wird nur besseren Naturen von
Geburt mitgegeben, wie kräftige und üppige Vegetation die
Erde, auch wenn sie vernachlässigt, hervorbringt und hoch
auf fruchtbarem Boden der Wald wächst: 2 daher bringen
auch von Natur tapfere Charaktere Jähzorn mit, und nichts
Dünnes und Dürftiges ergreifen sie, da feurig und hitzig,
aber unvollkommen ist ihnen die Lebenskraft, wie bei allem,
was ohne Gestaltung seiner selbst durch die Güte allein der
Natur aufwächst; wenn sie aber nicht rasch gezähmt werden,
die zu Tapferkeit geeignet waren, gewöhnen sie sich an Drauf-
gängertum und Tollkühnheit. 3 Was? Nicht verbinden sich
zarteren Naturen leichtere Schwächen wie Mitleid, Liebe und
Schüchternheit? Daher kann ich dir oft eine gute Anlage gerade auch an ihren Fehlern aufzeigen; aber nicht handelt es
sich deswegen nicht mehr um Fehler, wenn sie Hinweise auf
ein besseres Wesen sind. 4 Ferner: alle diese in Wildheit
freien Völker – wie sie nach Art von Löwen und Wölfen
dienen nicht können, so auch nicht herrschen; nicht nämlich
haben sie die Kraft menschlich-bildsamen, sondern wilden
und spröden Wesens; niemand aber vermag zu herrschen,

nemo autem regere potest nisi qui et regi. 5 Fere
itaque imperia penes eos fuere populos qui mitiore
caelo utuntur. In frigora septentrionemque uer-
gentibus immansueta ingenia sunt, ut ait poeta,

suoque simillima caelo.

XVI. 1 Animalia, inquit, generosissima habentur,
quibus multum inest irae. — Errat qui ea in exemplum hominis adducit, quibus pro ratione est impetus : homini pro impetu ratio est. Sed ne illis quidem
omnibus idem prodest : iracundia leones adiuuat,
pauor ceruos, accipitrem impetus, columbam fuga.
2 Quid quod ne illud quidem uerum est optima
animalia esse iracundissima ? Feras putem, quibus
ex raptu alimenta sunt, meliores quo iratiores ;
patientiam laudauerim boum et equorum frenos
sequentium. Quid est autem cur hominem ad tam
infelicia exempla reuoces, cum habeas mundum
deumque, quem ex omnibus animalibus ut solus
imitetur solus intellegit ? — 3 Simplicissimi, inquit,
omnium habentur iracundi. — Fraudulentis enim
et uersutis comparantur et simplices uidentur, quia
expositi sunt. Quos quidem non simplices dixerim
sed incautos. Stultis, luxuriosis nepotibusque hoc
nomen imponimus et omnibus uitiis parum callidis.

XVII. 1 Orator, inquit, iratus aliquando melior
est. — Immo imitatus iratum ; nam et histriones in
pronuntiando non irati populum mouent, sed iratum
bene agentes ; et apud iudices itaque et in contione
et ubicumque alieni animi ad nostrum arbitrium
agendi sunt, modo iram, modo metum, modo misericordiam ut aliis incutiamus ipsi simulabimus, et

5 suoq; [o ex a *uidetur* corr.] A ; formam uersus nescio cuius poetae
hanc fuisse Bentley uidit: ingenia immansueta suoque simillima caelo.
XVI, 2 boum L: bonum A P [sed n expuncta in A].
XVII, 1 incutiamus L: incutimus A P.

außer wer sich auch beherrschen läßt. 5 Gewöhnlich ist
daher die Herrschaft in Händen der Völker gewesen, die
in milderem Klima leben. Die zum kalten Norden hin Woh-
nenden haben schwer zu zähmende Veranlagung, die, wie
der Dichter[8] sagt,

ihrem Klima sehr ähnlich.

XVI. 1 „Die Tiere", heißt es, „gelten als die edelsten, denen
viel Zorn innewohnt." Es irrt, wer *die* zum Vergleich mit dem
Menschen heranzieht, denen an Stelle von Verstand Ungestüm eignet: der Mensch besitzt statt Ungestüm Vernunft.
Aber nicht einmal den Tieren allen nützt dasselbe: Jähzorn
hilft den Löwen, Scheu den Hirschen, dem Habicht Überfall,
der Taube Flucht. 2 Was nun, daß nicht einmal das zu-
trifft: die edelsten Tiere seien am zornigsten? Die wilden
Tiere, möchte ich meinen, denen aus Raub ihre Nahrung
kommt, sind desto besser, je zorniger; Geduld möchte ich
loben an Rindern und Pferden, die dem Zügel folgen. Was
ist es aber, weswegen man den Menschen an so unglücklichen
Beispielen mißt, obwohl man hat das All und Gott? Um ihn
von allen Lebewesen allein nachzuahmen, erkennt der Mensch
allein ihn. 3 „Für die Arglosesten von allen", heißt es,
„werden angesehen die Zornigen." Mit Heimtückischen nämlich und Verschlagenen werden sie verglichen und erscheinen
arglos, weil sie leicht zu durchschauen sind. Allerdings möchte
ich sie nicht arglos nennen, sondern unvorsichtig. Dummköp-
fen, Verschwendern und Schlemmern geben wir diese Bezeichnung und allen Schwächen, die nur wenig heimtückisch.
XVII. 1 „Ein Redner", heißt es, „ist, wenn gelegentlich
zornig, besser." Nein, wenn er sich zornig stellt. Denn auch
Schauspieler machen bei ihrem Vortrag Eindruck auf das
Volk, obwohl nicht zornig, sondern den Zornigen geschickt
spielend; auch vor Richtern, in der Volksversammlung und
wo immer Stimmungen anderer nach unserem Urteil hervor-
zurufen sind, werden wir bald Zorn, bald Furcht, bald Mitleid, um sie in anderen zu erwecken, selber vorgeben, und

saepe id quod ueri affectus non effecissent effecit
imitatio affectuum. — Languidus, inquit, animus est
qui ira caret. — 2 Verum est, si nihil habet ira ua-
lentius. Nec latronem oportet esse nec praed*am*,
nec misericordem nec crudelem : illius nimis mollis
animus, huius nimis durus est; temperatus sit sapiens
et ad res fortius agendas non iram sed uim adhibeat.

XVIII. 1 Quoniam quae de ira quaeruntur trac-
tauimus, accedamus ad remedia eius. Duo autem,
ut opinor, sunt : ne incidamus in iram et ne in ira
peccemus. Vt in corporum cura alia de tuenda ualetudine, alia de restituenda praecepta sunt, ita aliter
iram debemus repellere, aliter compescere. Vt
uitemus, quaedam ad uniuersam uitam pertinentia
praecipientur : ea in educationem et in sequentia
tempora diuidentur.

2 Educatio maximam diligentiam plurimumque
profuturam desiderat, facile est enim teneros adhuc
animos componere, difficulter reciduntur uitia quae
nobiscum creuerunt.

XIX. 1 Opportunissima ad iracundiam feruidi
animi natura est. Nam cum elementa sint quattuor,
ignis, aquae, aeris, terrae, potestates pares his sunt,
feruida, frigida, arida atque umida : et locorum itaque
et animalium et corporum et morum uarietates
mixtura elementorum facit, et proinde aliquo magis
incumbunt ingenia prout alicuius elementi maior
uis abundauit. Inde quasdam umidas uocamus
aridasque regiones et calidas et frigidas. 2 Eadem
animalium hominumque discrimina sunt : refert
quantum quisque umidi in se calidique contineat ;

simulabimus [simul *in rasura manus recentior*] *A.*
2 praedam *Muret* : predonem *A P.*
XVIII,1 ut uitemus quaedam ad *A interpunctionem corr. L et Madvig.*
XIX, 1 aliquo *Madvig* in*aliquos codices.*
2 cal*idi [l *erasa*] *A* ‖ facit *uncis inclusit Gertz* : faciet *Wesenberg.*

oft hat das, was echte Empfindungen nicht bewirkt hätten, die Nachahmung von Empfindungen erreicht. ,,Schlaff'',
heißt es, ,,ist die Seele, die frei von Zorn ist.'' 2 Zutreffend
ist es, wenn sie nicht hat, was stärker als Zorn. Nicht braucht
man Räuber zu sein, nicht Beute, nicht mitleidig noch grausam: jenes Seele ist zu weich, dieses zu hart; ausgeglichen sei
der Weise, und zu energischerem Handeln wende er nicht
Zorn an, sondern Kraft.

XVIII. 1 Da wir die Probleme, die der Zorn aufwirft,
behandelt haben, wollen wir zu den Gegenmitteln übergehen.
Zwei aber, wie ich meine, sind es: wir dürfen nicht in Zorn
verfallen, und wir dürfen nicht im Zorn uns versündigen. Wie
bei der Körperpflege die einen Vorschriften für den Schutz
der Gesundheit, andere zu ihrer Wiederherstellung gelten,
so müssen wir auf eine Weise dem Zorn vorbeugen, auf andere
ihn unterdrücken. Damit wir ihm aus dem Wege gehen, sollen
einige die Lebensführung insgesamt betreffende Vorschläge
gegeben werden: sie sollen teils für die Erziehung und teils
für die sich anschließenden Lebensjahre gelten. 2 Die Erziehung verlangt größte Sorgfalt, die auch den meisten Nutzen bieten wird – leicht ist es nämlich, bislang noch zarte
Seelen zu ordnen, mühevoll werden zurückgeschnitten
Fehler, die mit uns groß geworden sind.

XIX. 1 Am besten geeignet für Jähzorn ist die Eigenart
eines hitzigen Gemütes. Denn da es vier Elemente gibt,
Feuer, Wasser, Luft, Erde, entsprechen diesen Kräften:
Heiß, Kalt, Trocken und Feucht; daher bewirkt den Unterschied der Gegenden, Lebewesen, Körper und Charaktere
eine Mischung der Elemente, und deswegen neigen sich mehr
nach einer Seite die Temperamente, je nachdem, wie eines
Elementes Kraft in überwiegendem Maße vorhanden ist.
Daher nennen wir manche Gegenden feucht und trocken und
warm und kalt. 2 Dieselben Unterschiede gibt es bei den
Tieren und Menschen: es kommt darauf an, wieviel ein jeder
an Feucht und Warm in sich enthält; welches Elementes

cuius in illo elementi portio praeualebit inde mores
erunt. Iracundos feruida animi natura faciet : est
enim actuosus et pertinax ignis ; frigidi mixtura
timidos facit : pigrum est enim contractumque frigus.
3 Volunt itaque quidam ex nostris iram in pectore
moueri efferuescente circa cor sanguine ; causa cur
hic potissimun assignetur irae locus non alia est quam
quod in toto corpore calidissimum pectus est. 4 Quibus
umidi plus inest eorum paulatim crescit ira, quia non
est paratus illis calor sed motu adquiritur : itaque
puerorum feminarumque irae acres magis quam
graues sunt leuioresque dum incipiunt. Siccis aetatibus uehemens robustaque est ira, sed sine incremento, non multum sibi adiciens, quia inclinaturum
calorem frigus insequitur : senes difficiles et queruli
sunt ut aegri et conualescentes et quorum aut lassi-
tudine aut detractione sanguinis exhaustus est calor ;
5 in eadem causa sunt siti fameque rabidi et quibus
exsangue corpus est maligneque alitur et deficit.
Vinum incendit iras, quia calorem auget ; pro cuiusque
natura quidam ebrii efferuescunt, quidam saucii.
Neque ulla alia causa est cur iracundissimi sint flaui
rubentesque quibus talis natura color est qualis
fieri ceteris inter iram solet ; mobilis enim illis agita-
tusque sanguis est.

XX. 1 Sed quemadmodum natura quosdam pro-
cliues in iram facit, ita multae incidunt causae quae
idem possint quod natura : alios morbus aut iniuria
corporum in hoc perduxit, alios labor aut continua

3 in A *post* pectore *aliquid [fortasse punctum quod est in P] erasum* ‖
efferuescente *uulgo* : -ti *L* : effer uescenti *A*.
    d grauesunt *A*[1] *corr. manus recentior* ‖ siccis aetatibus *A L uulgo*
nihil mutandum censeo : siccitas aetatibus *P dett.* ‖ robustaque *A*[3] (?) :
orbus taque *A*[1] ‖ inclinaturum *P et plerique dett.* inclinatum *A sed*
supra at *aliquid erasum est, sine dubio illud* ur.
    5 rabidi *A* : tabidi *Gertz* ‖ auget ; pro c. n. *interpunxit Gertz* : auget
pro c. natura ; *A uulgo.*
    XX, 1 labor aut [r aut *in rasura A*[5]].

Anteil in ihm überwiegt, davon ergibt sich der Charakter. Jähzornig macht eine hitzige Gemütsanlage: es ist nämlich tatkräftig und beharrlich das Feuer; die Mischung mit Kalt macht furchtsam: träge ist nämlich und starr die Kälte. 3 Es wollen daher manche von uns den Zorn in der Brust entstehen lassen, da das Blut rings um unser Herz siedet; der Grund, warum vor allem dieser Ort dem Zorn zugewiesen wird, ist kein anderer, als weil im ganzen Körper am wärmsten die Brust ist. 4 Wem mehr Feuchtes innewohnt, deren Zorn wächst allmählich, weil nicht bereit ist bei ihnen die Hitze, sondern durch Bewegung hervorgerufen wird: daher ist der Knaben und Frauen Zorn mehr heftig als schwer und leichter, während er beginnt. Bei trockenen Lebensaltern ist leidenschaftlich und kräftig der Zorn, aber ohne Zunahme, nicht viel sich hinzufügend, weil der abnehmenden Wärme Kälte folgt: alte Männer sind eigensinnig und quengelig wie Kranke und Genesende und die, bei denen durch Ermüdung und Blutverlust erschöpft ist die Wärme; 5 in derselben Lage sind vor Hunger und Durst Rasende und die, denen der Körper blutleer ist und schlecht ernährt wird und verfällt. Wein entzündet Zorn, weil er die Wärme mehrt; entsprechend dem Wesen eines jeden geraten manche trunken in Hitze, manche verwundet. Und keine andere Ursache ist es, weswegen am jähzornigsten sind Menschen mit gelber oder roter Hautfarbe, die von Natur solche Farbe haben, wie sie bei den übrigen während des Zornes zu entstehen pflegt; beweglich nämlich ist ihnen und lebhaft das Blut.

XX. 1 Aber wie die Natur manche zum Zorn geneigt macht, so treten viele Anlässe ein, die dasselbe vermögen wie die Natur: die einen bringt Krankheit oder Körperverletzung dazu, die anderen Anstrengung oder ununterbroche-

peruigilia noctesque sollicitae et desideria amoresque ;
quicquid aliud aut corpori nocuit aut animo, aegram
mentem in querelas parat. 2 Sed omnia ista initia
causaeque sunt ; plurimum potest consuetudo, quae
si grauis est alit uitium. Naturam quidem mutare
difficile est, nec licet semel mixta nascentium elementa
conuertere ; sed in hoc nosse profuit ut calentibus
ingeniis subtrahas uinum, quod pueris Plato negandum
putat et ignem uetat igne incitari. Ne cibis quidem
implendi sint ; distendentur enim corpora et animi
cum corpore tumescent. 3 Labor illos citra lassitudinem exerceat, ut minuatur, non ut consumatur
calor nimiusque ille feruor despumet. Lusus quoque
proderunt ; modica enim uoluptas laxat animos et
temperat. 4 Umidioribus siccioribusque et frigidis
non est ab ira periculum, sed maiora uitia metuenda
sunt, pauor et difficultas et desperatio et suspiciones.
Mollienda itaque fouendaque talia ingenia et in
laetitiam euocanda sunt. Et quia aliis contra iram,
aliis contra tristitiam remediis utendum est nec
dissimillimis tantum ista, sed contrariis curanda
sunt, semper ei occurremus quod increuerit.

XXI. 1 Plurimum, inquam, proderit pueros statim
salubriter institui ; difficile autem regimen est, quia
dare debemus operam ne aut iram in illis nutriamus
aut indolem retundamus. 2 Diligenti obseruatione
res indiget, utrumque enim et quod extollendum et
quod deprimendum est similibus alitur, facile autem

et quidquid *L uulgo.*

2 grauis *A* : praua *J. Lipse* [si ingrauescit *Koch*] ‖ subtrahas [has
in rasura] *A*[5] ‖ igne incitari *L P uulgo* : ignem inc. *A*[1] m *postea
erasam punctis notauerat et in marg. add. in rasura* uetat igne *A*[2] ‖
sint [*quod defendit Baehrens*] *A* : sunt *L P uulgo.*

3 citra *in rasura A*[5]: citra lassitudinem i. e. non usque ad lassitudinem *in margine A*[2] ‖ exerceat *corr. ex* -cet *A*[1].

4 maiora *A L P* : mitiora *Barriera* maestiora *Gertz* ignauiora
Schultess ‖ mollienda *defendit Stangl, mutauerunt alii* ‖ ej [*in fine
uersus*] *A quod defendi potest* : enim *P.*

nes Wachen und gestörte Nächte, Sehnsüchte und Liebes-
kummer; was immer sonst dem Körper schadet oder der
Seele, macht ein krankes Gemüt zu Klagen bereit. 2 Aber
all das sind Anfänge und Anlässe; das meiste vermag Gewohnheit, die, wenn sie mächtig ist, die Schwäche nährt.
Den Charakter freilich zu ändern ist schwierig, und nicht ist
es möglich, die bei der Geburt vollzogene Mischung der Elemente umzuwandeln; aber hierfür ist es zu wissen dienlich,
daß man Hitzköpfen den Wein entziehen soll, den man
Knaben, wie Platon meint[9], vorenthalten muß – Feuer verbietet er mit Feuer anzufachen. Nicht einmal mit Speisen
sollten sie gesättigt werden; aufgeschwemmt nämlich werden
die Leiber, und die Seelen schwellen mit dem Leib an.
3 Anstrengung soll sie nicht bis zur Erschöpfung beschäftigen, damit gemindert, nicht verbraucht werde die Wärme
und jene allzu große Hitze verrauche. Auch Spiele werden
von Nutzen sein; maßvolles Vergnügen nämlich entspannt
die Seelen und versetzt sie in die rechte Ordnung. 4 Den
mehr feuchten und trockenen Naturen und den kühlen droht
nicht vom Zorn Gefahr, sondern größere[10] Fehler sind zu
fürchten, Furchtsamkeit, Unzugänglichkeit, Hoffnungslosig-
keit und argwöhnische Gedanken. Zu besänftigen daher und
zu wärmen sind solche Charaktere und in Heiterkeit zu versetzen. Und weil man die einen Heilmittel gegen Zorn, andere
gegen Trübsinn anwenden muß und derlei nicht nur mit
durchaus verschiedenartigen, sondern gegensätzlichen Mitteln behandelt werden muß, werden wir immer dem entgegen-
treten, was angewachsen ist.

XXI. 1 Am meisten, sage ich, wird es dienlich sein, bei
Knaben sofort mit einer heilsamen Erziehungsmethode zu
beginnen; schwierig aber ist die Lenkung, weil wir uns Mühe
geben müssen, nicht entweder den Zorn in ihnen zu nähren
oder ihre Anlage abzustumpfen. 2 Sorgfältige Beobachtung
ist dabei erforderlich, und jedes von beiden, sowohl was man
fördern und was man niederhalten will, wird mit ähnlichen
Mitteln genährt, leicht aber täuscht auch den Aufmerksamen

etiam attendentem similia decipiunt. 3 Crescet
licentia spiritus, seruitute comminuitur ; assurgit si
laudatur et in spem sui bonam adducitur, sed eadem
ista insolentiam et iracundiam generant ; itaque sic
inter utrumque regendus est ut modo frenis utamur
modo stimulis. 4 Nihil humile, nihil seruile patiatur ;
numquam illi necesse sit rogare suppliciter nec prosit
rogasse, potius causae suae et prioribus factis et
bonis in futurum promissis donetur. 5 In certaminibus aequalium nec uinci illum patiamur nec irasci ;
demus operam ut familiaris sit iis cum quibus contendere solet, ut in certamine assuescat non nocere
uelle sed uincere ; quotiens superauerit et dignum
aliquid laude fecerit, attolli non gestire patiamur :
gaudium enim exultatio, exultationem tumor et nimia
aestimatio sui sequitur. 6 Dabimus aliquod laxamen-
tum, in desidiam uero otiumque non resoluemus et
procul a contactu deliciarum retinebimus ; nihil
enim magis facit iracundos quam educatio mollis
et blanda : ideo unicis quo plus indulgetur, pupillisque
quo plus licet, corruptior animus est. Non resistet
offensis cui nihil umquam negatum est, cuius lacrimas sollicita semper mater abstersit, cui de paeda-
gogo satisfactum est. 7 Non uides ut maiorem quamque fortunam maior ira comitetur ? In diuitibus et
nobilibus et magistratibus praecipue apparet, cum
quicquid leue et inane in animo erat secunda se aura
sustulit. Felicitas iracundiam nutrit, ubi aures
superbas assentatorum turba circumstetit : « Tibi
enim ille respondeat ? Non pro fastigio te tuo meti-
ris ; ipse te proicis. » et alia quibus uix sanae et ab

XXI, 3 crescet *A* : crescit *L P uulgo* ‖ *uirgulam uulgo post* laudatur
additam sustulit Gertz.

6 contactu *P dett.* : contractu *A* ‖ pupillisque [p *ex* s *corr.*] *A*[5].

7 nobilib ; [*corr. ex* nobilis] *A* ‖ circumstetit : « Tibi... proicis » et
alia *interpunxit Gertz*: circumstetit. « Tibi... proicis » : et alia *uulgo*.

Ähnliches. 3 Es wächst bei Freizügigkeit das Selbstbewußt-
sein, bei Unterwürfigkeit wird es gemindert; es erhebt sich,
wenn es gelobt und zu berechtigten Hoffnungen auf sich
selbst verleitet wird, aber eben dasselbe Verhalten bringt
Überheblichkeit und Jähzorn hervor; daher muß der Zögling
zwischen beidem hindurchgeleitet werden, in der Weise, daß
wir bald Zügel, bald Sporen gebrauchen. 4 Nichts Niedriges, nichts Sklavisches ertrage er; niemals sei es für ihn nötig,
kniefällig zu bitten, noch nützlich, gebeten zu haben; eher
soll man seine Lage, seine früheren Taten und guten Verspre-
chungen für die Zukunft zugute halten. 5 In Wettkämpfen
mit Gleichaltrigen wollen wir weder dulden, daß er sich besiegen läßt, noch daß er in Zorn gerät; wir wollen uns bemühen,
daß er befreundet sei denen, mit welchen er sich auseinander-
zusetzen pflegt, damit er sich im Wettkampf daran gewöhne,
nicht schaden, sondern siegen zu wollen; sooft er gesiegt hat
und etwas Lobenswertes vollbracht hat, wollen wir dulden,
daß er sich gehoben fühlt, aber nicht angibt: auf Freude nämlich folgt Jubel, auf Jubel Aufgeblasenheit und allzu gute
Meinung von der eigenen Person. 6 Wir werden etwas Ent-
spannung gewähren, in Müßiggang aber und Nichtstun werden wir es nicht ausarten lassen, und fern von der Berührung
mit Genüssen werden wir ihn halten; nichts nämlich macht
mehr jähzornig als weichliche Erziehung und entgegenkom-
mende: deswegen – je mehr man einzigen Kindern nachsieht,
und je mehr man unmündigen Knaben erlaubt, desto ver-
dorbener ist ihre Seele. Nicht wird widerstehen Unannehmlichkeiten, wem nichts jemals versagt worden ist, wessen
Tränen eine besorgte Mutter stets abgewischt hat, wem gegen
seinen Lehrer recht gegeben worden ist. 7 Siehst du *nicht*,
wie jede höhere Stellung größerer Zorn begleitet? Bei
Reichen und Adligen und hohen Beamten zeigt es sich vor
allem: wenn etwas Unbedeutendes und Nichtiges in ihrer
Seele war, erhebt es sich bei günstigen Umständen. Glück
nährt den Jähzorn, sobald unsere eingebildeten Ohren eine
Schar von Schmeichlern umsteht: ,,Dir denn wollte jener
entsprechen? Nicht wertest du dich nach deiner Stellung;
selber wirfst du dich weg.'' Und anderes, dem kaum gesunde

initio bene fundatae mentes restiterunt. **8** Longe
itaque ab assentatione pueritia remouenda est :
audiat uerum. Et timeat interim, uereatur semper,
maioribus assurgat. Nihil per iracundiam exoret :
quod flenti negatum fuerit quieto offeratur. Et diuitias
parentium in conspectu habeat, non in usu. Expro-
brentur illi perperam facta. **9** Pertinebit ad rem praeceptores paedagogosque pueris placidos dari : proximis applicatur omne quod tenerum est et in eorum
similitudinem crescit ; nutricum et paedagogorum
rettulere mox in adulescentiam mores. **10** Apud
Platonem educatus puer cum ad parentes relatus
uociferantem uideret patrem : « Numquam, inquit,
hoc apud Platonem uidi ». Non dubito quin citius
patrem imitatus sit quam Platonem. **11** Tenuis ante
omnia uictus *sit* et non pretiosa uestis et similis
cultus cum aequalibus : non irascetur aliquem sibi
comparari quem ab initio multis parem feceris.

XXII. 1 Sed haec ad liberos nostros pertinent ;
in nobis quidem sors nascendi et educatio nec uitii
locum nec iam praecepti habet : sequentia ordinanda
sunt. **2** Contra primas itaque causas pugnare debemus ;
causa autem iracundiae opinio iniuriae est, cui non
facile credendum est. Ne apertis quidem manifestis-
que statim accedendum ; quaedam enim falsa ueri
speciem ferunt. **3** Dandum semper est tempus :
ueritatem dies aperit. Ne sint aures criminantibus
faciles : hoc humanae naturae uitium suspectum
notumque nobis sit quod quae inuiti audimus libenter
credimus et antequam iudicemus irascimur. **4** Quid

restiterunt *A L P* : -rint *unus det. uulgo.*
8 adsurat *in* adsurgat *corr. fortasse A¹.*
9 exprobentur *A corr. P* ‖ inadolescentiam *A P* [o *corr. ex* u *A⁵*] :
in adolescentia *L* adulescentium *Haupt.*
11 sit *hic addidit Ruhkopf.*
XXII, 3 quod quae *P uulgo* : quodq; *A.*

und von Anfang an fest gegründete Gemüter widerstehen.
8 Weit daher von Zustimmung ist das Knabenalter entfernt
zu halten: es höre die Wahrheit. Und sich fürchten soll der
Knabe bisweilen, Ehrfurcht empfinden immer, vor Älteren
sich erheben. Nichts soll er im Zorn ertrotzen: was man ihm,
als er weinte, versagt hat, sei ihm, wenn er sich beruhigt,
gewährt. Und den Reichtum der Eltern soll er vor Augen
haben, nicht nutzen. Zum Vorwurf mache man ihm ungute
Taten.   9 Es wird zur Sache beitragen, umgängliche Erzieher und Lehrer den Knaben zu geben: an das Nächste schließt
sich alles an, was zart ist, und zu Ähnlichkeit mit ihnen wächst
es heran; der Ammen und Erzieher Wesen spiegelt sich bei
den jugendlichen Zöglingen.   10 Bei Platon erzogen, sagte
ein Junge, als er, wieder zu den Eltern zurückgekehrt, streiten sah den Vater: ,,Niemals habe ich das bei Platon gesehen." Nicht zweifle ich, daß er rascher den Vater nachge-
ahmt hat als Platon.   11 Bescheiden vor allem sei die Kost
und nicht kostbar die Kleidung und der Lebensstil ähnlich
wie bei den Gleichaltrigen: nicht wird zürnen, daß einer sich
ihm vergleicht, wen du von Anfang an vielen auf gleiche
Stufe gestellt hast.

XXII. 1 Aber das betrifft unsere Kinder; bei uns jedenfalls enthält das Los der Geburt und die Erziehung weder
Platz für einen Fehler noch mehr für eine Vorschrift: was
folgt, müssen wir in Ordnung bringen.   2 Gegen die ersten
Anlässe müssen wir daher kämpfen; Anlaß aber zu Jähzorn
ist die Einbildung einer schweren Kränkung, der man nicht
ohne weiteres glauben darf. Nicht einmal Offenkundigem
und Handgreiflichem darf man sofort beipflichten; manches
Falsche nämlich trägt den Schein des Wahren an sich.
3 Einzuräumen ist stets Zeit: die Wahrheit offenbart der Verlauf der Zeit. Nicht seien die Ohren Beschuldigenden willfährig:
dieser Fehler der menschlichen Natur sei uns verdächtig und
bekannt: was wir ungern hören, glauben wir gern, und bevor
wir zu einem Urteil kommen, zürnen wir.   4 Was, daß wir

quod non criminationibus tantum, sed suspicionibus
impellimur et ex uultu risuque alieno peiora inter-
pretati innocentibus irascimur ? Itaque agenda est
contra se causa absentis et in suspenso ira retinenda ;
potest enim poena dilata exigi, non potest exacta
reuocari.

XXIII. 1 Notus est ille tyrannicida qui, imper-
fecto opere comprehensus et ab Hippia tortus ut
conscios indicaret, circumstantes amicos tyranni
nominauit quibusque maxime caram salutem eius
sciebat ; et cum ille singulos, ut nominati erant, occidi
iussisset, interrogauit ecquis superesset. « Tu, inquit,
solus ; neminem enim alium cui carus esses reliqui. »
Effecit ira ut tyrannus tyrannicidae manus accom-
modaret et praesidia sua gladio suo caederet. 2 Quanto
animosius Alexander ! Qui cum legisset epistulam
matris, qua admonebatur ut a ueneno Philippi
medici caueret, acceptam potionem non deterritus
bibit : plus sibi de amico suo credidit. 3 Dignus fuit
qui innocentem haberet, dignus qui faceret ! Hoc
eo magis in Alexandro laudo, quia nemo tam obnoxius
irae fuit ; quo *rar*ior autem moderatio in regibus,
hoc laudanda magis est. 4 Fecit hoc et C. Caesar
ille qui uictoria ciuili clementissime usus est : cum
scrinia deprendisset epistularum ad Cn. Pompeium
missarum ab iis qui uidebantur aut in diuersis aut
in neutris fuisse partibus combussit. Quamuis moderate soleret irasci, maluit tamen non posse ; gratis-
simum putauit genus ueniae nescire quid quisque
peccasset.

XXIII, 1 abhippia tort' A^5 : abhip ✳✳✳✳✳✳✳✳ s A^1 || erant *A P*:
fuerant *L dett*. || interrogauit *A* : interroganti [*ut coniecerat Madvig*]
iterum *unus det. Barriera* || solus... reliqui *om*. A^1 *in margine add*.
A^2, *rescripsit* A^5.
3 rarior *Pincianus* : maior *A L P*.
4 G. cesar *A* || partibus A^5 : patribus *ut uidetur* A^1.

uns nicht von Beschuldigungen allein, sondern von Verdächtigungen beeindrucken lassen und, wegen Miene und Lächeln eines anderen zu einer schlechteren Auslegung gekommen, Unschuldigen zürnen? Daher muß gegen die eigene Person der Fall eines Abwesenden behandelt und in der Schwebe der Zorn gehalten werden; es kann nämlich eine aufgeschobene Strafe ausgeführt, nicht kann eine vollzogene rückgängig gemacht werden.

XXIII. 1 Bekannt ist jener Tyrannenmörder, der, ohne seine Tat vollenden zu können, ergriffen und von Hippias gefoltert, damit er seine Mitverschworenen angebe, die umstehenden Freunde des Gewaltherrschers nannte und die, denen er dessen Wohl am meisten teuer wußte; und als jener sie einen nach dem anderen, wie sie genannt worden waren, zu töten befohlen hatte, fragte er, ob etwa einer übrig sei. „Du allein", sagte er, „denn niemand anderen, dem du lieb wärest, habe ich übrig gelassen." Es hat der Zorn bewirkt, daß der Tyrann dem Tyrannenmörder die Hände lieh und seine eigenen Wächter mit eigenem Schwert tötete. 2 Wieviel beherzter Alexander! Als er gelesen hatte einen Brief seiner Mutter mit der Mahnung, vor Gift seines Arztes Philippus sich zu hüten, da nahm er die Medizin entgegen und trank sie unerschrocken: mehr glaubte er sich selber über den Freund. 3 Wert war er es, einen Unschuldigen zum Freunde zu haben, wert war er es, ihn unschuldig zu machen. Das lobe ich desto mehr an Alexander, als niemand so unterworfen dem Zorn war; je seltener aber Mäßigung bei Herrschern, desto lobenswerter ist sie. 4 Es hat das auch Gaius [Iulius] Caesar getan, der den Sieg im Bürgerkrieg zu größter Milde genutzt hat: als er Behälter abgefangen hatte mit Briefen, an Gnaeus Pompeius geschickt von denen, die offensichtlich auf der Gegenseite gestanden oder sich gar keiner Partei angeschlossen hatten, verbrannte er sie. Obwohl er maßvoll zu zürnen pflegte, zog er es dennoch vor, nicht zürnen zu können; für die willkommenste Art der Verzeihung hielt er es, gar nicht zu wissen, was ein jeder gefehlt hatte.

XXIV. 1 Plurimum mali credulitas facit. Saepe
ne audiendum quidem est, quoniam in quibusdam
rebus satius est decipi quam diffidere. Tollenda
ex animo suspicio et coniectura, fallacissima irritamenta : « Ille me parum humane salutauit ; ille
osculo meo non adhaesit ; ille inchoatum sermonem
cito abrupit ; ille ad cenam non uocauit ; illius uultus
auersior uisus est. » 2 Non deerit suspicioni argumen-
tatio : simplicitate opus est et benigna rerum aes-
timatione. Nihil nisi quod in oculos incurret mani-
festumque erit credamus, et quotiens suspicio nostra
uana apparuerit, obiurgemus credulitatem ; haec
enim castigatio consuetudinem efficiet non facile
credendi.

XXV. 1 Inde et illud sequitur ut minimis sordi-
dissimisque rebus non exacerbemur. Parum agilis
est puer aut tepidior aqua poturo aut turbatus torus
aut mensa neglegentius posita : ad ista concitari
insania est. Aeger et infelicis ualetudinis est quem
leuis aura contraxit, affecti oculi quos candida uestis
obturbat, dissolutus deliciis cuius latus alieno labore
condoluit. 2 Mindyriden aiunt fuisse ex Sybarita-
rum ciuitate qui, cum uidisset fodientem et altius
rastrum alleuantem, lassum se fieri questus uetuit
illum opus in conspectu suo facere ; bilem habere
saepius questus est, quod foliis rosae duplicatis
incubuisset. 3 Ubi animum simul et corpus uoluptates corrupere, nihil tolerabile uidetur, non quia
dura sed quia mollis patitur. Quid est enim cur tussis

XXIV, 1 credulitas A^5 [credul *in rasura;* crudelitas P].
2 credulitatem [dul *in rasura*] A^5 : crudelitatem P ‖ castigastigatio
A^1 *corr. alia manus.*

XXV, 1 sequitur A : sequetur *unus det. Gruter* ‖ tepidio* aqua
A^5 ‖ turbatus [s *supra uersum*] thor' A^5 : turbatus ****s A^1 [torus P].
2 mindyridem A [y *corr. ex* u] ‖ bilem [b *ut uidetur ex* u] A : idem
ante bilem *fuisse in suo codice J. Lipse testatur, pro* bilem *scribit
Muret* ‖ sepius A : *fortasse* se *ante* sepius *excidit* [se peius *Madvig*].

XXIV. 1 Das meiste Unheil richtet Leichtgläubigkeit an.
Oft darf man nicht einmal hinhören, da ja in manchen Fällen
es besser ist, sich zu täuschen als mißtrauisch zu sein. Zu
tilgen ist aus der Seele Argwohn und Vermutung, höchst
heimtückische Einflüsterungen: „Der hat mich auffallend
unhöflich gegrüßt; der hat meinen Kuß nicht herzlich erwidert; der hat ein eben begonnenes Gespräch rasch abgebrochen; der hat mich nicht zum Essen eingeladen; dessen Miene
ist mir zu abweisend vorgekommen." 2 Nicht wird dem
Argwohn ein schlüssiger Beweis fehlen: Unbefangenheit ist
nötig und wohlwollende Einschätzung der Dinge. Nichts –
außer was in die Augen springt und handgreiflich ist –
wollen wir glauben, und sooft unser Verdacht sich als gegen-
standslos erwiesen hat, wollen wir unsere Leichtgläubigkeit
tadeln; diese kritische Haltung nämlich wird die Gewohnheit
erzeugen, nicht vertrauensselig zu glauben.

XXV. 1 Daraus folgt auch dies: daß wir uns durch die
geringfügigsten und schmutzigsten Vorkommnisse nicht erbittern lassen. Zu wenig rührig ist ein Boy, oder zu lau ist
das Wasser, wenn man trinken will, oder unordentlich ein
Sofa, oder ein Tisch zu nachlässig gedeckt: bei derlei sich
aufzuregen ist Wahnsinn. Krank und von schwacher Gesundheit ist, wen ein leichter Luftzug frösteln läßt, anfällig
sind Augen, die ein weißes Gewand blendet, verkommen von
Genüssen, wessen Seite bei fremder Arbeit an Stichen leidet.
2 Mindyrides[11], sagt man, sei ein Bürger von Sybaris gewesen;
als er sah, wie jemand grub und höher die Hacke schwang,
klagte er, er werde müde, und verbot, diese Arbeit in seiner
Gegenwart auszuführen; daß er Gallenschmerzen habe,
klagte er des öfteren, weil er auf gefalteten Rosenblättern
gelegen habe. 3 Wo die Seele zugleich und den Körper die
Genüsse zerrüttet haben, scheint nichts erträglich, nicht,
weil er Hartes, sondern weil er es verweichlicht erlebt. Was

alicuius aut sternutamentum aut musca parum
curiose fugata in rabiem agat aut obuersatus canis
aut clauis neglegentis serui manibus elapsa ? 4 Feret
iste aequo animo ciuile conuicium et ingesta in contione curiaue maledicta cuius aures tracti subsellii
stridor offendit ? Perpetietur hic famem et aestiuae
expeditionis sitim qui puero male diluenti niuem
irascitur ? Nulla itaque res magis iracundiam alit
quam luxuria intemperans et impatiens : dure trac-
tandus animus est, ut ictum non sentiat nisi grauem.

XXVI. 1 Irascimur aut iis a quibus ne accipere
quidem potuimus iniuriam aut iis a quibus accipere
iniuriam potuimus. 2 Ex prioribus quaedam sine
sensu sunt, ut liber quem minutioribus litteris scriptum saepe proiecimus et mendosum lacerauimus, ut
uestimenta quae quia displicebant scidimus : his
irasci quam stultum est quae iram nostram nec
meruerunt nec sentiunt ! — 3 Sed offendunt nos
uidelicet qui illa fecerunt. — Primum saepe antequam hoc apud nos distinguamus irascimur. Deinde
fortasse ipsi quoque artifices excusationes iustas
afferent : alius non potuit melius facere quam fecit
nec ad tuam contumeliam parum didicit ; alius non
in hoc ut te offenderet fecit. Ad ultimum quid est
dementius quam bilem in homines collectam in res
effundere ! 4 Atqui ut his irasci dementis est quae
anima carent, sic mutis animalibus, quae nullam iniuriam nobis faciunt, quia uelle non possunt ; non
est enim iniuria nisi a consilio profecta. Nocere itaque
nobis possunt ut ferrum aut lapis, iniuriam quidem
facere non possunt. 5 Atqui contemni se quidam
putant, ubi idem equi obsequentes alteri equiti,
alteri contumaces sunt, tamquam iudicio, non con-

XXVI, 3 bilem [b ex u uidetur corr.] A.
5 obsequentes A [ob in rasura A⁵ pro post ut uidetur].

ist es nämlich, weswegen jemandes Husten oder Niesen oder
eine Fliege, die zu wenig gewissenhaft vertrieben, zu Raserei
führt oder ein Hund, wenn er zwischen die Beine gerät, oder
ein Schlüssel, eines nachlässigen Sklaven Händen entglitten?
4 Wird *er* mit Gleichmut ertragen den Hohn der Bürger und
die Beschimpfungen, in Volksversammlung und Sitzungs-
saal des Senates über ihn ausgeschüttet, dessen Ohren eines
herangezogenen Sessels Scharren beleidigt? Wird *er* aushalten
Hunger und Durst eines Marsches im Sommer, der einem
Boy, wenn er die Eislimonade schlecht mischt, zürnt? Keine
Sache also gibt dem Zorn mehr Nahrung als Genußsucht,
wenn sie maßlos und ungeduldig: hart muß die Seele behandelt werden, daß sie den Schlag nicht empfinde – er sei
denn schwer.

XXVI. 1 Wir zürnen entweder denen, von denen wir
nicht einmal erfahren konnten eine Beleidigung, oder von
denen wir eine Beleidigung erfahren konnten. 2 Vom ersten
ist manches ohne Empfindung, wie ein Buch, das wir, weil
es mit zu kleinen Buchstaben geschrieben, oft hinwerfen
oder, weil es fehlerhaft, zerfetzen, wie Kleidung, die wir,
weil sie nicht gefiel, zerreißen: diesen Dingen zu zürnen – wie
töricht! –, die doch unseren Zorn weder verdient haben noch
empfinden. 3 „Aber es ärgern uns natürlich die Menschen,
welche diese Dinge gemacht haben.“ Erstens: oft, bevor wir
dies bei uns unterscheiden können, zürnen wir. Zweitens:
vielleicht würden die Hersteller auch selber berechtigte Ent-
schuldigungen vorbringen: der eine konnte es nicht besser
machen, als er es gemacht hat, und hat nicht zu deiner
Beleidigung zu wenig gelernt; der andere hat es nicht dazu
getan, dich zu beleidigen. Letztens: was ist sinnloser als
seine Galle, gegen Menschen gesammelt, gegen Sachen zu
ergießen! 4 Und doch – wie dem, was keine Seele hat, zu
zürnen das Verhalten eines Geisteskranken ist, so den stummen Tieren, die uns nicht beleidigen, weil sie es nicht wollen
können; nicht ist nämlich Beleidigung, außer was aus einer
Absicht hervorgeht. Schaden können sie uns daher wie Eisen
oder Stein, Unrecht freilich tun können sie nicht. 5 Und
doch kommen sich manche verachtet vor, wenn dieselben
Pferde folgsam bei dem einen Reiter, bei dem anderen stör-

suetudine et arte tractandi quaedam quibusdam
subiectiora sint. 6 Atqui ut his irasci stultum est,
ita pueris et non multum a puerorum prudentia
distantibus ; omnia enim ista peccata apud aequum
iudicem pro innocentia habent imprudentiam.

XXVII. 1 Quaedam sunt quae nocere non possint
nullamque uim nisi beneficam et salutarem habent,
ut di immortales qui nec uolunt obesse nec possunt ;
natura enim illis mitis et placida est, tam longe remota
ab aliena iniuria quam a sua. 2 Dementes itaque et
ignari ueritatis il¹is imputant saeuitiam maris, im-
modicos imbres, pertinaciam hiemis, cum interim
nihil horum quae nobis nocent prosuntque ad nos
proprie derigatur. Non enim nos causa mundo sumus
hiemem aestatemque referendi : suas ista leges
habent quibus diuina exercentur. Nimis nos sus-
picimus, si digni nobis uidemur propter quos tanta
moueantur. Nihil ergo horum in nostram iniuriam
fit, immo contra nihil non ad salutem. 3 Quaedam
esse diximus quae nocere non possint, quaedam quae
nolint. In iis erunt boni magistratus parentesque et
praeceptores et iudices, quorum castigatio sic acci-
pienda est quomodo scalpellum et abstinentia et
alia quae profutura torquent. 4 Affecti sumus poena :
succurrat non tantum quid patiamur, sed quid fecerimus, in consilium de uita nostra mittamur ; si
modo uerum ipsi nobis dicere uoluerimus, pluris
litem nostram aestimabimus.

XXVIII. 1 Si uolumus aequi rerum omnium iudices
esse, hoc primum nobis persuadeamus neminem nos-

2 quae [ae corr. cx a] A¹|| derigatur L uulgo : derigantur [dir- P]
A P || ui diuina Madvig : diuina omnia Gertz || ergo in rasura A⁵ ;
ex A¹ scriptura tantum e apparet || post contra in fine uersus aliqua
littera lineola perforata est, deinde erasa.
3 nollint A¹ prior 1 postea erasa est || iis A : his uulgo.

risch sind, als ob mit Absicht, nicht aus Gewohnheit und
wegen der Kunst der Behandlung manche [Tiere] manchen
Menschen gefügiger sind. 6 Und doch – wie diesen zu zürnen
töricht ist, so den Knaben und denen, die nicht viel von der
Knaben Klugheit entfernt sind; denn alle diese Verfehlungen
bekommen vor einem gerechten Richter statt Unschuld [den
Vorwurf der] Unklugheit.

XXVII. 1 Manches gibt es, das nicht schaden kann und
keine Kraft, wenn nicht wohltuende und heilsame, hat, wie
die unsterblichen Götter, die weder schaden wollen noch
können; sie haben nämlich ein mildes und umgängliches
Wesen, so weit entfernt, anderen Unrecht zu tun, wie sich
selbst. 2 Narren daher und der Wahrheit Unkundige
schreiben ihnen zu die Wildheit des Meeres, übermäßige
Regenfälle, Härte des Winters, obwohl inzwischen nicht-
von dem, was uns schadet und nützt, auf uns speziell geziels
ist. Nicht nämlich *wir* sind für das Weltall der Grund, Wintet
und Sommer wechseln zu lassen: das hat seine eigenen Ger
setze, von denen Göttliches geregelt wird. Allzu hoch schät-
zen wir uns ein, wenn wir uns würdig genug vorkommen, daß
unseretwegen so Großes in Bewegung gesetzt werde. Nichts
also davon geschieht zu unserem Schaden, nein, umgekehrt –
alles zu unserem Heil. 3 Manches gebe es, haben wir gesagt,
was nicht schaden könne, manches, was es nicht wolle. Darunter werden sich befinden gute Beamte, Eltern, Erzieher
und Richter, deren Strafe so hinzunehmen ist wie das Messer
des Chirurgen, Enthaltsamkeit und anderes, was, obwohl
nützlich, quält. 4 Wir sind gestraft worden: es komme uns
nicht in den Sinn, was wir dulden müssen, sondern was wir
getan haben, zu Nachdenken über unser Leben sollen wir
veranlaßt werden; wenn wir nur uns selber die Wahrheit
eingestehen wollten, werden wir strenger das Urteil gegen
uns fällen.

XXVIII. 1 Wollen wir in allen Dingen gerechte Richter
sein, müssen wir uns zunächst davon überzeugen, niemand

trum esse sine culpa ; hinc enim maxima indignatio
oritur : « Nihil peccaui » et « Nihil feci ». Immo nihil
fateris ! Indignamur aliqua admonitione aut coercitione nos castigatos, cum illo ipso tempore peccemus, quod adicimus malefactis arrogantiam et contumaciam. 2 Quis est iste qui se profitetur omnibus
legibus innocentem ? Vt hoc ita sit, quam angusta
innocentia est ad legem bonum esse ! Quanto latius
officiorum patet quam iuris regula ! Quam multa
pietas, humanitas, liberalitas, iustitia, fides exigunt,
quae omnia extra publicas tabulas sunt ! 3 Sed ne
ad illam quidem artissimam innocentiae formulam
praestare nos possumus : alia fecimus, alia cogitaui-
mus, alia optauimus, aliis fauimus ; in quibusdam
innocentes sumus, quia non successit. 4 Hoc cogi-
tantes aequiores simus delinquentibus, credamus
obiurgantibus ; utique *bon*is ne irascamur (cui
enim non si *bon*is quoque?), minime diis ; non enim
illorum, sed lege mortalitatis patimur quicquid
incommodi accidit. — At morbi doloresque incurrunt. — Vtique aliquo defungendum est domici-
lium putre sortitis. Dicetur aliquis male de te locutus : cogita an prior feceris, cogita de quam multis
loquaris. 5 Cogitemus, inquam, alios non facere
iniuriam sed reponere, alios pro nobis facere, alios
coactos facere, alios ignorantes, etiam eos qui uolentes
scientesque faciunt, ex iniuria nostra non ipsam
iniuriam petere : aut dulcedine urbanitatis prolapsus
est, aut fecit aliquid, non ut nobis obesset, sed quia

XXVIII, 1 oritur : nihil *interpunxit Gertz* oritur. Nihil *uulgo* ‖
quod *A L P* : quo *uulgo*.

2 liberalitas [s *supra uersum*] *A*[5] : libe ✳✳✳✳✳✳✳ *A*[1].

4 bonis *utroque loco Gertz* : nobis *A* ‖ illorum *A* : illorum ui *P. Thomas
et Hcrmes. Illud defendit W. Baehrens* ‖ aliquo defungendum *Madvig* :
aliquod (aliquo *L*) fugiendum *A*.

5 p nob (*i. e.* pro nobis) *A P quod quidam frustra corrigere tentauerunt* :
pronos *L uulgo*.

von uns ist ohne Schuld; hier nämlich tritt die größte Empörung auf: „Nichts habe ich verbrochen" und „Nichts habe
ich getan". Nein, nichts gestehst du ein! Wir entrüsten uns,
daß wir mit einer Ermahnung oder Zurechtweisung getadelt
worden sind, während wir zu eben diesem Zeitpunkt darin
uns vergehen, daß wir unseren Untaten Anmaßung und
Trotz hinzufügen. 2 Wer ist der Mann, der behaupten
könnte, er sei gegenüber allen Gesetzen ohne Verfehlung?
Angenommen, das sei so – wie kümmerlich ist die Unschuld,
vor dem Gesetz gut zu sein! Wieviel umfassender gilt der
Pflichten als des Rechtes Vorschrift! Wieviel verlangen
Pflichtbewußtsein, Menschenliebe, Großzügigkeit, Gerechtigkeit, Treue, die alle außerhalb der Gesetzestexte stehen!
3 Aber nicht einmal zu jener engsten Rechtsnorm der
Schuldlosigkeit können wir uns verbürgen: das eine haben
wir getan, das andere haben wir gedacht, das eine haben wir
gewünscht, dem anderen nachgegeben; in manchen Fällen
sind wir unschuldig, weil es nicht geklappt hat. 4 Im
Gedanken daran wollen wir billiger urteilen gegenüber
Fehlenden, Vertrauen schenken denen, die Vorwürfe machen; jedenfalls: Guten wollen wir nicht zürnen (wem
nämlich nicht, wenn auch Guten?), am wenigsten den
Göttern; nicht nämlich nach ihrem, sondern dem Gesetz
der Sterblichkeit erleiden wir, was immer an Unglück
eintritt. „Aber Krankheiten und Schmerzen kommen vor."
Jedenfalls etwas müssen die hinter sich bringen, denen eine
morsche Wohnung zugefallen ist. Soll jemand schlecht über
dich gesprochen haben: überleg, ob du es zuerst getan hast,
denk nach, über wieviele du sprichst. 5 Wir wollen bedenken, sage ich, die einen tun kein Unrecht, sondern vergelten
es, die anderen tun es in unserem Interesse, andere tun es gezwungen, andere aus Unwissenheit, auch denen, die es mit
Willen und Wissen tun, geht es mit dem Unrecht gegen uns
nicht um Unrecht an sich: durch den Reiz des Witzes ist er
ausgerutscht, oder er hat etwas getan, nicht um uns zu
schaden, sondern weil er seine Absicht selbst nicht erreichen

consequi ipse non poterat nisi nos repulisset ; saepe
adulatio dum blanditur offendit. **6** Quisquis ad se
rettulerit, quotiens ipse in suspicionem falsam inciderit, quam multis officiis suis fortuna speciem iniuriae induerit, quam multos post odium amare coeperit, poterit non statim irasci, utique si sibi tacitus
ad singula quibus offenditur dixerit : « Hoc et ipse
commisi ». **7** Sed ubi tam aequum iudicem inuenies ?
Is qui nullius non uxorem concupiscit et satis iustas
causas putat amandi quod aliena est, idem uxorem
suam aspici non uult ; et fidei acerrimus exactor
est perfidus, et mendacia persequitur ipse periurus,
et litem sibi inferri aegerrime calumniator patitur ;
pudicitiam seruulorum suorum attemptari non uult
qui non pepercit suae. **8** Aliena uitia in oculis habemus,
a tergo nostra sunt : inde est quod tempestiua filii
conuiuia pater deterior filio castigat, et nihil alienae
luxuriae ignoscit qui nihil suae negauit, et homi-
cidae tyrannus irascitur et punit furta sacrilegus.
Magna pars hominum est quae non peccatis irascitur sed peccantibus. Faciet nos moderatiores
respectus nostri, si consuluerimus nos : « Numquid
et ipsi aliquid tale commisimus ? Numquid sic
errauimus ? Expeditne nobis ista damnare ? »

XXIX. 1 Maximum remedium irae mora est.
Hoc ab illa pete initio non ut ignoscat sed ut iudicet :
graues habet impetus primos ; desinet si exspectat.
Nec uniuersam illam temptaueris tollere : tota
uincetur dum partibus carpitur. **2** Ex is quae nos
offendunt alia renuntiantur nobis, alia ipsi audimus

---

6 multis [t *ex* j *corr. A*].

7 aspici A^1 [a *ex* co *corr.*].

XXIX, 1 irc A^5 *in maiore rasura ex* A^1 *scriptura tantum ultima
littera* e *apparet* : est ire mora P ‖ graues... primos *quae in* A L P *post*
tollere *leguntur huc transposuit Gertz* ‖ dum A^5 *in rasura.*

2 is *Rossbach* : his A ‖ suspicax *quod olim* [*Rev. phil.* XXXVII p. 96]
explicare tentaui, correxerunt aliter alii.

konnte, ohne uns einen Hieb zu versetzen; oft beleidigt die
Schmeichelei, während sie schöntut. 6 Wer immer sich die
Frage stellt, wie oft er in Verdacht, in falschen, geraten ist,
wie seinen vielen Pflichten das Schicksal den Anschein des
Unrechtes verliehen hat, wie er viele nach [anfänglicher]
Abneigung zu lieben begonnen hat, wird nicht sofort zürnen
können, jedenfalls, wenn er sich im stillen bei jedem einzelnen
Vorfall, durch den er sich beleidigt fühlt, sagt: „Das habe
ich auch selber begangen." 7 Aber wo findest du einen so
gerechten Richter? Er, welcher eines jeden Frau begehrt
und es für einen genügend rechtmäßigen Grund ansieht zu
lieben, weil sie einem anderen angehört, eben der will seine
eigene Ehefrau nicht ansehen lassen; und der Treue streng-
ster Vollstrecker ist treulos, und Lügereien verfolgt eben der
Meineidige, und daß ein Prozeß ihm angehängt wird, erlebt
mit größtem Ärger der Denunziant; daß die Sittsamkeit
seiner jungen Sklaven angetastet werde, wünscht nicht, wer
der eigenen alles zumutet. 8 Fremde Schwächen haben wir
vor Augen, im Rücken die eigenen[12]; daher rührt: die schon
früh am Tage beginnenden Gelage des Sohnes tadelt der
Vater, obwohl schlechter als der Sohn, und nichts verzeiht
fremder Verschwendung, wer der seinen nichts versagt hat,
und dem Mörder zürnt der Gewaltherrscher, und Diebstahl
bestraft der Tempelräuber. Ein großer Teil der Menschen ist
es, der nicht den Verfehlungen zürnt, sondern den Verfehlen-
den. Es wird uns zurückhaltender machen der Blick auf uns
selber, wenn wir mit uns zurate gehen: „Haben vielleicht
auch wir selber so etwas begangen? Haben wir vielleicht in
dieser Weise geirrt? Ist es uns zuträglich, derartiges zu verurteilen?

XXIX. 1 Wirksamstes Gegenmittel bei Zorn ist Aufschub. Dies fordere von ihm zu Anfang: nicht, daß er verzeihe, sondern daß er ein Urteil gewinne; heftig ist sein erster
Ungestüm; er läßt nach, wenn er verhält. Und nicht versuche,
ihn ganz zu beseitigen: völlig wird er besiegt, während er
Stück um Stück zerstört wird. 2 Von dem, was uns verletzt, wird das eine uns hinterbracht, anderes hören wir selber

aut uidemus. De iis quae narrata sunt non debemus
cito credere : multi mentiuntur ut decipiant, multi
quia decepti sunt; alius criminatione gratiam captat
et fingit iniuriam ut uideatur doluisse factam ; est
aliquis malignus et qui amicitias cohaerentis diducere uelit ; est aliquis suspicax et qui spectare ludos
cupiat et ex longinquo tutoque speculetur quos
collisit. 3 De paruula summa iudicaturo tibi res
sine teste non probaretur, testis sine iureiurando
non ualeret, utrique parti dares actionem, dares
tempus, non semel audires ; magis enim ueritas
elucet quo saepius ad manum uenit : amicum con-
demnas de praesentibus ? Antequam audias, antequam interroges, antequam illi aut accusatorem
suum nosse liceat aut crimen, irasceris ? Iam enim,
iam utrimque *quid* diceretur audisti ? 4 Hic ipse qui
ad te detulit desinet dicere, si probare debuerit :
« Non est » inquit « quod me protrahas ; ego productus negabo ; alioqui nihil umquam tibi dicam. »
Eodem tempore et instigat et ipse se certamini
pugnaeque subtrahit. Qui dicere tibi nisi clam non
uult paene non dicit : quid est iniquius quam secreto
credere, palam irasci ?

XXX. 1 Quorundam ipsi testes sumus : in his
naturam excutiemus uoluntatemque facientium. Puer
est : aetati donetur, nescit an peccet. Pater est : aut
tantum profuit ut illi etiam iniuriae ius sit aut
fortasse ipsum hoc meritum eius est quo offendimur.
Mulier est : errat. Iussus est : necessitati quis nisi
iniquus suscenset ? Laesus est : non est iniuria pati
quod prior feceris. Iudex est : plus credas illius sen-

3 paruola *A* [*et* paruolo III xxii, 4] ∥ elucet *corr. radendo ex*
etlucet *A* ∥ quid *edd. inde a Curioni* : quod *dett.* [*om A et plerique*
codices.]

XXX, 1 iniuria eius *A corr. deperditi codices* [*testante Dalechamp*]
et Muret.

oder sehen es. Dem, was uns erzählt worden ist, dürfen wir
nicht voreilig glauben: viele lügen, um zu betrügen, viele,
weil sie betrogen worden sind; einer hascht mit Hilfe einer
Beschuldigung nach Gunst und erfindet Unrecht, damit es
so aussehe, als empfinde er Schmerz, daß es geschehen; es
ist einer heimtückisch und will feste Freundschaften ausein-
anderbringen; es ist einer verleumderisch und ein Mensch,
der ein Schauspiel zu sehen wünscht und aus sicherer Entfernung beobachten möchte, die er gegeneinander aufgebracht hat. 3 Sollst du über eine geringfügige Summe ein
Urteil fällen, würdest du den Fall nicht ohne Zeugen prüfen,
würde ein Zeuge ohne Eid kein Gewicht haben, beiden Par-
teien würdest du Rechtsmittel einräumen, Frist geben,
würdest sie nicht nur einmal anhören; desto klarer nämlich
tritt die Wahrheit ans Licht, je öfter man sich damit beschäftigt: einen *Freund* verurteilst du im Augenblick?
Bevor du ihn hörst, bevor du ihn fragst, bevor ihm sein Ankläger bekannt sein kann oder Beschuldigung, wirst du zürnen? Schon nämlich, schon hast du, was auf *beiden* Seiten
gesagt wird, gehört? 4 Eben der, welcher es dir hinterbracht hat, hört auf zu sprechen, wenn er seine Aussage beweisen soll: ,,Es ist“, sagt er, ,,kein Anlaß, daß du mich
mit hineinziehst; vor Gericht geholt, werde ich abstreiten;
sonst werde ich dir nichts jemals sagen.“ Zu derselben Zeit
hetzt er und entzieht sich dem Streit und der Auseinander-
setzung. Wer sprechen zu dir nur heimlich will, spricht sozusagen gar nicht: was ist unbilliger als heimlich zu glauben,
öffentlich zu zürnen?

XXX. 1 In manchen Fällen sind wir selber Zeugen: da
werden wir das Wesen genau untersuchen und den Willen
der Täter. Ein Junge ist es: seiner Jugend wird man nach-
sehen; er weiß nicht, ob er fehlt. Der Vater ist es: entweder
hat er sich so verdient gemacht, daß er das Recht auch auf
Unrecht hat, oder vielleicht ist es eben sein Verdienst, durch
das wir uns gekränkt fühlen. Eine Frau ist es: sie irrt sich.
Einer hat auf Befehl gehandelt: dem Zwang zürnen – wer
außer dem Ungerechten wollte es? Ein Verletzter ist es: nicht
ist es Unrecht, zu erdulden, was du zuerst getan hast. Ein
Richter ist es: mehr vertraue seiner Einsicht als deiner. Ein

tentiae quam tuae. Rex est : si nocentem punit,
cede iustitiae ; si innocentem, cede fortunae. 2 Mu-
tum animal est aut simile muto : imitaris illud si
irasceris. Morbus est aut calamitas : leuius transsiliet
sustinentem. Deus est : tam perdis operam cum illi
irasceris quam cum illum alteri precaris iratum.
Bonus uir est qui iniuriam fecit ? Noli credere.
Malus ? Noli mirari ; dabit poenas alteri quas debet
tibi et iam sibi dedit qui peccauit.

XXXI. 1 Duo sunt, ut dixi, quae iracundiam
concitent : primum si iniuriam uidemur accepisse,
de hoc satis dictum est ; deinde si inique accepisse,
de hoc dicendum est. Iniqua quaedam iudicant
homines quia pati non debuerint, quaedam quia non
sperauerint : indigna putamus quae inopinata sunt ;
2 itaque maxime commouent quae contra spem ex-
spectationemque euenerunt, nec aliud est quare in
domesticis minima offendant, in amicis iniuriam
uocemus neglegentiam. — 3 Quomodo ergo, inquit,
inimicorum nos iniuriae mouent ? — Quia non ex-
spectauimus illas aut certe non tantas. Hoc efficit
amor nostri nimius : inuiolatos nos etiam inimicis
iudicamus esse debere, regis quisque intra se animum
habet, ut licentiam sibi dari uelit, in se nolit. 4 Itaque
nos aut insolentia iracundos facit aut ignorantia
rerum : quid enim mirum est malos mala facinora
edere ? Quid noui est, si inimicus nocet amicus offendit,
filius labitur seruus peccat ? Turpissimam aiebat
Fabius imperatori excusationem esse « Non putaui »,
ego turpissimam homini puto. Omnia puta, exspecta :

2 etiam *A corr. uulgo.*

XXXI, 1 dixi [i *in rasura*] A⁵ ‖ concitent *L P* [ci *in rasura* A⁵] :
concitant *uulgo* ‖ dehoc *A*¹ *sed* hoc *in rasura* [*prius post* e *scriptum erat*
s] ‖ iniq; *A L P* : iniqua *Michaelis.*

4 nolit aut [aud *P*] ignorantia* [*erasum punctum*] itaq; nos aut
insolentia iracundos facit. ignorantia rerum *A L P uulgo* [*corr.
Gertz.*]

König ist es: wenn er den Schädling straft, füg dich der
Gerechtigkeit; wenn den Unschuldigen, füg dich dem Schicksal. 2 Ein stummes Tier ist es oder ihm ähnlich: du ahmst
es nach, wenn du ihm zürnst. Krankheit ist es oder Unglück:
leichter wird es vorübergehen an dem, der aushält. Der Gott
ist es: so wirst du dich vergeblich mühen, wenn du ihm zürnst,
wie wenn du ihn einem anderen zornig zu sehen wünschst.
Ein guter Mann ist es, der Unrecht getan hat? Glaub es nicht.
Ein schlechter? Wunder dich nicht; einem anderen wird er
die Buße leisten, die er schuldet dir, und schon hat sie sich
selber geleistet, wer sich vergangen hat.

XXXI. 1 Zwei Dinge sind es, wie ich sagte, die Zorn erregen: erstens, wenn wir Unrecht erlitten zu haben meinen;
darüber ist genug gesprochen; zweitens, wenn wir meinen,
es gegen Recht und Billigkeit erlitten zu haben; darüber ist
zu sprechen. Für unbillig halten manches die Menschen, weil
sie es nicht hätten erleiden dürfen, manches, weil sie nicht
damit gerechnet hätten: für unangemessen halten wir, was
unerwartet eintritt; 2 daher erregt in höchstem Maße, was
sich gegen Hoffnung und Erwartung ereignet hat, und nichts
anderes ist es, weswegen uns in unserem Hauswesen Kleinigkeiten verärgern, wir bei Freunden für Beleidigung erklären
eine [bloße] Nachlässigkeit. 3 „Wie also", heißt es, „erregen
uns von Feinden Ungerechtigkeiten?" Weil wir nicht gerechnet haben mit ihnen oder doch nicht in solcher Größe.
Das bewirkt unsere allzu große Selbstliebe: unverletzlich
meinen wir auch unseren Feinden sein zu müssen, eines
Königs Gesinnung hat ein jeder in sich, daß er Machtvollkommenheit sich geben lassen will, gegen seine Person ablehnt. 4 Daher macht uns Unerfahrenheit zornig oder mangelnde Kenntnis der Wirklichkeit: was nämlich ist es verwunderlich, daß schlechte Menschen schlechte Taten ver-
üben? Was ist es Neues, wenn ein Feind schadet, ein Freund
beleidigt, ein Sohn strauchelt, ein Sklave eine Verfehlung
begeht? Am erbärmlichsten, erklärte Fabius, sei für einen
General die Ausrede: „Damit habe ich nicht gerechnet." Sie
ist die erbärmlichste Ausrede für den Menschen überhaupt,

etiam in bonis moribus aliquid exsistet asperius.
5 Fert humana natura insidiosos animos, fert ingra-
tos, fert cupidos, fert impios. Cum de unius moribus
iudicabis de publicis cogita. Vbi maxime gaudebis
maxime metues. Vbi tranquilla tibi omnia uidentur
ibi nocitura non desunt sed quiescunt. Semper futurum aliquid quod te offendat existima. Gubernator
numquam ita totos sinus securus explicuit ut non
expedite ad contrahendum armamenta disponeret.
6 Illud ante omnia cogita foedam esse et exsecra-
bilem uim nocendi et alienissimam homini, cuius
beneficio etiam saeua mansuescunt. Aspice elephan-
torum iugo colla submissa et taurorum pueris pariter
ac feminis persultantibus terga impune calcata et
repentis inter pocula sinusque innoxio lapsu dracones
et intra domum ursorum leonumque ora placida
tractantibus adulantisque dominum feras : pudebit
cum animalibus permutasse mores. 7 Nefas est
nocere patriae : ergo ciui quoque, nam hic pars patriae
est (sanctae partes sunt si uniuersum uenerabile est),
ergo et homini, nam hic in maiore tibi urbe ciuis est.
Quid si nocere uelint manus pedibus, manibus oculi ?
Vt omnia inter se membra consentiunt, quia singula
seruari totius interest, ita homines singulis parcent
quia ad coetum geniti sunt, salua autem esse societas
nisi custodia et amore partium non potest. 8 Ne
uiperas quidem et natrices et si qua morsu aut ictu
nocent effligeremus, si in reliqua mansuefacere pos-
semus aut efficere ne nobis aliisue periculo essent :
ergo ne homini quidem nocebimus quia peccauit,
sed ne peccet, nec umquam ad praeteritum, sed
ad futurum poena referetur; non enim irascitur sed

6 adulantisq; [*prior* a *ex corr.*] *A*[1].
7 totius *pauci dett. uulgo* : potius *A P* .
8 in reliqua *P* : in reliquam *A* in reliquo *L* in reliquum *Rech*
ut reliqua *pauci dett.*

meine ich. Mit allem rechne, erwarte es: auch in guten Charakteren gibt es schroffere Seiten. 5 Es bringt die menschliche Natur mit sich hinterhältige Charaktere, sie bringt un-
dankbare, sie bringt begehrliche, sie bringt gottlose. Wenn
du über *eines* Charakter urteilst, denk an die Allgemeinheit.
Wo du dich am meisten freust, wirst du am meisten dich zu
fürchten haben. Wo ruhig dir alles vorkommt, dort fehlt
künftiger Schaden nicht, nur hält er sich ruhig. Immer denke,
es wird etwas geschehen, was dich verletzt. Ein Steuermann
setzt niemals so leichtsinnig alle Segel, daß er keine Maßnahmen vorbereitet, sie rasch einzuziehen. 6 Daran denk
vor allem, gräßlich ist und verwünschenswert die Gewalt zu
schaden und völlig fremd dem Wesen des Menschen, durch
dessen freundliche Vermittlung auch Wildes zahm wird.
Sieh der Elefanten Nacken, dem Joch unterworfen, und der
Stiere Rücken, wenn Knaben gleichermaßen und Frauen auf
ihnen reiten, straflos getreten, sieh kriechen zwischen Bechern und Gewandfalten mit unschädlichem Gleiten Schlangen, und im Haus Bären und Löwen, zahm, wenn man sie
streichelt, und schmeicheln dem Herrn wilde Tiere: peinlich
wird es, mit Tieren getauscht zu haben das Verhalten. 7 Tod-
sünde ist es, zu schaden dem Vaterland: also auch dem Bürger, denn er ist ein Teil des Vaterlandes (unverletzlich sind
die Teile, wenn das Ganze verehrungswürdig ist), also auch
dem Menschen, denn er ist dir in einer größeren Stadt Mitbürger. Was, wenn schaden wollten die Hände den Füßen,
den Händen die Augen? Wie alle Glieder untereinander eines
Sinnes sind, weil einzeln unversehrt zu bleiben in des Ganzen
Interesse ist, so schonen die Menschen jeden einzelnen, weil
sie zur Gemeinschaft geboren sind, unversehrt aber die Gemeinschaft nur durch die Obhut und Hingabe ihrer Teile sein
kann. 8 Nicht einmal Vipern und Nattern und was sonst
durch Biß und Stich schadet, würden wir vernichten, wenn
wir sie für die Zukunft zähmen könnten oder erreichen, daß
sie nicht uns oder anderen gefährlich werden: also – nicht
einmal dem Menschen werden wir Schaden antun, weil er
gefehlt hat, sondern damit er nicht fehlt, und niemals wird
auf Vergangenes, sondern auf Künftiges Strafe sich richten;

cauet. Nam si puniendus est cuicumque prauum
maleficumque ingenium est, poena neminem excipiet.

XXXII. 1 At enim ira habet aliquam uoluptatem
et dulce est dolorem reddere. — Minime : non enim
ut in beneficiis honestum est merita meritis repensare,
ita iniurias iniuriis. Illic uinci turpe est, hic uincere.
Inhumanum uerbum est et quidem pro iusto recep-
tum ultio. Et talio non multum differt *iniuriae*
nisi ordine : qui dolorem regerit tantum excusatius
peccat. 2 M. Catonem [ignorans] in balineo quidam
percussit imprudens (quis enim illi sciens faceret
iniuriam?). Postea satisfacienti Cato : « Non memini »
inquit « me percussum ». 3 Melius putauit non agnos-
cere quam uindicare. — Nihil, inquis, illi post tantam
petulantiam mali factum est ? — Immo multum
boni : coepit Catonem nosse. Magni animi est iniurias
despicere ; ultionis contumeliosissimum genus est
non esse uisum dignum ex quo peteretur ultio. Multi
leues iniurias altius sibi demisere dum uindicant :
ille magnus et nobilis qui more magnae ferae latratus
minutorum canum securus exaudit.

XXXIII. 1 Minus, inquit, contemnemur, si uin-
dicauerimus iniuriam. — Si tamquam ad remedium
uenimus, sine ira ueniamus, non quasi dulce sit
uindicari sed quasi utile ; saepe autem satius fuit
dissimulare quam ulcisci. Potentiorum iniuriae hilari
uultu, non patienter tantum ferendae sunt : facient
iterum si se fecisse crediderunt. Hoc habent pessimum

XXXII, 1 repensare A^5 [*ut P*] *in rasura paulo maiore* : -ri L ‖ ultio.
Et talio *recte interpungebant ueteres editt.* ‖ iniuriae *post* differt *inseruit
Gertz* [*totum locum alii alio modo corr.*]

2 ignorans *ante* balneo *A P* : *post* balneo *L dett.* [*ut interpretamentum uocis* imprudens *deleuit primus Erasme²*] ‖ baljneo A^1 [*postea*
j *erasa*].

3 postantam A^1 *corr.* A^5 ‖ dispicere A^1 : desp- A^2 L P ‖ canum
L *uulgo* : ciuium L P.

nicht nämlich zürnt sie, sondern beugt vor. Denn wenn zu
bestrafen ist, wer immer verkehrte und bösartige Veranlagung hat, wird die Strafe niemanden ausnehmen.

XXXII. 1 „Aber der Zorn enthält auch eine Art von
Genuß, und süß ist es, Schmerz zu vergelten." Keineswegs:
nicht nämlich, wie es bei Wohltaten ehrenwert ist, Güte mit
Güte aufzuwiegen, so auch, Unrecht mit Unrecht. Dort ist
sich besiegen zu lassen schimpflich, hier, zu siegen. Ein un-
menschliches Wort gibt es, freilich als gerecht aufgefaßt –
Rache. Und Vergeltung unterscheidet sich nicht viel von
Unrecht außer durch die Reihenfolge: wer Schmerz vergilt,
vergeht sich nur etwas entschuldigter. 2 Den Marcus Cato
schlug im Bade jemand aus Versehen (wer nämlich hätte ihm
wissentlich eine Kränkung zugefügt?). Als er sich später ent-
schuldigte, sagte Cato: „Ich erinnere mich nicht, daß ich
einen Schlag erhalten habe." 3 Für besser hat er es gehalten,
nicht zur Kenntnis zu nehmen als zu rächen. „Nichts",
sagst du, „ist ihm nach solchem Mutwillen Schlimmes geschehen?" Im Gegenteil, viel Gutes: er begann Cato zu kennen. Eigenart eines großen Herzens ist es, Beleidigungen mit
Geringschätzung zu betrachten; der Strafe schimpflichste
Art ist es, nicht für würdig zu erscheinen, daß man gestraft
werde. Viele haben leichte Kränkungen tiefer in sich ein-
dringen lassen, während sie sie rächten: jener ist groß und
edel, der nach Art eines großen Tieres das Gekläffe winziger
Hunde unbekümmert überhört.

XXXIII. 1 „Weniger", heißt es, „werden wir mißachtet,
wenn wir rächen eine Beleidigung." Wenn wir [zur Rache]
wie zu einem Heilmittel kommen, wollen wir ohne Zorn kommen, nicht, als ob es süß sei, sich zu rächen, sondern, als sei
es nützlich; oft aber wäre es besser gewesen, sich nichts mer-
ken zu lassen, als sich zu rächen. Der Mächtigen Ungerechtigkeiten sind mit fröhlichem Gesicht, nicht nur geduldig zu ertragen: sie werden es wieder tun, wenn sie die Überzeugung
gewonnen haben, sie hätten Erfolg gehabt. Diesen schlechtesten Wesenszug haben Menschen, wenn sie vor großem

animi magna fortuna insolentes : quos laeserunt, et
oderunt. **2** Notissima uox est eius qui in cultu regum
consenuerat : cum illum quidam interrogaret quomodo rarissimam rem in aula consecutus esset,
senectutem : « Iniurias » inquit « accipiendo et gratias
agendo. » Saepe adeo iniuriam uindicare non expedit
ut ne fateri quidem expediat. **3** C. Caesar Pastoris
splendidi equitis Romani filium cum in custodia
habuisset munditiis eius et cultioribus capillis offensus,
rogante patre ut salutem sibi filii concederet, quasi
de supplicio admonitus duci protinus iussit ; ne tamen
omnia inhumane faceret aduersum patrem, ad cenam
illum eo die inuitauit. **4** Venit Pastor uultu nihil
exprobrante. Propinauit illi Caesar heminam et
posuit illi custodem : perdurauit miser non aliter
quam si filii sanguinem biberet. Vnguentum et coro-
nas misit et obseruare iussit an sumeret : sumpsit.
Eo die quo filium extulerat, immo quo non extulerat,
iacebat conuiua centesimus et potiones uix honestas
natalibus liberorum podagricus senex hauriebat,
cum interim non lacrimam emisit, non dolorem
aliquo signo erumpere passus est : cenauit tamquam
pro filio exorasset. Quaeris quare ? Habebat alterum. — **5** Quid ille Priamus ? Non dissimulauit
iram et regis genua complexus est, funestam perfu-
samque cruore filii manum ad os suum rettulit,
cenauit ? — Sed tamen sine unguento, sine coronis,
et illum hostis saeuissimus multis solaciis ut cibum
caperet hortatus est, non ut pocula ingentia super
caput posito custode siccaret. **6** Contempsisse*s* Roma-
num patrem si sibi timuisset ; nunc iram compescuit
pietas. Dignus fuit cui permitteret a conuiuio ad

XXXIII, 3 G. cesar *A*.

4 nihil [h *ex* l *corr.*] *A* ‖ fili *A* [*item* § 5].

5 perfusamq; [per *compendiose in rasura A*¹] ‖ *ortatus *A* [h *erasa*].

6 contempsisses *Hermes cum ed. Bipontina* : contempsisset *A L P* ‖
permitteretur *Wesenberg*

Glück überheblich: wen sie verletzt haben, hassen sie auch. 2 Sehr bekannt ist der Ausspruch eines Mannes, der im Dienste der Könige gealtert war: als ihn jemand fragte, wie er die bei Hofe höchst seltene Sache erreicht habe – Alter, sagte er: „Indem ich Unrecht hinnahm und dafür noch dankte." Oft ist es so wenig dienlich, Unrecht zu rächen, daß es sich empfiehlt, sich nicht einmal etwas anmerken zu lassen. 3 Gaius Caesar [Caligula] hielt des Pastor, eines angesehenen Römischen Ritters, Sohn gefangen, von der Eleganz seiner Kleidung und seiner gepflegten Frisur unangenehm berührt; als sein Vater bat, er möge ihm das Leben des Sohnes gewähren, ließ er ihn (sc. den Sohn), als ob an die Hinrichtung erinnert, sofort hinrichten; um dennoch nicht völlig unmenschlich gegenüber dem Vater zu handeln, lud er ihn an diesem Tage zu Tische. 4 Pastor kam, sein Gesicht zeigte keinen Vorwurf. Es ließ ihm der Kaiser einen halben Liter servieren und setzte neben ihn einen Wächter: es hielt der Arme durch, nicht anders, als wenn er seines Sohnes Blut tränke. Salböl und Kränze schickte [Gaius] und befahl zu beobachten, ob er sie nehme: er nahm sie. An diesem Tage, an dem er den Sohn begraben, vielmehr, an dem er ihn nicht begraben hatte, lag er bei Tische als hundertster Gast und schlürfte Getränke, kaum angemessen den Geburtstagen seiner Kinder, der gichtkranke alte Mann, ohne unterdessen eine Träne zu vergießen, ohne den Schmerz mit irgendeinem Zeichen hervorbrechen zu lassen: er speiste, als habe er mit der Bitte für den Sohn Erfolg gehabt. Du fragst, warum? Er hatte noch einen zweiten. 5 „Und jener Priamus? Nicht verhehlte er seinen Zorn und umfing des Königs Knie, führte er die todbringende und triefende – von des Sohnes Blut! – Hand an seinen Mund, speiste er?" Aber dennoch ohne Salböl, ohne Kränze, und ihm hat ein Feind, ein höchst grausamer, mit vielen Trostworten zugesprochen, er möge Speise nehmen, nicht, daß er riesige Gemäße unter Aufsicht eines Wächters zu leeren hatte. 6 Verachtet hättest du den römischen Vater, wenn er für sich gefürchtet hätte; so aber hielt den Zorn nieder die Vaterliebe. Wert wäre er es gewesen, daß er von

ossa filii legenda discedere ; ne hoc quidem permisit
benignus interim et comis adulescens : propinatio-
nibus senem crebris ut cura leniretur admonens
lacessebat ; contra ille se laetum et oblitum quid
eo actum esset die praestitit : perierat alter filius,
si carnifici conuiua non placuisset.

XXXIV. 1 Ergo ira abstinendum est, siue par est
qui lacessendus est siue superior siue inferior. Cum
pare contendere anceps est, cum superiore furiosum,
cum inferiore sordidum. Pusilli hominis et miseri
est repetere mordentem : mures formicaeque, si
manum admoueris, ora conuertunt ; imbecillia se
laedi putant si tanguntur. 2 Faciet nos mitiores si
cogitauerimus quid aliquando nobis profuerit ille
cui irascimur, et meritis offensa redimetur. Illud
quoque occurrat quantum nobis commendationis
allatura sit clementiae fama, quam multos uenia
amicos utiles fecerit. 3 Ne irascamur inimicorum et
hostium liberis. Inter Sullanae crudelitatis exempla
est quod ab re publica liberos proscriptorum submouit :
nihil est iniquius quam aliquem heredem paterni
odii fieri. 4 Cogitemus, quotiens ad ignoscendum
difficiles erimus, an expediat nobis omnes inexo·a-
biles esse : quam saepe ueniam qui negauit petit !
Quam saepe eius pedibus aduolutus est quem a
suis reppulit ! Quid est gloriosius quam iram amicitia mutare ? Quos populus Romanus fideliores
habet socios quam quos habuit pertinacissimos hostes ?
Quod hodie esset imperium, nisi salubris prouidentia
uictos permiscuisset uictoribus ? 5 Irascetur aliquis :

fili A^1 : filii A^2 (?) ‖ perierat A^1 : periret A^5 *L P*‖ non *supra uersum
add.* A^2.

XXXIV, 1 et miseri est [*per compendium*] repetere [e re *in
rasura* A^5] : repenti *pro* repetere *P*.

2 redimetur A^5 [tur *in rasura maiore*].

4 petit *A L P quod retinui propter clausula·ı et perfectum esse arbitror* : petiit *mullae edd.*

der Tafel, die Gebeine des Sohnes zu sammeln, sich entfernen
durfte; nicht einmal das gestattete der zuweilen gütige und
freundliche junge Kaiser: mit häufigem Zutrinken mahnte
er den alten Herrn, seinen Kummer aufzugeben, und reizte
ihn zugleich; dagegen jener gab sich heiter und ohne Erinnerung dessen, was an diesem Tage geschehen war: verloren
gewesen wäre der zweite Sohn, wenn dem Henker der Gast
nicht gefallen hätte.

XXXIV. 1 Also – des Zornes muß man sich enthalten,
stehe auf gleicher Stufe, wer anzugreifen ist, stehe er
höher oder niedriger. Mit dem Ebenbürtigen zu kämpfen ist
zweischneidig, mit dem Höheren wahnsinnig, mit dem Niedrigeren schmutzig. Eines kleinlichen Menschen und erbärm-
lichen Art ist es, wiederzubeißen den Beißenden: Mäuse und
Ameisen, wenn du die Hand näherst, wenden einem die
Schnauze zu; Schwaches fühlt sich verletzt, wenn es berührt
wird. 2 Es wird uns milder stimmen, wenn wir bedenken,
was uns einmal genützt hat jener, dem wir zürnen, und durch
seine Verdienste wird die Beleidigung ausgeglichen. Auch das
sollte vor Augen stehen: wieviel uns an Empfehlung ein-
bringt der Ruf der Milde, wieviele zu nützlichen Freunden
Nachsicht gemacht hat. 3 Laßt uns nicht zürnen den Kindern der Gegner und Feinde. Zu den Beispielen von Sullas
Grausamkeit gehört, daß er von politischer Betätigung die
Kinder der Geächteten ausschloß: nichts ist ungerechter, als
daß jemand Haß auf den Vater erben muß. 4 Bedenken wir,
sooft wir zu verzeihen uns schwertun, ob es dienlich ist für
uns, daß alle Menschen unerbittlich sind: wie oft bittet um
Verzeihung, wer sie verweigert hat! Wie oft hat er sich vor
dessen Füße geworfen, den er von den eigenen weggestoßen
hat! Was ist ruhmvoller, als den Zorn in Freundschaft umzuwandeln? Wen hat das römische Volk zu treueren Bundesgenossen als die, die seine hartnäckigsten Feinde waren? Was
wäre heute das Reich, wenn nicht heilsamer Weitblick Be-
siegte verschmolzen hätte mit Siegern? 5 Es wird einer

tu contra beneficiis prouoca ; cadit statim simultas
ab altera parte deserta ; nisi paria non pugnant. Sed
utrimque certabit ira, concurritur : ille est melior
qui prior pedem rettulit, uictus est qui uicit. Percussit
te : recede ; referiendo enim et occasionem saepius
feriendi dabis et excusationem ; non poteris reuelli,
cum uoles. 6 Numquid uelit quisquam tam grauiter
hostem ferire ut relinquat manum in uulnere et se
ab ictu reuocare non possit ? Atqui tale ira telum
est : uix retrahitur. Arma nobis expedita prospicimus,
gladium commodum et habilem : non uitabimus
impetus animi † hiis graues funerosos † et irreuo-
cabiles ? 7 Ea demum uelocitas placet quae ubi
iussa est uestigium sistit nec ultra destinata procur-
rit flectique et a cursu ad gradum reduci potest ;
aegros scimus neruos esse, ubi inuitis nobis mouentur ;
senex aut infirmi corporis est qui cum ambulare
uult currit : animi motus eos putemus sanissimos
ualidissimosque qui nostro arbitrio ibunt, non suo
ferentur.

XXXV 1 Nihil tamen aeque profuerit quam
primum intueri deformitatem rei, deinde periculum.
Non est ullius affectus facies turbatior : pulcherrima
ora foedauit, toruos uultus ex tranquillissimis reddit ;
linquit decor omnis iratos, et siue amictus illis compositus est ad legem, trahent uestem omnemque
curam sui effundent, siue capillorum natura uel
arte iacentium non informis habitus, cum animo

    5 *post* altera *erasum est* par∗∗∗ (partes?) *in A* ‖ pariâ *A*[1] *signum
supra a scripsit alia manus* : pariter *P* ‖ sed... concurritur *A L de
hoc loco codices dissentiunt* : certabitur *P ut* coniecit *Vahlen.*
    6 *Hanc et sequentem paragraphum a quibus caput XXXV uulgo
incipit capiti* XXXIV *adiunxit Gertz* ‖ habilem *P uulgo* : habile *A* ‖
anim?∗ hos *A*[5] [*post* m *potius* o *fuit quam* i] anim∗∗∗ hos [*in fine uersus*]
A[1] : ai [*i. e.* animi] hiis *P*‖funerosos [o *ex* e *corr.*] *A* : funosos *L* : funeros
P.
    XXXV, 1 deformitatem [i *in rasura litterae maioris ueluti* a] *A*[5] ‖
fedauit *A P* : fedat *L* ‖ siue capillorum *L* : si cap. *A P.*

zürnen: du dagegen fordere ihn mit Wohltaten heraus; es
fällt sofort der Streit in sich zusammen, wenn er von einer
Seite aufgegeben wird; nur Gleichgeartetes kämpft. Wird
aber auf beiden Seiten streiten der Zorn, kommt es zum
Zusammenprall: jener ist der bessere, der sich zuerst zurück-
zieht, besiegt ist, wer gesiegt hat. Getroffen hat er dich: weich
zurück; durch Zurückschlagen nämlich wirst du eine Gelegenheit, öfter zu treffen, bieten und eine Entschuldigung; du
wirst dich nicht losreißen können, auch wenn du es willst.
6 Wollte etwa jemand so schwer den Feind treffen, daß er
zurücklassen müßte die Hand in der Wunde und er sich von
dem Hieb nicht zurückziehen könnte? Und doch – solch eine
Waffe ist der Zorn: er läßt sich kaum zurückholen. Waffen
halten wir uns einsatzbereit, das Schwert bequem und hand-
lich: nicht werden wir meiden die ungestümen Regungen der
Seele, die heftig, verderblich und nicht wiedergutzumachen[13]?
7 *Diese* Schnelligkeit schließlich gefällt, die, sobald sie den
Befehl erhält, den Schritt hemmt und nicht über eine festge-
setzte Grenze hinausgeht, sich lenken läßt und aus dem Lauf
wieder in Schritt gebracht werden kann; krank sind, das
wissen wir, die Muskeln, wenn sie sich ohne unseren Willen
bewegen; ein Greis ist oder ein Mensch von schwacher Konstitution, wer, wenn er spazierengehen will, ins Laufen gerät:
die Seelenregungen wollen wir für die gesündesten und
stärksten halten, die nach unserer Absicht sich vollziehen,
nicht sich von der ihren tragen lassen werden.
XXXV. 1 Nichts dennoch dürfte in gleicher Weise von
Nutzen sein wie zunächst ins Auge zu fassen die Mißgestalt
einer Sache, sodann ihre Gefahr. Nicht ist irgendeiner Leidenschaft Aussehen von größerer Verstörtheit gezeichnet: die
schönsten Gesichter entstellt sie, wilde Mienen macht sie aus
den ruhigsten; es verläßt aller Anstand die Erzürnten; mag
die Kleidung ihnen geordnet gewesen sein nach Vorschrift,
sie lassen schleifen ihr Gewand, und alle Sorgfalt mit sich
selbst lassen sie fahren, mag die Frisur von Natur oder durch
Kunst nicht unansehnlich sein, mit dem Gemüt bäumt sie

inhorrescunt ; 2 tumescunt uenae ; concutietur crebro
spiritu pectus, rabida uocis eruptio colla distendet ;
tum artus trepidi, inquietae manus, totius corporis
fluctuatio. 3 Qualem intus putas esse animum cuius
extra imago tam foeda est ? Quanto illi intra pectus
terribilior uultus est, acrior spiritus, intentior impetus, rupturus se nisi eruperit ! 4 Quales sunt hostium
uel ferarum caede madentium aut ad caedem eun-
tium aspectus, qualia poetae inferna monstra fin-
xerunt succincta serpentibus et igneo flatu, quales
ad bella excitanda discordiamque in populos diui-
dendam pacemque lacerandam deterrimae inferum
exeunt : 5 talem nobis iram figuremus, flamma
lumina ardentia, sibilo mugituque et gemitu et stridore et si qua his inuisior uox est perstrepentem,
tela manu utraque quatientem (neque enim illi se
tegere curae est), toruam cruentamque et cicatri-
cosam et uerberibus suis liuidam, incessus uesani,
offusam multa caligine, incursitantem, uastantem
fugantemque et omnium odio laborantem, sui
maxime, si aliter nocere non possit, terras, maria,
caelum ruere cupientem, infestam pariter inuisamque.
6 Vel, si uidetur, sit qualis apud uates nostros est

Sanguineum quatiens dextra Bellona flagellum,
Aut scissa gaudens uadit Discordia palla,

aut si qua magis dira facies excogitari diri affectus
potest.

XXXVI. 1 « Quibusdam » ut ait Sextius « iratis
profuit aspexisse speculum : perturbauit illos tanta

---

3 cui' extra *in rasura* A^5 || se nisi A^5 *in rasura* : s** isi A^1.
4 aut* *ad* cedem A^5 || poete *in rasura maiore* A^5 : poeta P || quales
P *uulgo* : qualis A || deterrimae A : tet- Haase Justum Lipse secutus.
5 et *ante* uerberibus *add.* A^5 || liuida A *sed lineolam add.* A^5 *aut*
renouauit || uesani Muret : uesanis A || caligine* [erasa m] A || maria*
[erasa s] A.
XXXVI, 1 aspexisse speculum *in rasura* A^5.

XXXV-1 *ÜBER DEN ZORN. ZWEITES BUCH* 217

sich auf; 2 es schwellen die Adern; erschüttert wird von
raschem Atem die Brust, der wütende Ausbruch der Stimme
bläht den Hals; dann die Glieder zitternd, unruhig die
Hände, am ganzen Körper Aufruhr. 3 Wie ist drinnen,
deiner Meinung nach, die Seele beschaffen, deren äußeres
Abbild so scheußlich ist? Wieviel schrecklicher ist ihm drinnen in der Brust die Miene, heftiger der Atem, ungestümer
der Ansturm, im Begriff, sich selber zu sprengen, wenn er nicht
hervorbrechen kann! 4 Wie der Feinde oder wilden Tiere,
wenn sie von Mordblut triefen oder auf Mord ausgehen,
Anblick ist, wie die Dichter Unterweltsungeheuer gestaltet
haben, gegürtet mit Schlangen und mit Feueratem, wie
Kriege zu erregen, Zwietracht unter den Völkern zu verteilen
und den Frieden zu zerstören die schrecklichsten Unterwelts-
göttinnen ausgehen: 5 so werden wir uns den Zorn vorstellen, von Feuer die Augen brennend, mit Zischen und Brüllen
und Stöhnen und Pfeifen und wenn sonst ein Ton verhaßter
als diese ist, lärmend, Waffen in beiden Händen schüttelnd
(nicht nämlich hat er sich zu schützen Sorge), wild um sich
blickend und blutig und narbenbedeckt und von eigenen
Schlägen gezeichnet, wahnsinnigen Ganges, umhüllt von
tiefem Dunkel, anstürmend, verwüstend und verjagend und
von aller Haß bedrängt, von dem eigenen am meisten, wenn
er anders nicht schaden kann, Länder, Meere, Himmel einzu-
reißen begehrend, haßvoll zugleich und verhaßt. 6 Oder,
wenn es richtig scheint, sei er, wie es bei unseren Dichtern[14]
steht:

Die blutige schwingt in der Rechten Bellona, die Geißel,
oder zerfetzten Gewandes freudig schreitet Discordia,

oder wenn man sich eine grauenhaftere Gestalt einer grauen-
haften Leidenschaft ausdenken kann.
XXXVI. 1 „Manchen Zornigen", wie Sextius[15] sagt, „hat
genützt ein Blick in den Spiegel: verwirrt hat sie die

mutatio sui, uelut in rem praesentem adducti non
agnouerunt se. Et quantulum ex uera deformitate
imago illa speculo repercussa reddebat. 2 Animus
si ostendi et si in ulla materia perlucere posset, in-
tuentis nos confunderet ater maculosusque et aes-
tuans et distortus et tumidus. Nunc quoque tanta
deformitas eius est per ossa carnesque et tot impedimenta effluentis : quid si nudus ostenderetur ? »
3 Speculo quidem neminem deterritum ab ira credideris. — Quid ergo ? — Qui ad speculum uenerat
ut se mutaret, iam mutauerat ; iratis quidem nulla
est formosior effigies quam atrox et horrida, quales-
que esse etiam uideri uolunt. 4 Magis illud uidendum
est quam multis ira per se nocuerit. Alii nimio feruore
rupere uenas et sanguinem supra uires elatus clamor
egessit et luminum suffudit aciem in oculos uehementius umor egestus et in morbos aegri reccidere.
Nulla celerior ad insaniam uia est. 5 Multi itaque
continuauerunt irae furorem nec quam expulerant
mentem umquam receperunt : Aiacem in mortem
egit furor, in furorem ira. Mortem liberis, egestatem
sibi, ruinam domui imprecantur et irasci se negant
non minus quam insanire furiosi. Amicissimis hostes
uitandique carissimis, legum nisi qua nocent imme-
mores, ad minima mobiles, non sermone, non officio adiri faciles, per uim omnia gerunt, gladiis et
pugnare parati et incumbere. 6 Maximum enim illos
malum cepit et omnia exsuperans uitia. Alia paulatim intrant, repentina et uniuersa uis huius est.
Omnis denique alios affectus sibi subicit : amorem
ardentissimum uincit ; transfoderunt itaque amata

---

3 credideris *Madvig* credis *codices sed supra* is *signum aliquod in A
quo* credideris *significari uidetur* ‖ speculum [*erasa* s *ut uidetur*] *A* :
esse *supra uersum add. A*[1].

5 gerunt A *sed supra* nt *siglum terminationis* ur *uidetur erasum
esse.*

große Verwandlung ihrer selbst, und gleichsam unmittelbar vor die Tatsache geführt, erkannten sie sich nicht wieder. Und wie wenig von der wirklichen Entstellung gab jenes Spiegelbild wieder. 2 Die Seele – wenn sie sich zeigen könnte und wenn sie in irgendwelchem Stoff hervorleuchten könnte, würde sie die Betrachter, nämlich uns, verstören, schwarz, besudelt, schäumend, entstellt, gedunsen. Auch jetzt ist so groß ihre Mißgestalt, wo sie durch Knochen und Fleisch und so viele Behinderungen hindurchschimmert: was, wenn sie sich unverhüllt sehen ließe.‟ 3 Durch einen Spiegel freilich sei niemand abgeschreckt worden vom Zorn, wirst du glauben. Was also? Wer zum Spiegel gekommen war, um sich zu ändern, hatte sich schon geändert; für Erzürnte freilich ist kein Anblick schöner als ein entsetzlicher oder schrecklicher, wie immer beschaffen zu sein sie auch erscheinen wollen. 4 Eher ist darauf zu sehen, wievielen der Zorn an sich geschadet hat. Andere haben durch allzu großes Aufbrausen gesprengt die Adern, und einen Blutsturz hat ein die Kräfte übersteigendes Brüllen herbeigeführt, und des Blickes Schärfe hat getrübt zu heftig in die Augen getretenes Wasser, und in ihre Leiden sind Kranke zurückgefallen. Keinen schnelleren Weg zum Wahnsinn gibt es. 5 Viele haben also fortdauern lassen des Zornes Wüten und den Verstand, den sie vertrieben hatten, niemals wiederbekommen: den Aiax hat in den Tod getrieben das Rasen, ins Rasen der Zorn. Tod den Kindern, Armut sich selber, Vernichtung dem Haus wünschen sie herbei, und zu zürnen leugnen sie ebenso, wie zu rasen die Wahnsinnigen. Den Vertrautesten feindlich und zu meiden von den Liebsten, an Gesetze – außer wenn sie mit ihrer Hilfe Schaden stiften – nicht denkend, bei den unbedeutendsten Vorfällen erregbar, nicht durch Gespräch, nicht durch Gefälligkeit zu umgänglichem Verhalten zu bestimmen, tun sie alles mit Gewalt, mit dem Schwert zu kämpfen bereit *und* sich darein zu stürzen. 6 Denn das größte Übel hat sie ergriffen, das alle anderen Charakterschwächen übertrifft. Andere stellen sich allmählich ein, plötzlich und umfassend ist die Gewalt von diesem. Alle anderen Leidenschaften unterwirft es sich schließlich: die brennendste Liebe besiegt es; durchbohrt

corpora et in eorum quos occiderant iacuere com-
plexibus ; auaritiam, durissimum malum minimeque
flexibile, ira calcauit adacta opes suas spargere et
domui rebusque in unum collatis inicere ignem.
Quid ? Non ambitiosus magno aestimata proiecit
insignia honoremque delatum reppulit ? Nullus
affectus est in quem non ira dominetur.

6 occiderant [t *in rasura*] iacuerie [*in ras.*] A^5 *ut L* : occidunt
iac- P ‖ auaritiam [iam *in rasura*] A ‖ minimeque *unus det. Erasme*[1] :
minimiq ; A^1 *corr. in* minimumq ; A^2 [*ut L*] nimiumq ; P ‖ adacta *A P* :
adactam *L* ‖ L. A. Senece Ad Nouatum De Ira liber secundus expli-
cit | Incipit ad eundem LIBER tertius *A*.

haben sie daher geliebte Leiber, und in deren, die sie
getötet hatten, Umarmungen haben sie gelegen; die Habsucht, ein Übel, am härtesten und am wenigsten zu beugen,
hat der Zorn zertreten, dazu gezwungen, seine Schätze zu
verschleudern und in sein Haus und allen seinen an einem
Ort aufgehäuften Besitz Feuer zu werfen. Was? Hat *nicht*
der Ehrgeizige hochgeschätzte Amtsinsignien von sich geworfen und das ihm angetragene Amt abgelehnt? Keine
Leidenschaft gibt es, gegen die sich nicht der Zorn als Herr
erweist.

LIBER TERTIVS

I. 1 Quod maxime desiderasti, Nouate, nunc facere temptabimus, iram excidere animis aut certe refrenare et impetus eius inhibere. Id aliquando palam aperteque faciendum est, ubi minor uis mali patitur, aliquando ex occulto, ubi nimium ardet omnique impedimento exasperatur et crescit ; refert quantas uires quamque integras habeat, utrumne uerberanda et agenda retro sit an cedere ei debeamus, dum tempestas prima desaeuit, ne remedia ipsa secum ferat. 2 Consilium pro moribus cuiusque capiendum erit ; quosdam enim preces uincunt, quidam insultant instantque summissis, quosdam terrendo placabimus ; alios obiurgatio, alios confessio alios pudor coepto deiecit, alios mora, lentum praecipitis mali remedium ad quod nouissime descendendum est. 3 Ceteri enim affectus dilationem recipiunt et curari tardius possunt, huius incitata et se ipsa rapiens uiolentia non paulatim procedit sed dum incipit tota est ; nec aliorum more uitiorum sollicitat animos, sed abducit et impotentes sui cupidosque uel communis mali exagitat, nec in ea tantum in quae destinauit sed in occurrentia ob iter furit. 4 Cetera uitia impellunt animos, ira praecipitat. Etiam si resistere contra affectus suos non licet, at certe affectibus ipsis licet stare : haec, non secus quam fulmina procellaeque et si qua alia irreuocabilia sunt quia non eunt sed

---

I, 1 utrumne uerberanda *L P* : utrum neuerberanda *A*.

2 quos terrendo *falso coniecit Gertz* : *tricolum est cui uerba* obiurgatio, confessio, pudor *respondent* ‖ deiciet *Koch*.

3 ob iter furit *C F W Müller* : obiterfuit *A*[1] *corr. in* obiter furit *A*[2].

4 precipitant *A*[1] *corr. A*[5].

Drittes Buch

I. 1 Novatus, was du vor allem ersehnt hast, jetzt werden wir es zu tun versuchen, den Zorn zu tilgen aus den Seelen oder jedenfalls zu zügeln und seine Anfälle zu hemmen. Das muß bisweilen unverhohlen und offen geschehen, wo die recht kleine Gewalt des Übels es zuläßt, bisweilen insgeheim, wo er allzu sehr brennt und bei jeder Behinderung sich empört und zunimmt; es kommt darauf an, wie groß die Kräfte sind und wie weit unversehrt, die er hat, ob er gezüchtigt und zurückgedrängt werden muß oder ob wir ihm weichen wollen, solange der erste Sturm sich austobt, damit er nicht die Gegenmittel selber mit sich davonträgt. 2 Das Verfahren wird man entsprechend dem Charakter eines jeden zu wählen haben; manch einen besiegen Bitten, manche verhalten sich bösartig und bedrohlich gegenüber Unterwürfigen, manche werden wir durch Einschüchterung beruhigen; manche hat Verweis, andere Geständnis, andere Schamgefühl von ihrem Vorhaben abgebracht, andere Verzug, ein langsam wirkendes Mittel bei einem jähen Übel, auf das man erst zuletzt sich einlassen sollte. 3 Die übrigen Leidenschaften nämlich vertragen Aufschub und können langsamer behandelt werden, des Zornes erregte und sich selber hinreißende Heftigkeit entwickelt sich nicht allmählich, sondern während er beginnt, tritt er mit ganzer Stärke auf; und nicht nach anderer Schwächen Art beunruhigt er die Seele, sondern entführt sie und bringt sie um die Herrschaft über sich selbst und läßt sie begehren sogar allgemeinen Schaden, und nicht gegen das nur, was er sich als Ziel gesetzt hat, sondern gegen das, was unterwegs entgegentritt, wütet er. 4 Die übrigen Schwächen bedrängen die Seele, Zorn stürzt sie in den Abgrund. Auch wenn Widerstand zu leisten gegen die eigenen Leidenschaften nicht möglich ist – dennoch jedenfalls ist es den Leidenschaften selber möglich, stillzustehen: der Zorn – nicht anders als Blitze und Stürme und wenn sonst etwas unaufhaltsam ist,

cadunt, uim suam magis ac magis tendit. **5** Alia
uitia a ratione, hoc a sanitate desciscit ; alia accessus
lenes habent et incrementa fallentia : in iram deiectus
animorum est. Nulla itaque res urget magis attonita
et in uires suas prona et siue successit superba,
siue frustratur insana ; ne repulsa quidem in tae-
dium acta, ubi aduersarium fortuna subduxit, in
se ipsa morsus suos uertit. Nec refert quantum sit
ex quo surrexerit ; ex leuissimis enim in maxima
euadit.

II. 1 Nullam transit aetatem, nullum hominum
genus excipit. Quaedam gentes beneficio egestatis
non nouere luxuriam ; quaedam quia exercitae et
uagae sunt effugere pigritiam ; quibus incultus mos
agrestisque uita est circumscriptio ignota est et
fraus et quodcumque in foro malum nascitur : nulla
gens est quam non ira instiget, tam inter Graios
quam inter barbaros potens, non minus perniciosa
leges metuentibus quam quibus iura distinguit modus
uirium. **2** Denique cetera singulos corripiunt, hic
unus affectus est qui interdum publice concipitur.
Numquam populus uniuersus feminae amore fla-
grauit, nec in pecuniam aut lucrum tota ciuitas
spem suam misit, ambitio uiritim singulos occupat,
impotentia non est malum publicum. **3** Saepe in
ira*m* uno agmine itum est : uiri feminae, senes pueri,
principes uulgusque consensere, et tota multitudo
paucissimis uerbis concitata ipsum concitatorem
antecessit ; ad arma protinus ignesque discursum est
et indicta finitimis bella aut gesta cum ciuibus ;
4 totae cum stirpe omni crematae domus et modo

---

5 aratione *A sed priorem* a *in ipso uersu addidit* A^2 ‖ ipsa *A L P* :
ipsam *dett.*

II, 2 inpotentia *A perobscurum* : inpudentia *Wolters* [*pro* non *scripsit*
una *Vahlen, nostri Barriera.*]

3 in iram *L uulgo* : inira *A P*.

weil es nicht geht, sondern stürzt – verstärkt seine Gewalt
mehr und mehr. 5 Andere Fehler sagen sich von der Vernunft los, dieser vom gesunden Menschenverstand; andere
haben allmähliches Ansteigen und ein Anwachsen, das nicht
wahrzunehmen: in den Zorn – das ist Sturz der Seele. Keine
Sache drängt daher in größerem Maße, blindwütig und ihre
Kräfte anzuwenden geneigt und, hat sie Erfolg, hochmütig,
wird sie enttäuscht, rasend; nicht einmal durch Mißlingen
zu Überdruß gebracht, wendet sie – hat den Gegner das
Schicksal entführt – gegen sich selber ihre Bisse. Und nicht
kommt es darauf an, wie groß der Anlaß ist, aus dem der
Zorn entsteht; aus Nichtigstem nämlich entwickelt er sich zu
ganzer Größe.

II. 1 Kein Lebensalter übergeht er, keine Rasse der Menschen nimmt er aus. Manche Völker kennen durch die Wohltat der Armut kein üppiges Leben; manche, weil sie geübt und
unstet sind, haben vermieden die Trägheit; die ohne verfei-
nerte Sitte ein ländlich-einfaches Leben führen, denen ist
Gaunerei unbekannt und Betrug und was immer Schlechtes
auf dem Forum entsteht: kein Volk gibt es, welches nicht der
Zorn aufhetzt, so bei den Griechen wie bei den Barbaren
mächtig, nicht weniger verderblich denen, die Gesetze achten,
als denen, welchen das Maß der Macht Recht setzt. 2 Endlich erfassen die übrigen Fehler die Menschen einzeln, das
aber ist die einzige Leidenschaft, die bisweilen in den Staat
eindringt. Niemals entbrennt ein ganzes Volk in Liebe zu
einer Frau, und nicht setzt auf Geld oder Gewinn ein ganzer
Staat seine Hoffnung, Ehrgeiz schlägt Mann für Mann die
Menschen einzeln in seinen Bann, Unbeherrschtheit ist kein
allgemein verbreitetes Übel. 3 Oft ist in Zorn *eine* geschlos-
sene Masse geraten: Männer, Frauen, Greise, Knaben, Politiker, Volk waren eines Sinnes, und die ganze Menge, von ein
paar Worten aufgehetzt, ist dem Hetzer voraufgeeilt; zu
Bewaffnung ist es geradeswegs und zu Brandstiftung gekommen, und erklärt wurde den Nachbarn Krieg oder geführt
mit den Mitbürgern; 4 ganz und gar, mit allen Bewohnern,
niedergebrannt wurden Häuser, und wer eben noch wegen

eloquio fauorabili habitus in multo honore iram suae
contionis excepit ; in imperatorem suum legiones
pila torserunt ; dissedit plebs tota cum patribus ;
publicum consilium senatus non exspectatis dilec-
tibus nec nominato imperatore subitos irae suae
duces legit ac per tecta urbis nobiles consectatus
uiros supplicium manu sumpsit ; 5 uiolatae lega-
tiones rupto iure gentium rabiesque infanda ciuitatem tulit, nec datum tempus quo resideret tumor
publicus, sed deductae protinus classes et oneratae
tumultuario milite ; sine more, sine auspiciis populus ductu irae suae egressus fortuita raptaque pro
armis gessit, deinde magna clade temeritatem auda-
cis irae luit. 6 Hic barbaris forte *irr*uentibus in bella
exitus est : cum mobiles animos species iniuriae
perculit, aguntur statim et qua dolor traxit ruinae
modo *l*egionibus incidunt incompositi, interriti,
incauti, pericula appetentes sua ; gaudent feriri
et instare ferro et tela corpore urgere et per suum
uulnus exire.

III. 1 Non est, inquis, dubium quin magna ista
et pestifera sit uis ; ideo quemadmodum sanari
debeat monstra. — Atqui, ut in prioribus libris
dixi, stat Aristoteles defensor irae et uetat illam
nobis exsecari : calcar ait esse uirtutis, hac erepta
inermem animum et ad conatus magnos pigrum
inertemque fieri. 2 Necessarium est itaque foedita-
tem eius ac feritatem coarguere et ante oculos ponere
quantum monstri sit homo in hominem furens

---

4 fauorabili *Madvig* : -lis *A et plerique codices* ‖ pila⁕ torserunt
[*in rasura*] *A*⁵ ‖ discedit *corr. in* dissedit *A*¹⁻² *deinde A*⁵.
    5 onerata et tumultuario *A*¹ *corr. A*².
    6 irruentibus *unus det.* : ruentibus *Erasme*² *uulgo* uiuentibus *A L P* ‖
legionibus *unus det. Madvig* : reg- *A L P* ‖ interriti *uix aptum esse
potest, sed quod uerbum sub hoc lateat nemo uidetur inuenisse.*
    III, 1 inertemque *L uulgo* : inermemque *A P*.

seiner gewinnenden Beredsamkeit in hohem Ansehen stand,
hatte den Zorn seiner Zuhörer hinzunehmen; gegen ihren
General haben Legionen ihre Geschosse geschleudert; ent-
zweit hat sich das ganze Volk mit den Senatoren; die offi-
zielle Körperschaft, der Senat, hat ohne Aushebungen abzuwarten und einen Kommandeur zu ernennen, ganz plötzlich
ihrem Zorn Vollstrecker bestimmt, durch die Häuser der
Stadt Männer adliger Herkunft verfolgt und ihre Hinrichtungen mit eigener Hand vollzogen; 5 vergangen hat man sich
an Gesandtschaften, unter Bruch des Völkerrechtes, und
unsagbare Raserei hat die Bürgerschaft ergriffen, und nicht
ließ man Zeit, daß sich beruhige die allgemeine Erregung,
sondern sofort hat man Flotten in See gehen lassen und be-
mannt mit eilig zusammengerafftem Militär; ohne Rücksicht
auf Herkommen und Auspizien[1], geführt von seinem Zorn,
ist das Volk ausgezogen und hat wahllos ergriffene Geräte als
Waffen genommen, sodann mit schwerer Niederlage sein
unüberlegtes Verhalten gebüßt. Das ist bei Barbaren, wenn
sie sich blindlings in Kriege stürzen, das Ende: sobald ihre
erregbaren Gemüter die Vorstellung von Unrecht gereizt hat,
geraten sie sofort in Bewegung, und wohin sie der Schmerz
reißt, fallen sie wie eine Lawine über die Legionen her, ohne
Ordnung, unerschrocken, ohne Vorsicht, nach selbstgeschaf-
fenen Gefahren verlangend; Freude haben sie daran, sich
verwunden zu lassen, sich ins Schwert zu werfen, gegen die
Waffen mit dem Körper anzudrängen und durch selbstge-
schaffene Verwundung zu sterben.

III. 1 ,,Nicht besteht", sagst du, ,,Zweifel, daß gewaltig
diese Kraft ist und verderblich; deswegen – wie sie geheilt
werden muß, zeig." Und doch, wie ich in den vorigen Büchern
gesagt habe, tritt Aristoteles als Verteidiger des Zornes auf
und verbietet, daß er von uns verwünscht wird: ein Ansporn,
sagt er, zur Tüchtigkeit sei er, nehme man ihn weg, werde
wehrlos die Seele und zu großen Unternehmungen faul und
unfähig. 2 Notwendig ist es daher, seine Scheußlichkeit und
Wildheit unwiderleglich zu erweisen und vor Augen zu führen,
welch großes Scheusal der Mensch ist, gegen den Menschen

---

[1] Diese Anmerkung wie auch die folgenden finden sich im Anhang
dieses Bandes.

quantoque impetu ruat non sine pernicie sua per-
niciosus et ea deprimens quae mergi nisi cum mer-
gente non possunt. **3** Quid ergo ? Sanum hunc
aliquis uocat qui uelut tempestate correptus non it
sed agitur et furenti malo seruit, nec mandat ultionem suam sed ipse eius exactor animo simul ac manu
saeuit, carissimorum eorumque quae mox amissa
fleturus est carnifex ? **4** Hunc aliquis affectum
uirtuti adiutorem comitemque dat, consilia sine
quibus uirtus nihil gerit obturbantem ? Caducae
sinistraeque sunt uires et in malum suum ualidae,
in quas aegrum morbus et accessio erexit. **5** Non
est ergo quod me putes tempus in superuacuis con-
sumere, quod iram quasi dubiae apud homines
opinionis sit infamem, cum sit aliquis et quidem de
illustribus philosophis qui illi indicat operas et tamquam utilem ac spiritus subministrantem in proelia,
in actus rerum, ad omne quodcumque calore aliquo
gerendum est uocet. **6** Ne quem fallat tamquam
aliquo tempore, aliquo loco profutura, ostendenda
est rabies eius effrenata et attonita apparatusque
illi reddendus est suus, eculei et fidiculae et ergas-
tula et cruces et circumdati defossis corporibus
ignes et cadauera quoque trahens uncus, uaria
uinculorum genera, uaria poenarum, lacerationes
membrorum, inscriptiones frontis et bestiarum im-
manium caueae : inter haec instrumenta collocetur
ira dirum quiddam atque horridum stridens, omnibus
per quae furit taetrior.

IV. **1** Vt de ceteris dubium sit, nulli certe affectui
peior est uultus, quem in prioribus libris descrip-
simus : asperum et acrem et nunc subducto retrorsus

---

3 et furenti *L P uulgo* : effurenti *A* ǁ manu∗ seuit *A* [*erasa* s].
4 sunt uires *L* : sunt uires sunt *A*[1] uires sunt *A*[5] *P*.
6 fiducule *A* ǁ ∗ atq;∗orridum *A* [atq; *in rasura maiore*] : a ∗q∗∗∗ horridum *A*[1].

rasend, und mit welch großem Ungestüm er hereinbricht,
nicht ohne eigenes Verderben verderblich und das nieder-
drückend, was untergetaucht werden nur mit dem Versen-
kenden kann. 3 Was also? Bei Verstand nennt einer den,
der wie von einem Sturm ergriffen nicht geht, sondern fortgerissen wird und einem rasenden Übel dient und nicht
[einem anderen] seine Rache anvertraut, sondern selber ihr
Vollstrecker, mit Herz zugleich und Hand wütet, des Liebsten und dessen, was er bald nach dem Verlust beweinen
wird, Henker? 4 Diese Leidenschaft gibt irgendwer der
sittlichen Vollkommenheit zum Helfer und Begleiter, obwohl
sie die verständigen Überlegungen, ohne die Vollkommenheit
nichts ausrichtet, verwirrt? Hinfällig und unheilvoll sind
Kräfte und zu eigenem Verderben fähig, zu denen einem
Kranken Krankheit und Fieberanfall verhilft. 5 Nicht ist
es also der Fall, daß du denken dürftest, ich vertue Zeit mit
Überflüssigem, weil ich den Zorn – als sei er von schwanken-
der Einschätzung bei den Menschen – in Verruf brächte, da
es doch einen gibt, und sogar von den berühmten Philosophen,
der dem Zorn auferlegt Dienstleistungen und ihn, als gleichsam nützlich und Kampfesmut gebend für das Gefecht, zum
Vollzug von Taten, zu allem, was immer mit einer gewissen
Wärme zu tun ist, ruft.   6 Damit sich niemand täuscht, als
ob er zu irgendeiner Zeit, bei irgendeiner Gelegenheit nützlich, ist zu zeigen seine zügellose Raserei und besinnungslose,
und sein eigenes Gerät ist ihm zu belassen, Folterbänke und
Stricke und Zuchthäuser und Kreuze und die Feuer um ver-
grabene Leichen und der auch die Leichen wegschleppende
Haken, verschiedene Arten von Fesseln, verschiedene von
Strafen, das Zerfleischen der Glieder, Brandmale an der Stirn
und der ungeheuerlichen Bestien Käfige: unter diesen Werk-
zeugen soll seinen Platz finden der Zorn, grausig und schrecklich knirschend, mehr als alles, womit er wütet, abscheulich.
    IV. 1 Mag im übrigen Zweifel bestehen, keine Leiden-
schaft jedenfalls hat ein entstellteres Gesicht, wie wir es in
den vorigen Büchern beschrieben haben: schroff, hitzig und

sanguine fugatoque pallentem, nunc in os omni
calore ac spiritu uerso subrubicundum et similem
cruento, uenis tumentibus, oculis nunc trepidis et
exsilientibus, nunc in uno obtutu defixis et haeren-
tibus ; 2 adice dentium inter se arietatorum et aliquem esse cupientium non alium sonum quam est
apris tela sua attritu acuentibus ; adice articulorum
crepitum, cum se ipsae manus frangunt, et pulsatum
saepius pectus, anhelitus crebros tractosque altius
gemitus, instabile corpus, incerta uerba subitis
exclamationibus, trementia labra interdumque compressa et dirum quiddam exsibilantia. 3 Ferarum
mehercules, siue illas fames agitat siue infixum uisceribus ferrum, minus taetra facies est, etiam cum
uenatorem suum semianimes morsu ultimo petunt,
quam hominis ira flagrantis. Age, si exaudire uoces
ac minas uacet, qualia excarnificati animi uerba
sunt ! 4 Nonne reuocare se quisque ab ira uolet,
cum intellexerit illam a suo primum malo incipere ? Non uis ergo admoneam eos qui iram summa
potentia exercent et argumentum uirium existimant et in magnis magnae fortunae bonis po-
nunt paratam ultionem, quam non sit potens, immo
ne liber quidem dici possit irae suae capt*iuu*s ?
5 Non uis admoneam, quo diligentior quisque sit
et ipse se circumspiciat, alia animi mala ad pes-
simos quosque pertinere, iracundiam etiam eru-
ditis hominibus et in alia sanis irrepere ? Adeo
ut quidam simplicitatis indicium iracundiam dicant et uulgo credatur facillimus quisque huic
obnoxius.

IV, 1 innos *alteram* n *expunxit* A^{1-2} *erasit* A^5 ‖ exil＊ientib; [*erasa*
l] A^5.

2 et [*ante* aliquem] *A L P* : ut *J. Lipse.*

4 summa *A* : suam summa *P* [*sed linea sub* sua *ducta*] in summa *L*‖
captiuus *J. Lipse* : captus *A L P.*

bald, weil weggeführt wird nach innen das Blut und zurückweicht, bleich, bald, wenn ins Gesicht alle Hitze und Lebenskraft zurückströmt, gerötet und ähnlich einem blutigen, mit
geschwollenen Adern und Augen, die bald flackernd und her-
vorspringend, bald in *einem* starren Blick unbeweglich ge-
bannt und hängend; 2 nimm hinzu der Zähne, wenn sie
aufeinanderschlagen und etwas Derartiges hervorbringen
wollen, Geräusch, nicht anders als es bei Ebern ist, wenn sie
ihre Hauer durch Wetzen schärfen wollen; nimm hinzu der
Gelenke Knacken, wenn sich selber die Hände brechen, und
öfter geschlagen die Brust, das häufige Keuchen und die aus
der Tiefe sich hervorringenden Seufzer, den schwankenden
Körper, die unverständlichen Worte bei plötzlichen Ausrufen, die bebenden Lippen, bisweilen zusammengekniffen
und Gräßliches hervorzischend. 3 Bei wilden Tieren, wahrhaftig, quält sie Hunger oder in den Eingeweiden steckendes
Eisen, ist weniger widerwärtig das Aussehen, auch wenn sie
ihren Verfolger halbtot mit einem letzten Biß angreifen, als
das eines Menschen, vor Zorn glühend. Vorwärts, wenn zu
hören ihre Ausrufe und Drohungen Gelegenheit ist! Was für
Worte einer gemarterten Seele sind es! 4 Nicht wahr, zurückhalten will sich ein jeder vom Zorn, wenn er erkannt hat,
der beginne zunächst mit seinem eigenen Unglück? Nicht
willst du also, daß ich die erinnere, die den Zorn mit größter
Macht sich entfalten lassen und ihn für einen Beweis von
Stärke halten und ihn unter die großen Vorzüge einer be-
günstigten Lebensstellung rechnen als eine stets bereite
Rache – wie nicht mächtig ist, nein, im Gegenteil nicht einmal
frei genannt werden kann ein Gefangener seines eigenen Zornes? 5 Nicht willst du, daß ich ermahne, desto sorgfältiger
sei ein jeder und sehe selber sich um, daß andere Fehler der
Seele gerade die Schlechtesten betreffen, Jähzorn sich auch
bei den Gebildetsten und sonst vernünftigen Menschen ein-
schleicht? In solchem Maße, daß manche für ein Zeichen
schlichter Ehrlichkeit den Zorn erklären und allgemein angenommen wird, gerade die Umgänglichsten seien ihm verfallen.

V. 1 Quorsus, inquis, hoc pertinet ? — Vt nemo se
iudicet tutum ab illa, cum lenes quoque natura et
placidos in saeuitiam ac uiolentiam euocet. Quemadmodum aduersus pestilentiam nihil prodest
firmitas corporis et diligens ualetudinis cura (pro-
miscue enim imbecilla robustaque inuadit), ita ab
ira tam inquietis moribus periculum est quam com-
positis et remissis, quibus eo turpior ac periculosior
est quo plus in illis mutat. 2 Sed cum primum sit
non irasci, secundum desinere, tertium alienae quoque
irae mederi, dicam primum quemadmodum in iram
non incidamus, deinde quemadmodum nos ab illa
liberemus, nouissime quemadmodum irascentem reti-
neamus placemusque et ad sanitatem reducamus.

3 Ne irascamur praestabimus, si omnia uitia irae
nobis subinde proposuerimus et illam bene aesti-
mauerimus. Accusanda est apud nos, damnanda ;
perscrutanda eius mala et in medium protrahenda
sunt ; ut qualis sit appareat, comparanda cum pes-
simis est. 4 Auaritia adquirit et contrahit quo aliquis melior utatur ; ira impendit, paucis gratuita est :
iracundus dominus quot in fugam seruos egit, quot
in mortem ! Quanto plus irascendo quam id erat
propter quod irascebatur amisit ! Ira patri luctum,
marito diuortium attulit, magistratui odium, can-
didato repulsam. 5 Peior est quam luxuria, quoniam
illa sua uoluptate fruitur, haec alieno dolore. Vincit
malignitatem et inuidiam : illae enim infelicem fieri
uolunt, haec facere, illae fortuitis malis delectantur,
haec non potest exspectare fortunam : nocere ei
quem odit, non noceri uult. 6 Nihil est simultatibus

V, 2 desinere *Gronov* : detinere *codices*.
3 *post* mala *in A aut littera aliqua aut punctum erasum est.*
4 quo* *A* [d *erasa*] ‖ inpendit *Muret* : incendit *A P* ‖ grata [tui *supra
uersum A¹] A L* ‖ quot *unus det.* : quod [*bis*] *A P* quosdam *L uulgo.*
5 *post* noceri *littera aliqua erasa est in A.*

V. 1 „Worauf", sagst, du, „soll das hinaus?" Daß niemand sich für sicher halten soll vor ihm, da er auch von Natur Sanfte und Friedfertige zu Wildheit und Gewalttat herausfordert. Wie gegen eine Seuche nichts hilft feste körperliche Konstitution und sorgfältige Pflege der Gesundheit (ohne Unterschied nämlich befällt sie Schwach und Kräftig), so droht vom Zorn ebenso ruhelosen Charakteren Gefahr wie ausgeglichenen und gelassenen, für die er desto entehrender und gefährlicher ist, je mehr er an ihnen verändert. 2 Aber da es das erste ist, nicht zu zürnen, das zweite, aufzuhören, das dritte, auch fremden Zorn zu heilen, werde ich sagen: erstens, wie wir nicht in Zorn verfallen, zweitens, wie wir uns von ihm befreien, endlich, wie wir den Zürnenden zurückhalten, beruhigen und wieder zu Verstand bringen.

3 Daß wir nicht zürnen, werden wir gewährleisten, wenn wir alle schlechten Eigenschaften des Zornes uns immer wieder vor Augen führen und ihn zutreffend einschätzen. Anzuklagen ist er vor uns, zu verurteilen; aufzuspüren sind seine Schwächen und an die Öffentlichkeit zu bringen; damit deutlich wird, wie er beschaffen ist, muß er mit dem Schlimmsten verglichen werden. 4 Habsucht erwirbt und scharrt zusammen, daß ein Besserer es nutze; Zorn macht Kosten, für wenige ist er umsonst: der jähzornige Herr – wie viele Sklaven hat er zur Flucht getrieben, wie viele in den Tod! Wieviel mehr hat er durch den Zorn verloren als das wert war, dessentwegen er zürnte! Zorn hat dem Vater Kummer, dem Ehemann Scheidung gebracht, dem Beamten Haß, dem Amtsbewerber Niederlage. 5 Schlechter ist er als Verschwendungssucht, denn sie genießt ihre eigene Lust, der Zorn fremden Schmerz. Er siegt über Bosheit und Mißgunst: sie wollen nämlich unglücklich *werden*, er *machen*, jene haben an zufälligem Unglück ihre Freude, er kann nicht warten auf einen Schicksalsschlag: schaden will er dem, den er haßt, nicht Schaden erleiden. 6 Nichts ist schlimmer als Feind-

grauius : has ira conciliat ; nihil est bello funestius :
in hoc potentium ira prorumpit ; ceterum etiam illa
plebeia ira et priuata inerme et sine uiribus bellum
est. Praeterea ira, ut seponamus quae mox secutura
sunt, damna, insidias, perpetuam ex certaminibus
mutuis sollicitudinem, dat poenas dum exigit ;
naturam hominis eiurat : illa in amorem hortatur,
haec in odium ; illa prodesse iubet, haec nocere.
7 Adice quod, cum indignatio eius a nimio sui suspectu
ueniat et animosa uideatur, pusilla est et angusta ;
nemo enim non eo a quo se contemptum iudicat
minor est. At ille ingens animus et uerus aestimator
sui non uindicat iniuriam quia non sentit. **8** Vt tela
a duro resiliunt et cum dolore caedentis solida feriuntur, ita nulla magnum animum iniuria ad sensum
sui adducit, fragilior eo quod petit. Quanto pulchrius
uelut nulli penetrabilem telo omnis iniurias contumeliasque respuere ! Vltio doloris confessio est ;
non est magnus animus quem incuruat iniuria. Aut
potentior te aut imbecillior laesit ; si imbecillior,
parce illi, si potentior, tibi.

VI. **1** Nullum est argumentum magnitudinis
certius quam nihil posse quo instigeris accidere.
Pars superior mundi et ordinatior ac propinqua
sideribus nec in nubem cogitur nec in tempestatem
impellitur nec uersatur in turbinem ; omni tumultu
caret ; inferiora fulminant. Eodem modo sublimis
animus, quietus semper et in statione tranquilla
collocatus, omnia intra se premens quibus ira con-

---

6 conciliat *codices* : concitat *Wolters.*

7 animisuspectueueniat *A L* : ai (*i. e.* animi) suspectum eueniat *P*
[*corr. edd. inde ab Erasme*[2].]

VI, 1 posse quo *P L uulgo* : posse* a quo *A post* posse *aliquid erasum*
est quod fuerat pariter ac littera a linea perforatum ‖ accidere [d *ex* p
corr.] *A*[1] ‖ mundi* [*erasa fortasse* s] *A* ‖ fulminant *L P et plerique dett.* :
fulminantur *A*[5] ‖ intra *A L* : infra *unus det. Gruter·*

seligkeiten: sie stiftet der Zorn; nichts ist unheilvoller als
Krieg: in ihm bricht der Mächtigen Zorn los; im übrigen ist
auch jener Zorn des Volkes und von Privatleuten, freilich
waffenlos und ohne Macht, Krieg. Außerdem erleidet der
Zorn – damit wir beiseite lassen, was bald folgen wird: Verluste, Anfeindungen, ständige Beunruhigung auf Grund
gegenseitiger Kämpfe – Strafe, während er sie vollzieht; der
Natur des Menschen schwört er ab: sie mahnt zur Liebe, er
zum Haß; sie heißt nützen, er schaden. 7 Nimm hinzu: weil
des Zornes Empörung aus übergroßer Einschätzung ihrer
selbst stammt und beherzt scheint, ist sie kleinlich und eng-
herzig; ein jeder nämlich steht niedriger als der, von dem er
sich verachtet glaubt. Aber jener gewaltige Geist und ehrliche
Richter seiner selbst rächt ein Unrecht nicht, weil er es nicht
wahrnimmt. 8 Wie Geschosse von Hartem abprallen und
nur unter Schmerz für den Schlagenden Festes sich treffen
läßt, so führt kein Unrecht eine große Seele zur Wahrnehmung seiner, zerbrechlicher als das, was es angreift. Wieviel
schöner, wenn man, gleichsam von keinem Geschoß zu durch-
dringen, alle Ungerechtigkeiten und Schmähungen zurück-
weist! Rache ist Eingeständnis von Schmerz; nicht ist groß
die Seele, die Unrecht niederbeugt. Entweder ein Mächtigerer
oder ein Schwächerer verletzt dich; wenn ein Schwächerer,
schone *ihn*, wenn ein Mächtigerer, *dich*.

VI. 1 Keinen sichereren Beweis für Größe gibt es, als
daß nichts geschehen kann, wodurch du dich aufregen lassen
könntest. Der höhere Teil der Welt, geordneter und den
Sternen nahe, wird weder zu Wolkenbildung gezwungen
noch zu Sturm veranlaßt, noch gerät er in Unruhe; von allem
Aufruhr ist er frei; in den unteren Bereichen zucken Blitze.
Auf dieselbe Weise ist die Seele erhaben, gelassen stets und
an ruhigem Ort, alles in sich niederhaltend, wodurch Zorn

trahitur, modestus et uenerabilis est et dispositus;
quorum nihil inuenies in irato. 2 Quis enim traditus
dolori et furens non primam reiecit uerecundiam?
Quis impetu turbidus et in aliquem ruens non quicquid in se uerecundi habuit abiecit? Cui officiorum
numerus aut ordo constitit incitato? Quis linguae
temperauit? Quis ullam partem corporis tenuit?
Quis se regere potuit immissum? 3 Proderit nobis
illud Democriti salutare praeceptum, quo monstratur
tranquillitas si neque priuatim neque publice multa
aut maiora uiribus nostris egerimus. Numquam tam
feliciter in multa discurrenti negotia dies transit ut
non aut ex homine aut ex re offensa nascatur, quae
animum in iras paret. 4 Quemadmodum per fre-
quentia urbis loca properanti in multos incursitan-
dum est et aliubi labi necesse est, aliubi retineri,
aliubi respergi, ita in hoc uitae actu dissipato et uago
multa impedimenta, multae querelae incidunt :
alius spem nostram fefellit, alius distulit, alius inter-
cepit; non ex destinato proposita fluxerunt. 5 Nulli
fortuna tam dedita est ut multa temptanti ubique
respondeat; sequitur ergo ut is cui contra quam pro-
posuerat aliqua cesserunt impatiens hominum rerum-
que sit, ex leuissimis causis irascatur nunc personae,
nunc negotio, nunc loco, nunc fortunae, nunc sibi.
6 Itaque ut quietus possit esse animus, non est iac-
tandus nec multarum, ut dixi, rerum actu fatigan-
dus nec magnarum supraque uires appetitarum.
Facile est leuia aptare ceruicibus et in hanc aut illam
partem transferre sine lapsu, at quae alienis in nos
manibus imposita aegre sustinemus, uicti in proximo

---

2 uerecundi *A P quod uix recipi potest* : uerendi *J. Lipse* uene-
randi *Gertz.*

3 si neque *uulgo* : sine quo *A P.*

6 proximo *uel* proximo *A L P*: proximos *dett.*

sich zusammenzieht, maßvoll und verehrungswürdig und
wohlgeordnet; davon wirst du nichts finden bei einem Zornigen. 2 Wer nämlich, ausgeliefert dem Schmerz und rasend,
wirft nicht zuerst den Anstand von sich? Wer, wenn er von
seelischer Aufwallung erregt und sich auf jemanden stürzt,
läßt nicht, was immer er an Zurückhaltung hatte, fallen? Wem
bleibt seiner Verpflichtungen Zahl und Rang noch bestehen,
wenn er erregt? Wer zügelt seine Zunge? Wer behält irgendeinen Teil seines Körpers in der Gewalt? Wer könnte sich
beherrschen, wenn er losgelassen? 3 Nützen wird es uns,
jene heilsame Lehre des Demokrit zu beherzigen, nach der
sich Ruhe dann zeigt, wenn wir weder privat noch in der Öffentlichkeit vieles oder unsere Kräfte Übersteigendes unterneh-
men. Niemals vergeht so glücklich einem in vielen Verpflichtungen sich verzettelnden Menschen der Tag, daß ihm nicht
von einem Menschen oder einer Sache eine Kränkung entstehe, die in seiner Seele dem Zorn den Boden bereitet.
4 Wie, wer durch belebte Gegenden der Stadt eilt, gegen viele
anlaufen muß und unausweichlich bald ausgleitet, bald auf-
gehalten wird, bald [mit Schmutz] bespritzt wird, so ereignen
sich bei dieser unkonzentrierten und unsteten Lebensweise
viele Behinderungen, viele Beschwerden: einer hat unsere
Hoffnungen enttäuscht, ein anderer hingehalten, ein anderer
zerstört; nicht nach Absicht sind die Vorhaben ausgelaufen.
5 Niemandem ist das Glück so ergeben, daß es ihm bei seinen
vielen Vorhaben in jedem Fall entspräche; daraus folgt also,
daß der, dem anders, als er es sich vorgenommen hatte, manches ausgegangen ist, unleidlich mit Menschen und Dingen
wird, bei geringstem Anlaß zürnt, bald einer Person, bald
einer Aufgabe, bald einem Ort, bald dem Glück, bald sich
selber. 6 Also: damit ruhig sein kann die Seele, darf man
sie nicht quälen und durch die Beschäftigung mit vielen
Dingen, wie ich sagte, ermüden noch mit großen und über
die Kräfte hinaus begehrten. Leicht ist es, geringe Last auf
die Schultern zu nehmen und sie hierhin und dorthin zu
tragen ohne Stolpern, aber was wir, von fremden Händen
uns aufgeladen, mit Mühe tragen, werfen wir, überlastet, bei

effundimus ; etiam dum stamus sub sarcina, impares
oneri uaccillamus.

VII. 1 Idem accidere in rebus ciuilibus ac domesticis scias. Negotia expedita et habilia sequuntur
actorem, ingentia et supra mensuram gerentis nec
dant se facile et, si occupata sunt, premunt atque
abducunt administrantem tenerique iam uisa cum
ipso cadunt : ita fit ut frequenter irrita sit eius
uoluntas, qui non quae facilia sunt aggreditur, sed
uult facilia esse quae aggressus est. 2 Quotiens aliquid conaberis, te simul et ea, quae paras quibusque
pararis ipse, metire ; faciet enim te asperum paenitentia operis infecti. Hoc interest utrum quis feruidi
sit ingenii an frigidi atque humilis : generoso repulsa
iram exprimet, languido inertique tristitiam. Ergo
actiones nostrae nec paruae sint nec audaces et im-
probae, in uicinum spes exeat, nihil conemur quod
mox adepti quoque successisse miremur.

VIII. 1 Demus operam ne accipiamus iniuriam,
quia ferre nescimus. Cum placidissimo et facil-
limo et minime anxio morosoque uiuendum est ;
sumuntur a conuersantibus mores et ut quaedam
in contactos corporis uitia transsiliunt, ita animus
mala sua proximis tradit : 2 ebriosus conuictores
in amorem meri traxit, impudicorum coetus fortem
quoque et (si liceat) uirum emolliit, auaritia in
proximos uirus suum transtulit. Eadem ex diuerso

---

ua*cillamus [*erasa* c *in fine uersus*] A : uacc- P *quod scribendi genus
retinui ita ut dispondeo pondus exprimeretur.*

VII, 1 abducunt *A L P* : add- *dett.* || facilja [j *ex corr.* A¹ *qui uidetur
a scribere coepisse.*]

2 ingenii [in *per compendium et ex corr. fortasse* A¹ *quae litteram
aliquam post* sit *erasit*].

VIII, 1 ne [*erasa* c] A || morosoq; *in rasura* A⁵ *praeter* m *litteram*
mor* s** q; A¹.

2 si liceat *A L P quod defendit Stangl.* : scilicet *R. Waltz* [*alii aliter
correxerunt.*]

nächster Gelegenheit von uns; auch während wir unter der
Last stehen, schwanken wir, dem Gewicht nicht gewachsen.
VII. 1 Dasselbe geschieht bei den politischen Problemen
wie bei den persönlichen – wie du wissen dürftest. Einfache und
leicht zu bewältigende Aufgaben gelingen dem Handelnden,
gewaltige und das Maß des Ausführenden überschreitende
geben sich nicht leicht, und wenn sie gemeistert sind, drängen
und führen sie hinweg den Ausführenden, und was er schon
zu halten glaubte, fällt mit ihm selbst: so kommt es, daß
häufig erfolglos bleibt dessen Wille, der nicht, was leicht ist,
anfaßt, sondern will, daß leicht sei, was er angefaßt hat.
2 Sooft du etwas versuchst, miß dich zugleich und das, was
du vorhast und wovon du selber beeinflußt wirst; es wird
dich nämlich bitter machen die Reue über ein unvollendetes
Werk. Das ist ein Unterschied, ob einer von feurigem Charakter
ist oder kühlem und niedrigem: einem edlen wird Mißerfolg
Zorn abnötigen, einem schlaffen und trägen finsteres Verhalten. Also seien unsere Handlungen weder kleinmütig noch
verwegen und unsittlich, in die Nähe gehe unsere Hoffnung,
nichts sollten wir versuchen, was – wenn wir es bald auch
erreicht haben – zu unserem Erstaunen gut ausgegangen ist.
VIII. 1 Wir wollen uns Mühe geben, uns nicht kränken zu
lassen, weil wir es nicht zu ertragen wissen. Mit den Fried-
lichsten und Umgänglichsten und am wenigsten Verdrieß-
lichen und Mürrischen muß man leben; es werden übernom-
men von den Menschen, mit denen man umgeht, die Verhal-
tensweisen, und wie manche Krankheiten des Körpers auf
die Berührten überspringen, so übergibt die Seele ihre Schwächen dem Nächsten: 2 der Trunkene verleitet seine Tisch-
genossen zur Liebe zum Wein, der Zuchtlosen Gesellschaft
verweichlicht auch den Starken und, wenn es möglich, den
Mann, Habsucht überträgt auf die Nächsten ihr Gift. Ebenso – nur genau entgegengesetzt – beschaffen ist das Wesen der

ratio uirtutum est ut omne quod secum habent miti-
gent ; nec tam ualetudini profuit utilis regio et
salubrius caelum quam animis parum firmis in turba
meliore uersari. 3 Quae res quantum possit intelleges,
si uideris feras quoque conuictu nostro mansuescere
nullique etiam immani bestiae uim suam permanere,
si hominis contubernium diu passa est : retunditur
omnis asperitas paulatimque inter placida dedisci-
tur. Accedit huc quod non tantum exemplo melior
fit qui cum quietis hominibus uiuit, sed quod causas
irascendi non inuenit nec uitium suum exercet.
Fugere itaque debebit omnis quos irritaturos iracundiam sciet. — 4 Qui sunt, inquis, isti ? — Multi
ex uariis causis idem facturi : offendet te superbus
contemptu, dicax contumelia, petulans iniuria, liui-
dus malignitate, pugnax contentione, uentosus et
mendax uanitate ; non feres a suspicioso timeri, a
pertinace uinci, a delicato fastidiri. 5 Elige simplices,
faciles, moderatos, qui iram tuam nec euocent et
ferant ; magis adhuc proderunt summissi et humani
et dulces, non tamen usque in adulationem, nam iracundos nimia assentatio offendit : 6 erat certe amicus
noster uir bonus, sed irae paratioris, cui non magis
tutum erat blandiri quam male dicere. Caelium
oratorem fuisse iracundissimum constat. Cum quo,
ut aiunt, cenabat in cubiculo lectae patientiae cliens,
sed difficile erat illi in copulam coniecto rixam eius
cum quo haerebat effugere ; optimum iudicauit
quicquid dixisset sequi et secundas agere. Non
tulit Caelius assentientem et exclamauit : « Dic
aliquid contra, ut duo simus ! » Sed ille quoque, quod
non irasceretur iratus, cito sine aduersario desiit.

---

3 quantum *L* : quanto *A* ‖ hominis *A*⁵ *P in rasura* : -nes (*?*) *A*¹·
4 te *in rasura A*⁵.
5 adulationem *P et plerique dett.* : adultionem *A*.
6 herebat *A* : cohaerebat *Gertz* ‖ desiit *plerique codices uulgo* :
desit *A*.

Charaktereigenschaften, daß sie alles, was sie in ihrer Nähe
haben, mildern; und nicht ist der Gesundheit so dienlich eine
günstige Gegend und ein zuträglicheres Klima, wie für die
Seelen, die zu wenig gefestigt, in besserer Gesellschaft zu
verkehren. 3 Diese Tatsache – was sie vermag, wirst du erkennen, wenn du siehst, auch wilde Tiere werden im Zusammenleben mit uns zahm und keiner auch noch so schreck-
lichen Bestie bleibt ihre Gewalt erhalten, wenn sie des Menschen Gesellschaft lange erlebt hat: abgestumpft wird alle
Schroffheit und allmählich in beruhigender Umgebung verlernt. Hinzu kommt, daß nicht nur durch Beispiel besser
wird, wer mit ruhigen Menschen lebt, sondern daß er Anlässe
zu zürnen nicht findet und seine charakterliche Schwäche
nicht auslebt. Meiden also wird er müssen alle, die reizen
können seinen Zorn, wie er weiß. 4 „Wer sind“, sagst du,
„diese?“ Viele, die aus verschiedenen Gründen dasselbe tun
werden: verletzen wird dich ein Hochfahrender mit Nicht-
achtung, ein Scharfzüngiger mit Schmährede, ein Unver-
schämter mit Beleidigung, ein Scheelsüchtiger mit Bosheit,
ein Streitsüchtiger mit Rempelei, ein lügnerischer Windhund
mit Nichtigkeit; nicht wirst du es ertragen, von einem Arg-
wöhnischen gefürchtet, von einem Eigensinnigen überwunden, von einem Wählerischen verachtet zu werden. 5 Such
dir aus Schlichte, Umgängliche, Bescheidene, die deinen Zorn
nicht herausfordern *und* ihn ertragen; mehr noch immer werden dienlich sein Demütige und Freundliche und Sanfte, nicht
dennoch bis hin zur Unterwürfigkeit, denn Jähzornige beleidigt
allzu große Zustimmung: 6 es war in der Tat unser Freund
ein guter Mann, aber von recht raschem Zorn, dem zu schmeicheln ebenso wenig gefahrlos war wie ihn zu schmähen. Der
Redner Caelius[2] ist außerordentlich jähzornig gewesen, wie
feststeht. Mit ihm zusammen, so erzählt man sich, im Zimmer speiste ein Abhängiger von ungewöhnlicher Geduld,
aber schwierig war es für ihn, in diese Verbindung geworfen,
der Aggressivität dessen, an den er gebunden war, zu entgehen; für das Beste hielt er es, sich allem, was immer jener
sagte, anzuschließen und die zweite Geige zu spielen. Nicht
hat Caelius dessen Zustimmung ertragen und gerufen:
„Widersprich, damit wir zwei sind!“ Aber auch er, weil [der]
nicht zürnte, zornig, hat ohne Widersacher rasch aufgehört

7 Eligamus ergo uel hos potius, si conscii nobis iracundiae sumus, qui uultum nostrum ac sermonem
sequantur : facient quidem nos delicatos et in malam
consuetudinem inducent nihil contra uoluntatem
audiendi, sed proderit uitio suo interuallum et quietem dare. Difficiles quoque et indomiti natura blan-
dientem ferent; nihil asperum territumque palpanti
est. **8** Quotiens disputatio longior et pugnacior erit,
in prima resistamus, antequam *robur accipiat* : alit
se ipsa contentio et demissos altius tenet ; facilius
est se a certamine abstinere quam abducere.

IX. **1** Studia quoque grauiora iracundis omittenda
sunt aut certe citra lassitudinem exercenda, et animus
non inter plura uersandus, sed artibus amoenis
tradendus : lectio illum carminum obleniat et historia
fabulis detineat ; mollius delicatiusque tractetur.
2 Pythagoras perturbationes animi lyra componebat ;
quis autem ignorat lituos et tubas concitamenta esse,
sicut quosdam cantus blandimenta quibus mens
resoluatur ? Confusis oculis prosunt uirentia et
quibusdam coloribus infirma acies adquiescit, quorundam splendore praestringitur : sic mentes aegras
studia laeta permulcent. **3** Forum, aduocationes,
iudicia fugere debemus et omnia quae exulcerant
uitium, aeque cauere lassitudinem corporis ; consumit
enim quicquid in nobis mite placidumque est et
acria concitat. **4** Ideo quibus stomachus suspectus
est processuri ad res agendas maioris negotii bilem

---

7 difficiles... ferent *Gertz* : difficilis... feret *A L quod multi codices
praue corr.* ‖ indomiti *codd.* : indomita *uulgo quod praefert R. Waltz* ‖
territum *A defenderunt Vahlen et Joh. Muller, sed ineptum illud*
ceratum *quod in P legitur dubitationem renouat; forsitan legendum sit*
cerritum : hirtum *proponit R. Waltz.*

8 antequam robur accipiat. Alit *L* : antequam alit *A P* in prima
resistamus aqua. Alit *Barriera.* ‖ demissos *uulgo* : dim- *A P.*

IX, **1** fabulis *A* : fabularis *J. Lipse.*
2 praestringitur *L P uulgo* : -guntur *A.*

[zu zürnen]. 7 Wählen sollten wir daher sogar die eher –
wenn wir uns des Jähzorns bewußt sind –, die auf unsere
Miene und unser Gespräch eingehen: sie werden uns freilich
verwöhnt machen und uns zu der unguten Gewohnheit
führen, nichts gegen unseren Willen zu hören, aber guttun
wird es, der eigenen Schwäche Unterbrechung und Ruhe zu
verschaffen. Unzugängliche und ungebärdige Charaktere
werden den Schmeichelnden ertragen; nichts Schroffes und
Schreckliches gibt es für den Schmeichelnden. 8 Sooft eine
Unterhaltung länger und kämpferischer wird, wollen wir
gleich zu Anfang Widerstand leisten, bevor sie an Heftigkeit
zunimmt: es nährt sich selber der Streit und hält die Unterwürfigen desto tiefer; leichter ist es, von Streit sich fernzu-
halten als zurückzuziehen.

   IX. 1 Auch schwerere Studien müssen von Jähzornigen
unterlassen oder jedenfalls ohne Ermüdung ausgeübt werden,
und die Seele darf nicht mit zu vielem sich beschäftigen, sondern ist angenehmen Künsten zu übergeben: Lektüre von
Gedichten beruhigt sie, und Geschichtsschreibung fesselt sie
mit ihren Erzählungen; Zarteres und Feineres sollte man
behandeln. 2 Pythagoras pflegte die Verwirrungen der
Seele mit der Lyra zu beruhigen; wer aber wüßte nicht, daß
Hörner und Trompeten aufreizend wirken wie manch Gesang
angenehm, so daß durch ihn die Spannung der Seele sich
löst? Überanstrengten Augen dienlich sind grün gefärbte
Gegenstände, und bei manchen Farben beruhigt sich die
geschwächte Sehkraft, durch mancher Farben Leuchtkraft
wird sie geblendet: so besänftigen kranke Gemüter erfreu-
liche Beschäftigungen. 3 Das Forum, Tätigkeit als Anwalt,
Prozesse müssen wir meiden und alles, was die Schwäche
verschlimmert, ebenso uns in acht nehmen vor körperlicher
Erschöpfung; sie verbraucht nämlich, was in uns sanft und
friedlich ist, und reizt das Heftige. 4 Deswegen: wer seinen
Magen argwöhnisch beobachten muß, beruhigt, wenn er vor-
hat Tätigkeiten von größerer Wichtigkeit, seine Galle mit

cibo temperant, quam maxime mouet fatigatio,
siue quia calorem in media compellit et nocet sanguini cursumque eius uenis laborantibus sistit, siue
quia corpus attenuatum et infirmum incumbit
animo ; certe ob eandem causam iracundiores sunt
ualetudine aut aetate fessi. Fames quoque et sitis
ex isdem causis uitanda est : exasperat et incendit
animos. 5 Vetus dictum est a lasso rixam quaeri ;
aeque autem et ab esuriente et a sitiente et ab omni
homine quem aliqua res urit. Nam ut ulcera ad
leuem tactum, deinde etiam ad suspicionem tactus
condolescunt, ita animus affectus minimis offenditur,
adeo ut quosdam salutatio et epistula et oratio et
interrogatio in litem euocent : numquam sine querella aegra tanguntur.

X. 1 Optimum est itaque ad primum mali sensum
mederi sibi, tum uerbis quoque suis minimum libertatis dare et inhibere impetum. 2 Facile est autem
affectus suos, cum primum oriuntur, deprendere :
morborum signa praecurrunt, quemadmodum tem-
pestatis ac pluuiae ante ipsas notae ueniunt, ita
irae, amoris omniumque istarum procellarum animos
uexantium sunt quaedam praenuntia. 3 Qui comitiali
uitio solent corripi, iam aduentare ualetudinem
intellegunt, si calor summa deseruit et incertum
lumen neruorumque trepidatio est, si memoria
sublabitur caputque uersatur ; solitis itaque remediis
incipientem causam occupant, et odore gustuque
quicquid est quod alienat animos repellitur, aut fo-
mentis contra frigus rigoremque pugnatur ; aut si
parum medicina profecit, uitauerunt turbam et sine

4 media *A* : inedia *P et antiquae edd.* ‖ comcompellit *A*.
5 oro [*i. e.* oratio] *L ut uulgo* : ratio *A P*.

X, 2 nota eueniunt *A et plerique codd.* : notae eu. *unus det.* notae
ueniunt *edd. inde ab Erasme*².
3 aut *ante* si *tollendum censet Gertz.*

Nahrung, da sie am meisten erregt Ermüdung – sei es, weil
sie Wärme in die Körpermitte treibt und schadet dem Blut
und seinen Lauf durch Anstrengung der Adern hemmt, sei
es, weil der Körper, wenn er abgespannt und schwach, zur
Last fällt der Seele; jedenfalls: aus demselben Grund sind
Menschen jähzorniger, die durch Krankheit oder Alter geschwächt. Auch Hunger und Durst sind aus denselben Gründen zu meiden: sie erbittern und entzünden die Seelen.
5 Ein altes Wort ist es, von einem Ermüdeten werde Streit
gesucht; in gleicher Weise auch von einem Hungernden und
Dürstenden und von jedem Menschen, den irgendein Problem quält. Denn wie Geschwüre bei einer flüchtigen Berührung, dann auch bei der Befürchtung einer Berührung
schmerzen, so wird die Seele, angegriffen von den geringfügigsten Dingen, gekränkt, in solchem Maße, daß manche
ein Gruß und ein Brief und eine Rede und eine Frage zu
Streit herausfordert: niemals läßt sich Krankes ohne Klage
berühren.

X. 1 Am besten ist es daher, bei der ersten Wahrnehmung
eines Übels sich zu helfen, dann auch den eigenen Worten
äußerst geringe Freiheit einzuräumen und zurückzuhalten
die Aufwallung. 2 Leicht ist es aber, seine Leidenschaften,
sobald sie sich regen, zu unterdrücken: der Krankheiten
Anzeichen eilen vorauf; wie des Sturmes und des Regens
Merkmale vor ihnen selber kommen, so gibt es bei Zorn,
Liebe und allen diesen Stürmen, die die Seele beunruhigen,
manche Vorboten. 3 Die von der ,,Versammlungskrank-
heit"[3] ergriffen zu werden pflegen, erkennen, daß bereits naht
der Anfall, wenn die Wärme die äußersten Gliedmaßen verlassen hat, der Blick trübe ist und ein Zittern der Muskeln
auftritt, wenn das Gedächtnis schwindet und der Kopf sich
dreht; mit den gewohnten Gegenmitteln kommen sie daher
dem beginnenden Anfall zuvor, und mit Geruch und Geschmack – was immer die Seele ablenkt – wird er abgewiesen,
oder mit warmen Umschlägen kämpft man gegen Kälte und
Krampf; oder wenn das Heilmittel zu wenig geholfen hat,

teste ceciderunt. 4 Prodest morbum suum nosse et
uires eius antequam spatientur opprimere. Videamus
quid sit quod nos maxime concitet : alium uerborum,
alium rerum contumeliae mouent ; hic uult nobili-
tati, hic formae suae parci ; hic elegantissimus
haberi cupit, ille doctissimus ; hic superbiae impatiens
est, hic contumaciae ; ille seruos non putat dignos
quibus irascatur, hic intra domum saeuus est, foris
mitis ; ille rogari inuidiam iudicat, hic non rogari
contumeliam. Non omnes ab eadem parte feriuntur ;
scire itaque oportet quid in te imbecillum sit, ut
id maxime protegas.

XI. 1 Non expedit omnia uidere, omnia audire.
Multae nos iniuriae transeant, ex quibus plerasque
non accipit qui nescit. Non uis esse iracundus ?
Ne fueris curiosus. Qui inquirit quid in se dictum
sit, qui malignos sermones etiam si secreto habiti
sunt eruit, se ipse inquietat. Quaedam interpretatio
eo perducit ut uideantur iniuriae : itaque alia dif-
ferenda sunt, alia deridenda, alia donanda. 2 Cir-
cumscribenda multis modis ira est ; pleraque in
lusum iocumque uertantur. Socraten aiunt colapho
percussum nihil amplius dixisse quam « molestum
esse quod nescirent homines quando cum galea prodire deberent. » 3 Non quemadmodum facta sit
iniuria refert, sed quemadmodum lata ; nec uideo
quare difficilis sit moderatio, cum sciam tyrannorum
quoque tumida et fortuna et licentia ingenia fami-
liarem sibi saeuitiam repressisse. 4 Pisistratum certe,
Atheniensium tyrannum, memoriae proditur, cum
multa in crudelitatem eius ebrius conuiua dixisset

<hr>

4 uerborun [o *ex* u *corr.*] *A*[1] ‖ foris *A*[5] [s *in rasura duarum litterarum
fortasse* .is].

XI, 2 Socraten *A*[1] : -tem *A*[5] *P* ‖ deberent [re *supra uersum*] *A*[1-2].
4 duxisset [u *in rasura*] *A*[5].

meiden sie die Menge und fallen ohne Zeugen. 4 Nützlich
ist es, seine Krankheit zu kennen und ihre Gewalt, ehe sie
sich entfaltet, zu unterdrücken. Sehen wir also, was uns am
meisten reizt: den einen erregen von Worten, den anderen
von Taten die Beleidigungen; dieser will, daß man auf seinen
Adel, jener, daß man auf seine Schönheit Rücksicht nimmt;
dieser wünscht für hochmodisch gehalten zu werden, jener
für hochgebildet; dieser kann Hochmut nicht ertragen, jener
Eigensinn; jener meint, Sklaven seien es nicht wert, ihnen zu
zürnen, dieser ist im Haus bösartig, in der Öffentlichkeit
sanftmütig; jener hält es für Mißgunst, gefragt zu werden,
dieser für Beschimpfung, nicht gefragt zu werden. Nicht alle
werden an derselben Stelle unangenehm berührt; zu wissen
also ist es nötig, was an dir schwach ist, damit du es am
meisten schützt.

XI. 1 Nicht ist es dienlich, alles zu sehen, alles zu hören.
Viele Beleidigungen sollen an uns vorbeigehen; die meisten
von ihnen erleidet nicht, wer sie nicht wahrnimmt. Nicht
willst du sein jähzornig? Nicht sei neugierig! Wer danach
fragt, was gegen ihn gesagt worden ist, wer übelwollende
Redensarten, auch wenn sie geheim ausgesprochen worden
sind, ausgräbt, beunruhigt sich selber. Eine bestimmte Auslegung führt dahin, daß es nach Beleidigung aussieht: daher
muß man das eine von sich wegschieben, anderes belachen,
anderes verzeihen. 2 Einzugrenzen ist auf viele Weise der
Zorn; das meiste läßt sich in Spiel und Scherz verwandeln.
Sokrates, heißt es, habe nach einer Backpfeife nichts weiter
gesagt als: ,,Lästig ist es, daß die Menschen nicht wissen,
wann sie mit einem Helm ausgehen müssen." 3 Nicht wie
geschehen ist ein Unrecht, ist wichtig, sondern wie es ertragen; und nicht sehe ich, warum schwierig sei Mäßigung, wo
ich doch weiß, auch der Tyrannen aufgeblasene – durch ihr
Glück und ihre Willkür – Charaktere haben die ihnen ver-
traute Grausamkeit unterdrückt. 4 Pisistratos jedenfalls,
der Tyrann von Athen – der Nachwelt wird berichtet: als
viel gegen seine Grausamkeit ein Zechgenosse im Rausch

nec deessent qui uellent manus ei commodare et alius hinc alius illinc faces subderent, placido animo tulisse et hoc irritantibus respondisse « non magis illi se suscensere quam si quis obligatis oculis in se incurrisset. »

XII. 1 Magna pars querelas manu fecit aut falsa suspicando aut leuia aggrauando. Saepe ad nos ira uenit, saepius nos ad illam. Quae numquam arcessenda est ; etiam cum incidit reiciatur. 2 Nemo dicit sibi : « Hoc propter quod irascor aut feci aut fecisse potui. » ; nemo animum facientis, sed ipsum aestimat factum : atqui ille intuendus est, uoluerit an inciderit, coactus sit an deceptus, odium secutus sit an praemium, sibi morem gesserit an manum alteri commodauerit. Aliquid aetas peccantis facit, aliquid fortuna, ut ferre *ac* pati aut humanum sit aut *certe haud* humile. 3 Eo nos loco constituamus quo ille est cui irascimur : nunc facit nos iracundos iniqua nostri aestimatio et quae facere uellemus pati nolumus. 4 Nemo se differt : atqui maximum remedium irae dilatio est, ut primus eius feruor relanguescat et caligo quae premit mentem aut residat aut minus densa sit. Quaedam ex his quae te praecipitem ferebant hora non tantum dies molliet, quaedam ex toto euanescent ; si nihil egerit petita aduocatio, apparebit iam iudicium esse, non iram. Quicquid uoles quale sit scire, tempori trade : nihil diligenter in fluctu cernitur. 5 Non potuit impetrare a se Plato tempus, cum seruo suo irasceretur, sed ponere illum

suscensere A^1 : su*c- *aut* succ- [*ut* P] A^5.

XII, 1 querelas [las *in rasura*] A^3.

2 an premium A^5 P : inpremium A^1 || ac pati *edd. inde a J. Lipse* : aut pati *codices* || certe haud humile *scripsi, quoniam* fortuna *ad superiorem uix pertinere potesti* [*iam Madvig* utile *aut* non humile *correxerat*]: humile *codices*.

4 te *supra uersum addiderat ut uidetur* A^{1-2} || egerit A *sed alteram* e *supra uersum* A^2 (?).

gesagt hatte und Männer nicht fehlten, die ihm die Hände
leihen wollten und einer hier, ein anderer da hetzte, da habe
er es mit Gelassenheit hingenommen und denen, die ihn damit
reizten, geantwortet: nicht mehr zürne er jenem, als wenn
einer mit verbundenen Augen gegen ihn gelaufen sei.

XII. 1 Ein großer Teil schafft sich Anlaß zu Klagen mit
eigener Hand oder mit unzutreffender Verdächtigung oder
Aufbauschen von Kleinigkeiten. Oft kommt zu uns der Zorn,
öfter wir zu ihm. Niemals darf er herbeigeholt werden; auch
wenn er hereinbricht, werde er zurückgeworfen. 2 Niemand
sagt sich: ,,Deswegen, weil ich zürne, habe ich es getan oder
hätte ich es tun können.'' Niemand schätzt die Seele des
Täters, sondern die Tat selber ein; und doch ist sie zu betrachten, ob die Seele gewollt hat oder gefallen ist, gezwungen oder
getäuscht worden ist, dem Haß gefolgt ist oder einem Vorteil,
sich den Willen getan oder die Hand einem anderen geliehen
hat. Etwas bewirkt das Alter des Fehlenden, etwas sein
Schicksal, daß zu tragen und zu leiden entweder menschlich
ist oder jedenfalls nicht unedel. 3 In die Situation sollten
wir uns versetzen, in der sich jener befindet, dem wir zürnen:
jetzt macht uns zornig ungerechte Einschätzung unser selbst,
und was wir tun wollen würden, wollen wir nicht erleiden.
4 Niemand hält sich hin: und doch ist das größte Mittel
gegen Zorn Aufschub, damit seine erste Aufwallung nach-
lasse und das Dunkel, das die Seele umfängt, sich lege oder
weniger dicht sei. Manches von dem, was dich ins Verderben
stürzte, wird eine Stunde, nicht nur ein Tag mildern, manches
wird ganz schwinden; wenn nichts ausgerichtet hat der
Rechtsbeistand, den man gesucht, wird vollends deutlich,
daß es sich um ein Urteil handelt, nicht Zorn. Wovon immer
du wissen willst, wie es beschaffen sei – der Zeit überlaß es:
nichts wird sorgfältig im Sturm geprüft. 5 Nicht konnte
sich abverlangen Platon eine Frist, als er seinem Sklaven
zürnte, sondern ablegen ließ er ihn sofort die Tunika und

statim tunicam et praebere scapulas uerberibus
iussit sua manu ipse caesurus ; postquam intellexit
irasci se, sicut sustulerat manum suspensam detine-
bat et stabat percussuro similis ; interrogatus deinde
ab amico qui forte interuenerat quid ageret : « Exigo »
inquit « poenas ab homine iracundo ». 6 Velut stupens
gestum illum saeuituri deformem sapienti uiro serua-
bat, oblitus iam serui, quia alium quem potius cas-
tigaret inuenerat. Itaque abstulit sibi in suos potestatem et ob peccatum quoddam commotior : « Tu »
inquit « Speusippe, seruulum istum uerberibus obiur-
ga ; nam ego irascor. » 7 Ob hoc non cecidit propter
quod alius cecidisset. « Irascor ; » inquit « plus faciam
quam oportet, libentius faciam : non sit iste seruus
in eius potestate qui in sua non est. » Aliquis uult
irato committi ultionem, cum Plato sibi ipse imperium abrogauerit ? Nihil tibi liceat dum irasceris.
Quare ? Quia uis omnia licere.

XIII. 1 Pugna tecum ipse ; si *uis* uincere iram,
non potest te illa. Incipi*s* uincere, si absconditur, si
illi exitus non datur. Signa eius obruamus et illam
quantum fieri potest occultam secretamque teneamus.
2 Cum magna id nostra molestia fiet, cupit enim
exsilire et incendere oculos et mutare faciem ; sed
si eminere illi extra nos licuit, supra nos est. In imo
pectoris secessu recondatur feraturque, non ferat ;
immo in contrarium omnia eius indicia flectamus :
uultus remittatur, uox lenior sit, gradus *lentior* ;

5 sua manu *A* [ma *in fine uersus A*²] ‖ interrogatus *A* [gatus *in
rasura paulo maiore A*⁵].

6 speus ipse *ut uidetur A*¹ : corr. *A*⁵.

7 cecidit *A*¹ [*sed* t *postea erasa*].

XIII, 1 si uincere iram non potest [*altera* t *postea erasa* : potes *P*].
te illa incipit uincere. si apsconditur *A* : uis *add.* Gertz incipis *corr.*
Madvig.

2 extranoslicuit. supra nos licuit. supra nos est *A uerba* supra nos
licuit *punctis notata praeterea linea perforauit A*² ‖ lenior *A* : laxior *P* ‖
lentior *L uulgo* : lenior *A P*.

darbieten den Rücken den Schlägen, im Begriff, ihn mit
eigener Hand selber zu schlagen; nachdem er erkannt hatte,
er zürne, hielt er so, wie er sie erhoben hatte, die Hand in der
Luft auf und stand, einem, der schlagen will, ähnlich; gefragt sodann von einem Freund, der zufällig dazukam, was er
tue, sagte er: „Ich vollziehe Strafe an einem jähzornigen
Menschen." 6 Gleichsam starr, bewahrte er diese Haltung
des in Zorn Ausbrechenden, obwohl sie unangemessen einem
weisen Manne, vergessend bereits des Sklaven, weil er einen
anderen, den er eher züchtige, gefunden hatte. Daher nahm
er sich weg die Gewalt über die Seinen und sagte, wegen
irgendeiner Verfehlung zu erregt: „*Du*, Speusippos, weise
diesen Sklaven mit Schlägen zurecht, denn *ich* zürne."
7 Dessentwegen hat er nicht geschlagen, weswegen ein anderer
geschlagen hätte. „Ich zürne", hat er gesagt; „mehr werde
ich tun als nötig, zu gerne werde ich es tun: nicht sei dieser
Sklave in dessen Gewalt, der nicht Gewalt über sich selbst
hat." Ein anderer will einem Erzürnten anvertraut wissen
Rache, wo ein Platon sich selber die Vollmacht aberkannt
hat? Nichts sei dir erlaubt, solange du zürnst. Warum? Weil
du willst, alles sei erlaubt.

XIII. 1 Kämpf mit dir selber; wenn du willst überwinden
den Zorn, kann *er* dich nicht überwinden. Du beginnst zu
überwinden, wenn er verborgen, wenn ihm ein Ausgang nicht
gegeben wird. Seine Anzeichen wollen wir unterdrücken und
ihn, soweit es möglich, verborgen und geheim halten.
2 Unter großer Qual für uns wird das geschehen, er begehrt
nämlich hervorzuspringen und zu entflammen die Augen und
zu wechseln die Miene; aber wenn hervorzutreten ihm aus
uns gestattet ist, steht er über uns. Im tiefsten Winkel der
Brust werde er geborgen und getragen, nicht trage er uns;
vielmehr ins Gegenteil wollen wir alle seine Anzeichen kehren:
die Miene entspanne sich, die Stimme werde sanfter, der

paulatim cum exterioribus interiora formantur.
3 In Socrate irae signum erat uocem summittere,
loqui parcius. Apparebat tunc illum sibi obstare.
Deprendebatur itaque a familiaribus et coargue-
batur, nec erat illi exprobratio latitantis irae ingrata.
Quidni gauderet quod iram suam multi intelligerent,
nemo sentiret ? Sensissent autem, nisi ius amicis
obiurgandi se dedisset, sicut ipse sibi in amicos
sumpserat. 4 Quanto magis hoc nobis faciendum est !
Rogemus amicissimum quemque ut tunc maxime
libertate aduersus nos utatur cum minime illam
pati poterimus, nec assentiatur irae nostrae; contra
potens malum et apud nos gratiosum, dum con*si*-
pimus, dum nostri sumus, aduocemus. 5 Qui uinum
male ferunt et ebrietatis suae temeritatem ac petulantiam metuunt mandant suis ut e conuiuio aufe-
rantur ; intemperantiam in morbo suam experti
parere ipsis in aduersa ualetudine uetant. 6 Optimum est notis uitiis impedimenta prospicere et
ante omnia ita componere animum ut etiam grauissimis rebus subitisque concussus iram aut non sentiat
aut magnitudine inopinatae iniuriae exortam in
al*t*um retrahat nec dolorem suum profiteatur.
7 Id fieri posse apparebit, si pauca ex turba ingenti
exempla protulero, ex quibus utrumque discere
licet, quantum mali habeat ira ubi hominum prae-
potentium potestate tota utitur, quantum sibi imperare possit ubi metu maiore compressa est.

XIV. 1 Cambysen regem nimis deditum uino
*P*raexaspes unus ex carissimis monebat ut parcius
biberet, turpem esse dicens ebrietatem in rege quem

---

3 obiurgandisse dedisset *ut uidetur A*[1] *corr. A*[5].

4 contra potens *Muret* : contranos potens *A* ǁ consipimus *Gronov et*
Bentley : conspicimus *A*.

6 sentiat *A*[5] *P* : sentiant *A*[1] ǁ in altum *Muret* : in aljum *A*.

XIV. 1 Praexaspes *Pincianus* [HEROD. III 34 *sq.*] traexhaspes *A*.

Schritt langsamer; allmählich formt sich nach dem Äußeren
das Innere. 3 Bei Sokrates war es von Zorn ein Zeichen, die
Stimme zu senken, zu sprechen sparsamer. Es war dann
deutlich, daß er sich im Wege stand. Er wurde daher getadelt
von seinen Angehörigen und überführt, und nicht war ihm
der Vorwurf verborgenen Zornes unwillkommen. Warum
sollte er sich nicht freuen, daß seinen Zorn viele erkannten,
niemand zu spüren bekam? Sie hätten ihn aber gespürt, wenn
er nicht den Freunden Recht, ihn zu tadeln, eingeräumt
hätte, wie er selber es sich gegenüber den Freunden genommen hatte. 4 Wieviel mehr müssen wir das tun! Wir wollen
gerade die besten Freunde bitten, dann am meisten Freimut
uns gegenüber zu gebrauchen, wenn wir ihn am wenigsten
ertragen können, und nicht soll beigestimmt werden unserem
Zorn; gegen ein mächtiges und bei uns beliebtes Übel wollen
wir, solange wir bei Verstand sind, solange wir uns gehören,
Hilfe herbeirufen. 5 Die Wein schlecht vertragen und ihrer
Trunkenheit unüberlegtes und ausgelassenes Verhalten fürchten, geben den Ihren den Auftrag, sie vom Gelage fortzu-
schaffen; ihre Unbeherrschtheit bei Krankheit kennend, verbieten sie, ihnen selber bei schlechter Gesundheit zu gehorchen. 6 Am besten ist es, bei bekannten Schwächen für
Hindernisse zu sorgen und vor allem die Seele so zu stimmen,
daß sie, auch von den schwersten Ereignissen und plötzlichen
erschüttert, Zorn entweder nicht verspürt oder ihn, wenn er
wegen der Größe des unvermuteten Unrechtes entstanden,
in die Tiefe verbannt und ihren Schmerz nicht eingesteht.
7 Daß dies geschehen kann, wird deutlich, wenn ich ein paar
Beispiele aus einer ungeheuren Menge hervorhole, aus denen
man beides lernen kann, wieviel Schlimmes der Zorn enthält,
wenn er sich der ganzen Machtfülle sehr einflußreicher Menschen bedient, wieviel er sich selber befehlen kann, wenn er
durch größere Furcht unterdrückt ist.

XIV. 1 Den König Kambyses[3a], weil er zu sehr ergeben
dem Wein, ermahnte Praexaspes, einer von seinen engsten
Freunden, er solle zurückhaltender trinken; schändlich sei,

omnium oculi auresque sequerentur. Ad haec ille
« Vt scias » inquit « quemadmodum numquam exci-
dam mihi, approbabo iam et oculos post uinum in
officio esse et manus. » 2 Bibit deinde liberalius quam
alias capacioribus scyphis et iam grauis ac uino-
lentus obiurgatoris sui filium procedere ultra limen
iubet alleuataque super caput sinistra manu stare.
Tunc intendit arcum et ipsum cor adulescentis (id
enim petere se dixerat) figit rescissoque pectore
haerens in ipso corde spiculum ostendit ac respiciens
patrem interrogauit satisne certam haberet manum.
At ille negauit Apollinem potuisse certius mittere.
3 Dii illum male perdant animo magis quam condicione mancipium ! Eius rei laudator fuit cuius nimis
erat spectatorem fuisse. Occasionem blanditiarum
putauit pectus filii in duas partes diductum et cor
sub uulnere palpitans : controuersiam illi facere de
gloria debuit et reuocare iactum ut regi liberet in
ipso patre certiorem manum ostendere. 4 O regem
cruentum ! O dignum in quem omnium suorum
arcus uerterentur ! Cum exsecrati fuerimus illum
conuiuia suppliciis funeribusque soluentem, tamen
sceleratius telum illud laudatum est quam missum.
Videbimus quomodo se pater gerere debuerit stans
super cadauer filii sui caedemque illam, cuius et testis
fuerat et causa : id de quo nunc agitur apparet iram
supprimi posse. 5 Non male dixit regi, nullum emisit
ne calamitosi quidem uerbum, cum aeque cor suum
quam filii transfixum uideret. Potest dici merito
deuorasse uerba ; nam si quid tamquam iratus dixisset, nihil tamquam pater facere potuisset. 6 Potest,

---

2 et iam *A*⁵ *in rasura* : iam *om. P* ‖ rescisso∗ que *A* [*erasa* s].
4 fili *A*.
5 filj trans fixum *ut uidetur A*¹ : filii transfixum *A*⁵ ‖ namsiquit *A*¹
[∎ *corr. ex* q *A*¹ t *in* d *corr. A*²].

sagte er, Trunkenheit bei einem König, dem aller Augen und
Ohren folgten. Darauf sagte jener: „Damit du weißt, wie ich
mich niemals verliere, werde ich sofort beweisen, daß die
Augen nach dem Wein ihre Pflicht tun und die Hände."
2 Er trank darauf großzügiger als sonst aus geräumigeren
Bechern, und bereits schwer und weintrunken, ließ er den
Sohn seines Kritikers treten über die Schwelle und, erhoben
über das Haupt die linke Hand, stehen. Dann spannte er den
Bogen, und genau das Herz des jungen Mannes (darauf ziele
er, hatte er gesagt) traf er; er ließ die Brust aufreißen, gerade
im Herzen steckend zeigte er den Pfeil, und mit Blick auf
den Vater fragte er, ob er eine genügend sichere Hand habe.
Aber jener erklärte, Apollon hätte sicherer nicht treffen
können. 3 Die Götter mögen ihn verderben, der von Gesinnung mehr als durch Situation ein Sklave! Des Ereignisses
Lobredner wurde er, dessen Zuschauer gewesen zu sein zu viel
war. Für eine Gelegenheit zu Schmeichelei hielt er, daß die
Brust des Sohnes in zwei Teile gespalten und das Herz unter
der Wunde zuckend: Streit hätte er mit ihm beginnen müssen
um den Ruhm und zu einem zweiten Schuß auffordern, damit dem König möglich sei, am Vater selber [noch] sicherere
Hand zu zeigen. 4 Grausamer König! es wert, daß gegen ihn
sich aller der Seinen Bogen wendeten! Obwohl wir verwün-
schen jenen Mann, der Gastmähler mit Hinrichtungen und
Beerdigungen beendet – dennoch ist verbrecherischer jener
Pfeil gelobt als geschossen worden. Wir werden sehen, wie
sich der Vater verhalten mußte, stehend über dem Leichnam
seines Sohnes und vor jenem Mord, dessen Zeuge er geworden
war und Anlaß: das, wovon jetzt die Rede ist, wird deutlich –
Zorn läßt sich augenblicklich unterdrücken. 5 Nicht hat er
den König geschmäht, kein Wort, nicht einmal das eines
Leidenden, hat er verloren, als er ebenso sein Herz wie das
des Sohnes durchbohrt sah. Es kann gesagt werden, mit
Recht habe er heruntergewürgt die Worte; denn wenn er
etwas wie ein Erzürnter gesagt hatte – nichts hätte er wie
ein Vater tun können. 6 Es kann, sage ich, scheinen, weiser

inquam, uideri sapientius se in illo casu gessisse
quam cum de potandi modo praeciperet quem satius
erat uinum quam sanguinem bibere, cuius manus
poculis occupari pax erat : accessit itaque ad numerum
eorum qui magnis cladibus ostenderunt quanti
constarent regum amicis bona consilia.

XV. 1 Non dubito quin Harpagus quoque tale
aliquid regi suo Persarumque suaserit, quo offensus
liberos illi epulandos apposuit et subinde quaesiit
an placeret conditura ; deinde ut satis illum plenum
malis suis uidit, afferri capita illorum iussit et quomodo esset acceptus interrogauit. Non defuerunt
misero uerba, non os concurrit : « Apud regem »
inquit « omnis cena iucunda est. » 2 Quid hac adulatione profecit ? Ne ad reliquias inuitaretur. Non ueto
patrem damnare regis sui factum, non ueto quaerere
dignam tam truci portento poenam, sed hoc interim
colligo, posse etiam ex ingentibus malis nascentem
iram abscondi et ad uerba contraria sibi cogi. 3 Necessaria ista est doloris refrenatio, utique hoc sortitis
uitae genus et ad regiam adhibitis mensam : sic estur
aput illos, sic bibitur, sic respondetur, funeribus
suis arridendum est. An tanti sit uita uidebimus :
alia ista quaestio est. Non consolabimur tam triste
ergastulum, non adhortabimur ferre imperia carni-
ficum : ostendemus in omni seruitute apertam libertati uiam. Si aeger animus et suo uitio miser est,
huic miserias finire secum licet. 4 Dicam et illi qui
in regem incidit sagittis pectora amicorum petentem
et illi cuius dominus liberorum uisceribus patres

---

6 casu A^5 *P* : causa *P* ‖ praeciperet quem *A P* : praeciperet ei quem
L ut coniecit Haase.

XV, 1 Harpagus *Pincianus* : harpalus *A.*

3 es**r A^1 (*i. e.* estur) : editur *in rasura* A^5 *L P* : estur *in margine*
A^6 ‖ inomnisseruitute A^1 *corr.* A^2 (?) *et* A^3.

4 pectoram icorum A^1 *corr.* A^5.

habe er sich in der Situation verhalten als da, wo er über das
Maß des Trinkens Vorschriften machte dem, der besser Wein
statt Blut tränke, dessen Hände mit Bechern zu beschäftigen
Friede bedeuten würde: er tritt daher zu der Zahl derer, die
unter großem Unglück bewiesen haben, wie teuer die Freunde
von Königen zu stehen kommen gute Ratschläge.

XV. 1 Nicht zweifle ich, daß auch Harpagus[4] etwas dieser
Art seinem und der Perser König geraten hat, wodurch beleidigt der ihm die Kinder zu essen vorgesetzt hat und sodann
fragte, ob schmecke die Zubereitung; dann, wie er ihn genügend gesättigt von seinem Unglück sah, ließ er herbeibringen
ihre Köpfe und fragte, wie er bewirtet worden sei. Nicht fehlten dem Unglücklichen die Worte, nicht schloß sich sein
Mund: ,,Bei einem König", sagte er, ,,ist jede Mahlzeit angenehm." 2 Was hat er mit dieser Schmeichelei gewonnen?
Daß er nicht zu den Resten eingeladen wurde. Nicht verbiete ich, daß der Vater verurteile seines Königs Tat, nicht
verbiete ich, zu suchen nach einer dieser so furchtbaren Tat
angemessenen Strafe, sondern dies vorerst folgere ich, es
könne auch aus ungeheuerlichem Unglück stammender Zorn
verborgen und zu ihm entgegengesetzten Worten gezwungen
werden.   3 Nötig ist diese des Schmerzes Bändigung, jedenfalls denen, welchen diese Lebensform zugefallen und die
zum Tisch des Königs geladen: so ißt man bei ihnen, so
trinkt man bei ihnen, so antwortet man, so muß man bei
seinen eigenen Begräbnissen lachen. Ob soviel das Leben
wert ist, werden wir sehen: eine andere Frage ist das. Nicht
werden wir Trost haben für ein so niederdrückendes Zucht-
haus, nicht werden wir mahnen, zu ertragen die Befehle von
Henkern: wir werden zeigen, daß in jeder Knechtschaft
offen ist ein Weg zur Freiheit. Wenn krank die Seele und
durch ihre Fehlerhaftigkeit elend ist, steht ihr dem Elend
ein Ende zu setzen – zugleich mit dem eigenen Ende – frei.
4 Sagen will ich auch jenem, der an einen König gerät, welcher mit Pfeilen auf die Brust von Freunden zielt, und jenem,
dessen Herr mit der Kinder Eingeweide Väter bewirtet:

saturat : « Quid gemis, demens ? Quid exspectas
ut te aut hostis aliquis per exitium gentis tuae uindicet aut rex a longinquo potens aduolet ? Quocumque respexeris, ibi malorum finis est. Vides
illum praecipitem locum ? Illac ad libertatem des-
cenditur. Vides illud mare, illud flumen, illum puteum?
Libertas illic in imo sedet. Vides illam arborem
breuem, retorridam, infelicem ? Pendet inde libertas.
Vides iugulum tuum, guttur tuuum, cor tuum ?
Effugia seruitutis sunt. Nimis tibi operosos exitus
monstro et multum animi ac roboris exigentes ?
Quaeris quod sit ad libertatem iter ? Quaelibet in
corpore tuo uena ! »

XVI. 1 Quam diu quidem nihil tam intolerabile
nobis uidetur ut nos expellat e uita, iram in quocumque erimus statu remoueamus. Perniciosa est seruientibus ; omnis enim indignatio in tormentum
suum proficit et imperia grauiora sentit quo contu-
macius patitur. Sic laqueos fera dum iactat astringit ;
sic aues uiscum dum trepidantes excutiunt plumis
omnibus illinunt. Nullum tam artum est iugum quod
non minus laedat ducentem quam repugnantem :
unum est leuamentum malorum ingentium, pati et
necessitatibus suis obsequi. 2 Sed cum utilis sit
seruientibus affectuum suorum et huius praecipue
rabidi atque effreni continentia, utilior est regibus :
perierunt omnia, ubi quantum ira suadet fortuna
permittit, nec diu potest quae multorum malo ex-
ercetur potentia stare ; periclitatur enim ubi eos
qui separatim gemunt communis metus iunxit.

quid exspectas utte [uite *P*] aut [a *supra uersum add. fort. A²*] *A¹*
uidetur habuisse; corr. *A⁵ in rasura* ‖ perexitjingentis [per *per compendium*] *ut uidetur A¹ corr. in* per exitium gentis *A⁵* ‖ respexeris *A⁶*
in margine : resperis *A¹* ‖ illud mare [d *supra uersum*] *A¹* ‖ retorridam *A¹* : et horridam *corr. A⁶ ut P*.

XVI, 1 expellat [at *in rasura*] *A⁵ ut P*.

„Was stöhnst du, Tor? Was erwartest du, daß dich entweder
ein Feind mit dem Untergang deines Volkes rächt oder ein
mächtiger König aus der Ferne herbeifliegt? Wohin immer du
blickst, dort ist deines Unglücks Ende. Siehst du jenen steil
abstürzenden Ort? Dort schreitet man zur Freiheit hinab.
Siehst du jenes Meer, jenen Fluß, jene Zisterne? Freiheit
wohnt dort in der Tiefe. Siehst du jenen Baum, kurz, ver-
dorrt, unfruchtbar? Es hängt an ihm Freiheit. Siehst du deinen
Hals, deine Kehle, dein Herz? Fluchtwege aus der Knechtschaft
sind sie. Allzu mühsame Auswege zeige ich und viel Mut und
Kraft fordernde? Du fragst, was ist zur Freiheit der Weg?
Jede beliebige Ader an deinem Körper!"

XVI. 1 Solange freilich nichts so unerträglich uns erscheint, daß es uns treibe aus dem Leben, laßt uns den Zorn,
in welcher Lage immer wir sind, fernhalten. Verderblich ist
er Dienenden; jede Empörung nämlich verhilft zu eigener
Marter und empfindet Herrschaft desto drückender, je hals-
starriger sie sie erduldet. So zieht das Tier die Schlingen,
während es sich immer wieder gegen sie wehrt, fest; so
schmieren sich Vögel den Leim, während sie ihn angstvoll
von sich schütteln wollen, in alle Federn. Kein Joch ist so
fest, daß es nicht weniger verletze den, der es trägt, als den,
der Widerstand leistet: einzige Erleichterung ist es bei un-
geheurem Unglück, zu dulden und sich in die Unvermeid-
lichkeiten zu schicken. 2 Aber während nützlich ist für
Dienende: ihrer Leidenschaften – und zumal dieser besonders
wütenden und entbrannten – Beherrschung, ist sie nützlicher
für Könige: untergegangen ist alles, sobald, was der Zorn rät,
die Stellung ermöglicht, und nicht lange kann Macht, die
unter vieler Elend ausgeübt, bestehen: sie gerät nämlich in
Gefahr, sobald die, welche einzeln stöhnen, gemeinsame

Plerosque itaque modo singuli mactauerunt, modo uniuersi, cum illos conferre in unum iras publicus dolor coegisset. 3 Atqui plerique sic iram quasi insigne regium exercuerunt, sicut Dareus qui primus post ablatum mago imperium Persas et magnam partem orientis obtinuit. Nam cum bellum Scythis indixisset orientem cingentibus, rogatus ab Oeobazo nobili sene ut ex tribus liberis unum in solacium patri relinqueret, duorum opera uteretur, plus quam rogabatur pollicitus omnis se illi dixit remissurum et occisos in conspectu parentis abiecit, crudelis futurus si omnis abduxisset. 4 At quanto Xerxes facilior ! Qui Pythio quinque filiorum patri unius uacationem petenti quem uellet eligere permisit, deinde quem elegerat in partes duas distractum ab utroque uiae latere posuit et hac uictima lustrauit exercitum. Habuit itaque quem debuit exitum : uictus et late longeque fusus ac stratam ubique ruinam suam cernens medius inter suorum cadauera incessit.

XVII. 1 Haec barbaris regibus feritas in ira fuit quos nulla eruditio, nullus litterarum cultus imbuerat : dabo tibi ex Aristotelis sinu regem Alexandrum qui Clitum carissimum sibi et una educatum inter epulas transfodit manu quidem sua, parum adulantem et pigre ex Macedone ac libero in Persicam seruitutem transeuntem. 2 Nam Lysimachum aeque fa-

2 mactauerunt [c corr. ex g ?] A.
3 ab Oeobazo J. Lipse ex HEROD. IV, 84 : aborobazo A.

4 Xerses A nomen ita scriptum apud Senecam patrem passim legi notauit Hermes || uite latere ut uidetur A¹ [sed prior t expuncta] : uite latae A⁵ uie in margine A⁶ uia latere P.

XVII, 1 aristotelis [is per compendium] sinu regem in rasura A³ : aristotelis *** regem A¹ || post Alexandrum A¹ habet in contextu nota Alexandrum amicum suum Clitum intere putas [epulas corr. A⁵] occidisse qui et discipulus fuit quam notam linea transuersa perforauit A², om. L P.
2 Lysimmachum A item § 2.

Furcht verbunden hat. Die meisten haben sie daher bald
einzeln getötet, bald gemeinsam, wenn sie ihren Zorn zu ver-
einen der allgemeine Schmerz gezwungen hatte.   3 Und
doch – die meisten haben so den Zorn gleichsam als ein
königliches Vorrecht ausgeübt, wie Dareus, der als erster –
nachdem die Macht dem Magus weggenommen – die Perser
und einen großen Teil des Orientes beherrschte. Denn als er
Krieg den Skythen erklärt hatte, die am Rande des Orientes
wohnen, wurde er gebeten von Oeobazus, einem vornehmen
alten Mann, von drei Söhnen möge er einen zum Trost dem
Vater zurücklassen, zweier Leistung sich bedienen; da ver-
sprach er mehr, als er gebeten wurde, erklärte, er werde alle
ihm erlassen, und getötet vor den Augen des Vaters warf er
sie hin, weil er grausam sein würde, wenn er alle mit sich
geführt hätte.   4 Aber wieviel umgänglicher Xerxes! Er gestattete dem Pythius[5], als er von fünf Söhnen für den Vater
eines [von ihnen] Befreiung erbat, wen er wolle, auszusuchen,
dann ließ er den, den er gewählt hatte, in zwei Teile ausein-
anderreißen, setzte sie auf beide Seiten des Weges und rei-
nigte mit diesem Opfer das Heer[6]. Er hatte daher das Ende,
das er schuldig war: besiegt, weithin verstreut und ausge-
breitet überall die Trümmer seines Glücks sehend, schritt er
mitten zwischen den Leichen der Seinen.

XVII. 1 Diese Grausamkeit gab es bei den Barbaren-
königen im Zorn, die keine Erziehung, keine Beschäftigung
mit Wissenschaft berührt hatte: ich nenne dir, aus des
Aristoteles Nähe, den König Alexander, der Klitus, seinen
besten Freund und gemeinsam mit ihm erzogen, beim Essen
niederstach – ja, mit seiner eigenen Hand –, da er zu wenig
schmeichelte und zögernd, ein Makedone und freier Mensch, in
persische Knechtschaft überging.   2 Denn den Lysimachus[7],

miliarem sibi leoni obiecit. Numquid ergo hic Lysimachus felicitate quadam dentibus leonis elapsus
ob hoc, cum ipse regnaret, mitior fuit ? **3** Nam Teles-
phorum Rhodium amicum suum undique decurta-
tum, cum aures illi nasumque abscidisset, in cauea
uelut nouum aliquod animal et inu*i*sitatum diu
pauit, cum oris detruncati mutilatique deformitas
humanam faciem perdidisset ; accedebat fames et
squalor et illuuies corporis in stercore suo destituti ;
4 callosis super haec genibus manibusque quas in
usum pedum angustiae loci cogebant, lateribus uero
attritu exulceratis non minus foeda quam terribilis
erat forma eius uisentibus, factusque poena sua
monstrum misericordiam quoque amiserat. Tamen
cum dissimillimus esset homini qui illa patiebatur,
dissimilior erat qui faciebat.

XVIII. **1** Vtinam ista saeuitia intra peregrina
exempla mansisset nec in Romanos mores cum
aliis aduenticiis uitiis etiam suppliciorum irarumque
barbaria transisset ! M. Mario, cui uicatim populus
statuas posuerat, cui ture ac uino supplicabat,
L. Sulla praefringi crura, erui oculos, amputari
linguam, manus iussit et, quasi totiens occideret
quotiens uulnerabat, paulatim et per singulos artus
lacerauit. **2** Quis erat huius imperii minister ? Quis
nisi Catilina iam in omne facinus manus exercens ?
Is illum ante bustum Quinti Catuli carpebat grauis-

---

3 et inuisitatum *Gruter* : et inusitatum A^5 *L* P ‖ perdidisset *corr.*
ex perdiditset *A*.

4 callosis *corr. ex* caloris *fortasse* A^1 : collapsis *P* ‖ quilnilla A^1 *corr.*
A^2.

XVIII, 1 *post* acuino *litteram* N, *qua nota marginalis in archetypo
sine dubio significabatur* A^5 *expunxit* ‖ sylla [y *ex corre*<tione*] A^5 ‖ linguam *del.* A^2 : om *L* P *fortasse recte, nam apud Sallustium deest* ‖
iussisset et A^1 *corr.* A^{1-2}, *deinde radendo* A^5 ‖ occideret [r *in rasura*]
A ‖ lacerauit *L* P *uulgo* : lacerabit A^1 : [i *corr. in a* A^5 *ut uidetur*].

2 huius *supra uersum add.* A^2, *in contextu habent* L P ‖ exercens.
isillum [*priorem* i *supra uersum add* A^{1-2}] *A* : si [*P*] *uel* sic illum *dett.*

ihm ebenso befreundet, warf er einem Löwen vor. War also
vielleicht dieser Lysimachus, weil er mit einer Art von Glück
den Zähnen des Löwen entglitten, deswegen, als er selbst
regierte, milder? 3 Denn den Telesphorus aus Rhodos,
seinen Freund, der überall verstümmelt, da er die Ohren ihm
und Nase abgeschnitten hatte, fütterte er lange in einem
Käfig wie ein neues Tier und seltenes, da des entstellten und
verstümmelten Gesichtes Häßlichkeit das menschliche Aussehen vernichtet hatte; hinzu kam Hunger und Schmutz und
Unsauberkeit des Körpers, der in seinem eigenen Kot gelassen; 4 mit schwieligen Knien obendrein und Händen, die
als Füße zu gebrauchen die Enge des Raumes zwang, mit
Flanken aber, durch Kratzen zum Eitern gebracht, war ebenso scheußlich wie schrecklich seine Gestalt für die Betrachtenden, und durch seine Bestrafung zum Ungeheuer geworden, hatte er auch das Mitleid eingebüßt. Dennoch, obwohl
kaum noch einem Menschen ähnlich war, der dies duldete,
war noch weniger [einem Menschen] ähnlich, der es tat.

XVIII. 1 Daß doch diese Rohheit auf auswärtige Beispiele beschränkt geblieben und nicht in die römischen Sitten
mit anderen ausländischen Fehlern auch die Barbarei der
Hinrichtungen im Zorn herübergekommen wäre! Marcus
Marius [Gratidianus][8], dem in allen Gassen das Volk Statuen
errichtet hatte, dem es mit Weihrauch und Wein opferte,
hieß Lucius Sulla brechen die Beine, ausreißen die Augen,
abschneiden die Zunge, die Hände, und als ob er [ihn] so oft
töte, wie er [ihn] verwundete, zerfleischte er [ihn] allmählich
und Glied um Glied. 2 Wer war dieses Befehls Vollstrecker?
Wer, wenn nicht Catilina, augenblicklich für jedes Verbrechen seine Hände übend? Er zerriß ihn vor dem Grabmal des
Quintus Catulus[9], in höchstem Maße widerlich der Asche des

simus mitissimi uiri cineribus, supra quos uir mali
exempli, popularis tamen et non tam immerito quam
nimis amatus per stillicidia sanguinem dabat. Dignus
erat Marius qui illa pateretur, Sulla qui iuberet,
Catilina qui faceret, sed indigna res publica quae
in corpus suum pariter et hostium et uindicum gladios
reciperet. 3 Quid antiqua perscrutor ? Modo C. Caesar
Sex. Papinium, cui pater erat consularis, Betilie-
num Bassum quaestorem suum, procuratoris sui
filium, aliosque et senatores et equites Romanos
uno die flagellis cecidit, torsit, non quaestionis sed
animi causa ; 4 deinde adeo impatiens fuit differen-
dae uoluptatis quam ingentem crudelitas eius sine
dilatione poscebat, ut in xysto maternorum hortorum
qui porticum a ripa separat, inambulans quosdam
ex illis cum matronis atque aliis senatoribus ad
lucernam decollaret. Quid instabat ? Quod periculum aut priuatum aut publicum una nox minabatur ?
Quantulum fuit lucem exspectare denique, ne senatores populi Romani soleatus occideret !

XIX. 1 Quam superba fuerit crudelitas eius ad
rem pertinet scire, quamquam aberrare aliqui
possimus uideri et in deuium exire ; sed hoc ipsum
pars erit irae super solita saeuientis. Ceciderat
flagellis senatores : ipse effecit ut dici posset « Solet
fieri » ; torserat per omnia quae in rerum natura
tristissima sunt, fidiculis, talaribus, eculeo, igne,
uultu suo. 2 Et hoc loco respondebitur : « Magnam
rem, si tres senatores quasi nequam mancipia

---

4 ingentem *A L P quod cur tot docti uiri suspectum habuerint nescio
cf. cap.* XL § *2* ‖ inambulans quosdam ex illis cummatronis adque
[*corr. A*²] aliis senatoribus *A* [*uerborum ordinem defendit Vahlen
Hermes* XXX p. 37, *mutauerunt alii*] ‖ exspectare ? denique, ne...
occideret *uulgo*: exspectare denique, ne occideret ? *interpunxit Fickert.*

XIX, 1 aliqui *A P* : alicui *Fickert* aliquoi *Gertz* ‖ possimus *A P* :
possumus *uulgo.*

2 nequam *A corr. plerique codices.*

mildesten Mannes, über der ein Mann von schlechtem Vorbild, beliebt dennoch und nicht so sehr unverdient als vielmehr allzu sehr geliebt, tropfenweise sein Blut gab. Wert war
Marius, dies zu leiden, Sulla, es zu befehlen, Catilina, es zu
tun, aber nicht wert der Staat, in seinem Körper gleichermaßen der Feinde *und* der Rächer Schwerter zu empfangen.
3 Was durchsuche ich Altes? Kürzlich hat Gaius Caesar
[Caligula] den Sextus Papinius, der zum Vater einen Konsu-
lar hatte, den Betilienus Bassus, seinen Quästor, seines Statt-
halters Sohn, und andere Senatoren und römische Ritter an
einem Tage mit Geißeln schlagen, foltern lassen, nicht zum
Verhör, sondern aus Laune; 4 dann war er so unfähig, ein
Vergnügen aufzuschieben, ein ungeheuerliches, welches seine Grausamkeit ohne Aufschub verlangte, daß er, auf
der Terrasse der Gärten seiner Mutter, die den Portikus vom
Ufer trennt, wandelnd, einige von ihnen, zusammen mit
Damen und anderen Senatoren, bei Lampenlicht enthaupten
ließ. Was drohte? Welche persönliche oder öffentliche Gefahr
konnte *eine* Nacht androhen? Welche Kleinigkeit war es
schließlich, auf den Tag zu warten, damit er nicht Senatoren
des römischen Volkes in Sandalen[10] hinrichtete!
    XIX. 1 Wie hochfahrend seine Grausamkeit war – zur
Sache gehört es, das zu wissen, wenngleich wir manchem[11]
abzuschweifen scheinen könnten und vom Wege abzukom-
men, aber eben dies wird ein Teil des Zornes sein, der über das
Gewohnte hinaus wütet. Geschlagen hatte er mit Geißeln
Senatoren: er selbst hat bewirkt, daß man sagen kann:
„Üblich ist das"; gefoltert hatte er mit allem, was in der Welt
das Abstoßendste ist, mit Stricken, Fußeisen, Folterbank,
Feuer – seinem Gesicht.   2 Und an dieser Stelle wird man
antworten: „Eine große Sache, wenn drei Senatoren gleich-
wie nichtsnutzige Sklaven unter Schlägen und Flammen zer-

inter uerbera et flammas diuisit homo qui de toto
senatu trucidando cogitabat, qui optabat ut populus Romanus unam ceruicem haberet, ut scelera
sua tot locis ac temporibus diducta in unum ictum et
unum diem cogeret ! » Quid tam inauditum quam
nocturnum supplicium ? Cum latrocinia tenebris
abscondi soleant, animaduersiones quo notiores
sunt plus in exemplum emendationemque proficiant. 3 Et hoc loco respondebitur mihi : « Quod
tanto opere admiraris isti beluae cotidianum est ;
ad hoc uiuit, ad hoc uigilat, ad hoc lucubrat. » Nemo
certe inuenietur alius qui imperauerit omnibus iis
in quos animaduerti iubebat os inserta spongea
includi ne uocis emittendae haberent facultatem.
Cui umquam morituro non est relictum qua gemeret ?
Timuit ne quam liberiorem uocem extremus dolor
mitteret, ne quid quod nollet audiret ; sciebat autem
innumerabilia esse quae obicere illi nemo nisi peritu-
rus auderet. 4 Cum spongeae non inuenirentur, scindi
uestimenta miserorum et in os farciri pannos imperauit. Quae ista saeuitia est? Liceat ultimum spiritum trahere, da exiturae animae locum, liceat illam
non per uulnus emittere ! 5 Adicere his longum est
quod patres quoque occisorum eadem nocte dimissis
per domos centurionibus confecit, *id* est, homo
misericors luctu liberauit; non enim Gaii saeuitiam
sed irae propositum est describere : quae non tantum
uiritim furit sed gentes totas lancinat, sed urbes et
flumina et tuta ab omni sensu doloris conuerberat.

XX. 1 Sic rex Persarum totius populi nares recci-
dit in Syria, unde Rhinocolura loco nomen est. Peper-
cisse illum iudicas quod non tota capita praecidit ?

latrocinia [*prior* i *supra uersum*] A^1 : proficiant *A P* : -unt *uulgo.*
3 spongea [*et infra* spongeae] *A P* : spongia *uulgo.*
5 id est *L ut coniecit Muret* : adest *A P* ‖ luctu *A* [c *supra uersum* A^2]
‖ Gai *A.*

teilte ein Mann, der den ganzen Senat hinzumorden gedachte,
der wünschte, das römische Volk mögen *einen* Nacken haben,
damit er seine Verbrechen, die auf soviele Orte und Zeiten
verteilt, in *einem* Hieb und auf *einen* Tag zusammenbringe."
Was ist so unerhört wie eine nächtliche Hinrichtung? Da man
Raubtaten im Dunkel zu verbergen pflegt, sollen die Hinrichtungen, je bekannter sie sind, desto mehr zu Beispiel und
Besserung beitragen. 3 Und an dieser Stelle wird man mir
antworten: ,,Was du so sehr bestaunst, ist für diese Bestie
etwas Alltägliches; dazu lebt er, dazu wacht er, darauf sinnt
er bei Nacht." Niemand, in der Tat, anderen wird man finden,
der befohlen hat, allen, die er hinzurichten hieß, den Mund
mit einem hineingesteckten Schwamm zu verschließen, damit einen Laut hervorzubringen sie keine Gelegenheit hätten.
Wem jemals ist beim Sterben nicht übriggelassen worden,
daß er irgendwie stöhne? Er fürchtete, daß ein zu freimütiges
Wort der äußerste Schmerz von sich gebe, daß er, was er
nicht wollte, höre; er wußte aber, unzählig sei, was ihm vorzuwerfen niemand, wenn nicht vor dem Tode, vorzuwerfen
wagte. 4 Als einmal Schwämme nicht zu finden waren, befahl er zu zerreißen die Kleider der Unglücklichen und in den
Mund zu stopfen die Fetzen. Was ist das für eine Roheit?
Gestattet sei, den letzten Atemzug zu holen, gib der entweichenden Seele Raum, möglich sei, sie nicht durch eine Wunde
von sich zu geben. 5 Diesem hinzuzufügen führt zu weit,
daß er auch die Väter der Getöteten – er schickte in die
Häuser Hauptleute – töten ließ, das heißt, als mitleidiger
Mensch von der Trauer befreite; nicht nämlich des Gaius
Roheit, sondern die des Zornes zu beschreiben ist meine
Absicht: sie rast nicht nur im einzelnen Menschen, sondern
ganze Völker zerfleischt sie, sondern Städte und Flüsse und
Dinge, die vor jeder Empfindung des Schmerzes sicher,
schlägt sie.
　　XX. 1 So hat der Perserkönig des ganzen Volkes Nasen
abschneiden lassen in Syrien, wovon der Ort den Namen
Rhinocolura[12] hat. Schonung geübt habe er, meinst du, daß
er nicht die ganzen Köpfe abgeschnitten? An einer neuen

Nouo genere poenae delectatus est. **2** Tale aliquid
passi forent Aethiopes qui ob longissimum uitae
spatium Macrobioe appellantur ; in hos enim, quia
non supinis manibus exceperant seruitutem mis-
sisque legatis libera responsa dederant quae contumeliosa reges uocant, Cambyses fremebat et non proui-
sis commeatibus, non exploratis itineribus, per
inuia, per arentia trahebat omnem bello utilem turbam. Cui intra primum iter deerant necessaria nec
quicquam subministrabat sterilis et inculta huma-
noque ignota uestigio regio : **3** sustinebant famem
primo tenerrima frondium et cacumina arborum,
tum coria igne mollita et quicquid necessitas cibum
fecerat ; postquam inter harenas radices quoque et
herbae defecerant apparuitque inops etiam animalium solitudo, decimum quemque sortiti alimentum
habuerunt fame saeuius. **4** Agebat adhuc regem
ira praecipitem, cum partem exercitus amisisset,
partem comedisset, donec timuit ne et ipse uoca-
retur ad sortem : tum demum signum receptui
dedit. Seruabantur interim generosae illi aues et
instrumenta epularum camelis uehebantur, cum
sortirentur milites eius quis male periret, quis peius
uiueret.

XXI. 1 Hic iratus fuit genti et ignotae et immeritae,
sensurae tamen ; Cyrus flumini. Nam cum Baby-
lona oppugnaturus festinaret ad bellum, cuius
maxima momenta in occasionibus sunt, Gynden
lato fusum amnem uado transire temptauit, quod
uix tutum est etiam cum sensit aestatem et ad minimum deductus est. **2** Ibi unus ex iis equis qui trahere

XX, 2 forent et thiopes *ut uidetur A*[1] : forent∗ ethiopes *A*[5] *L P* ‖
Macrobioe *Gertz* : mac ro bidae *A* macrobide *L* Macrobii *uulgo*.
4 illiaues *A* illic oues *male corr. A*[2] ‖ peius *A* [p *ex* s *corr.*].

XXI, 1 Gynden *Erasme*[2] *coll. Herod I 189* : gigen *P* gygem *A* ‖
al∗bi [*erasa uidetur* i] *A*[2] ‖ comitatus *A P* : commeatus *dett.*

Art von Strafe hat er sich ergötzt. 2 Etwas dieser Art hätten
erduldet die Äthioper, die wegen der besonders langen Lebenszeit Macrobioe[13] genannt werden; gegen sie nämlich, weil
sie nicht mit erhobenen Händen empfangen hatten die
Knechtschaft und den [zu ihnen] geschickten Gesandten
freimütige Antworten gegeben hatten, die als beschimpfend
die Könige bezeichnen, wütete Kambyses, und ohne für
Proviant zu sorgen, ohne Wege zu erkunden, durch unweg-
sames Gelände, durch dürres Gelände, schleppte er die ganze
Kriegsschar. Ihr fehlte [schon] auf dem ersten Tagesmarsch
das Nötige, und nicht bot irgendetwas der unfruchtbare und
unbebaute und menschlicher Spur unbekannte Landstrich:
3 es stillte den Hunger zunächst sehr zartes Laub und Baum-
spitzen, dann gekochtes Leder und was immer die Not zu
Nahrung gemacht hatte; nachdem im Sande auch Wurzeln
und Kräuter ausgegangen waren und erschienen war die
sogar an Tieren arme Wüste, da losten sie jeden Zehnten aus
und hatten Nahrung, grausiger als Hunger. 4 Es trieb
immer weiter den König der Zorn zu Unbesonnenheit, obwohl er einen Teil des Heeres verloren, einen Teil aufgegessen
hatte, bis er zu fürchten begann, auch er selber werde gerufen
zum Los: da endlich gab er das Zeichen zum Rückzug. Auf-
bewahrt wurden inzwischen für ihn edle Vögel, und Tafel-
gerät wurde von Karren transportiert, während das Los war-
fen seine Soldaten, wer elend sterbe, wer elender am Leben
bleibe[14].

XXI. 1 Dieser war zornig auf ein Volk, ein unbekanntes
und unschuldiges, aber dennoch empfindendes; Kyrus auf
einen Fluß[15]. Denn als er nach Babylon, es zu belagern,
eilte in den Krieg, dessen wichtigste Entscheidungen in zufälligen Ereignissen liegen, versuchte er, den Fluß Gyndes
trotz Hochwassers an einer breiten Furt zu überschreiten,
die kaum sicher ist, auch wenn er den Sommer spürt und der
Wasserstand sehr gering geworden ist. 2 Dort hat eines von
den Pferden, die – weiß – den Königswagen zu ziehen pfleg-

regium currum albi solebant abreptus uehementer
commouit regem ; iurauit itaque se amnem illum
regis comitatus auferentem eo redacturum ut tran-
siri calcarique etiam a feminis posset. 3 Huc deinde
omnem transtulit belli apparatum et tamdiu assedit
operi donec centum et LXXX cuniculis diuisum
alueum in trecentos et sexaginta riuos dispergeret
et siccum relinqueret in diuersum fluentibus aquis.
4 Periit itaque et tempus, magna in magnis rebus
iactura, et militum ardor quem inutilis labor fregit,
et occasio aggrediendi imparatos dum ille bellum
indictum hosti cum flumine gerit. 5 Hic furor (quid
enim aliud uoces ?) Romanos quoque contigit. C.
enim Caesar uillam in Herculanensi pulcherrimam,
quia mater sua aliquando in illa custodita erat,
diruit fecitque eius per hoc notabilem fortunam ;
stantem enim praenauigabamus, nunc causa dirutae
quaeritur.

XXII. 1 Et haec cogitanda sunt exempla quae
uites et illa ex contrario quae sequaris, moderata,
lenia, quibus nec ad irascendum causa defuit nec
ad ulciscendum potestas. 2 Quid enim facilius fuit
Antigono quam duos manipulares duci iubere qui
incumbentes regis tabernaculo faciebant quod homines et periculosissime et libentissime faciunt, de rege
suo male existimabant ? Audierat omnia Antigonus
utpote cum inter dicentem et audientem palla inter-
esset ; quam ille leuiter commouit et « Longius »
inquit « discedite, ne uos rex audiat. » 3 Idem quadam nocte, cum quosdam ex militibus suis ex-

---

3 huc *plerique dett.* : hoc [*quod saepius pro* huc *in codicibus Senecae
legitur*] *A* ‖ cuniculis *A* : canaliculis *Erasme* ‖ dispergeret et siccum *P* :
dispergeret siccum *A* [*inter haec uerba alia manus siglum addidit quo
interpunctio uel et significatur*].
4 flamine *corr. ut uidetur A*[1].

XXII, 2 existimabant *L P* [*sed* ba *expunxit P*] : existimant *A* ‖
dicentem *A P* : dicentes *Pincianus*.

ten, weil [vom Wasser] weggerissen, heftig erregt den König;
er schwor daher, er werde jenen Fluß, der des Königs Be-
gleitung davontrage, in einen Zustand versetzen, daß er sich
überschreiten und betreten lasse auch von Frauen. 3 Hierher sodann schaffte er alles Kriegsgerät und verweilte so
lange bei der Arbeit, bis er mit 180 Kanälen aufgeteilt das
Flußbett, ihn in 360 Flüsse zersplittert und trocken zurück-
ließ, da in verschiedene Richtungen floß das Wasser. 4 Verloren ging daher die Zeit, ein großer Verlust bei großen
Unternehmungen, und der Soldaten Angriffslust, die die
unnütze Strapaze brach, und die Gelegenheit, anzugreifen
Unvorbereitete – während jener einen Krieg, erklärt dem
Feinde, mit einem Flusse führte. 5 Dieser Wahnsinn (wie
nämlich willst du es anders nennen?) befiel auch Römer.
Gaius Caesar nämlich zerstörte ein sehr schönes Landhaus in
der Gegend von Herculaneum, weil seine Mutter[16] einst in
ihm bewacht worden war, und machte dadurch dessen Geschick bemerkenswert; denn als es stand, gingen wir daran
vorbei, nun wird nach der Ursache der Zerstörung gefragt.
XXII. 1 Diese Beispiele sind zu bedenken, die du meiden,
wie auch die im Gegenteil, welchen du folgen solltest,
gemäßigte, sanfte, denen weder zum Zürnen ein Grund gefehlt hat noch zum Rächen die Macht. 2 Was nämlich war
leichter dem Antigonus[17] als zwei Soldaten hinrichten zu
lassen, die, an des Königs Zelt gelehnt, taten, was Menschen
am gefährlichsten und am liebsten tun, über ihren König
schlecht urteilten? Gehört hatte alles Antigonus, zumal da
zwischen Sprechendem und Zuhörendem [nur] ein Vorhang
sich befand; ihn nahm er ein wenig hoch und sagte: ,,Geht
weiter weg, damit euch der König nicht hört." 3 Derselbe:
in einer Nacht, als er einige von seinen Soldaten gehört hatte,

audisset omnia mala imprecantis regi qui ipsos in
illud iter et inextricabile lutum deduxisset, accessit
ad eos qui maxime laborabant, et cum ignorantis a
quo adiuuarentur explicuisset : « Nunc » inquit « male
dicite Antigono, cuius uitio in has miserias incidistis ;
ei autem bene optate, qvi uos ex hac uoragine eduxit. »
4 Idem *tam* miti animo hostium suorum male dicta
quam ciuium tulit. Itaque cum in paruulo quodam
castello Graeci obsiderentur et fiducia loci contemnentes hostem multa in deformitatem Antigoni
iocarentur et nunc staturam humilem, nunc colli-
sum nasum deriderent : « Gaudeo » inquit « et aliquid boni spero, si in castris meis Silenum habeo. »
5 Cum hos dicaces fame domuisset, captis sic usus
est ut eos qui militiae utiles erant in cohortes discriberet, ceteros praeconi subiceret, idque se negauit
facturum fuisse, nisi expediret is dominum habere
qui tam malam haberent linguam.

XXIII. 1 Huius nepos fuit Alexander qui lanceam
in conuiuas suos torquebat, qui ex duobus amicis
quos paulo ante rettuli alterum ferae obiecit, alterum
sibi. Ex his duobus tamen qui leoni obiectus est
uixit. 2 Non habuit hoc auitum ille uitium, ne paternum quidem ; nam si qua alia in Philippo uirtus,
fuit et contumeliarum patientia, ingens instrumen-
tum ad tutelam regni. Demochares ad illum Parrhe-
siastes ob nimiam et procacem linguam appellatus
inter alios Atheniensium legatos uenerat. Audita
benigne legatione Philippus : « Dicite » inquit « mihi,

---

3 explicuitset A^1 *corr.* A^5 (?).
4 tam miti *unus det.* : etiam miti L [tam *in margine corr. manus recentior*] : miti P immiti A ‖ greci *corr. ex* grecie *fortasse* A^1.
5 fame A^1 : fames [*ut* P] *corr. manus recentior* ‖ captis *corr. ex* capitis A^1 ‖‖‖ discriberet *Hermes* : desc- A ‖ expediretis A^1 *corr. in* expediret his A^2 (?).

XXIII, 2 attutelam A^1 *corr.* A^2.

wie sie alles Schlimme herabfluchten auf den König, weil er
sie auf diesen Weg und in diesen unentwirrbaren Dreck geführt hatte, kam er zu denen, die am meisten sich abmühten,
und als er sie, ohne daß sie wußten, von wem sie Hilfe be-
kamen, befreit hatte, sagte er: ,,Jetzt redet schlecht über
Antigonus, durch dessen Fehler ihr in diese mißliche Lage
geraten seid; für den aber habt gute Wünsche, der euch aus
diesem Morast geführt hat." 4 Ebenso ertrug er mit so
milder Gesinnung seiner Feinde boshafte Aussprüche wie
seiner Mitbürger. Daher: als in einer kleinen Festung Griechen belagert wurden und im Vertrauen auf den Platz, ver-
achtend den Feind, viele Witze über die Häßlichkeit des
Antigonus machten, bald seinen niedrigen Wuchs, bald seine
eingeschlagene Nase verspotteten, sagte er: ,,Ich freue mich
und erhoffe etwas Gutes, wenn ich in meinem Lager einen
Silen habe." 5 Als er diese Spötter mit Hunger gezähmt
hatte, ging er mit den Gefangenen derart um, daß er die zum
Kriegsdienst tauglichen in seine Kohorten einreihte, die
übrigen dem Auktionator übergab, und er erklärte, er hätte
das nicht zu tun beabsichtigt, wenn es nicht denen nützlich
wäre, einen Herrn zu haben, die eine so böse Zunge besäßen.

XXIII. 1 Dessen Enkel war Alexander[18], der die Lanze
auf die Gäste schleuderte, der von zwei Freunden, über die
ich kurz zuvor berichtet habe, den einen einem wilden Tier
vorgeworfen hat, den anderen sich. Von diesen beiden dennoch ist, der dem Löwen vorgeworfen wurde, mit dem Leben
davongekommen. 2 Nicht hatte er diese Charakterschwäche
vom Großvater, nicht einmal vom Vater; denn wenn ein anderer Charaktervorzug bei Philipp, war es auch die Fähigkeit,
Schmähungen zu ertragen, ein gewaltiges Hilfsmittel zum
Schutze der Herrschaft. Demochares war zu ihm – ,,Alles-
reder" wegen seiner maßlosen und dreisten Zunge genannt –
mit anderen Gesandten der Athener gekommen. Nachdem er
wohlwollend die Gesandtschaft angehört, sagte Philipp:
,,Sagt mir, was ich tun kann, daß es den Athenern willkom-

facere quid possim quod sit Atheniensibus gratum. »
Excepit Demochares et « Te » inquit « suspendere ».
3 Indignatio circumstantium ad tam inhumanum
responsum exorta erat ; quos Philippus conticis-
cere iussit et Thersitam illum saluum incolumemque
dimittere. « At uos, » inquit « ceteri legati, nuntiate
Atheniensibus multo superbiores esse qui ista dicunt
quam qui impune dicta audiunt. » **4** Multa et diuus
Augustus digna memoria fecit dixitque ex quibus
appareat iram illi non imperasse. Timagenes histo-
riarum scriptor quaedam in ipsum, quaedam in
uxorem eius et in totam domum dixerat nec perdi-
derat dicta ; magis enim circumfertur et in ore
hominum est temeraria urbanitas. **5** Saepe illum Caesar
monuit moderatius lingua uteretur, perseueranti
domo sua interdixit. Postea Timagenes in contubernio Pollionis Asinii consenuit ac tota ciuitate direp-
tus est : nullum illi limen praeclusa Caesaris domus
abstulit. **6** Historias quas postea scripserat recitauit
[et combussit] et libros acta Caesaris Augusti conti-
nentis in igne posuit ; inimicitias gessit cum Caesare :
nemo amicitiam eius extimuit, nemo quasi fulguritum
refugit, fuit qui praeberet tam alte cadenti sinum.
7 Tulit hoc ut dixi Caesar patienter, ne eo quidem
motus quod laudibus suis rebusque gestis manus
attulerat ; numquam cum hospite inimici sui questus
est. **8** Hoc dumtaxat Pollioni Asinio dixit : θηριοτροφεῖς ;
paranti deinde excusationem obstitit et « Fruere »

---

3 saluum A^2 (?) : salum A^1.
4 Imagines A (*bis*) *sed* timageni *infra* : Tymagenes L ‖ in*ore
[*erasa* h] A.
5 domu A.
6 et combussit *delendum esse aut post* posuit *transferendum primus
uidit Madvig* ‖ in igne posuit L *ut Madvig coniecit* : inignem posuit
A P : in ignem inposuit *Koch coll. Clem* II, 4, 2 (II, 2, 1 *Préch.*) ‖
fulguritum A^1 : fulguris ictum A^2 [*aut manus recentior*] *et ceteri codices.*
8 theriotrophis A ‖ feruere *bis* P, *priore loco* A^1 [A^6 *suprascripsit*
fruere].

men sei." Es entgegnete Demochares und erklärte: „Dich
aufhängen!" 3 Entrüstung der Umstehenden hatte sich bei
einer so ruppigen Antwort erhoben; sie hieß Philipp, sich zu
beruhigen und jenen Thersites[19] heil und unversehrt zu entlassen. „Aber ihr", sagte er, „die übrigen Gesandten, meldet
den Athenern, viel hochmütiger seien, die so etwas sagen, als
die, welche straflos Gesagtes anhören." 4 Viel hat auch der
Divus Augustus der Erinnerung Würdiges geleistet und gesagt, aus dem deutlich wird, der Zorn gebiete ihm nicht.
Der Geschichtsschreiber Timagenes[20] hatte manches gegen
ihn selber, manches gegen seine Gemahlin und gegen das
ganze Haus gesagt, und er hatte seine Worte nicht umsonst
gesagt; mehr nämlich wird weitergetragen und bleibt im
Munde der Menschen verwegene Witzelei. 5 Oft hat ihn der
Kaiser verwarnt, zurückhaltender solle er sprechen, als er
dabei blieb, verbot er ihm sein Haus. Später verbrachte
Timagenes sein Alter in der Gesellschaft des Asinius Pollio[21],
und in der ganzen Stadt riß man sich um ihn: keine Schwelle
hat ihm das Hausverbot des Kaisers genommen. 6 Das
Geschichtswerk, das er später geschrieben hatte, trug er
öffentlich vor, und die Bücher, die des Kaisers Augustus
Taten enthielten, legte er ins Feuer; Feindseligkeiten unterhielt er mit dem Kaiser: niemand fürchtete seine Freundschaft, niemand floh vor ihm, als sei er vom Blitz getroffen,
es gab einen, der gewährte dem so tief Fallenden sein Herz.
7 Es trug das, wie ich sagte, der Kaiser geduldig, nicht einmal
dadurch erregt, daß er an seinem Ruhm und seinen Taten
sich vergriffen hatte; niemals hat er sich bei dem Gastgeber
seines Feindes beklagt. 8 Folgendes allerdings sagte er
Pollio: „Du unterhältst eine Bestie." Ihm, als er darauf versuchte eine Entschuldigung, widersprach der Kaiser und

inquit « mi Pollio, fruere ! » et cum Pollio diceret :
« Si iubes, Caesar, statim illi domo mea interdicam.
— Hoc me, inquit, putas facturum, cum ego uos in
gratiam reduxerim ? » Fuerat enim aliquando Timageni Pollio iratus nec ullam aliam habuerat causam desinendi quam quod Caesar coeperat.

XXIV. 1 Dicat itaque sibi quisque, quotiens lacessitur : « Numquid potentior sum Philippo ? Illi
tamen impune male dictum est. Numquid in domo
mea plus possum quam toto orbe terrarum diuus
Augustus potuit ? Ille tamen contentus fuit a conui-
ciatore suo secedere. 2 Quid est quare ego serui
mei clarius responsum et contumaciorem uultum et
non peruenientem usque ad me murmurationem
flagellis et compedibus expiem ? Quis sum cuius
aures laedi nefas sit ? Ignouerunt multi hostibus :
ego non ignoscam pigris, neglegentibus, garrulis ? »
3 Puerum aetas excuset, feminam sexus, extraneum
libertas, domesticum familiaritas. Nunc primum
offendit : cogitemus quam diu placuerit ; saepe et
alias offendit : feramus quod diu tulimus. Amicus
est : fecit quod noluit ; inimicus : fecit quod debuit.
4 Prudentiori credamus, stultiori remittamus ; pro
quocumque illud nobis respondeamus sapientissimos
quoque uiros multa delinquere, neminem esse tam
circumspectum cuius non diligentia aliquando sibi
ipsa excidat, neminem tam maturum cuius non graui
tatem in aliquod feruidius factum casus impingat,
neminem tam timidum offensarum qui non in illas
dum uitat incidat.

coeperat *A* : coegerat *R. Waltz.*

XXIV 1 lacessitur *A*⁵ [i *in rasura pro aliqua littera* [c *?*] *quam iam
A*¹ *puncto notauerat et* i *supra scripserat*] ‖ aug *A.*
2 nefas *A* (*supra* n *lineola uidetur erasa*).
4 procumque *A*¹ *sed* quo *supra uersum addidisse uidetur eadem
manus* ‖ ta* [*ante* timidum] *A* [*erasa uidetur* n *;corr. fortasse A*¹,
lineola supra a *ducta*].

sagte: „Freu dich an ihm, mein Pollio, freu dich an ihm."
Und als Pollio erklärte: „Wenn du befiehlst, Caesar, werde
ich ihm sofort mein Haus verbieten", entgegnete er: „Das,
meinst du, werde ich tun, nachdem ich euch versöhnt habe?"
Es war nämlich einst dem Timagenes Pollio erzürnt gewesen,
und keinen anderen Grund aufzuhören hatte er gehabt, als
daß der Kaiser begonnen hatte.

XXIV. 1 Sage sich daher ein jeder, sooft er gereizt wird:
„Bin ich vielleicht mächtiger als Philipp? Ihn hat man dennoch ungestraft geschmäht. Vermag ich vielleicht in meinem
Hause mehr, als auf dem ganzen Erdkreis der Divus Augustus vermocht hat? *Er* dennoch war zufrieden damit, sich
von seinem Beleidiger zu trennen. 2 Was gibt es, weswegen
ich meines Sklaven allzu deutliche Antwort oder zu trotzige
Miene und sein nicht bis zu mir dringendes Murren mit
Geißelhieben und Fußeisen sühne? Wer bin ich, daß dessen
Ohren zu beleidigen ein Verbrechen ist? Es haben verziehen
viele ihren Feinden: *ich* sollte nicht verzeihen Faulen, Nachlässigen, Geschwätzigen?" 3 Den Knaben entschuldigt sein
Alter, die Frau ihr Geschlecht, den Fremden seine Freiheit,
das Familienmitglied seine Vertrautheit. Jetzt hat er zum
ersten Male Anstoß erregt: denken wir daran, wie lange er
[uns] gefallen hat; oft hat er auch ein andermal Anstoß
erregt: ertragen wir, was wir lange getragen haben! Ein
Freund ist er: er hat getan, was er nicht wollte; ein Feind:
er hat getan, was er mußte. 4 Einem Klügeren wollen wir
glauben, einem Dümmeren nachgeben; für jeden beliebigen
wollen wir uns sagen, gerade die klügsten Männer begehen
viele Fehler, niemand ist so umsichtig, daß nicht seine Sorgfalt selber sich gelegentlich ihm versagt, niemand so reif, daß
nicht seinen Ernst zu einem zu aufbrausenden Verhalten ein
Vorfall antreibt, niemand so ängstlich vor beleidigendem
Benehmen, daß er nicht in dies, während er es meidet, hin-
eingerät.

XXV. 1 Quomodo homini pusillo solacium in malis fuit etiam magnorum uirorum titubare fortunam, et aequiore animo filium in angulo fleuit qui uidit acerba funera etiam ex regia duci, sic animo aequiore fert ab aliquo laedi, ab aliquo contemni cuicumque uenit in mentem nullam esse tantam potentiam in quam non occurrat iniuria. 2 Quodsi etiam prudentissimi peccant, cuius non error bonam causam habet ? Respiciamus quotiens adulescentia nostra in officio parum diligens fuerit, in sermone parum modesta, in uino parum temperans. Si iratus est, demus illi spatium quo dispicere quid fecerit possit : ipse se castigabit. Denique debeat poenas : non est quod cum illo paria faciamus. 3 Illud non ueniet in dubium quin se exemerit turbae et altius steterit quisquis despexit lacessentis : proprium est magnitudinis uerae non sentire percussum. Sic immanis fera ad latratum canum lenta respexit, sic irritus ingenti scopulo fluctus assultat. Qui non irascitur inconcussus iniuria perstitit, qui irascitur motus est. 4 At ille quem modo altiorem omni incommodo posui tenet amplexu quodam summum bonum nec homini tantum sed ipsi fortunae respondet : « Omnia licet facias, minor es quam ut serenitatem meam obducas. Vetat hoc ratio cui uitam regendam dedi. Plus mihi nocitura est ira quam iniuria : quidni plus ? Illius modus certus est, ista quo usque me latura sit dubium est. »

XXVI. 1 Non possum, inquis, pati ; graue est iniuriam sustinere. — Mentiris : quis enim iniuriam non potest ferre qui potest iram ? Adice nunc quod id agis ut et iram feras et iniuriam. Quare fers aegri

XXV, 1 occurrat *A* [oc *supra uersum P*] : inc- *L. dett.*
3 exsemerit *A* ‖ sentire percussum *A L P* : se s. p. *uulgo.*
4 posui＊ [*erasa* t] *A* ‖ ipsi *corr. ex* ipse *A.*

XXV. 1 Wie es für einen schwächlichen Menschen Trost
im Unglück ist, daß auch großer Männer Glück ins Wanken
gerät, und mit größerer Fassung seinen Sohn im stillen Winkel beweint, wer sieht, daß schmerzliche Trauerzüge auch
aus dem Palast kommen, so trägt mit größerer Gelassenheit,
von dem einen beleidigt, von einem anderen mißachtet zu
werden, wem immer in den Sinn kam, keine Macht sei so
groß, daß gegen sie nicht anrenne Unrecht. 2 Wenn nun
auch die Klügsten fehlen, wessen Irrtum hat nicht guten
Grund? Blicken wir zurück, wie oft unsere Jugend bei Ver-
pflichtung zu wenig sorgfältig gewesen ist, im Gespräch zu
wenig zurückhaltend, beim Wein zu wenig mäßig! Wenn er
zornig ist, wollen wir ihm Zeit geben, in der er überblicken
kann, was er getan hat: selber wird er sich züchtigen. Endlich bleibe er Buße schuldig: kein Grund, daß wir mit ihm in
gleicher Weise umgehen. 3 Das wird nicht in Zweifel geraten, daß sich hervorhebt aus der Menge und höher steht, wer
immer herabblickt auf Herausforderer: Eigenart ist es wahrer
Größe, nicht zu empfinden den Schlag. So blickt das riesige
Tier gleichgültig auf das Gekläff der Hunde, so stürmt vergeblich gegen die gewaltige Klippe die Flut an. Wer nicht
zürnt, steht unerschüttert durch Unrecht da, wer zürnt, hat
sich aus der Ruhe bringen lassen. 4 Aber jener, den ich
eben als erhaben über jede Unannehmlichkeit dargestellt
habe, hält in seinen Armen das höchste Gut und antwortet
nicht dem Menschen allein, sondern dem Schicksal selbst:
„Alles magst du tun, zu gering bist du, meine Gelassenheit
zu beeinträchtigen! Es verbietet das die Vernunft, der ich
mein Leben zu lenken gegeben habe. Mehr wird mir schaden
der Zorn als das Unrecht: warum nicht – mehr? Vom Unrecht
ist das Maß gewiß, bis wohin der Zorn bringen wird, ist zweifelhaft."

XXVI. 1 „Nicht kann ich", sagst du, „leiden; schwer ist
es, Unrecht auszuhalten." Du lügst: wer nämlich kann Unrecht nicht ertragen, wenn er kann Zorn ertragen? Nimm
nun hinzu, daß du dies tust, damit du Zorn erträgst *und*
Unrecht. Warum erträgst du des Kranken Rasen und des

rabiem et phrenetici uerba, puerorum proteruas
manus ? Nempe quia uidentur nescire quid faciant.
Quid interest quo quisque uitio fiat imprudens ?
Imprudentia par in omnibus patrocinium est. —
2 Quid ergo, inquis, impune illi erit ? — Puta uelle
te, tamen non erit ; maxima est enim factae iniuriae
poena fecisse nec quisquam grauius afficitur quam
qui ad supplicium paenitentiae traditur. 3 Deinde
ad condicionem rerum humanarum respiciendum
est ut omnium accidentium aequi iudices simus ;
iniquus autem est qui commune uitium singulis
obiecit. Non est Aethiopis inter suos insignitus color,
nec rufus crinis et coactus in nodum apud Germanos
uirum *de*decet : nihil in uno iudicabis notabile aut
foedum quod genti suae publicum est. Et ista quae
rettuli unius regionis atque anguli consuetudo defendit ; uide nunc quanto in iis iustior uenia sit quae
per totum genus humanum uulgata sunt. 4 Omnes
inconsulti et improuidi sumus, omnes incerti, queruli,
ambitiosi, (quid lenioribus uerbis ulcus publicum
abscondo ?) omnes mali sumus. Quicquid itaque in
alio reprenditur, id unusquisque in sinu suo inueniet.
Quid illius pallorem, illius maciem notas ? Pesti-
lentia est. Placidiores itaque inuicem simus : mali inter
malos uiuimus. Una nos res facere quietos potest,
mutuae facilitatis conuentio. — 5 Ille iam mihi
nocuit, ego illi nondum. — Sed iam aliquem fortasse
laesisti, sed laedes. Noli aestimare hanc horam aut
hunc diem, totum inspice mentis tuae habitum :
etiam si nihil mali fecisti, potes facere.

XXVI, 2 puta uellet. Ettamen (?) *A*[1] *corr. A*[5]. ‖ factae iniuriae
uulgo : factae iniuria A,
3 sumus A[1] *sed* u *in* i *radendo corr. :* simus *ceteri* ‖ iniquas *corr.*
in iniquus A [1-2] : iniquus *ceteri* ‖ obiecit *A P* : obicit *L dett. edd.* ‖
uirum dedecet *unus det. Gruter* : uirum decet *A P* utrumque decet *L*.
4 lenioribus *L* : leuioribus *A P* ‖ maciem *L P uulgo* : aciem *A*.
5 oram *unus A*.

Wahnsinnigen Worte, der Knaben ungezogene Hände? Natürlich, weil sie nicht zu wissen scheinen, was sie tun. Was
kommt es darauf an, durch welche Fehlhaltung ein jeder
unverständig wird? Unverstand ist in allen Dingen die gleiche
Verteidigung. 2 „Warum also", sagst du, „wird es ihm straflos bleiben?" Glaub, du willst es, dennoch wird es nicht sein;
größte Strafe ist nämlich für begangenes Unrecht, es getan
zu haben, und niemand wird schwerer davon betroffen, als
wer der Marter der Reue ausgesetzt wird. 3 Sodann ist auf
die Bedingung menschlicher Existenz Rücksicht zu nehmen,
damit wir für alle Ereignisse gerechte Richter sind; ungerecht
aber ist, wer eine allgemeine Fehlhaltung [den Menschen]
einzeln vorwirft. Nicht ist den Äthiopern unter den Ihren
auffällig die Hautfarbe, nicht entstellt rotes Haar, gebunden
zu einem Knoten, bei den Germanen den Mann: nichts wirst
du bei einem einzigen für bemerkenswert halten oder häßlich,
was seinem Volk allgemein ist. Und das, was ich aufgeführt
habe, verteidigt *einer* Gegend und *eines* Winkels Gewohnheit;
sieh nun, wieviel bei *den* Dingen gerechter Verteidigung ist,
die im ganzen Menschengeschlecht verbreitet sind. 4 Alle
sind wir unbesonnen und unvorsichtig, alle unzuverlässig
und meckersüchtig, ehrgeizig – was verberge ich mit zu
sanften Worten ein allgemeines Geschwür? –, alle sind wir
schlecht. Was immer daher an einem anderen getadelt wird,
das wird jeder einzelne in seinem eigenen Herzen antreffen.
Was kritisierst du jenes Blässe, jenes Magerkeit? Pest
herrscht! Nachsichtiger also sollten wir miteinander sein:
Schlechte unter Schlechten leben wir. Eine einzige Sache
kann uns zur Ruhe bringen, gegenseitiger Umgänglichkeit
Übereinkunft. 5 „Jener hat mir bereits Schaden zugefügt,
ich ihm noch nicht." Aber schon hast du jemanden vielleicht
verletzt, verletzt du ihn. Achte nicht auf *diese* Stunde und
auf *diesen* Tag, die gesamte Haltung betrachte deiner Gesinnung: auch wenn du nichts Schlechtes getan hast, kannst
du es tun.

XXVII. 1 Quanto satius est sanare iniuriam quam
ulcisci ! Multum temporis ultio absumit, multis se
iniuriis obicit dum una dolet ; diutius irascimur
omnes quam laedimur. Quanto melius est abire in
diuersum nec uitia uitiis opponere ! Numquis satis
constare sibi uideatur, si mulam calcibus repetat et
canem morsu. — Ista, inquis, peccare se nesciunt.
— 2 Primum quam iniquus est, apud quem hominem
esse ad impetrandam ueniam nocet ! Deinde si cetera
animalia hoc irae tuae subducit quod consilio carent,
eodem loco tibi sit quisquis consilio caret ; quid enim
refert an alia mutis dissimilia habeat, si hoc quod
in omni peccato muta defendit simile habet, cali-
ginem mentis ? 3 Peccauit : hoc enim primum ?
Hoc enim extremum ? Non est quod illi credas, etiam
si dixerit : « Iterum non faciam » et iste peccabit et
in istum alius et tota uita inter errores uolutabitur.
Mansuete immansueta tractanda sunt. 4 Quod
in luctu dici solet efficacissime, et in ira dicetur :
utrum aliquando desines an numquam ? Si aliquando,
quanto satius est iram relinquere quam ab ira relin-
qui ! An semper haec agitatio permanebit ? Vides
quam impacatam tibi denunties uitam ? Qualis
enim erit semper tumentis ? 5 Adice nunc quod, cum
bene te ipse succenderis et subinde causas quibus
stimuleris renouaueris, sua sponte ira discedet et
uires illi dies subtrahet : quanto satius est a te illam
uinci quam a se !

XXVIII. 1 Huic irasceris, deinde illi ; seruis,
deinde libertis ; parentibus, deinde liberis ; notis,

XXVII, 1 sanare P : sanari A L ‖ una A P : unam Gruter ex det. ‖
sibi deatur A¹ [ui supra uersum add. A²].
  2 cetera A⁵ in rasura : etatem P ‖ mutis L uulgo : multis A P ‖
simile L : similem P.
  4 inradicetur A¹ sed inter n et r alia manus i add. ‖ agitatio Haase :
cogitatio A L P ‖ uides... uitam ? interpunxerunt L et Koch ‖ denun-
tiens A [ultima n expuncta].

XXVII. 1 Wieviel besser ist es, ein Unrecht zu verschmerzen als zu rächen! Viel Zeit vertut die Rache, vielen Beleidigungen setzt sie sich aus, solange sie an *einer* Schmerz leidet; länger zürnen wir alle, als wir an einer Verletzung leiden. Wieviel besser ist es, einzuschlagen den umgekehrten Weg und nicht Fehler Fehlern entgegenzusetzen! Kann etwa jemand als in sich beständig erscheinen, wenn er dem Maultier mit Fußtritten heimzahlt und dem Hund mit Beißen? „Die", sagst du, „wissen nicht, daß sie sich verfehlen." 2 Erstens: wie ungerecht ist der, bei dem ein Mensch zu sein dem Erlangen von Verzeihung abträglich ist! Zweitens: wenn die übrigen Lebewesen dies deinem Zorn ausnimmt, daß sie keine Überlegung haben, dann soll dir an derselben Stelle stehen, wer immer keine Überlegung hat; was nämlich kommt es darauf an, ob er andere den stummen Tieren unähnliche Eigenschaften hat, wenn er das, was bei jeder Verfehlung die stummen Tieren verteidigt, ähnlich hat, Dunkel des Geistes? 3 Er hat sich vergangen: dies nämlich zum ersten Mal? Dies nämlich zum letzten Mal? Kein Grund, daß du ihm glaubst, auch wenn er sagt: „Noch einmal werde ich es nicht tun" – er wird fehlen, und gegen ihn ein anderer, und das ganze Leben wird in Verirrungen ablaufen. Sanft muß Ungezähmtes behandelt werden. 4 Was bei Trauer gesagt zu werden pflegt, höchst wirksam, das soll auch bei Zorn gesagt werden: wirst du irgendwann aufhören oder niemals? Wenn irgendwann, wieviel besser ist es, den Zorn aufzugeben als vom Zorn aufgegeben zu werden! Oder soll immer diese Erregung andauern? Siehst du ein, ein wie friedloses Leben du dir zumutest? Wie nämlich wird es sein bei einem stets Aufbrausenden? 5 Nimm nun hinzu – wenn du in positiver Weise dich selber erregst und immer wieder die Ursachen, von denen du dich reizen läßt, ins Gedächtnis rufst, wird von sich aus der Zorn weichen und die Gewalt ihm die Zeit entziehen: wieviel besser ist es, von dir wird jener überwunden als von sich!

XXVIII. 1 Diesem zürnst du, dann jenem; den Sklaven, dann den Freigelassenem; den Eltern, dann den Kindern;

deinde ignotis : ubique enim causae supersunt, nisi
deprecator animus accessit. Hinc te illo furor rapiet,
illinc alio, et nouis subinde irritamentis orientibus
continuabitur rabies : age, infelix, ecquando amabis ?
O quam bonum tempus in re mala perdis ! 2 Quanto
nunc erat satius amicos parare, inimicos mitigare,
rem publicam administrare, transferre in res domes-
ticas operam, quam circumspicere quid alicui facere
possis mali, quod aut dignitati eius aut patrimonio
aut corpori uulnus infligas, cum id tibi contingere
sine certamine ac periculo non possit, etiam si cum
inferiore concurses ! 3 Vinctum licet accipias et ad
arbitrium tuum omni patientiae expositum, saepe
nimia uis caedentis aut articulum loco mouit
aut neruum in his quos fregerat dentibus fixit ;
multos iracundia mancos, multos debiles fecit, etiam
ubi patientem *est* nancta materiam. Adice nunc
quod nihil tam imbecille natum est, ut sine elidentis
periculo pereat : imbecillos ualentissimis alias dolor,
alias casus exaequat. 4 Quid quod pleraque eorum
propter quae irascimur offendunt nos magis quam
laedunt ! Multum autem interest utrum aliquis
uoluntati meae obstet an desit, eripiat an non det.
Atqui in aequo ponimus utrum aliquis auferat an
neget, utrum spem nostram praecidat an differat,
utrum contra nos faciat an pro se, amore alterius
an odio nostri ? 5 Quidam uero non tantum iustas
causas standi contra nos, sed etiam honestas habent :
alius patrem tuetur, alius fratrem, alius patriam
alius amicum, his tamen non ignoscimus id facientibus quod nisi facerent improbaremus, immo, quod
est incredibile, saepe de facto bene existimamus, de
faciente male. 6 At me hercules uir magnus ac iustus

XXVIII 1 ecquando *Bentley* : et quando *A P*.
3 his *A* : is *Rossbach* ‖ est *post* patientem *P et Petschenig* : patientem
nanc tamateriam [*altera* n *in* nancta *expuncta*] *A*.
5 patriam *A P* : patruum *uulgo*.

Bekannten, dann Unbekannten: überall nämlich gibt es Anlässe im Überfluß, wenn nicht als Fürsprecher das Herz hin-
zutritt. Von hier reißt dich die Wut dorthin, von dort anders-
wohin, und da immer wieder neue Erregungen sich einstellen,
wird fortgesetzt die Raserei: sag, Unglücklicher, wirst du
vielleicht einmal lieben? O, wie gute Zeit vertust du bei einer
schlechten Sache? 2 Wieviel nun wäre es besser, sich
Freunde zu machen, Feinde zu besänftigen, den Staat zu
verwalten, auf die persönlichen Verhältnisse Mühe zu verwenden, als umherzublicken, was du jemandem tun kannst
an Schlechtem, welche Wunde du seinem Ansehen, Vermögen
oder Körper schlägst, da dir doch dies glücken ohne Kampf
und Risiko nicht kann, auch wenn du mit einem Schwächeren
zusammengerätst! 3 Gefesselt magst du ihn empfangen und
nach deiner Willkür allem Erleiden ausgesetzt, [dennoch]
hat oft die allzu große Gewalt bei dem Schlagenden ein Glied
ausgerenkt oder einen Muskel an den Zähnen, die er eingeschlagen hatte, verwundet; viele hat der Jähzorn zu Krüp-
peln, viele zu Schwächlingen gemacht, auch wenn er auf einen
geduldigen Gegenstand gestoßen ist. Füg nun hinzu – nichts
ist so schwach geboren, daß es ohne des Vernichtenden Ge-
fährdung zugrunde geht: ganz Schwache stellt mit den
Stärksten einmal der Schmerz, ein andermal der Zufall auf
eine Stufe. 4 Was, daß das meiste von dem, dessentwegen
wir zürnen, uns mehr beleidigt als verletzt! Ein großer
Unterschied aber ist es, ob einer meinem Willen entgegen-
steht oder sich ihm entzieht, ob er wegnimmt oder nicht gibt.
Und doch setzen wir es für gleich, ob einer wegnimmt oder
vorenthält, ob er unsere Hoffnung abschneidet oder auf-
schiebt, ob er gegen uns handelt oder für sich, ob aus Liebe
zu einem anderen oder aus Haß auf uns? 5 Manche aber
haben nicht nur gerechte Gründe zum Widerstand gegen uns,
sondern auch ehrenwerte: einer schützt den Vater, ein anderer
den Bruder, ein anderer das Vaterland, ein anderer den
Freund; diesen verzeihen wir dennoch nicht, tun sie das,
dessen Unterlassung wir mißbilligen würden, im Gegenteil –
es ist unglaublich –, oft denken wir gut von der Tat, vom
Täter schlecht. 6 Aber, bei Herkules, ein großer und ge-

fortissimum quemque ex hostibus suis et pro libertate ac salute patriae pertinacissimum suspicit et
talem sibi ciuem, talem militem contingere optat.

XXIX. 1 Turpe est odisse quem laudes ; quanto
uero turpius ob id aliquem odisse propter quod
misericordia dignus est : si captiuus in seruitutem
subito depressus reliquias libertatis tenet nec ad
sordida ac laboriosa ministeria agilis occurrit, si
ex otio piger equum uehiculumque domini cursu
non exaequat, si inter cotidiana peruigilia fessum
somnus oppressit, si rusticum laborem recusat aut
non fortiter obiit a seruitute urbana et feriata trans-
latus ad durum opus ! 2 Distinguamus utrum aliquis
non possit an nolit : multos absoluemus si coeperimus
ante iudicare quam irasci. Nunc autem primum
impetum sequimur, deinde, quamuis uana nos con-
citauerint, perseueramus ne uideamur coepisse sine
causa et, quod iniquissimum est, pertinaciores nos
facit iniquitas irae ; retinemus enim illam et augemus,
quasi argumentum sit iuste irascentis grauiter irasci.

XXX. 1 Quanto melius est initia ipsa perspicere
quam leuia sint, quam innoxia ! Quod accidere uides
animalibus mutis, idem in homine deprendes :
friuolis turbamur et inanibus. Taurum color rubi-
cundus excitat, ad umbram aspis exsurgit, ursos
leonesque mappa proritat : omnia quae natura fera
ac rabida sunt consternantur ad uana. 2 Idem inquietis et stolidis ingeniis euenit : rerum suspicione
feriuntur, adeo quidem ut interdum iniurias uocent
modica beneficia, in quibus frequentissima, certe
acerbissima iracundiae materia est. Carissimis enim
irascimur, quod minora nobis praestiterint quam

XXIX. 1 misericordiam *A* [*compendiose scr. deinde ultima* m *deleta.*]
2 iniquis sumum *A¹ ut uidetur* [nequissimum *P*] : iniquissimum *A⁵*.

rechter Mann blickt gerade auf die Tapfersten von seinen
Feinden und auf die für Freiheit und Wohl des Vaterlandes
Beharrlichsten mit Achtung und wünscht, solche als Mit-
bürger, solche zu Soldaten zu haben.

XXIX. 1 Schändlich ist es, zu hassen, wen du loben solltest; wieviel schändlicher aber ist es, deswegen jemanden zu
hassen, weswegen er Mitleid verdient hat: wenn ein Kriegs-
gefangener, in die Sklaverei plötzlich hinabgedrückt, Reste
der Freiheit festhält und nicht an schmutzige und anstren-
gende Arbeiten hurtig herangeht, wenn er, von Muße träge,
mit Pferd und Wagen des Herrn nicht Schritt halten kann,
wenn ihn bei täglichen Nachtwachen, weil er ermüdet, der
Schlaf überwältigt, wenn er die Landarbeit ablehnt oder nicht
stramm sie angeht, aus dem Müßiggang des Sklavenlebens
in der Stadt versetzt zu harter Arbeit! 2 Unterscheiden wir,
ob einer nicht kann oder nicht will: viele werden wir freisprechen, wenn wir beginnen, eher zu urteilen als zu zürnen.
Jetzt aber folgen wir erst der stürmischen Regung, sodann,
obwohl Nichtiges uns aufgebracht hat, bleiben wir dabei,
damit wir nicht den Eindruck erwecken, begonnen zu haben
ohne Grund, und was das Unbilligste ist, verbohrter macht
uns die Ungerechtigkeit des Zornes; wir halten ihn nämlich
fest und steigern ihn, als sei es ein Beweis gerechten Zornes,
heftig zu zürnen.

XXX. 1 Wieviel besser ist es, die Anfänge selbst zu durchschauen – wie belanglos sie sind, wie unschuldig! Was, wie
du siehst, geschieht den stummen Tieren, genau das wirst du
am Menschen wahrnehmen: von Unbedeutendem lassen wir
uns verwirren und Nichtigem. Den Stier reizt rote Farbe,
bei einem Schatten bäumt sich die Natter auf, Bären und
Löwen erregt ein Tuch: alles, was von Natur wild und wütig
ist, verliert die Fassung bei Nichtigem. 2 Dasselbe stellt
sich bei unruhigen und beschränkten Charakteren heraus:
von Argwohn erhalten sie einen Stoß, in solchem Grade allerdings, daß sie bisweilen Beleidigung nennen bescheidene
Wohltaten, in denen die häufigste, jedenfalls die bitterste
Ursache zu Jähzorn besteht. Den Liebsten nämlich zürnen
wir, weil sie uns weniger gewähren, als wir in unserer Meinung

mente concepimus quamque alii tulerint, cum utriusque rei paratum remedium sit. 3 Magis alteri indulsit : nostra nos sine comparatione delectent, numquam erit felix quem torquebit felicior. Minus habeo
quam speraui : sed fortasse plus speraui quam debui.
Haec pars maxime metuenda est, hinc perniciosissi-
mae irae nascuntur et sanctissima quaeque inuasurae.
4 Diuum Iulium plures amici confecerunt quam
inimici, quorum non expleuerat spes inexplebiles.
Voluit quidem ille (neque enim quisquam liberalius
uictoria usus est ex qua nihil sibi uindicauit nisi
dispensandi potestatem), sed quemadmodum suf-
ficere tam improbis desideriis posset, cum tantum
omnes concupiscerent quantum unus poterat. 5 Vidit
itaque strictis circa sellam suam gladiis commilitones suos, Cimbrum *T*illium, acerrimum paulo
ante partium defensorem, aliosque post Pompeium
demum Pompeianos. Haec res sua in reges arma
conuertit fidissimosque eo compulit ut de morte
eorum cogitarent pro quibus et ante quos mori
uotum habuerant.

XXXI. 1 Nulli ad aliena respicienti sua placent :
inde diis quoque irascimur quod aliquis nos antecedat,
obliti quantum hominum retro sit, et paucis inui-
dentem quantum sequatur a tergo ingentis inuidiae.
Tanta tamen importunitas hominum est ut, quamuis
multum acceperint, iniuriae loco sit plus accipere
potuisse. 2 « Dedit mihi praeturam, sed consulatum

XXX, 2 concepimus... tulerint *A P quod defendit Bährens* : conce-
perimus... tulerint *L*.
3 alteri *A*[1] [1 *corr. ex* d] || perniciosissime ire *A* || sanctissima*
[*erasa* m] *A*.
4 plures amici confecerunt *A*[1] *L P* : amici *deleuit et post* confecerunt
supra uersum add. A[6] || despensandi *A* || quantum [*erasa* s] *A*.
5 Tillium *Muret* : uilljum *A P* Tullium *L*.
XXXI, 1 sequatur a tergo [r a *in fine uersus in rasura*, t *initio se-
quentis uersus add.*] *A*[5].

angenommen und als andere erhalten haben – obwohl für
beides bereit ist Abhilfe. 3 Mehr hat er einem anderen Gunst
erwiesen: das Unsere gefalle uns ohne Vergleich, niemals wird
sein glücklich, wem ein Glücklicherer Qual bereitet. Weniger
habe ich, als ich hoffte: aber vielleicht habe ich mehr erhofft,
als ich durfte. Dieser Punkt ist am meisten zu fürchten, hier
entstehen die verderblichsten Zornanfälle, die auch gerade
das Ehrwürdigste angreifen. 4 Den Divus Iulius haben mehr
Freunde getötet als Feinde; nicht hatte er erfüllt ihre Hoffnungen, ihre unerfüllbaren. Gewollt hat er es freilich (nicht
nämlich hat irgendjemand großzügiger seinen Sieg genutzt,
auf Grund dessen er nichts weiter für sich beansprucht hat
als die Vollmacht, zu verteilen), aber wie hätte er genügen
können so ungerechten Wünschen, da soviel alle verlangten,
wie allein einer [erhalten] konnte. 5 Er hat daher gesehen –
mit gezückten Schwertern! – rings um seinen Sessel seine
eigenen Mitstreiter, Tillius Cimber, den leidenschaftlichsten
Verteidiger – kurz zuvor – seiner Partei, und andere – *nach*
Pompeius schließlich Pompejaner. *Diese* Sache hat gegen
Könige die eigenen Waffen gewendet und die Getreuesten
dahin gebracht, daß sie über deren Tod nachdachten, für die
und vor denen zu sterben sie gelobt hatten.
XXXI. 1 Niemandem, blickt er auf Fremdes, gefällt das
Eigene: daher zürnen wir auch den Göttern, daß einer uns
den Rang abläuft, vergessend, wieviele Menschen hinter uns
sind, und dem wenige Beneidenden, [vergessend], wieviel
ungeheurer Neid ihm im Rücken folgt. So groß dennoch ist
die Unverschämtheit der Menschen, daß es, obwohl sie viel
bekommen haben, als Unrecht gilt: man hätte mehr bekommen können. 2 „Gegeben hat er mir das Amt des Prätoren,

speraueram ; dedit duodecim fasces, sed non fecit
ordinarium consulem ; a me numerari uoluit annum
sed deest mihi ad sacerdotium ; cooptatus in colle-
gium sum, sed cur in unum ? Consummauit digni-
tatem meam, sed patrimonio nihil contulit : ea
dedit mihi quae debebat alicui dare, de suo nihil
protulit. » 3 Age potius gratias pro his quae accepisti ;
reliqua exspecta et nondum plenum esse te gaude :
inter uoluptates est superesse quod speres. Omnes
uicisti : primum esse te in animo amici tui laetare ;
multi te uincunt : considera quanto antecedas plures
quam sequaris. Quod sit in te uitium maximum
quaeris ? Falsas rationes conficis : data magno
aestimas, accepta paruo.

XXXII. 1 Aliud in alio nos deterreat : quibusdam ti-
meamus irasci, quibusdam uereamur, quibusdam fasti-
diamus. Magnam rem sine dubio fecerimus, si seruulum infelicem in ergastulum miserimus ! Quid pro-
peramus uerberare statim, crura protinus frangere ?
2 Non peribit potestas ista, si differetur. Sine id
tempus ueniat quo ipsi iubeamus : nunc ex imperio
irae loquemur ; cum illa abierit, tunc uidebimus
quanto ista lis aestimanda sit. In hoc enim praecipue fallimur : ad ferrum uenimus, ad capitalia
supplicia et uinculis, carcere, fame uindicamus rem
castigandam flagris leuioribus. 3 — Quomodo,
inquis, nos iubes intueri quam omnia per quae laedi
uideamur exigua, misera, puerilia sint ? — Ego
uero nihil magis suaserim quam sumere ingentem
animum et haec propter quae litigamus, discurri-

2 cooptatus [*altera* o *ex* a *radendo corr.*] *A.*
3 his *A* : iis *Wesenberg* ‖ sit in te *unus det. uulgo*: sitiente *A P*
sit inte te *L.*

XXXII, 1 seruulum [u *ex* o *corr.*] *A*⁵ ‖ in∗ergastulum [*erasa* t] *A.*
2 loquemur *A P* : loquimur *dett. et multae edd.*
3 quam [*ante* omnia] *codices* : tamquam *Haase* quasi *Feldmann.*

aber auf das Amt des Konsuls hatte ich gehofft; gegeben hat
er mir zwölf Fasces[22], aber nicht hat er mich gemacht zum
ordentlichen Konsul; daß nach mir datiert[23] werde das Jahr,
hat er gewollt, aber er versagt sich mir zu einem Priesteramt;
aufgenommen worden bin ich in ein Priesterkollegium, aber
warum in ein einziges? Erhöht hat er meinen Rang, aber zu
meinem Vermögen hat er nichts beigetragen: das hat er mir
gegeben, was er irgendeinem geben mußte, von dem Seinen
hat er nichts hervorgeholt." 3 Dank lieber für das, was du
bekommen hast; das übrige wart ab, und wenn du noch nicht
gesättigt bist, freu dich, daß bei den Genüssen übrigbleibe,
was du erhoffen kannst. Alle hast du besiegt: daß du der
erste bist im Herzen deines Freundes, freu dich; viele besiegen dich: erwäge, wievielen mehr du vorauseilst als folgst.
Was an dir die größte Schwäche ist, fragst du? Falsche
Rechnungen machst du auf: Verschenktes veranschlagst du
hoch, Empfangenes niedrig.

XXXII. 1 Das eine sollte uns bei diesem, das andere bei
jenem abschrecken: bei manchen sollten wir es fürchten zu
zürnen, bei manchen Scheu davor empfinden, bei manchen
Verachtung. Eine große Sache dürften wir ohne Zweifel vollbracht haben, wenn wir einen kleinen Sklaven, einen unglücklichen, ins Arbeitshaus geschickt haben! Was haben wir
es eilig, sofort zu schlagen, sofort die Beine zu brechen?
2 Nicht vergeht diese Machtvollkommenheit, wenn sie auf-
geschoben wird. Laß die Zeit kommen, da wir selber befehlen:
jetzt sprechen wir nach dem Befehl des Zornes; wenn er vergangen ist, dann werden wir sehen, wie dieser Streitfall einzuschätzen ist. In diesem Punkte nämlich irren wir uns besonders: zum Schwert kommen wir, zu Todesstrafen, und
mit Fesseln, Kerker, Hunger strafen wir eine Sache, die zu
ahnden mit ein paar Peitschenhieben. 3 „Wie", sagst du,
„kannst du uns befehlen zu bedenken, wie alles das, wodurch
wir uns verletzt meinen, geringfügig, armselig, kindisch ist?"
Ich wahrhaftig möchte nichts mehr anraten als eine ganz
ungewöhnliche Gesinnung anzunehmen und das, weswegen

mus, anhelamus, uidere quam humilia et abiecta
sint, nulli qui altum quiddam aut magnificum
cogitat respicienda.

XXXIII. 1 Circa pecuniam plurimum uocifera-
tionis est : haec fora defetigat, patres liberosque
committit, uenena miscet, gladios tam percussoribus
quam legionibus tradit, haec est sanguine nostro
delibuta, propter hanc uxorum maritorumque noctes
strepunt litibus et tribunalia magistratuum premit
turba, reges saeuiunt rapiuntque et ciuitates longo
saeculorum labore constructas euertunt ut aurum
argentumque in cinere urbium scrutentur. 2 Libet
intueri fiscos in angulo iacentis : hi sunt propter
quos oculi clamore exprimantur, fremitu iudicio-
rum basilicae resonent, euocati ex longinquis regionibus iudices sedeant iudicaturi utrius iustior auaritia sit. 3 Quid si ne propter fiscum quidem, sed
pugnum aeris aut imputatum a seruo denarium
senex sine herede moriturus stomacho dirumpitur ?
Quid si propter usuram uel milesimam ualetudinarius
faenerator distortis pedibus et manibus ad comparandum non relictis clamat ac per uadimonia asses
suos in ipsis morbi accessionibus uindicat. 4 Si totam
mihi ex omnibus metallis quae cum maxime depri-
mimus pecuniam proferas, si in medium proicias
quicquid thesauri tegunt, auaritia iterum sub terras
referente quae male egesserat : omnem istam conge-
riem non putem dignam quae frontem uiri boni
contrahat. Quanto risu prosequenda sunt quae nobis
lacrimas educunt !

    XXXIII, defetigat A^1 : defat- A^5 L P ‖ delibuta L : dil- A ‖
rapiuntque A : rabiuntque *Cornelissen.*
    2 fremitu∗ A *erasa fortasse* s ‖ utrius A^1 L *corr. in* utrumuis A^5.
    3 dirumpitur L P : dirr- *aut* disr- A^1 ‖ uel *Gertz* : aut *codices* [*in*
A *uirgulam qua* autem *efficeretur supra* t *add. manus fortasse recentior*] ‖
comparandum A P : computandum L *ut Pincianus coniecit* ‖ uadimonia L P *uulgo* : uadim omnia A^{1-2}.
    4 egesserat L *uulgo* : gesserat A P.

wir streiten, auseinanderlaufen, außer Atem kommen, anzusehen – wie niedrig und verächtlich es ist, von keinem, der
hoch und großartig denkt, zu beachten.

XXXIII. 1 Um Geld gibt es das meiste Geschrei: das
macht die Gerichte mürbe, bringt Väter und Söhne [gegen-
einander] auf, mischt Gift, gibt Schwerter ebenso Mördern wie
Legionen in die Hand, das ist mit unserem Blut besudelt,
dessentwegen dröhnen von der Ehefrauen und -männer
Streitereien die Nächte und bedrängt den Amtssitz der
Beamten die Menge, wüten Könige und rauben und zerstören Städte, in langer – von Jahrhunderten! – Arbeit er-
baut, um Gold und Silber in der Asche der Städte zu suchen.
2 Freude hat man daran, zu betrachten die Geldkästen, wie
sie im Winkel stehen: sie sind es, derentwegen die Augen vor
Geschrei hervortreten, vom Getöse der Prozesse die Gerichte
widerhallen, aufgeboten aus fernen Gegenden Richter Sit-
zung halten, zu richten, wessen von beiden Habsucht gerechter sei. 3 Was, wenn nicht einmal wegen einer Kasse,
sondern einer Handvoll Scheidemünze oder eines von einem
Sklaven in Rechnung gesetzten Denares ein alter Mann, im
Begriff, ohne Erben zu sterben, vor Wut birst? Was, wenn
wegen eines Zinses, gar nur eines Tausendstels, ein kranker
Wucherer, obwohl gelähmt die Füße und die Hände zu raffen
nicht imstande, schreit und mit Hilfe eines Zahlungsbefehles
seine Pfennige selbst bei den Krankheitsanfällen einfordert?
4 Wenn du das gesamte Geld mir aus allen Bergwerken,
beuten wir sie am stärksten aus, herschaffst, wenn du zugänglich machst, was immer Schatzkammern bergen, da
doch die Habsucht wiederum unter der Erde birgt, was sie
zu Verderben hervorgeholt hatte: all diese Aufhäufung,
möchte ich meinen, ist es nicht wert, die Stirn eines werthaften Mannes sich in Falten legen zu lassen. Mit wieviel Gelächter ist zu bedenken, was uns Tränen entlockt!

XXXIV. 1 Cedo nunc, persequere cetera, cibos
potiones, horumque causa parat*uum* ambitionem,
munditias, uerba contumeli*osa* motus corporum
parum honorificos, contumacia iumenta et pigra
mancipia, et suspiciones et interpretationes malignas
uocis alienae quibus efficitur ut inter iniurias naturae
numeretur sermo homini datus : crede mihi, leuia
sunt propter quae non leuiter excandescimus, qualia
quae pueros in rixam et iurgium concitant. 2 Nihil
ex is quae tam triste*s* agimus serium est, nihil magnum : inde, inquam, *u*obis ira et insania est quod
exigua magno aestimatis. Auferre hic mihi heredi-
tatem uoluit ; hic me diu in spem supremam captat*is*
criminatus est ; hic scortum meum concupiuit :
3 quod uinculum amoris esse debebat seditionis
atque odii causa est, idem uelle. Iter angustum rixas
transeuntium concitat, diffusa et late patens uia
ne populos quidem collidit : ista quae appetitis,
quia exigua sunt nec possunt ad alterum nisi alteri
erepta transferri, eadem affectantibus pugnas et
iurgia excitant.

XXXV. 1 Respondisse tibi seruum indignaris
libertumque et uxorem et clientem : deinde idem de
re publica libertatem sublatam quereris quam domi
sustulisti. Rursus, si tacuit interrogatus, contumaciam uocas. Et loquatur et taceat et rideat ! —
2 Coram domino! inquis. — Immo coram patre fami-
liae. Quid clamas ? Quid uociferaris ? Quid flagella

XXXIV, 1 cedo [o *ex* i *corr.*] ǁ paratuum *scripsi* : paratam *A P* :
paratas in *Madvig* ǁ uerba contumeliosa *Madvig et Wesenberg*: uerba
contumelias *A* ǁ et suspiciones *post* contumacia *A, huc transposuit*
Gertz ǁ qualiaquæ *A P* : qualiaque *dett.*

2 ex is *A*[1] *corr. in* ex his *fortasse A*[2] ǁ triste *A L P* : *corr. uulgo*
uobis *P* : nobis *A L* ǁ diui spem *A*[1] *corr. A*[1-2]ǁ captatis *Madvig* [captato
Ruben] : captatus *A L P*.

3 odii *uulgo* : odi *A*.

XXXIV. 1 Vorwärts jetzt, geh die übrigen Punkte durch,
Essen, Trinken, den Ehrgeiz um dieses Aufwandes willen[24],
die Eleganz, Schmähworte, zu wenig anständige Bewegungen
des Körpers, widerspenstiges Zugvieh, faule Sklaven, Verdächtigungen und böswillige Ausdeutungen eines fremden
Wortes, wodurch bewirkt wird, daß unter die Ungerechtigkeiten der Natur gerechnet wird die Sprache, dem Menschen
gegeben: glaub mir, geringfügig ist, weswegen wir nicht geringfügig aufbrausen, wie das, was Knaben zu Zank und Streit
reizt. 2 Nichts von dem, was wir so finster tun, ist ernst,
nichts bedeutend: daher, sage ich, stammt euch Zorn und
Geistesverwirrung, daß ihr Geringfügiges hoch einschätzt.
Wegnehmen wollte mir dieser eine Erbschaft; dieser hat
mich vor Menschen verleumdet, bei denen ich mir schon
lange Hoffnungen auf die erste Stelle im Testament machen
durfte; dieser hat meine Geliebte begehrt – 3 was eine Bin-
dung der Liebe sein sollte – von Zwist und Haß ist es die
Ursache: dasselbe zu wollen. Ein enger Weg erregt Streitereien der Passanten, eine breite und weit sich öffnende Straße
läßt nicht einmal Volksmengen zusammenstoßen: das, wonach ihr strebt – weil es knapp ist und nicht auf einen übertragen werden kann, wenn es nicht dem anderen geraubt,
erregt es bei denen, die es auf dasselbe abgesehen haben,
Kämpfe und Streit.

XXXV. 1 Geantwortet hat dir ein Sklave, empörst du
dich, und ein Freigelassener und deine Frau und ein Abhängiger: dann beklagst du, derselbe, dich, daß aus dem Staat die
Freiheit entfernt, die du zu Hause selber beseitigt hast.
Andererseits, wenn er schweigt, obwohl gefragt, nennst du es
Verstocktheit. Sowohl reden soll er als auch schweigen und
lachen! 2 „Angesichts des Herrn", sagst du. Nein, angesichts
des Vaters der Familie. Was schreist du? Was brüllst du?

media cena petis quod serui loquantur, quod non
eodem loco turba contionis est, silentium solitudinis ?
3 In hoc habes aures ut non modulata tantum et
mollia et ex dulci tracta compositaque accipiant :
et risum audias oportet et fletum, et blanditias et
lites, et prospera et tristia, et hominum uoces et
fremitus animalium latratusque. Quid miser expaues-
cis ad clamorem serui, ad tinnitum aeris aut ianuae
impulsum ? Cum tam delicatus fueris, tonitrua
audienda sunt. 4 Hoc quod de auribus dictum est
transfer ad oculos, qui non minus fastidio laborant
si male instituti sunt : macula offenduntur et sor-
dibus et argento parum splendido et stagno non ad
solum perlucente. 5 Hi nempe oculi qui non ferunt
nisi uarium ac recenti cura nitens marmor, qui mensam nisi crebris distinctam uenis, qui nolunt domi
nisi auro pretiosiora calcare, aequissimo animo foris
et scabras lutosasque semitas spectant et maiorem
partem occurrentium squalidam, parietes insularum
exesos, rimosos, inaequales. Quid ergo aliud est quod
illos in publico non offendat, domi moueat quam
opinio illic aequa et patiens, domi morosa et
querula?

XXXVI. 1 Omnes sensus perducendi sunt ad
firmitatem ; natura patientes sunt, si animus illos
desiit corrumpere qui cotidie ad rationem redden-
dam uocandus est. Faciebat hoc Sextius, ut consum-
mato die, cum se ad nocturnam quietem recepisset,
interrogaret animum suum : « Quod hodie malum
tuum sanasti ? Cui uitio obstitisti ? Qua parte

XXXV, 2 loquantur *A L P et plerique dett. quod defendunt Vhl et Bährens:* loquuntur *unus det. uulgo.*
3 tristia *L P uulgo* : tristitia *A* || attinnitum *A¹ corr. A².*
4 stanno *coniecit J. Lipse* || solum *A* : solem *plerique codices, uulgo*
5 distinctam *L P* : dest- *A.*
XXXVI, 1 desiit *uulgo* : desit *A P* desinit *L.*

Was greifst du nach der Geißel, mitten bei Tisch, weil Sklaven sprechen, weil nicht an ein und derselben Stelle das Ge-
wimmel einer Volksversammlung ist, die Stille der Einsamkeit? 3 Dazu hast du Ohren, daß sie nicht allein Melodi-
sches, Sanftes und aus Lieblichem Gebildetes vernehmen:
auch Lachen mußt du hören und Weinen, Schmeicheleien
und Streit, Günstiges und Betrübliches, der Menschen Stimmen und Gebrumm der Tiere und Gebelle. Warum, du Armer,
erschrickst du beim Geschrei eines Sklaven, beim Erklingen
von Metall und einer Tür Zuschlagen? Wenn du auch so empfindlich sein solltest, Donner mußt du hören [können].
4 Das, was über die Ohren gesagt worden ist, übertrag auf
die Augen, die nicht weniger unter verwöhntem Widerwillen
zu leiden haben, wenn sie schlecht ausgebildet sind: durch
einen Fleck lassen sie sich beleidigen und Schmutz und
Silber, das zu wenig blank, und durch ein Gewässer, das nicht
bis auf den Grund durchsichtig. 5 Diese Augen denn doch,
die ihn nicht ertragen, wenn nicht bunt und von frischer
Pflege glänzend der Marmor, die einen Tisch [nicht dulden],
wenn er nicht mit zahlreichen Masern verziert, die es ableh-
nen, zu Hause auf einen Boden zu treten, wenn er nicht kost-
barer als Gold – mit dem größten Gleichmut sehen sie
draußen holprige und kotige Pfade und daß der größere Teil
der Begegnenden schmutzig, die Wände der Mietskasernen
verwittert, rissig, schief. Was also ist es anderes, daß es sie
in der Öffentlichkeit nicht beleidigt, zu Hause erregt, als ihre
subjektive Meinung, die dort gleichmütig und duldsam, zu
Hause mürrisch und nörgelnd?

XXXVI. 1 Alle Sinne müssen geführt werden zu Festigkeit; von Natur sind sie widerstandsfähig, wenn die Seele
aufgehört hat, sie zu verderben, die täglich zu Rechenschaft
aufgerufen werden muß. Es pflegte dies zu tun Sextius: am
Ende eines Tages, wenn er sich zur Nachtruhe zurückgezogen
hatte, fragte er sich: „Welche deine Schwäche hast du heute
geheilt? Welchem Fehler hast du Widerstand geleistet? In

melior es ? » **2** Desinet ira et moderatior erit quae
sciet sibi cotidie ad iudicem esse ueniendum. Quicquam ergo pulchrius hac consuetudine excutiendi
totum diem? Qualis ille somnus post recognitionem
sui sequitur : quam tranquillus, quam altus ac
liber, cum aut laudatus est animus aut admonitus
et speculator sui censorque secretus cognouit de
moribus suis. **3** Vtor hac potestate et cotidie apud
me causam dico. Cum sublatum e conspectu lumen
est et conticuit uxor moris iam mei conscia, totum
diem meum scrutor factaque ac dicta mea remetior ;
nihil mihi ipse abscondo, nihil transeo. Quare enim
quicquam ex erroribus meis timeam, cum possim
dicere : **4** « Vide ne istud amplius facias, nunc tibi
ignosco. In illa disputatione pugnacius locutus es :
noli postea congredi cum imperitis ; nolunt discere
qui numquam didicerunt. Illum liberius admonuisti
quam debebas, itaque non emendasti, sed offendisti :
de cetero uide, non tantum an uerum sit quod dicis,
sed an ille cui dicitur ueri patiens sit ; admoneri
bonus gaudet, pessimus quisque rectorem asperrime
patitur.

XXXVII. **1** In conuiuio quorundam te sales et
in dolorem tuum iacta uerba tetigerunt : uitare
uulgares conuictus memento ; solutior est post
uinum licentia, quia ne sobriis quidem pudor est.
2 Iratum uidisti amicum tuum ostiario causidici
alicuius aut diuitis quod intrantem summouerat,

---

2 sibi *uulgo* : sibi et *A L P* : sibimet *Gertz* ‖ cognouit *Gertz*: cognoscit
A et plerique codices.

3 meum *A L P*: mecum *unus det.* [*in margine*] *uulgo.* ‖ meist meam
A¹ corr. A⁵

4 es *L* : est *A P* ‖ uide non tantum *uulgo* : uide ne non t. *A L P* ‖
rectorem *A P* : correctorem *plerique dett. uulgo.*

XXXVII, **1** sobriis *uulgo* : sobris *A P sed* is *supra uersum add.*
eadem manus in P.

2 diuitis *A sub quo aliud fortasse uerbum latet* :uidisti *P.*

welchem Punkte bist du besser geworden?" 2 Aufhören
wird der Zorn, und maßvoller wird er sein, der weiß, daß er
täglich vor den Richter treten muß. Was also ist schöner als
diese Gewohnheit, durchzuprüfen den ganzen Tag? Was für
ein Schlaf folgt auf die Selbstprüfung: wie ruhig, wie tief und
frei, wenn gelobt worden ist die Seele oder ermahnt und als
Beobachter ihrer selbst und Richter im geheimen Erkenntnis
gewonnen hat über den eigenen Charakter. 3 Ich gebrauche
diese Fähigkeit, und täglich verantworte ich mich vor mir.
Wenn entfernt ist aus dem Gesichtskreis das Licht und ver-
stummt meine Gattin, die mit meiner Sitte schon vertraut,
untersuche ich meinen ganzen Tag und ermesse meine Handlungen und Worte; nichts verberge ich vor mir selber, nichts
übergehe ich. Warum soll sich etwas von meinen Irrtümern
fürchten, da ich doch sagen kann: 4 „Sieh zu, daß du dies
nicht weiterhin tust, für jetzt verzeihe ich dir. In jenem
Wortgefecht hast du zu kämpferisch gesprochen: gerate in
Zukunft nicht mit Unerfahrenen zusammen; es wollen nicht
lernen, die niemals gelernt haben. Jenen hast du freimütiger
ermahnt, als du mußtest, so daß du ihn nicht gebessert,
sondern vor den Kopf gestoßen hast: künftig sieh zu, nicht
nur, ob es wahr sei, was du sagst, sondern ob der, dem es gesagt wird, die Wahrheit aushalten kann; ermahnt zu werden,
freut den Guten, gerade die Schlechtesten ertragen den Erzieher nur unter herber Ablehnung.

XXXVII. 1 Auf einem Gastmahl haben dich die Witze-
leien gewisser Leute und ihre zu deiner Kränkung hingewor-
fenen Bemerkungen getroffen: zu meiden gedenke gemeine
Gesellschaften; zu locker ist nach dem Wein die Ausgelassen-
heit, weil man nicht einmal nüchtern Taktgefühl besitzt.
2 Zornig hast du gesehen deinen Freund auf den Türhüter
irgendeines Rechtsanwaltes oder Reichen, daß er ihn beim

et ipse pro illo iratus extremo mancipio fuisti :
irasceris ergo catenario cani ? Et hic, cum multum
latrauit, obiecto cibo mansuescit. **3** Recede longius
et ride ! Nunc iste se aliquem putat quod custodit
litigatorum turba limen obsessum ; nunc ille qui
intra iacet felix fortunatusque est et beati hominis
iudicat ac potentis indicium difficilem ianuam :
nescit durissimum esse ostium carceris. Praesume
animo multa tibi esse patienda : numquis se hieme
algere miratur ? Numquis in mari nausiare, in uia
concuti ? Fortis est animus ad quae praeparatus
uenit. **4** Minus honorato loco positus irasci coepisti
conuiuatori, uocatori, ipsi qui tibi praeferebatur :
demens, quid interest quam lecti premas partem ?
Honestiorem te aut turpiorem potest facere pului-
nus ? **5** Non aequis quendam oculis uidisti, quia
de ingenio tuo male locutus est : recipis hanc legem ?
Ergo te Ennius quo non delectaris odisset et Hortensius simultates tibi indiceret, et Cicero, si derideres
carmina eius, inimicus esset. Vis tu aequo animo
pati candidatus suffragia ! »

XXXVIII. **1** Contumeliam tibi fecit aliquis :
numquid maiorem quam Diogeni philosopho Stoico
cui de ira cum maxime disserenti adulescens proter-
uus inspuit. Tulit hoc ille leniter et sapienter :
« Non quidem » inquit « irascor, sed dubito tamen an
oporteat irasci. » **2** Quanto *Cato* noster melius !
Qui cum agenti causam in frontem mediam quantum poterat attracta pingui saliua inspuisset Lentulus ille patrum nostrorum memoria factiosus et
impotens, abstersit faciem et « Affirmabo » inquit
« omnibus, Lentule, falli eos qui te negant os habere. »

XXXVIII, 2 quanto Cato noster *Fickert* : quanto noster *A P* [de
catone. n. *A³ in margine*] : Cato *pro* quanto *pauci dett.* ‖ qui [*post*
melius] *A P* : cui *dett., uulgo*.

Eintreten zurückgewiesen hatte, und selber bist du in seinem
Namen erzürnt gewesen diesem letzten Sklaven: du zürnst
also einem Kettenhund? Und der – obwohl er selber viel
gebellt hat – wird, wirft man einen Brocken hin, zahm.
3 Geh ein wenig zurück und lach! Jetzt hält der sich für
jemand, weil er bewacht die Schwelle, belagert von der Pro-
zessierenden Menge; bald ist jener, der drinnen wohnt, über-
glücklich und hält es für eines begnadeten Menschen Ausweis
– und eines hochmögenden! –, wenn seine Tür schwer zugänglich: er weiß nicht, am undurchdringlichsten ist die Tür
des Kerkers. Vergegenwärtige dir immer im voraus, daß viel
du dulden mußt: wundert sich vielleicht jemand, daß er im
Winter friert? Etwa, daß er auf dem Meere seekrank wird,
auf einer Straße angestoßen? Stark ist die Seele da, woran sie
gefaßt herangeht. 4 Auf einen weniger ehrenvollen Platz
gesetzt, hast du zu zürnen begonnen dem Gastgeber, dem
Einladenden, eben dem, der dir vorgezogen wurde: Dumm-
kopf! Was macht es aus, welchen Teil des Speisesofas du
drückst? In deiner Ehre kann dich erhöhen oder mindern
ein Kissen? 5 Mit unfreundlichen Augen hast du jemand
betrachtet, weil er über deine Begabung herabsetzend sich
geäußert hat: willst du das als Gesetz einführen? Folglich
hätte dich Ennius[25], an dem du kein Gefallen findest, gehaßt,
und Hortensius würde dir seine Feindschaft ansagen, und
Cicero, wenn du dich über seine Gedichte lustig machtest,
wäre dein Feind. Du mußt mit Gleichmut, bewirbst du dich,
eine Abstimmung hinnehmen!"

XXXVIII. 1 Eine Beleidigung hat dir jemand angetan:
etwa eine größere als dem Stoiker Diogenes[26]? Während er
gerade besonders den Zorn erörterte, hat ihm ein unver-
schämter junger Bursche ins Gesicht gespuckt! Er nahm es
hin, milde und überlegen, mit den Worten: „Nicht, natürlich,
zürne ich, aber ich habe dennoch Zweifel, ob man nicht zürnen müßte." 2 Um wieviel unser Cato besser! Als er in einem
Prozeß plädierte, hatte ihm mitten auf die Stirn – soviel er
konnte – mit fettem, angesammeltem Schleim gespuckt der
Lentulus[27], jener, zur Zeit unserer Väter, leidenschaftliche
und unbeherrschte Parteimann; Cato wischte sich das Gesicht ab und sagte: „Bestätigen werde ich allen, Lentulus, daß
sich die irren, die behaupten, du seiest keine Großschnauze."

XXXIX. 1 Contigit iam nobis, Nouate, bene componere animum : aut non sentit iracundiam aut
superior est. Videamus quomodo alienam iram
leniamus ; nec enim sani esse tantum uolumus, sed
sanare.

2 Primam iram non audebimus oratione mulcere :
surda est et amens; dabimus illi spatium. Remedia
in remissionibus prosunt; nec oculos tumentis
temptamus uim rigentem mouendo incitaturi, nec
cetera uitia dum feruent : initia morborum quies
curat. — 3 Quantulum, inquis, prodest remedium
tuum, si sua sponte desinentem iram placat. — Primum ut citius desinat efficit ; deinde custodit ne
recidat ; ipsum quoque impetum quem non audet
lenire fallet : remouebit omnia ultionis instrumenta,
simulabit iram ut tamquam adiutor et doloris comes
plus auctoritatis in consiliis habeat, moras nectet,
et dum maiorem poenam quaerit praesentem dif-
feret. 4 Omni arte requiem furori dabit : si uehementior erit, aut pudorem illi cui non resistat incutiet
aut metum ; si infirmior, sermones inferet uel gratos
uel nouos et cupiditate cognoscendi auocabit. Medi-
cum aiunt, cum regis filiam curare deberet nec sine
ferro posset, dum tumentem mammam leniter
fouet, scalpellum spongea tectum induxisse : repu-
gnasset puella remedio palam admoto, eadem quia
non exspectauit dolorem tulit. Quaedam non nisi
decepta sanantur.

XL. 1 Alteri dices : « Vide ne inimicis iracundia tua
uoluptati sit », alteri : « Vide ne magnitudo animi tui
creditumque apud plerosque robur cadat. Indignor
me hercules et non inuenio dolendi modum, sed tem-

XXXIX, 3 reccidat *A* ‖ querit [q *ex* o *corr.*] *A.*
4 inferet *L dett.* : infert *A P.*
XL, 1 alteri *ante* indignor *expunxit A, om. L P.*

XXXIX. 1 Es ist uns bereits geglückt, Novatus, mit
Erfolg zu beruhigen die Seele: entweder spürt sie den Zornes-
anfall nicht, oder sie steht über ihm. Sehen wir zu, wie wir
fremden Zorn beschwichtigen; nicht nämlich wollen wir nur
gesund sein, sondern auch gesund machen.

2 Den frischen Zorn werden wir nicht mit Zureden zu besänftigen wagen: taub ist er und von Sinnen; wir werden ihm
Zeit geben. Gegenmittel sind während des Nachlassens von
Nutzen; nicht werden wir Augen, wenn sie geschwollen, be-
tasten, da wir die Starrheit durch Bewegen nur reizen würden, noch andere Fehler, solange sie schäumen: den Beginn
von Erkrankungen heilt Ruhe.   3 „Wie wenig", sagst du,
„hilft dein Heilmittel, wenn es von selbst aufhörenden Zorn
beruhigt." Erstens: daß er schneller aufhört, bewirkt es;
zweitens: es hält Wache, daß er nicht wiederkommt; gerade
den Angriff, den es nicht wagt zu lindern, wird es hinter-
gehen: beiseite schaffen wird es alle Hilfsmittel zu Rache,
vortäuschen wird es Zorn, damit es, als ob sein Helfer und
der Begleiter des Schmerzes, mehr Einfluß bei seinen Rat-
schlägen hat, Verzögerungen wird es schaffen, und während
es nach einer größeren Strafe sucht, wird es die gegenwärtige
aufschieben.   4 Mit aller List wird es Ruhe der Raserei
bieten: wenn sie zu heftig ist, wird es Scham ihr, der sie nicht
Widerstand leisten kann, eingeben oder Furcht; wenn sie
schwächer, wird es Gespräche beginnen, die willkommen
oder neu, und wird sie durch Neugier ablenken. Ein Arzt,
erzählt man, habe, als er des Königs kranke Tochter heilen
sollte und es nicht ohne Messer konnte, während er die ver-
eiterte Brust gelinde erwärmte, das Skalpell in einem
Schwamm versteckt eingeführt: gewehrt hätte sich das
Mädchen, hätte er das Heilmittel unverdeckt angewendet;
ebenso hat es, weil es den Schmerz nicht erwartete, ihn ertragen. Manches läßt sich nicht, wenn nicht durch Täuschung,
heilen.

XL. 1 Einem wirst du sagen: „Sieh zu, daß nicht deinen
Feinden dein Jähzorn Vergnügen bereitet", einem anderen:
„Sieh zu, daß nicht deine Seelengröße und das Vertrauen auf
deine Kraft bei den meisten [in ihrer Einschätzung] sinkt.
Ich bin empört, bei Herkules, und nicht finde ich ein Maß

pus exspectandum est ; dabit poenas ; serua istud
in animo tuo : cum potueris, et pro mora reddes. »
2 Castigare uero irascentem et ultro obirasci inci-
tare est : uarie aggredieris blandeque, nisi forte tanta
persona eris ut possis iram comminuere, quemadmodum fecit diuus Augustus cum cenaret apud
Vedium Pollionem. Fregerat unus ex seruis eius
crustallinum : rapi eum Vedius iussit ne uulgari
quidem more periturum : murenis obici iubebatur
quas ingentis in piscina continebat. Quis non hoc
illum putaret luxuriae causa facere ? Saeuitia erat.
3 Euasit e manibus puer et confugit ad Caesaris pedes
nihil aliud petiturus quam ut aliter periret, ne esca
fieret. Motus est nouitate crudelitatis Caesar et
illum quidem mitti, crustallina autem omnia coram
se frangi iussit complerique piscinam. 4 Fuit Caesari
sic castigandus amicus ; bene usus est uiribus suis.
« E conuiuio rapi homines imperas et noui generis
poenis lancinari ? Si calix tuus fractus est, uiscera
hominis distrahentur ? Tantum tibi placebis ut
ibi aliquem duci iubeas ubi Caesar est ? » 5 Sic cui
tantum potentiae est ut iram ex superiore loco
aggredi possit male tractet, at talem dumtaxat
qualem modo rettuli, feram, immanem, sanguina-
riam, quae iam insanabilis est nisi maius aliquid
extimuit.

XLI. 1 Pacem demus animo, quam dabit praeceptorum salutarium assidua meditatio actusque
rerum boni et intenta mens ad unius honesti cupidi-

post istud *in A parua rasura est*‖ potueris *A sed* u *supra uersum add.*
A[1-2].

2 crustallinum [crust- *item* § 3] *A P* ‖ more *codices* : morte *uulgo.*

4 sicalixtus *A*[1] *corr. fortasse eadem manus.*

5 *Hanc paragraphum a qua caput* XLI *uulgo incipiebat capiti* XL
adiunxit Gertz [*post* extimuit *lacunam esse censuerunt Gruter et
J. Lipse*]‖ sic cui *A* : si cui *ex uno det. Gruter* ‖ dum taxat (*ut semper*) *A.*

XLI, 1 praeceptorum *L P uulgo* : praeceptorem *A,*

für meinen Schmerz, aber Zeit ist abzuwarten; er wird büßen;
bewahre dies in deiner Seele: wenn du kannst, wirst du es ihm
sogar mit Zins und Zinseszins vergelten." 2 Zu züchtigen
aber den Zürnenden und seinerseits dagegen zu zürnen bedeutet nur, zu reizen: auf verschiedene Weise kannst du vorgehen und schonend, wenn du nicht gerade solch eine Per-
sönlichkeit bist, daß du den Zorn mindern kannst, wie es der
Divus Augustus getan hat, als er speiste bei Vedius Pollio.
Zerbrochen hatte einer von dessen Sklaven ein Glas: ergreifen
hieß ihn Vedius, daß er, auf eine nicht einmal alltägliche
Weise, sterbe: ihn den Muränen vorzuwerfen wurde befohlen,
die er, gewaltig an Größe, in einem Fischteich hielt. Wer
würde nicht glauben, daß er dies aus Genußsucht tat? Grausamkeit war es! 3 Es entwand sich den Häschern der Junge
und flüchtete sich vor des Kaisers Füße, nichts anderes zu
erbitten, als daß er nicht *so* zu sterben brauche: nicht wolle
er Fischfutter werden. Bestürzt war über die Unerhörtheit
der Strafe der Kaiser und befahl jenen freilich freizulassen,
die Gläser aber alle in seiner Gegenwart zu zerbrechen und
damit den Fischteich zu füllen. 4 Es mußte der Kaiser in
dieser Form zurechtweisen seinen Freund; richtig gebraucht
hat er seine Macht. „Von der Tafel wegzureißen Menschen
befiehlst du und mit Strafen unerhörter Art zu zerfleischen?
Wenn dein Becher zerbrochen ist, sollen die Eingeweide eines
Menschen zerfetzt werden? So viel bildest du dir ein, daß du
da einen Menschen hinzurichten befiehlst, wo der Kaiser
ist?" 5 So mag, wer so viel Macht hat, daß er Zorn von
höherer Position aus erledigen kann, hart verfahren, aber
mit solch einer natürlich – wie ich es eben beschrieben habe –
Bestie, einer ungeheuerlichen, blutrünstigen, die nicht mehr
zu heilen ist, wenn sie nicht etwas Mächtigeres fürchtet.

XLI. 1 Den Frieden wollen wir der Seele geben, den ihr
geben wird beständiges Nachdenken über heilsame Lehren
und redliche Ausübung öffentlicher Verpflichtungen und Gesinnung, gerichtet auf die Sehnsucht nach allein dem Ehren-

tatem. Conscientiae satis fiat, nil in famam labore-
mus : sequatur uel mala dum bene merentis. —
2 At uulgus animosa miratur et audaces in honore
sunt, placidi pro inertibus habentur. — Primo forsitan aspectu ; sed simul aequalitas uitae fidem fecit
non segnitiem illam animi esse sed pacem, ueneratur
illos populus idem colitque. 3 Nihil ergo habet in se
utile taeter iste et hostilis affectus, at omnia ex
contrario mala, ferrum et ignes. Pudore calcato
caedibus inquinauit manus, membra liberorum dis-
persit, nihil uacuum reliquit a scelere, non gloriae
memor, non infamiae metuens, inemendabilis cum
ex ira in odium obcalluit.

XLII. 1 Careamus hoc malo purgemusque mentem
et exstirpemus radicitus quae quamuis tenuia unde-
cumque haeserint renascentur, et iram, non tempe-
remus, sed ex toto remoueamus (quod enim malae
rei temperamentum est ?) 2 Poterimus autem, adni-
tamur modo. Nec ulla res magis proderit quam cogitatio mortalitatis. Sibi quisque atque alteri dicat :
« Quid iuuat tamquam in aeternum genitos iras
indicere et breuissimam aetatem dissipare ? Quid
iuuat dies quos in uoluptatem honestam impendere
licet in dolorem alicuius tormentumque transferre ?
Non capiunt res istae iacturam nec tempus uacat
perdere. 3 Quid ruimus in pugnam ? Quid certamina
nobis arcessimus ? Quid imbecillitatis obliti ingentia
odia suscipimus et ad frangendum fragiles consur-
gimus ? Iam istas inimicitias quas implacabili geri-
mus animo febris aut aliquod aliud malum corporis
uetabit geri ; iam par acerrimum media mors diri-
met. 4 Quid tumultuamur et uitam seditiosi contur-
bamus ? Stat supra caput fatum et pereuntis dies

nil in famam *A* [in *per compendium et in rasura fortasse A¹*] ‖ sequatur *L P uulgo* : sequantur *A*.

haften. Dem Gewissen geschehe Genüge, keine Mühe wollen
wir auf das Gerede der Leute verschwenden: es hänge sich
uns an, sogar wenn es schlecht, solange wir uns wirklich verdient machen. 2 „Aber die Masse bewundert Beherztheit,
und Wagemutige stehen in Ehre, Bedächtige werden für
unfähig gehalten." Auf den ersten Blick vielleicht; aber sobald das Gleichmaß ihres Lebens Vertrauen geschaffen hat:
nicht sei das Gleichgültigkeit ihrer Seele, sondern Ruhe,
respektiert sie dieselbe Menge und verehrt sie. 3 Nichts
Nützliches hat also an sich diese abscheuliche und feindliche
Leidenschaft, sondern im Gegenteil alle Übel, Schwert und
Feuer. Das Gefühl für das Rechte hat sie niedergetrampelt,
mit Mord besudelt sie die Hände, die Glieder der Kinder verstreut, nichts frei gelassen von Verbrechen, nicht des Ruhmes
gedenkend, nicht die Schande fürchtend, unverbesserlich,
wenn sie sich aus dem Zorn zu Haß verhärtet hat.

XLII. 1 Seien wir frei von diesem Übel und reinigen wir
unsere Seele und rotten wir mit der Wurzel aus, was – mag es
noch so geringfügig allenthalben hängengeblieben sein –
wieder aufkeimen wird, und den Zorn wollen wir nicht mäßigen, sondern völlig entfernen (denn was gibt es bei einer
schlechten Sache für Mäßigung?). 2 Können aber werden
wir es, wir brauchen uns nur Mühe zu geben. Und nichts wird
mehr nützen als der Gedanke an die Sterblichkeit. Sich selber
sage ein jeder – und einem anderen: „Was hat man davon,
als sei man für die Ewigkeit geboren, Zorn anzusagen und die
gar so kurze Lebenszeit zu verzetteln? Was hat man davon,
die Tage, die man zu hochanständigem Genuß verwenden
darf, für jemandes Schmerz zu verwenden und Qual? Nicht
vertragen diese Dinge Verlust, noch bleibt Zeit frei, sie zu
vertun. 3 Was stürzen wir in den Kampf? Was suchen wir
uns Auseinandersetzungen? Was nehmen wir, unsere Schwäche vergessend, ungeheuren Haß auf uns und erheben uns zum
Zerbrechen, selber zerbrechlich? Vollends diese Feindschaf-
ten, die wir in unversöhnlichem Herzen hegen – ein Fieber
oder irgendeine andere Krankheit des Körpers wird verbieten, sie auszuüben; gar das erbittertste Paar wird mitten
trennen der Tod. 4 Was toben wir und verwirren voller
Unruhe das Leben? Es steht über unserem Haupt das Fatum,

imputat propiusque ac propius accedit, istud tempus
quod alienae destinas morti fortasse circa tuam est? »

XLIII. 1 Quin potius uitam breuem colligis placi-
damque et tibi et ceteris praestas ? Quin potius
amabilem te dum uiuis omnibus, desiderabilem cum
excesseris reddis ? Quid illum nimis ex alto tecum
agentem detrahere cupis ? Quid illum oblatrantem
tibi, humilem quidem et contemptum, sed superiori-
bus acidum ac molestum exterere uiribus tuis temp-
tas ? Quid seruo quid domino, quid regi quid clienti
tuo irasceris ? Sustine paulum : uenit ecce mors quae
uos pares faciat. 2 Videre solemus inter matutina
harenae spectacula tauri et ursi pugnam inter se
colligatorum quos, cum alter alterum uexarunt,
suus confector exspectat : idem facimus, aliquem
nobiscum alligatum lacessimus, cum uicto uicto-
rique finis et quidem maturus immineat. Quieti
potius pacatique quantulumcumque superest exi-
gamus ! Nulli cadauer nostrum iaceat inuisum !
3 Saepe rixam conclamatum in uicinia incendium
soluit et interuentus ferae latronem uiatoremque
diducit. Colluctari cum minoribus malis non uacat
ubi metus maior apparuit. Quid nobis cum dimica-
tione et insidiis ? Numquid amplius isti cui irasceris
quam mortem optas ? Etiam te quiescente morietur.
Perdis operas : facere uis quod futurum est. 4 « Nolo »
inquis « utique occidere, sed exsilio, sed ignominia,
sed damno afficere. » Magis ignosco ei qui uulnus
inimici quam qui pusulam concupiscit ; hic enim

XLII, 4 propiusque *corr. ex* propriusque *A.*

XLIII, 1 et contemptum *A P* : atque despectum *L* ‖ exterere *unus
det. Muret* : exterrere *A L P.*
2 harene *A* [e *finalem in rasura fortasse A*¹] ‖ uexar [*i. e.* uexarunt]
A : -runt *L* : -rit *uulgo* ‖ alligatum *corr. ex* atl- *A*¹⁻².
3 uicinia *L* : uicinio *A P*: uicino *dett. uulgo* ‖ operas *A L P*: operam
dett. uulgo : operam si *Hense.*

setzt uns die verlorenen Tage auf die Rechnung, und näher
und näher kommt es; die Zeit, die du dem Tod eines anderen
bestimmst, ist vielleicht dem deinen nahe."

XLIII. 1 Warum hältst du nicht vielmehr dein kurzes
Leben zusammen und machst es friedlich für dich und die
übrigen? Warum machst du dich nicht eher liebenswert allen,
solange du lebst – unvergeßlich, wenn du gestorben bist? Was
begehrst du jenen allzu hochfahrend mit dir Umgehenden
herabzuziehen? Was suchst du jenen, der dich ankläfft, der
doch niedrig und verächtlich, aber gegen über ihm Stehenden
hämisch und lästig, zu zerdrücken mit deiner Macht? Was
zürnst du dem Sklaven, was dem Herrn, was dem König, was
deinem Abhängigen? Halt ein wenig aus: es kommt – sieh! –
der Tod, der euch gleichmacht. 2 Zu sehen pflegen wir im
Frühprogramm des Amphitheaters von Stier und Bär den
Kampf, die miteinander zusammengebunden; sie erwartet,
wenn der eine den anderen gepeinigt hat, ihr Töter: dasselbe
tun wir, einen mit uns Verbundenen reizen wir, obwohl dem
Sieger *und* dem Besiegten das Ende – und ein zu frühes jedenfalls! – droht. Ruhig lieber und friedfertig sollten wir die
Kleinigkeit, die uns bleibt, verbringen! Für niemanden soll
unser Leichnam liegen: ein Gegenstand des Hasses. 3 Oft
beendet einen Streit Feuerlärm in der Nachbarschaft, und
das Auftreten eines wilden Tieres trennt Wegelagerer und
Reisenden. Sich herumzuschlagen mit kleineren Mißlichkei-
ten bleibt keine Zeit, wenn größere Furcht erschienen ist.
Was haben wir von Streit und Heimtücke? Wünschst du
vielleicht etwas Schlimmeres, dem du zürnst, als den Tod?
Auch wenn du dich ruhig verhältst, wird er sterben. Du ver-
schwendest deine Mühe: tun willst du, was [ohnehin] geschieht. 4 „Ich will nicht", sagst du, „unbedingt töten,
sondern Verbannung, sondern Schande, sondern Einbuße
antun." Lieber verzeih ich dem, der eine Wunde bei seinem
Feind wünscht als einen kleinen Pickel; dieser nämlich hat

non tantum mali animi est, sed pusilli. Siue de ultimis suppliciis cogitas siue de leuioribus, quantulum
est temporis quo aut ille poena sua torqueatur aut
tu malum gaudium ex aliena percipias ! Iam istum
spiritum exspuimus. 5 Interim, dum trahimus, dum
inter homines sumus, colamus humanitatem; non
timori cuiquam, non periculo simus ; detrimenta,
iniurias, conuicia, uellicationes contemnamus et
magno animo breuia feramus incommoda : dum
respicimus, quod aiunt, uersamusque nos, iam mortalitas aderit.

4 expuimus *A P et plerique dett.* : expuemus *L.*

5 iam mortalitas *Pincianus* : inmortalitas *A L P quod grauius
corruptum esse, fortasse a christiano aliquo, arbitror* ‖ *post* ade RIT L.A.
Senece Ad Nouatum DE IRA LIBER TERTIVS EXPLICIT +
INCIPIT AD MARCIAM DE CON SO LA TIO NE *A.*

nicht nur boshafte Gesinnung, sondern kleinliche. Magst du
über schwerste Strafen nachdenken oder über leichtere, wie
kurz ist die Zeit, da jener sich mit seiner Strafe herumquält
oder du eine böse Freude an Bestrafung eines anderen emp-
findest! Bald geben wir *diesen* Geist von uns.   5 Inzwischen,
solange wir atmen, solange wir unter Menschen sind, wollen
wir Menschlichkeit üben; nicht wollen wir ein Anlaß zu
Furcht sein für irgendwen, nicht eine Gefahr; Schaden,
Kränkungen, Streitereien, Sticheleien wollen wir verschmä-
hen und mit überlegener Gesinnung die kurzen Mißhelligkeiten ertragen: während wir uns umsehen, wie man sagt,
und uns umdrehen, ist schon der Tod da.

AD MARCIAM DE CONSOLATIONE

—

TROSTSCHRIFT AN MARCIA

DE CONSOLATIONE

I. 1 Nisi te, Marcia, scirem tam longe ab infirmi-
tate muliebris animi quam a ceteris uitiis recessisse
et mores tuos uelut aliquod antiquum exemplar aspici, non auderem obuiam ire dolori tuo, cui uiri quoque libenter haerent et incubant, nec spem concepis-
sem, tam iniquo tempore, tam inimico iudice, tam
inuidioso crimine, posse me efficere ut fortunam
tuam absolueres. Fiduciam mihi dedit exploratum
iam robur animi et magno experimento approbata
uirtus tua. 2 Non est ignotum qualem te in persona
patris tui gesseris, quem non minus quam liberos
dilexisti, excepto eo quod non optabas superstitem;
nec scio an et optaueris : permittit enim sibi quaedam contra bonum morem magna pietas. Mortem
A. Cremutii Cordi parentis tui quantum poteras inhi-
buisti. Postquam tibi apparuit inter Seianianos satel-
lites illam unam patere seruitutis fugam, non fauisti
consilio eius, sed dedisti manus uicta, fudistique

I, 2 in persona *edd. antiqq.;* inpersonam *A* || Seianianos *Agri-
cola;* sillanianos *A^5* (silanianos *ut uid. A^1*) || seruitutis *Lectius;*
seruituti *A.*

TROSTSCHRIFT AN MARCIA

I. 1 Marcia, wenn ich nicht wüßte, daß du so weit von der
Schwäche weiblichen Gemütes wie von den übrigen Fehlhaltungen entfernt bist und man deinen Charakter gleichsam
als Muster aus alter Zeit ansieht – nicht wagte ich es, ent-
gegenzutreten deinem Schmerz, dem auch Männer gerne
nachhängen und erliegen; und nicht hätte ich Hoffnung ge-
schöpft, zu einem so ungünstigen Zeitpunkt, bei einem so
abweisenden Richter, bei einer so heimtückischen Beschuldigung könne ich es erreichen, daß du dein Schicksal frei-
sprächest. Vertrauen hat mir gegeben die bereits erprobte
Kraft deiner Seele und deine bei einer schweren Belastungs-
probe bewährte Charakterfestigkeit. 2 Nicht ist unbekannt,
wie du dich gegenüber deinem Vater verhalten, den du nicht
weniger als deine Kinder geliebt hast, ausgenommen den
Wunsch, er möge [dich] nicht überleben; vielleicht hast du es
auch gewünscht: es gestattet sich nämlich manches gegen die
gute Sitte die innige Kindesliebe. Den Tod des Aulus Cremutius Cordus[1], deines Vaters, hast du, soweit du konntest, zu
hindern gesucht. Nachdem dir deutlich geworden war, daß
inmitten der Kreaturen des Seianus einzig jener Fluchtweg
vor der Knechtschaft offenstehe, hast du zwar seine Absicht
nicht gutgeheißen, aber deine Hände sinken lassen, besiegt,
und du hast Tränen vergossen[2]; in der Öffentlichkeit hast du

---

[1] Diese Anmerkung wie auch die folgenden finden sich im Anhang
dieses Bandes.

lacrimas palam et gemitus deuorasti quidem, non
tamen hilari fronte texisti; et haec illo saeculo, quo
magna pietas erat nihil impie facere. 3 Vt uero
aliquam occasionem mutatio temporum dedit, ingenium patris tui, de quo sumptum erat supplicium,
in usum hominum reduxisti et a uera illum uindi-
casti morte, ac restituisti in publica monumenta
libros quos uir ille fortissimus sanguine suo scripserat. Optime meruisti de romanis studiis : magna
illorum pars arserat; optime de posteris, ad quos
ueniet incorrupta rerum fides, auctori suo magno
imputata; optime de ipso, cuius viget uigebitque
memoria quamdiu in pretio fuerit romana cognosci,
quamdiu quisquam erit qui reuerti uelit ad acta
maiorum, quamdiu quisquam qui uelit scire quid
sit uir romanus, quid, subactis iam ceruicibus omnium et ad Seianianum iugum adactis, indomitus,
quid sit homo ingenio, animo, manu liber. 4 Magnum mehercules detrimentum res publica ceperat,
si illum ob duas res pulcherrimas in obliuionem
coniectum, eloquentiam et libertatem, non eruisses.
Legitur, floret : in manus hominum, in pectora re-
ceptus, uetustatem nullam timet; at illorum carni-
ficum cito scelera quoque, quibus solis memoriam
meruerunt, tacebuntur.
  5 Haec magnitudo animi tui uetuit me ad sexum
tuum respicere, uetuit ad uultum, quem tot annorum continua tristitia, ut semel obduxit, tenet. Et
uide quam non subrepam tibi nec furtum facere
affectibus tuis cogitem : antiqua mala in memoriam reduxi et, ut scires hanc quoque plagam
esse sanandam, ostendi tibi aeque magni uulneris cicatricem. Alii itaque molliter agant et blan-

---

3 mutatio temporum *ug.;* mutato tempore *A.*
4 floret *F;* florej *A* || tacebuntur *dett.;* tacebunt *A.*
5 ut scires *Schultess;* uis scire *A.*

auch deine Seufzer hinuntergeschluckt wenigstens, nicht dennoch mit heiterer Miene verdeckt; und das in einer Zeit, wo
es große Kindesliebe war, nicht gegen diese Liebe zu verstoßen. 3 Nachdem aber eine Gelegenheit der Wandel der
Zeiten gegeben hatte, hast du die Begabung deines Vaters –
an ihr war vollzogen worden die Hinrichtung – wieder in den
Verkehr mit den Menschen zurückgeführt und von dem wahren Tod ihn befreit, und du hast wieder eingesetzt in ihren
Rang als Geschichtswerk unserer Nationalliteratur die Bücher, die jener überaus tapfere Mann mit seinem Blut geschrieben hatte. Hervorragend hast du dich um die römische
Literatur verdient gemacht: ein großer Teil der Bücher war
in Flammen aufgegangen; hervorragend um die Nachfahren,
zu denen kommen wird unverfälscht verläßliche Kunde über
die geschichtlichen Ereignisse, Kunde, die man ihrem Verfasser zum Verdienst anrechnet; hervorragend um ihn selbst,
dessen Andenken lebt und leben wird, solange man Wert darauf legt, römische Geschichte kennenzulernen, solange es
jemanden gibt, der sich zurückwenden will zu den Taten der
Vorfahren, solange es einen gibt, der wissen will, was ist ein
römischer Mann, was, nachdem bereits die Nacken aller
gebeugt und unter das Joch des Seianus gezwungen waren,
ein Unbezwungener, was ein Mensch, in Denken, Wollen,
Handeln frei.   4 Großen, beim Herkules, Verlust hätte der
Staat erlitten, wenn du ihn, der wegen zweier herrlicher
Dinge – Sprachbeherrschung und innerer Freiheit – in die
Vergessenheit geworfen, nicht wieder ans Licht hervorgeholt
hättest. Er wird gelesen, er steht in hohem Ansehen: wieder
in den Händen der Menschen, in ihren Herzen, braucht er
kein Alter zu fürchten; aber selbst jener Henkersknechte
Verbrechen, durch die allein sie sich Erwähnung verdient
haben, werden rasch im Schweigen versinken.

  5 Diese Größe deiner Gesinnung verbietet es mir, auf dein
Geschlecht Rücksicht zu nehmen, auf dein Antlitz, das die
so vieler Jahre ständige Trauer, nachdem sie es einmal verdüstert hat, gefangenhält. Und sieh, wie ich mich nicht einschmeicheln will bei dir noch unlauteres Spiel mit deinen
Gefühlen zu treiben gedenke: altes Unglück habe ich wieder
zu Bewußtsein gebracht, und damit du weißt, daß auch
dieser[3] Schlag zu heilen ist, habe ich dir gezeigt eine Narbe
von gleich schwerer Verwundung. Andere also mögen sanft
vorgehen und gefällig verfahren; *ich* bin entschlossen, mit

diantur; ego confligere cum tuo maerore constitui, et
defessos exhaustosque oculos, si uerum uis, magis
iam ex consuetudine quam ex desiderio fluentes,
continebo, si fieri potuerit, fauente te remediis tuis,
si minus, uel inuita, teneas licet et amplexeris dolorem tuum, quem tibi in filii locum superstitem
fecisti. 6 Quis enim erit finis? Omnia in superuacuum tentata sunt : fatigatae allocutiones amicorum,
auctoritates magnorum et affinium tibi uirorum,
studia, hereditarium et paternum bonum, surdas
aures irrito et uix ad breuem occupationem proliciente solacio transeunt. Illud ipsum naturale remedium temporis, quod maximas quoque aerumnas
componit, in te una uim suam perdidit. 7 Tertius
iam praeteriit annus, cum interim nihil ex primo illo
impetu cecidit : renouat se et corroborat cotidie luctus et iam sibi ius mora fecit, eoque adductus est
ut putet turpe desinere. Quemadmodum omnia uitia
penitus insidunt, nisi dum surgunt oppressa sunt,
ita haec quoque tristia et misera et in se saeuientia
ipsa nouissime acerbitate pascuntur, et fit infelicis
animi praua uoluptas dolor. 8 Cupissem itaque primis temporibus ad istam curationem accedere : le-
niore medicina fuisset oriens adhuc restringenda
uis; uehementius contra inueterata pugnandum est.
Nam uulnerum quoque sanitas facilis est dum a
sanguine recentia sunt; tunc et uruntur et in altum
reuocantur et digitos scrutantium recipiunt, ubi cor-
rupta in malum ulcus uerterunt. Non possum nunc
per obsequium nec molliter assequi tam durum dolorem : frangendus est.

6 proliciente *Waltz;* proficiente *F;* proficientes *A.*

7 et iam *ug.;* etiam *A* ‖ fit infelicis *ug.;* fiit (?) infelicis *A*ᵛ
(finit felicis *ut uid. A*¹). ‖ praua *ug.;* prauo *A.*

deiner Trauer zu kämpfen, und deine ermüdeten und leerge-
weinten Augen, die, wenn du die Wahrheit willst, bereits
mehr aus Gewohnheit als aus Sehnsucht fließen, will ich
einhalten lassen – wenn es geschehen kann, während du dich
hingibst den Heilmitteln für dich, wenn nicht, sogar gegen
deinen Willen, magst du auch festhalten und umarmen deinen
Schmerz, den du dir als Ersatz an die Stelle des Sohnes gesetzt hast. 6 Was nämlich wird das Ende sein? Alles ist
vergeblich versucht worden: erschöpft der Zuspruch der
Freunde, das moralische Gewicht bedeutender und dir ver-
wandter Männer, die wissenschaftliche Arbeit, Erbgut deines
Vaters – an tauben Ohren, da doch vergeblich oder kaum zu
kurzer Beschäftigung reizt der Trost, gehen sie vorbei. Gerade jenes natürliche Heilmittel der Zeit, das auch den
schwersten Kummer lindert, an dir allein hat es seine Kraft
vertan. 7 Das dritte Jahr schon ist vergangen, ohne daß
inzwischen etwas von jenem ersten Ansturm nachgelassen
hat: es erneuert sich und gewinnt an Stärke täglich die
Trauer, und schon hat sie sich Recht durch Verzug geschaffen; dahin hat sie sich führen lassen, daß sie es für schändlich
hält, aufzuhören. Wie alle Fehler tief innen Fuß fassen, wenn
sie nicht, solange sie sich entwickeln, unterdrückt worden
sind, so nähren sich auch diese trüben, unseligen und gegen
sich wütenden Empfindungen zuletzt gerade von der Bitternis, und es wird zu einer unglücklichen Seele verbogener
Freude der Schmerz. 8 Ich hätte es daher gewünscht, in der
ersten Zeit an die Behandlung gehen zu können: mit gelin-
derer Medizin, entstehend noch, wäre einzuschränken gewesen die Gewalt; heftiger muß man gegen das, was Wurzeln
geschlagen hat, kämpfen. Denn auch die Heilung von Wunden ist leicht, solange sie noch vom Blute frisch sind; *dann*
werden sie gekautert und gehen in die Tiefe und nehmen die
Finger der Untersuchenden auf, sobald sie, infiziert, sich in
böse Schwären verwandelt haben. Nicht kann ich jetzt,
weder mit Beflissenheit noch auf sanfte Weise, beikommen so
verhärtetem Schmerz: er muß gebrochen werden.

II. **1** Scio a praeceptis incipere omnes qui monere
aliquem uolunt, in exemplis desinere. Mutari hunc
interim morem expedit. Aliter enim cum alio agen-
dum est : quosdam ratio ducit; quibusdam nomina
clara opponenda sunt et auctoritas quae liberum non
relinquat animum. **2** Ad speciosa stupenti duo tibi
ponam ante oculos maxima et sexus et saeculi tui
exempla : alterius feminae quae se tradidit feren-
dam dolori; alterius quae, pari affecta casu, maiore
damno, non tamen dedit longum in se malis suis
dominium, sed cito animum in sedem suam reposuit.
3 Octauia et Liuia, altera soror Augusti, altera uxor,
amiserunt filios iuuenes, utraque spe futuri prin-
cipis certa : Octauia Marcellum, cui et auunculus et
socer incumbere coeperat, in quem onus imperii
reclinare, adulescentem animo alacrem, ingenio potentem, frugalitatis continentiaeque in illis aut annis
aut opibus non mediocriter admirandae, patientem
laborum, uoluptatibus alienum, quantumcumque
imponere illi auunculus et, ut ita dicam, inaedificare
uoluisset laturum; bene legerat nulli cessura pon-
deri fundamenta. **4** Nullum finem per omne uitae
suae tempus flendi gemendique fecit, nec ullas admisit uoces salutare aliquid afferentes; ne auocari
quidem se passa est, intenta in unam rem et toto
animo affixa. Talis per omnem uitam fuit, qualis in
funere : non dico non est ausa consurgere, sed al-
leuari recusans, secundam orbitatem iudicans lacrimas amittere. Nullam habere imaginem filii caris-
simi uoluit, nullam sibi de illo fieri mentionem.
5 Oderat omnes matres et in Liuiam maxime fure-

II, **1** animum. Ad speciosa stupenti duo *Waltz; antea sic interpungebant :* animum ad speciosa stupenti. Duo.....
  3 imperii *ug.;* imperiti *A. Verba* in quem..... reclinare *forsitan
delenda sint* || potentem *dett.;* inpotentem *A* || frugalitatis *Muret;*
sed frugalitatis *A.*
  4 amittere *edd, antiqq.;* mittere *A.*

II. 1 Ich weiß, mit Vorschriften beginnen alle, die jemanden ermahnen wollen, mit Beispielen hören sie auf. Zu
ändern diese Sitte ist bisweilen förderlich. Auf eine Weise
nämlich ist mit diesem, auf andere mit jenem umzugehen:
manche beeinflußt Vernunft; manchen muß man berühmte
Namen entgegenhalten und ein bedeutendes Vorbild, das
nicht ohne Eindruck läßt die Seele. 2 Da du glanzvolle
Beispiele bewunderst, will ich dir vor Augen stellen zwei
hochbedeutende deines Geschlechtes *und* deiner Zeit: das der
einen Frau, die sich zur Beute auslieferte dem Schmerz, das
der anderen, die, von gleichem Schicksal betroffen, aber
größerem Verlust, dennoch nicht überließ ihrem Unglück
lange Herrschaft über sich, sondern rasch die Seele wieder an
ihren Platz brachte. 3 Octavia und Livia, die eine die
Schwester des Augustus, die andere seine Frau, verloren die
Söhne in jungem Alter, jede von beiden sicher in der Hoffnung auf künftiges Kaisertum: Octavia den Marcellus, auf
den sich sein Onkel und Schwiegervater zu stützen, auf den
er die Last der Herrschaft zu übertragen begonnen hatte,
einen jungen Mann, von Wesen feurig, an Begabung reich,
von Anspruchslosigkeit und Selbstbeherrschung, die bei seinen Jahren oder seiner einflußreichen Stellung nicht wenig
bewundernswert, ausdauernd in Strapazen, Genüsse ableh-
nend, wieviel immer ihm aufzuladen der Onkel und, sozusagen, auf ihm zu erbauen gewollt hätte, zu tragen bereit;
gut hatte er gewählt ein keiner Last nachgebendes Fundament. 4 Kein Ende, durch die ganze Zeit ihres Lebens,
machte sie mit ihrem Weinen und Seufzen, und keine Worte
ließ sie zu sich, wenn sie etwas Heilsames brachten; nicht einmal sich ablenken zu lassen hat sie geduldet, nur mit *einem*
Gedanken beschäftigt und ihm mit ganzer Seele anhängend.
So war sie ihr ganzes Leben wie beim Begräbnis: nicht sage
ich, sie hat es nicht gewagt, sich aufzuraffen, sondern sich
erheitern zu lassen weigerte sie sich, weil sie es für einen
zweiten Verlust des Sohnes hielt, auf ihre Tränen zu verzichten. Kein Bild besitzen von ihrem heiß geliebten Sohn wollte
sie, keine Erwähnung seiner in ihrer Gegenwart dulden.
5 Sie haßte alle Mütter, und gegen Livia wütete sie am mei-

bat, quia uidebatur ad illius filium transisse sibi
promissa felicitas. Tenebris et solitudini familia-
rissima, ne ad fratrem quidem respiciens, carmina
celebrandae Marcelli memoriae composita aliosque
studiorum honores reiecit et aures suas aduersus
omne solacium clusit. A sollemnibus officiis seducta
et ipsam magnitudinis fraternae nimis circumlu-
centem fortunam exosa, defodit se et abdidit. Assi-
dentibus liberis, nepotibus, lugubrem uestem non
deposuit, non sine contumelia omnium suorum, quibus saluis orba sibi uidebatur.

III. 1 Liuia amiserat filium Drusum, magnum futurum principem, iam magnum ducem : intrauerat
penitus Germaniam et ibi signa romana fixerat, ubi
uix ullos esse Romanos notum erat. In expeditione
decesserat, ipsis illum hostibus aegrum cum uene-
ratione et pace mutua prosequentibus nec optare
quod expediebat audentibus. Accedebat ad hanc mortem, quam ille pro re publica obierat, ingens ciuium
prouinciarumque et totius Italiae desiderium, per
quam, effusis in officium lugubre municipiis colo-
niisque, usque in Vrbem ductum erat funus triumpho simillimum. 2 Non licuerat matri ultima filii
oscula gratumque extremi sermonem oris haurire.
Longo itinere reliquias Drusi sui prosecuta, tot per
omnem Italiam ardentibus rogis, quasi totiens illum
amitteret, irritata, ut primum tamen intulit tumulo,
simul et illum et dolorem suum posuit, nec plus do-
luit quam aut honestum erat Caesare aut aequum
altero filio saluo. Non desiit denique Drusi sui cele-
brare nomen, ubique illum sibi priuatim publiceque
repraesentare, libentissime de illo loqui, de illo au-

III, 1 signa romana fixerat *Muret;* signum Romani fixerunt *A.*
2 ultima *F;* utinam *A*[5] || illum amitteret *F;* illam amitteret *A* ||
aequum altero filio saluo *Gertz;* aequo maluo *A* || cum memoria

sten, weil auf ihren Sohn übergegangen schien das ihr ver-
sprochene Glück. Mit dem Dunkel und der Einsamkeit am
vertrautesten, nicht einmal auf den Bruder Rücksicht neh-
mend, wies sie Gedichte, zu feiern das Andenken des Marcellus verfaßt, und andere Ehrungen in der Literatur zurück
und verschloß ihre Ohren gegen jeden Trost. Von den offiziellen Feierlichkeiten zurückgezogen und gerade gegen die allzu
leuchtende Stellung des Bruders voll Haß, vergrub und ver-
steckte sie sich. Obwohl ihr zur Seite waren Kinder und
Enkel, legte sie das Trauerkleid nicht ab, nicht ohne Kränkung aller Ihren, trotz deren Existenz sie sich verwaist vor-
kam.

III. 1 Livia hatte verloren den Sohn Drusus, der künftig
ein bedeutender Prinzeps, gegenwärtig schon großer Feldherr: eingedrungen war er tief in Germanien[4] und hatte dort
die römischen Hoheitszeichen aufgerichtet, wo kaum bekannt
war, daß es so etwas wie Römer gebe. Bei dieser Unternehmung war er gestorben, und die Feinde selbst geleiteten ihn
während seiner Krankheit unter Hochachtung und gegenseitiger Waffenruhe, und nicht zu wünschen, was ihnen förderlich, wagten sie. Es wuchs bei diesem Tode, den er im
Dienste für den Staat erlitten hatte, zu ungeheurer Größe
der Bürger und Provinzen und ganz Italiens Sehnsucht, [des
Landes,] durch das – während herbeiströmten zu trauriger
Pflicht die Landstädte und Bürgersiedlungen – bis nach Rom
geführt wurde der Zug mit dem Sarg, einem Triumph sehr
ähnlich. 2 Nicht war es der Mutter vergönnt, die letzten
Küsse [zu empfangen] und das liebevolle Wort des Abschie-
des in sich aufzunehmen. Auf dem langen Weg geleitete sie
die sterblichen Reste ihres Drusus, und als so viele Scheiterhaufen über ganz Italien hin brannten, regte sie sich auf –
gleich als ob sie so oft den Sohn verliere; sobald sie ihn jedoch
beigesetzt hatte, legte sie zugleich ihn und ihren Schmerz zur
Ruhe, und nicht trauerte sie mehr, als es der Anstand erfor-
derte, da der Kaiser, oder die Billigkeit, da der andere Sohn
noch lebte. Nicht hörte sie endlich auf, ihres Drusus Namen
zu rühmen, überall ihn in Familie und Öffentlichkeit sich
gegenwärtig zu halten, sehr gern von ihm zu sprechen, von

dire : cum memoria illius uixit, quam nemo potest
retinere et frequentare, qui illam tristem sibi reddidit.

3 Elige itaque utrum exemplum putes proba-
bilius. Si illud prius sequi uis, eximes te numero
uiuorum : auersaberis et alienos liberos et tuos, ip-
sumque quem desideras; triste matribus omen oc-
curres; uoluptates honestas, permissas, tamquam parum decoras fortunae tuae reicies; inuisa haerebis
in luce, et aetati tuae, quod non praecipitet te quam-
primum et finiat, infestissima eris; quod turpissi-
mum alienissimumque est animo tuo in meliorem
noto partem, ostendes te uiuere nolle, mori non
posse. 4 Si ad hoc maximae feminae te exemplum
applicueris moderatius, mitius, non eris in aerumnis
nec te tormentis macerabis. Quae enim, malum!
amentia est, poenas a se infelicitatis exigere et mala
sua manu augere! Quam in omni uita seruasti morum probitatem et uerecundiam, in hac quoque re
praestabis : est enim quaedam et dolendi modestia.
Illum ipsum iuuenem, dignissimum qui te laetam
semper nominatus cogitatusque faciat, meliore po-
nes loco, si matri suae, qualis uiuus solebat, hilaris
et cum gaudio occurret.

IV. 1 Nec te ad fortiora ducam praecepta, ut in-
humano ferre humana iubeam modo, ut ipso funebri
die oculos matris exsiccem. Ad arbitrum tecum ue-

illius uixit, quam nemo *Haase;* cum memoria | lius uix nemo *A.*

3 eximes *Michaëlis;* eximis *A* || ipsumque quem desideras *Mad-
vig;* ipsumque desiderans *A* || occurres *Pincianus;* occurrere *A*
(*corr. ex* occurreres) || in luce *dett.;* in lucem *A* || in meliorem
noto partem *Muret;* in meliore noto parte *A.*

4 manu augere *Waltz;* non augere *A* || dignissimum qui te
laetam *Madvig;* dignissime quietam *A* || hilaris et *ug.;* hilaris.
quam et *A;* hilarisque et *dett.* || occurret *Ltpse;* occurrit *A.*

IV, **1** inhumano *Muret;* humano *A* || ipso *F;* ipse *A* || arbitrum

ihm zu hören: mit dem Gedenken an ihn lebte sie, das niemand festhalten und erneuern kann, der es zur Quelle von
Trauer gemacht hat.

3 Wähl also: welches von beiden Beispielen hältst du für
anerkennenswerter? Wenn jenem ersten du dich anschließen
willst, wirst du dich ausschließen aus der Zahl der Lebenden:
entfremden wirst du dich den Kindern anderer und den eigenen und eben dem, den du vermißt; als ein Vorzeichen von
Unheil wirst du den Müttern begegnen; die ehrbaren Freuden, obwohl gestattet, wirst du als zu wenig schicklich deinem
Schicksal von dir weisen; verhaßt wirst du dem Licht des
Tages verhaftet sein, und mit deinem Alter, daß es nicht
sofort dich niederwirft und ein Ende mit dir macht, wirst du
heftig hadern; was am schimpflichsten und fremdesten ist,
rechne ich deiner Seele zum Guten an: du wirst den Eindruck
machen, daß du leben nicht willst, sterben nicht kannst.
4 Wenn du diesem Vorbild einer erhabenen Frau dich zuge-
wendet hast, einem maßvolleren und sanfteren, wirst du nicht
in trüben Stimmungen leben und dich unter Qualen zermartern.
Was nämlich, verdammt nochmal, ist es für ein Unsinn, zu strafen sich für sein Unglück und das eigene Elend noch zu vermeh-
ren[5]! Die du im ganzen Leben bewahrt hast deines Charakters
Rechtschaffenheit und Feingefühl, auch in diesem Punkt wirst
du sie beweisen: es gibt nämlich auch eine Art Bescheidenheit
im Schmerz. Gerade diesen jungen Mann, der es so sehr wert,
dich stets froh zu machen, wird er genannt und seiner gedacht – ihn wirst du an eine bessere Stelle setzen, wenn er
seiner Mutter – wie er es zu Lebzeiten tat – heiter und voll
Freude begegnet.

IV. 1 Und nicht will ich dich auf kräftigere Regeln ver-
weisen, daß ich in übermenschlicher Weise Menschliches zu
ertragen dich anhalte, daß ich am Tage der Beisetzung
selber die Augen der Mutter trockne. Vor den Schiedsrichter

niam : hoc inter nos quaeretur, utrum magnus dolor
esse debeat an perpetuus. 2 Non dubito quin Iuliae
Augustae, quam familiariter coluisti, magis tibi placeat exemplum : illa te ad suum consilium uocat.
Illa in primo feruore, cum maxime impatientes fero-
cesque sunt miseriae, consolandam se Areo, philosopho uiri sui, praebuit, et multum eam rem pro-
fuisse sibi confessa est : plus quam populum ro-
manum, quem nolebat tristem tristitia sua facere;
plus quam Augustum, qui, subducto altero admi-
niculo, titubabat nec luctu suorum inclinandus erat;
plus quam Tiberium filium, cuius pietas efficiebat
ut in illo acerbo et defleto gentibus funere nihil sibi
nisi numerum deesse sentiret. 3 Hic, ut opinor, adi-
tus illi fuit, hoc principium apud feminam opinionis
suae custodem diligentissimam : « Vsque in hunc
diem, Iulia, quantum quidem ego sciam, assiduus
uiri tui comes, cui non tantum quae in publicum
emittuntur nota, sed omnes sunt secretiores animorum uestrorum motus, dedisti operam ne quid esset
quod in te quisquam reprehenderet; nec id in maioribus modo obseruasti, sed in minimis, ne quid fa·
ceres cui famam, liberrimam principum iudicem,
uelles ignoscere. 4 Nec quicquam pulchrius existimo
quam in summo fastigio collocatos multarum rerum ueniam dare, nullius petere. Seruandus itaque
tibi in hac quoque re tuus mos est, ne quid commit-
tas quod minus aliterue factum uelis.

ug.; **arbitrium A.**

2 maxime *ug.;* maximae A || consolandam se Areo *Madvig* (se
consolandam Areo *Pincianus*); consulareo A || confessa est *F;*
confessa A.

3 diligentissimam *F;* diligentissimum A || uiri tui *ug.;* uirtutis A
|| emittuntur *F;* emittunt A || liberrimam *ug.;* uberrimam A.

4 collocatos multarum *dett.;* collocatas multorum A || ne quid *F;*
ne quis A.

will ich mit dir treten: diese Frage soll zwischen uns erörtert
werden, ob groß der Schmerz sein soll oder andauernd.
2 Nicht bezweifle ich, daß der Iulia Augusta[6], die du freund-
schaftlich verehrt hast, Beispiel mehr dir gefalle: sie fordert
dich zu ihrem klugen Verhalten auf. Sie hat in der ersten
Aufwallung, da besonders unerträglich und wild die Empfindungen des Unglückes sind, zu Trost sich dem Areus, einem
Philosophen [aus der Umgebung] ihres Mannes, anvertraut,
und daß viel diese Tatsache ihr half, hat sie gestanden – mehr
als das Römische Volk, das sie nicht traurig machen wollte
mit ihrem Kummer, mehr als Augustus, der nach dem
Verlust der einen Stütze schwankte und nicht mit dem
Kummer der Seinen belastet werden durfte, mehr als ihr
Sohn Tiberius, dessen Liebe bewirkte, daß sie bei jenem
bitteren und von Völkern beweinten Begräbnis kein Fehlen –
wenn nicht der Zahl – empfand. 3 Das, meine ich, war der
Zugang für ihn, das der Beginn bei der Frau, die ihres Rufes
äußerst sorgfältige Wächterin: „Bis zu diesem Tage, Iulia,
soweit ich wenigstens weiß, hast du, deines Mannes immer
gegenwärtiger Begleiter, dem nicht nur, was in die Öffentlichkeit dringt, bekannt ist, sondern auch alle verborgeneren
Regungen eurer Seelen, – hast du dir Mühe gegeben, daß es
nichts gebe, was an dir jemand kritisiere; und nicht hast du
das bei Wichtigerem nur beachtet, sondern auch bei den
Kleinigkeiten: nichts zu tun, dem die öffentliche Meinung,
freimütigster Richter der Herrscher, nach deinem Wunsche
verzeihen müßte. 4 Und nichts halte ich für schöner, als
daß die, welche den höchsten Rang einnehmen, bei vielen
Dingen Verzeihung üben, bei keinem verlangen. Beibehalten
mußt du daher auch in diesem Fall deine Sitte, nichts zu tun,
was du nicht oder anders getan wissen willst.

V. 1 » Deinde oro atque obsecro ne te difficilem amicis et intractabilem praestes. Non est enim quod ignores omnes hos nescire quemadmodum se gerant, loquantur aliquid coram te de Druso an nihil, ne aut obliuio clarissimi iuuenis illi faciat iniuriam aut mentio tibi. 2 Cum secessimus et in unum conuenimus, facta eius dictaque quanto meruit suspectu celebramus; coram te altum nobis de illo silentium est. Cares itaque maxima uoluptate, filii tui laudibus, quas non dubito quin uel impendio uitae, si potestas detur, in aeuum omne sis prorogatura. 3 Quare patere, immo accerse sermones quibus ille narretur, et apertas aures praebe ad nomen memoriamque filii tui, nec hoc graue duxeris ceterorum more, qui in eiusmodi casu partem mali putant audire solacia. 4 Nunc incubuisti tota in alteram partem et, oblita meliorum, fortunam tuam qua deterior est aspicis. Non conuertis te ad conuictus filii tui occursusque iucundos, non ad pueriles dulcesque blanditias, non ad incrementa studiorum : ultimam illam faciem rerum premis; illi, tamquam si parum ipsa per se horrida sit, quicquid potes congeris. Ne, obsecro te, concupieris peruersissimam gloriam, infelicissima uideri! 5 Simul cogita non esse magnum rebus prosperis fortem gerere, ubi secundo cursu uita procedit : ne gubernatoris quidem artem tranquillum mare et obsequens uentus ostendit; aduersi aliquid incurrat oportet, quod animum probet. 6 Proinde ne summiseris te; immo contra fige stabilem gradum et quicquid onerum supra te cecidit sustine, primo

---

V, **1** iniuriam *F;* iniuria *A.*

2 altum *unus dett.;* aliud *A* || maxima *F;* maxime *A.*

3 duxeris *F;* dixeris *A.*

4 conuertis te *F;* conuertistite *A.* || illi, tanquam si *Madvig;* illi tanquam *F;* inlitam quasi *A* (in illam, quasi *Fickert*).

6 supra te *P. Thomas;* supra *A.*

V. 1 Ferner bitte und beschwöre ich dich, dich nicht unzugänglich deinen Freunden und abweisend zu zeigen. Nicht nämlich gibt es einen Grund, nicht zu wissen, daß alle diese im Ungewissen sind, wie sie sich verhalten sollen – ob sie etwas sagen sollen, in deiner Gegenwart, von Drusus oder nicht –, damit nicht entweder ein Übergehen des herrlichen jungen Mannes ihm Unrecht tue oder eine Erwähnung dich verletze. 2 Wenn wir unter uns sind und uns versammelt haben, feiern wir seine Taten und Worte mit der Hochachtung, die er verdient hat; in deiner Gegenwart herrscht bei uns tiefes Schweigen über ihn. Du entbehrst daher eine überaus große Freude, deines Sohnes Ruhm, den du, daran zweifle ich nicht, sogar um den Preis deines Lebens, wenn es die Möglichkeit gibt, in alle Ewigkeit verlängern wirst. 3 Daher dulde, vielmehr hol herbei die Gespräche, in denen von ihm erzählt wird, und offene Ohren biete dar bei dem Namen und der Erwähnung deines Sohnes; und nicht halt das für unerträglich nach der übrigen Menschen Art, die es bei einem solchen Schicksalsfall für einen Teil ihres Unglücks halten, zu hören Tröstungen. 4 Jetzt hast du dich geworfen ganz auf die eine Seite, und vergessend des Besseren, betrachtest du dein Schicksal von der schlechteren Seite. Nicht wendest du dich [in Gedanken] zum Zusammenleben mit deinem Sohn, nicht zu den erfreulichen Begegnungen, nicht zu den kindlichen und zärtlichen Liebkosungen, nicht zu den Fortschritten seiner Studien: an jene letzte Gestaltung der Dinge denkst du unaufhörlich; mit ihr bringst du, als ob sie aus sich selber zu wenig schrecklich sei, was immer du kannst, zusammen. Nicht – ich beschwöre dich – begehr den verkehrtesten Ruhm, als die Unglücklichste zu gelten. 5 Zugleich bedenke: nicht ist es ein Großes, im Glück sich stark zu zeigen, wo in günstigem Verlauf das Leben vorwärts geht – nicht einmal des Steuermanns Geschicklichkeit erweist ruhiges Meer und fügsamer Wind; von Widrigem muß etwas vorkommen, was seinen Mut auf die Probe stellt. 6 Daher unterwirf dich nicht; nein, im Gegenteil setz fest den Schritt, und was immer an Belastungen über dich hereinbricht, halt es aus, wenn auch vom ersten Getöse in Schrecken versetzt.

dumtaxat strepitu conterrita. Nulla re maior inuidia
fortunae fit quam aequo animo. » Post haec ostendit
illi filium incolumem, ostendit ex amisso nepotes.

VI. 1 Tuum illic, Marcia, negotium est actum, tibi
Areus assedit. Muta personam : te consolatus est. Sed
puta, Marcia, ereptum tibi amplius quam ulla umquam mater amiserit : non permulceo te nec exte-
nuo calamitatem tuam. 2 Si fletibus fata uincuntur,
conqueramur : eat omnis inter luctus dies; noctem
sine somno tristitia consumat; ingerantur lacerato
pectori manus et in ipsam faciem impetus fiat, atque
omni se genere saeuitiae profecturus maeror exerceat. Sed, si nullis planctibus defuncta reuocantur,
si sors immota et in aeternum fixa nulla miseria
mutatur et mors tenuit quicquid abstulit, desinat dolor qui perit. 3 Quare regamur, nec nos ista uis
transuersos auferat! Turpis est nauigii rector cui
gubernacula fluctus eripuit, qui fluitantia uela deseruit, permisit tempestati ratem; at ille uel in nau-
fragio laudandus, quem obruit mare clauum tenen-
tem et obnixum.

VII. 1 — At enim naturale desiderium suorum est.
— Quis negat, quamdiu modicum est? Nam discessu,
non solum amissione carissimorum necessarius
morsus est et firmissimorum quoque animorum con-
tractio. Sed plus est quod opinio adicit quam quod
natura imperauit. 2 Aspice mutorum animalium
quam concitata sint desideria, et tamen quam breuia:
uaccarum uno die alteroue mugitus auditur, nec diutius equarum uagus ille amensque discursus est;

VI, 1 est actum *Waltz;* actum *A.*
2 conqueramur *Waltz;* conferamus *A.*
3 clauum *Erasme;* nauem *A.*
VII, 1 quod (*ante* opinio) *F;* quam *A.*

Durch nichts wird größer die Mißstimmung des Schicksals als durch Gelassenheit." Danach wies er sie hin auf den lebenden Sohn, wies er sie hin auf die Enkel von dem verlorenen.

VI. 1 Um *deine* Not, Marcia, hat es sich dort gehandelt, neben *dir* hat Areus gesessen. Ändere die Person: *dich* hat er getröstet. Doch denk, Marcia, entrissen sei dir mehr, als jemals eine Mutter verloren hat: nicht suche ich dich zu besänftigen noch verkleinere ich dein Unglück. 2 Wenn durch Weinen das Schicksal bezwungen wird, wollen wir gemeinsam klagen: es gehe unter Trauern jeder Tag dahin; die Nacht verbringe ohne Schlaf die Kümmernis; es sollen geschlagen werden an die schon wunde Brust die Hände, und gegen das Gesicht selber geschehe Angriff, und in jeder Art von Wildheit entfalte sich – wenn er nur etwas ausrichte – der Kummer. Aber wenn durch keinerlei Totenklage Dahingegangenes zurückgerufen wird, wenn das Schicksalslos, unbeweglich und für die Ewigkeit festgelegt, durch keinerlei Jammer geändert werden kann und der Tod behält, was immer er dahingerafft hat, dann höre der Schmerz auf, der umsonst ist. 3 Deshalb wollen wir uns lenken lassen, und nicht bringe uns diese Gewalt auf Abwege! Schmählicher [Versager] ist des Schiffes Steuermann, dem das Steuerruder die Woge entrissen hat, der die schlagenden Segel verlassen, preisgegeben hat dem Sturm das Schiff; aber jener muß sogar bei Schiffbruch gelobt werden, den [unter sich] begraben hat die Flut, das Steuerruder haltend und dagegengestemmt.

VII. 1 „Aber doch ein Natürliches ist die Sehnsucht nach den Seinen." Wer bestreitet es, solange sie in Grenzen bleibt? Denn durch Trennung, nicht nur Verlust der liebsten Menschen stellt sich unausweichlich Schmerz ein und auch bei den gefestigsten Seelen Beklommenheit. Aber mehr ist es, was die Einbildung eingibt, als was die Natur auferlegt. 2 Betrachte bei den stummen Tieren, wie aufgeregt ist Sehnsucht, und dennoch wie kurz: von Kühen hört man einen oder anderen Tag Gebrüll, und nicht länger dauert bei Stuten jenes unstete und sinnlose Umherrennen; wilde Tiere, wenn

ferae, cum uestigia catulorum consectatae sunt et
siluas peruagatae, cum saepe ad cubilia expilata
redierunt, rabiem intra exiguum tempus exstin-
guunt; aues, cum stridore magno inanes nidos cir-
cumfremuerunt, intra momentum tamen quietae uo-
latus suos repetunt. Nec ulli animali longum fetus sui
desiderium est nisi homini, qui adest dolori suo nec
tantum quantum sentit, sed quantum constituit afficitur. 3 Vt scias autem non esse hoc naturale, luc-
tibus frangi, primum magis feminas quam uiros,
magis barbaros quam placidae eruditaeque gentis
homines, magis indoctos quam doctos eadem orbitas
uulnerat. Atqui quae a natura uim acceperunt eandem in omnibus seruant; apparet non esse naturale
quod uarium est. 4 Ignis omnes aetates, omnium
urbium ciues, tam uiros quam feminas uret; ferrum
in omni corpore exhibebit secandi potentiam :
quare? quia uires illis a natura datae sunt, quae
nihil in personam constituit. Paupertatem, luctum,
contemptionem alius aliter sentit, prout illum consuetudo infecit et imbecillum impatientemque reddit
praesumpta opinio de non timendis terribilis.

VIII. 1 Deinde quod naturale est non decrescit
mora. Dolorem dies longa consumit : licet contumacissimum, cotidie insurgentem et contra remedia
efferuescentem, tamen illum efficacissimum miti-
gandae ferociae tempus eneruat. 2 Manet quidem
tibi, Marcia, etiamnunc ingens tristitia et iam uidetur duxisse callum, non illa concitata, qualis initio

2 redierunt *unus* dett.; redierint *A*.
3 placidae eruditaeque gentis *Fickert;* placidas eruditasque gen-
tes *A⁵ (corr. ex* placidae eruditaeque gentes *A¹)* || quae a natura *F;*
aqua natura *A.*
4 omnium *F;* omniumque *A* || illis *Gertz;* illi *A* || contemptionem
Waltz; ambitionem *A* || infecit et *Waltz;* antea *[also* interpunge-
bant* || *Verba* de non timendis terribilis *forsitan delenda sint.*
VIII. 1 decrescit *F;* decrescere *A* || longa *F;* longe *A.*
2 et iam *F;* etiam *A* || illa *unus* dett.; illum *A* || initio *Muret;*

sie die Spuren ihrer Jungen verfolgt haben und die Wälder
durchirrt sind – sobald sie oftmals an die geplünderte Lager-
stätte zurückgekehrt sind, lassen sie ihre Wut innerhalb kurzer Zeit erlöschen; Vögel, wenn sie mit lautem Geschrei ihre
leeren Nester umflattert haben, setzen dennoch, innerhalb
eines Augenblickes wieder ruhig, ihre Flüge fort. Und keinem
Lebewesen bleibt lange die Sehnsucht nach seinen Jungen
außer dem Menschen, der in seinem Schmerz verharrt und
nicht so viel, wie er empfindet, sondern wie er will, davon betroffen wird. 3 Damit du es aber weißt – nicht ist das natürlich, an Trauer zu zerbrechen; erstens: mehr die Frauen als
die Männer, mehr die Barbaren als die Menschen eines ruhigen und zivilisierten Volkes, mehr die Unorientierten als die
Wissenden verwundet derselbe Verlust. Und doch – was von
der Natur Kraft empfangen hat, bewahrt sie in allem als dieselbe; es zeigt sich, daß nicht natürlich ist, was verschieden-
artig. 4 Feuer brennt alle Lebensalter, aller Städte Bürger,
so Männer wie Frauen; das Schwert erweist an jedem Körper
seine Kraft zu schneiden – warum? Weil die Kraft ihnen von
Natur gegeben ist, die nicht gegen die [einzelne] Person beschlossen hat. Armut, Trauer, Verachtung empfindet der
andere anders, wie ihn gerade die Gewohnheit durchdrungen
hat und ihn schwach und leidensunfähig macht die vorge-
faßte Meinung über Dinge, die nicht zu fürchten, aber
schrecklich[7].

VIII. 1 Zweitens: was von Natur ist, nimmt nicht ab
durch die Länge der Zeit. Den Schmerz verzehrt langer
Zeitraum: mag er noch so unbeugsam sein, täglich sich auf-
bäumen und gegen alle Heilmittel aufbrausen, dennoch
schwächt ihn – am wirksamsten, zu besänftigen die Wildheit –
die Zeit. 2 Es bleibt dir freilich, Marcia, auch jetzt noch ungeheure Traurigkeit, und sie scheint bereits Verhärtung herbeigeführt zu haben – nicht jene erregte, wie sie es anfangs war,

fuit, sed pertinax et obstinata; tamen hanc quoque
tibi aetas minutatim eximet. Quotiens aliud egeris,
animus relaxabitur. Nunc te ipsa custodis : multum
autem interest utrum tibi permittas maerere an im-
peres. 3 Quanto magis hoc morum tuorum elegan-
tiae conuenit, finem luctus potius facere quam exspectare nec illum opperiri diem, quo te inuita dolor
desinat! Ipsa illi renuntia!

IX. 1 — Vnde ergo tanta nobis pertinacia in deplo-
ratione nostri, si id non fit naturae iussu? — Quod
nihil nobis mali antequam eueniat proponimus, sed,
ut immunes ipsi et aliis pacatius ingressi iter, alienis non admonemur casibus illos esse communes.
2 Tot praeter domum nostram ducuntur exsequiae :
de morte non cogitamus; tot acerba funera : nos
togam nostrorum infantium, nos militiam et pater-
nae hereditatis successionem agitamus animo. Tot
diuitum subita paupertas in oculos incidit, et nobis
numquam in mentem uenit nostras quoque opes
aeque in lubrico positas. Necesse est itaque magis
corruamus, quia ex inopinato ferimur; quae multo
ante praeuisa sunt languidius incurrunt. 3 Vis tu
scire te ad omnes expositum ictus stare et illa quae
alios tela fixerunt circa te uibrasse! Velut murum
aliquem aut obsessum multo hoste locum et arduum
ascensu semermis adeas, exspecta uulnus et illa
superne uolantia cum sagittis pilisque saxa in tuum
puta librata corpus. Quotiens aliquis ad latus aut
pone tergum ceciderit, exclama : « Non decipies me,

inillo *A* || obstinata *F;* obstinatam *A* || Nunc te *ug.;* non te *A*
(*ex incerta scriptura correctum*).

IX, 1 aliis *dett.;* alius *A* || admonemur *F;* admonet *A*.

2 quia *F ;* quasi *A* || praeuisa *F;* perculsa *A*.

3 uolantia *F;* uolentia *A* || pilisque *F;* pellisque *A* || aliquis
Gertz; aliquid *A*.

sondern hartnäckig und verstockt; dennoch wird auch sie
dir die Zeit Stück um Stück wegnehmen. Sooft du etwas
anderes tust, wird sich deine Seele entspannen. Jetzt liegst
du vor dir selber auf der Lauer: ein großer Unterschied aber
ist es, ob du dir gestattest zu trauern oder befiehlst. 3 Wieviel mehr entspricht dem hohen Niveau deiner sittlichen Begriffe, lieber ein Ende mit der Trauer zu machen, als darauf
zu warten, und nicht dem Tag entgegenzuharren, an dem dich
der Schmerz gegen deinen Willen verläßt! Du selber kündige
ihm auf!

IX. 1 ,,Woher also [kommt] uns diese große Beharrlich-
keit in unserem Selbstmitleid, wenn dies nicht geschieht auf
Geheiß der Natur?" Weil wir uns nichts von dem Unglück,
bevor es geschieht, vorstellen, sondern – als seien wir selber
unverletzlich und gingen weniger gefährdet als andere unseren Weg – uns durch fremde Schicksalsschläge nicht daran
erinnern lassen, daß sie [den Menschen] gemeinsam sind.
2 So viele Leichenzüge werden an unserem Haus vorbeige-
führt: an den Tod denken wir nicht; so viele bittere Bestat-
tungen: *wir* haben die Toga unserer Kinder, wir ihren Kriegsdienst und ihren Eintritt ins väterliche Erbe im Kopf. So
vieler Reicher plötzliche Verarmung fällt uns in die Augen,
und uns kommt niemals in den Sinn, daß auch unser Vermögen ebenso auf schlüpfrigem Boden steht. Notwendig
brechen wir daher noch mehr zusammen, weil wir unvermutet getroffen werden; was lange vorher vorausgesehen ist,
greift uns weniger heftig an. 3 Wisse du, allen Schlägen ausgesetzt stehst du, und jene Geschosse, die andere durchbohren, haben auch dich umschwirrt! Wie wenn du eine Mauer
oder einen von vielen Feinden besetzten Platz – und schwierig
zu ersteigen – unvollständig bewaffnet angehst, rechne mit
einer Verwundung, und jene aus der Höhe fliegenden Steine
zusammen mit Pfeilen und Wurfspeeren – auf deinen Körper,
denk, seien sie geschleudert. Sooft einer neben oder hinter
dir gefallen ist, ruf: ,,Nicht wirst du mich täuschen, Schick-

Fortuna, nec securum aut neglegentem opprimes.
Scio quid pares : alium quidem percussisti, sed me
petisti. » 4 Quis umquam res suas quasi perituras
aspexit? quis umquam nostrum de exsilio, de egestate, de luctu cogitare ausus est? quis non, si
admoneatur ut cogitet, tamquam dirum omen respuat et in capita inimicorum aut ipsius intempestiui monitoris abire illa iubeat? 5 « Non putaui futurum. » Quicquam tu putas non futurum quod
scis posse fieri, quod multis uides euenisse? Egregium uersum et dignum qui non e pulpito exiret :

Cuiuis potest accidere quod cuiquam potest.

Ille amisit liberos : et tu amittere potes; ille damnatus est : et tua innocentia sub ictu est. Error decipit
hic et effeminat, dum patimur quae numquam pati
nos posse prouidimus. Aufert uim praesentibus malis qui futura prospexit.

X. 1 Quicquid est hoc, Marcia, quod circa nos ex
aduenticio fulget, liberi, honores, opes, ampla atria
et exclusorum clientium turba referta uestibula, clarum nomen, nobilis aut formosa coniux ceteraque ex
incerta et mobili sorte pendentia, alieni commodatique apparatus sunt. Nihil horum dono datur. Collaticiis et ad dominos redituris instrumentis scaena
adornatur : alia ex his primo die, alia secundo referentur, pauca usque ad finem perseuerabunt. 2 Itaque non est quod nos suspiciamus, tamquam inter

4 perituras *F;* periturus *A* || nostrum *F;* uestrum *A* || ut cogitet *F;* et cogitet *A.*

5 quod scis *Madvig;* quod multis scis *A* || e pulpito exiret *Haupt;*
e populo eri et *AF* || est. Error decipit hic et effeminat *Madvig;*
es. terror decipit. hic effeminat *A*[1] (est. terror *corr. A*[5]).

X, 1 clarum nomen *Madvig;* clara *A* (*corr. ex* clarum).

sal, nicht wirst du mich sorglos oder nachlässig überwältigen.
Ich weiß, was du vorhast: einen anderen freilich hast du getroffen, aber mich hast du angegriffen." 4 Wer hat jemals
seine Verhältnisse unter dem Blickwinkel betrachtet, als
würden sie demnächst zugrunde gehen? Wer von uns hat
jemals an Verbannung, Armut, Trauer zu denken gewagt?
Wer wiese es nicht, wenn er gemahnt wird, daran zu denken,
als grausiges Vorzeichen zurück und beföhle, es möge das auf
das Haupt der Feinde oder des unzeitigen Mahners selbst
kommen? 5 „Nicht habe ich angenommen, es werde geschehen." Etwas, hast du gemeint, werde nicht geschehen,
was, wie du weißt, geschehen kann, was, wie du siehst, vielen
geschehen ist? Berühmt ein Vers, der es verdient, nicht von
der Bühne zu kommen:

Jedem kann geschehen, was einem [geschehen] kann [8].

Jener hat verloren seine Kinder: auch du kannst sie verlieren;
jener ist verurteilt worden: auch deine Unschuld steht in
Gefahr. Dieser Irrtum täuscht und nimmt die Kraft, bis wir
erdulden, wovon wir niemals vorausgesehen haben, wir
könnten es zu erdulden haben. Es nimmt die Gewalt dem
Unglück, wenn es gegenwärtig, wer es als in Zukunft möglich
vorausgesehen hat.
   X. 1 Was immer das ist, Marcia, was uns äußerlich Glanz
verleiht, Kinder, Ämter, Reichtum, weite Atrien und von der
ausgeschlossenen Abhängigen Menge gefüllte Vorräume, ein
berühmter Name, eine vornehme und schöne Gemahlin, und
das übrige, von ungewissem und flüchtigem Zufall abhängend
– von Fremdem und Geliehenem stammt der Glanz. Nichts
davon wird zum Geschenk gegeben. Mit zusammengeborg-
ten und an ihre Besitzer zurückgehenden Gegenständen wird
die Bühne ausgestattet: das eine davon wird am ersten Tage,
das andere am zweiten zurückgebracht, weniges wird bis zum
Ende verbleiben.   2 Daher gibt es keinen Anlaß, daß wir
uns einbilden, als ob wir zwischen unser Eigentum gesetzt:

nostra positi : mutua accepimus. Vsus fructusque
noster est, cuius tempus ille arbiter muneris sui
temperat : nos oportet in promptu habere quae in
incertum diem data sunt et appellatos sine querella
reddere; pessimi debitoris est creditori facere conuicium. 3 Omnes ergo nostros, et quos superstites lege
nascendi optamus et quos praecedere iustissimum
ipsorum uotum est, sic amare debemus, tamquam
nihil nobis de perpetuitate, immo nihil de diutur-
nitate eorum promissum sit. Saepe admonendus est
animus omnia amet ut recessura, immo tamquam
recedentia : quicquid a fortuna datum est tamquam exemptum auctore possideas. 4 Rapite ex liberis uoluptates, fruendos uos in uicem liberis date
et sine dilatione omne gaudium haurite : nihil de
hodierna nocte promittitur. Nimis magnam aduocationem dedi : nihil de hac hora. Festinandum est,
instatur a tergo : iam disicietur iste comitatus, iam
contubernia ista sublato clamore soluentur. Rapina
rerum omnium est : miseri nescitis in fuga uiuere!
    5 Si mortuum tibi filium doles, eius temporis quo
natus est crimen est : mors enim illi denuntiata nascenti est. In hanc legem erat datus, hoc illum fatum
ab utero statim prosequebatur. 6 In regnum fortunae et quidem durum atque inuictum peruenimus,
illius arbitrio digna atque indigna passuri. Corporibus nostris impotenter, contumeliose, crudeliter
abutetur : alios ignibus peruret uel in poenam admotis uel in remedium; alios uincet : id nunc hosti
licebit, nunc ciui; alios per incerta nudos maria

---

2 in incertum *F;* incertum *A.*
    3 quos (*ante* superstites) *F;* quod *A* || iustissimum ipsorum
uotum *F;* iustissimus ipsorum uolum *A* || omnia *addidi* || amet
ut recessura *F;* ametu. ire cessura *A* || exemptum *unus dett.;* exem-
plum *A.*
    4 iam (*ante* disicietur) *F;* tam *A.*
    5 erat datus *Waltz;* datus *A* (datus est *dett.*).

auf Borg haben wir es erhalten. Gebrauch und Nutzung stehen uns zu, deren Zeitdauer der Herr seines Geschenkes
bemißt: wir müssen bereit haben, was uns auf unbestimmte
Zeit gegeben ist, und es, aufgefordert, ohne Klage zurück-
geben; eines sehr schlechten Schuldners Art ist es, mit dem
Gläubiger Streit zu beginnen. 3 Alle die Unsern also, die
wir überlebend wünschen nach dem Gesetz der Geburt und
die [uns] vorausgehen nach ihrem eigenen, durchaus berechtigten Verlangen – *so* müssen wir sie lieben, als sei uns
nichts für ihre dauernde, nein, nicht für ihre längere Existenz
versprochen. Oft ist unser Herz daran zu erinnern: alles soll
es lieben wie etwas, was bald scheiden wird, nein, als ob es
scheide: was immer vom Schicksal gegeben ist, besitze es,
als sei es beraubt seines Bürgen. 4 Errafft die Freuden an
euren Kindern, umgekehrt gebt euch den Kindern hin zu
lieben, und ohne Aufschub nehmt in euch auf jede Freude:
nichts wird euch für die heutige Nacht versprochen. Allzu
groß habe ich dir die Frist gegeben: nichts für diese Stunde.
Eilen muß man, Gefahr droht im Rücken: bald wird ausein-
andergeworfen diese Gemeinschaft, und diese Freundschaften
werden, ist der Ruf ertönt, gelöst. Raub gibt es bei allen
Dingen: Unglückliche, ihr versteht nicht auf der Flucht zu
leben!

5 Wenn du Schmerz leidest, daß dir der Sohn gestorben,
ist es ein Vorwurf für den Zeitpunkt, da er geboren ward:
der Tod nämlich wurde ihm angekündigt bei der Geburt.
Unter dieses Gesetz war er gestellt worden, dieses Schicksal
folgte ihm sofort von Mutterleib an. 6 Unter die Herrschaft
des Schicksals, und zwar die harte und unbezwingbare, gelangen wir, nach seiner Entscheidung im Begriffe, Angemessenes und nicht Angemessenes zu leiden. Unsere Leiber wird
es unbeherrscht, schmählich, grausam mißbrauchen: die
einen wird es mit Feuern brennen, die zur Bestrafung ange-
wandt werden oder als Heilmittel; andere wird es überwältigen: das wird bald dem Feind erlaubt sein, bald dem Mit-

iactabit et luctatos cum fluctibus ne in harenam
quidem aut litus explodet, sed in alicuius immensae
uentrem beluae decondet; alios morborum uariis
generibus emaceratos diu inter uitam mortemque
medios detinebit. Vt uaria et libidinosa mancipio-
rumque suorum neglegens domina, et poenis et mu-
neribus errabit. 7 Quid opus est partes deflere? Tota
flebilis uita est : urgebunt noua incommoda prius-
quam ueteribus satisfeceris. Moderandum est itaque
uobis maxime, quae immoderate fertis, et in multos
dolores humani pectoris uis dispensanda.

XI. 1 Quae deinde ista tuae publicaeque condicionis obliuio est? Mortalis nata es, mortales peperisti :
putre ipsa fluidumque corpus et causis repleta, spe-
rasti tam imbecilla materia solida et aeterna ges-
tasse? 2 Decessit filius tuus : id est decucurrit ad
hunc finem ad quem quae feliciora partu tuo putas
properant. Huc omnis ista quae in foro litigat, in
theatris spectat, in templis precatur turba dispari
gradu uadit : et quae diligis et quae despicis unus
exaequabit cinis. 3 Hoc indicat illa pythicis oraculis
ascripta uox : NOSCE TE. Quid est homo? Quolibet quassu uas et quolibet fragile iactatu. Non tempestate magna ut dissiperis opus est; ubicumque
arietaueris, solueris. Quid est homo? Imbecillum
corpus et fragile, nudum, suapte natura inerme,
alienae opis indigens, ad omnes fortunae contumelias proiectum; cum bene lacertos exercuit, cuiusli-

---

6 **iactabit** *F;* iactauit *A* || errabit *F;* errauit *A.*
7 pectoris uis *Madvig;* pectoris *F;* pectus *A.*

XI, 1 tuae *F;* suae *A* || mortales *ug.;* mortalesque *A* || causis
repleta *Waltz;* causis morbos repetita *A.*
2 spectat *addidit Gertz;* plaudit *Madvig* || diligis ueneraris *A;*
ueneraris *del. Fickert.*
3 indicat *Waltz;* uidelicet *A* || uox *add. Erasme* || nosce *ug.;*
nosci *A* || quolibet quassu *Madvig;* quodlibet quassum *A* || lacer-

bürger; andere wird es nackt über unzuverlässige Meere
werfen und, wenn sie gerungen haben mit den Wogen, nicht
einmal auf einen Sand oder an eine Küste klatschen, sondern
in eines riesenhaften Ungeheuers Bauch geraten lassen; andere, von verschiedenen Arten Krankheit entkräftet, wird
es lange zwischen Leben und Tod in der Mitte festhalten.
Wie eine launische, unberechenbare und gegen ihre Sklaven
gleichgültige Herrin wird es sich bei Strafen und Geschenken
irren.   7 Was ist es nötig, Einzelheiten zu beweinen? Ganz
und gar beweinenswert ist das Leben: bedrängen werden uns
neue Mißhelligkeiten, ehe du mit den alten fertiggeworden
bist. Mäßigen müßt daher ihr euch besonders, die ihr ohne
Maß leidet, und auf viele Schmerzen ist des menschlichen
Herzens Kraft zu verteilen.

XI. 1 Worin also besteht dieses deiner und der allgemeinen Situation Vergessen? Sterblich bist du geboren,
Sterbliche hast du geboren: du selbst, ein morscher und
schlaffer Körper und mit Krankheitskeimen gefüllt, hast
gehofft, in so schwachem Stoff Festes und Ewiges getragen
zu haben?   2 Abgeschieden ist dein Sohn: das heißt, er ist
gekommen zu dem Ziel, zu welchem eilt, was du für glücklicher hältst als dein Kind. Hierher kommt sie gänzlich, die
auf dem Forum prozessiert, in den Theatern schaut, in den
Tempeln betet – die Menge – mit ungleichem Schritt: und
was du liebst und was du verachtest, wird die *eine* Asche
gleichmachen.   3 Das besagt jener an der pythischen Orakel-
stätte angeschriebene Spruch: ERKENNE DICH. Was ist der
Mensch? Ein Gefäß, durch beliebige Erschütterung und beliebigen Stoß zu zerbrechen. Nicht ein großer Sturm, dich
bersten zu machen, ist nötig; wo immer du anstößt, löst du
dich auf. Was ist der Mensch? Ein schwacher Körper und
gebrechlicher, der nackt, von Natur ohne Waffen, fremder
Hilfe bedürftig, an alle Mißhandlungen des Schicksals ausgeliefert; wenn er gut die Muskeln geübt hat, eines beliebigen

bet ferae pabulum, cuiuslibet uictima; ex infirmis
fluidisque contextum et lineamentis exterioribus ni-
tidum; frigoris, aestus, laboris impatiens, ipso rursus
situ et otio iturum in tabem; alimenta metuens sua,
quorum modo inopia deficit, modo copia rumpitur;
anxiae sollicitaeque tutelae, precarii spiritus et male
haerentis, quem ex improviso sonus auribus grauis
excutit; periculi semper sibi nutrimentum uitiosum
et inutile. 4 Miramur in hoc mortem, quae unius sin-
gultus opus est? Numquid enim, ut concidat, magni
res molimenti est? Odor illi saporque et lassitudo et
uigilia et umor et cibus et sine quibus uiuere non
potest mortifera sunt; quocumque se mouit, statim
infirmitatis suae conscium; non omne caelum fe-
rens, aquarum nouitatibus flatuque non familiaris
aurae et tenuissimis casibus atque offensionibus
morbidum; putre, causarium, fletu uitam auspica-
tum, cum interim quantos tumultus hoc tam contemptum animal mouet, in quantas cogitationes
oblitum condicionis suae uenit! 5 Immortalia, aeterna uolutat animo et in nepotes pronepotesque disponit, cum interim longa conantem eum mors op-
primit : et hoc quod senectus uocatur paucissimorum est circuitus annorum.

---

tos *F;* laceratos *A* || ex infirmis *F;* exfirmis *A* || frigoris *F;* fragoris *A*
|| iturum in tabem *F;* iturum et otium in tabe (*corr., ut uidetur,
ex* tabem) *A* || modo inopia deficit, modo copia rumpitur *P. Thomas;*
modum ininopia rumpitur *A* || precarii *ug.;* precare *A* || quem
ex improuiso *Waltz;* qua parum repentinum audiet exinprouiso *A* ||
periculi *Waltz;* solli *A. Locus desperatus* ||| inutile *F;* inutili *A.*

4 singultus *Haase;* singulis *A* || familiaris aurae *ug.;* familiari
(*corr. ex* familiaris) aura *A* || casibus *Waltz;* causis *A* || causarium
Gruter; causarum *A* || animal *F;* animali *A* || mouet, in *Waltz;
antea sic interpungebant :* mouet! in.

5 paucissimorum est circuitus annorum *Gertz;* paucissimorum
cfrcuitus annorum (*om.* est) *cod. Col. Gruteri;* paucissimo circuitus
annorum (*corr. ex* annor) *A.*

Raubtieres Futter, eines beliebigen Schlachtopfer; aus
Schwachem und Schlaffem gewoben und [nur] in den äußeren
Umrissen ansehnlich; Kälte, Hitze, Anstrengung unfähig zu
ertragen, schon allein durch Unsauberkeit und Müßiggang
wieder in Fäulnis übergehend; um seine Nahrung in Furcht,
durch deren Mangel er bald verfällt, durch deren Überfluß
er bald birst; von angstvoller und gefährdeter Sicherheit,
von auf Widerruf geliehenem Atem und unbeständigem, den
unvermutet ein den Ohren unangenehmer Ton hervorstößt[9];
stets sich selber eine mit Fehlern behaftete und unnütze
Quelle von Gefahr. 4 Wundern wir uns da über den Tod,
der eines einzigen schluchzenden Atemzuges Werk ist? Denn
ist vielleicht [den Menschen] niederzumachen eine Sache von
großem Aufwand? Geruch und Geschmack, Müdigkeit und
Wachen, Trinken und Essen, ohne die er nicht leben kann,
sind ihm todbringend; wohin immer er sich bewegt, ist er
sich stets seiner Schwäche bewußt; nicht jedes Klima ertra-
gend, durch die mangelnde Gewöhnung an das Wasser und
das Wehen eines nicht vertrauten Lufthauches, die geringfügigsten Zufälle und Anstöße krank; morsch, kränklich, mit
Weinen das Leben beginnend; doch welche Stürme erregt
bisweilen dieses so verächtliche Geschöpf, auf welche Gedanken, vergessend seine Lebensbedingungen, kommt es!
5 Unsterbliches, Ewiges wälzt er in seinem Herzen und plant
für Enkel und Urenkel, wo ihn doch bisweilen bei seinen weit
ausholenden Versuchen der Tod überwältigt: und das, was
man hohes Alter nennt, ist der Ablauf ganz weniger Jahre.

XII. 1 Dolor tuus, si modo ulla illi ratio est, utrum
sua spectat incommoda an eius qui decessit? Vtrum
te in amisso filio mouet quod nullas ex illo uoluptates cepisti, an quod maiores, si diutius uixisset,
percipere potuisti? Si nullas percepisse te dixeris,
tolerabilius efficies detrimentum tuum : minus enim
homines desiderant ea ex quibus nihil gaudii laeti-
tiaeque perceperant. 2 Si confessa fueris percepisse
magnas uoluptates, oportet te non de eo quod detractum est queri, sed de eo gratias agere quod contigit. Prouenerunt enim satis magni fructus laborum tuorum ex ipsa educatione, nisi forte ii qui
catulos auesque et friuola animorum oblectamenta
summa diligentia nutriunt fruuntur aliqua uoluptate ex uisu tactuque et blanda adulatione mutorum,
liberos nutrientibus non fructus educationis ipsa
educatio est. Licet itaque nihil tibi industria eius
contulerit, nihil diligentia custodierit, nihil prudentia
suaserit, ipsum quod habuisti, quod amasti, fructus
est. 3 — At potuit esse maior. — Melius tamen tecum
actum est quam si omnino non contigisset, quoniam, si ponatur electio utrum satius sit non diu
felicem esse an numquam, melius est discessura nobis bona quam nulla contingere. Vtrumne malles de-
generem aliquem et numerum tantum nomenque
filii expleturum habuisse, an tantae indolis quantae
tuus fuit, iuuenis cito prudens, cito pius, cito mari-
tus, cito pater, cito omnis officii curiosus, cito sa-
cerdos, omnia tamquam properans? Nulli fere et

XII, 1 an eius qui F; anius A || amisso F; misso A || cepisti *ug.;*
cepisses A.
2 de eo gratias F; de eo quod gratias A ||. contigit *Haase;* col-
ligit A || prouenerunt *dett.;* peruenerunt A || educatione F;
educat A || tactuque F; iactuque A¹, *ut uid.* (*sed* i *in ras.* Aᴿ) ||
educationis F; educat A || suaserit *Fickert;* sua AF.
3 potuit esse maior *Waltz,* potuit longior esse maior A || non con-
tigisset F; contigisset A || an tantae F; tantae A² (*corr. ex* ante A¹)
|| properans *Schultess;* propera A.

XII. 1 Dein Schmerz – wenn er nur irgendeinen Sinn hat,
blickt er auf das eigene Unglück oder auf dessen, der abgeschieden ist? Bewegt dich am Verlust deines Sohnes, daß du
keine Freude an ihm gehabt hast oder daß du größere, wenn
er länger gelebt, hättest empfinden können? Wenn du keine
empfunden zu haben sagst, wirst du erträglicher machen
deinen Verlust: weniger nämlich sehnen sich die Menschen
nach dem, woran sie keine Freude und Heiterkeit empfunden
hatten. 2 Wenn du aber zugeben solltest, empfangen zu
haben große Freude, darfst du nicht darüber, daß sie dir
genommen ist, klagen, sondern mußt dafür danken, daß sie
dir widerfahren ist. Gezeigt haben sich nämlich durchaus
bedeutende Früchte deiner Mühen bei der Erziehung selbst,
wenn nicht etwa diejenigen, die Hunde, Vögel und belang-
lose Ergötzlichkeiten der Menschen mit größter Sorgfalt
aufziehen, genießen eine Art von Freude beim Anblick und
der Berührung und der zärtlichen Schmeichelei stummer
Tiere, denen aber, die Kinder aufziehen, keine Frucht der
Erziehung die Erziehung an sich ist. Mag dir also nichts sein
Fleiß eingebracht, nichts seine Gewissenhaftigkeit bewacht,
nichts seine Klugheit geraten haben – eben das, was du gehabt, was du geliebt hast, ist Frucht. 3 „Aber er hätte
werden können älter." Besser ist dennoch mit dir geschehen,
als wenn er dir überhaupt nicht zuteil geworden wäre, da es
ja – wenn geboten wird die Wahl, ob es besser sei, nicht lange
glücklich zu sein oder niemals – besser ist, daß uns Güter,
die bald wieder sich entfernen werden, als gar keine zuteil
werden. Was wirst du lieben wollen: einen mißratenen Sohn,
der den Platz lediglich und die Bezeichnung eines Sohnes
ausfüllt, oder einen von solcher Veranlagung, wie sie deiner
besaß, ein junger Mann, der rasch verständig, rasch pflicht-
bewußt, rasch Gatte, rasch Vater, rasch bei jeder Aufgabe
sorgfältig, rasch Priester, als ob er alles eilig erreichen wolle?
Beinahe niemandem werden bedeutende Güter *und* dauernde

magna bona et diuturna contingunt; non durat nec
ad ultimum exit nisi lenta felicitas : filium tibi dii
immortales, non diu daturi, statim talem dederunt
qualis diu effici potest.

4 Ne illud quidem dicere potes, electam te a
diis cui frui non liceret filio : circumfer per
omnem notorum, ignotorum frequentiam oculos,
occurrent tibi passi ubique maiora. Senserunt ista
magni duces, senserunt principes; ne deos quidem fabulae immunes reliquerunt, puto, ut nostrorum funerum leuamentum esset etiam diuina
concidere. Circumspice, inquam, omnes : nullam
tam miseram nominabis domum, quae non inueniat in miseriore solacium. 5 Non mehercules
tam male de moribus tuis sentio, ut putem posse te
leuius pati casum tuum si tibi ingentem lugentium
numerum produxero : maliuolum solacii genus est
turba miserorum. Quosdam tamen referam, non ut
scias hoc solere hominibus accidere (ridiculum est
enim mortalitatis exempla colligere), sed ut scias
fuisse multos qui lenirent aspera placide ferendo.
6 A felicissimo incipiam. L. Sulla filium amisit, nec
ea res aut malitiam eius et acerrimam uirtutem in
hostes ciuesque contudit, aut effecit ut cognomem
illud usurpasse falso uideretur, quod amisso filio
assumpsit, nec odia hominum ueritus, quorum malo
illae nimis secundae res constabant, nec inuidiam
deorum, quorum illud crimen erat, Sulla tam felix.
Sed istud inter res nondum iudicatas abeat, qualis
Sulla fuerit (etiam inimici fatebuntur bene illum

---

4 circumfer *Erasme;* circui *AF* || senserunt (*ante* principes) *F;*
senserint *A* || tam miseram *Muret;* miseram *A.*

5 maliuolum solacii *Gertz;* maliuoli solacium *A;* maliuoli so-
latii *F.*

6 falso *Muret;* saluo *A* || malo illae *F;* male illo *A* || constabant

zuteil; nicht dauert noch gelangt bis zum Ende des Glück,
wenn es nicht allmählich [sich entwickelt]: einen Sohn haben
dir die Götter gegeben; da sie ihn nicht für lange geben
wollten, haben sie ihn gleich so gegeben, wie man in langer
Zeit werden kann.

4 Nicht einmal das kannst du behaupten, ausgesucht seiest
du von den Göttern, Freude nicht empfinden zu dürfen an
deinem Sohn: umhergehen laß in der gesamten Menge der
Bekannten, der Unbekannten die Augen, begegnen werden
dir überall, die Schwereres erduldet. Erlebt haben das große
Feldherren, erlebt Fürsten; nicht einmal die Götter haben die
Sagen unverletzlich gelassen, meine ich, damit es bei unseren
Todesfällen ein Trost sei, daß auch Göttliches zusammen-
bricht. Ringsum, sage ich, sieh sie alle: kein Haus wirst du
so unglücklich nennen, daß es nicht an einem unglücklicheren
Trost fände. 5 Nicht, beim Herkules, denke ich so schlecht
von deinem Charakter, daß ich meinte, du könntest leichter
erdulden dein Unglück, wenn ich dir eine riesige Anzahl von
Trauernden vorgeführt habe: eine gehässige Art von Trost
ist die Schar der Unglücklichen. Einige will ich dennoch aufführen – nicht, damit du weißt, dies pflegt den Menschen zu
widerfahren (lächerlich nämlich ist es, für die Sterblichkeit
Beispiele zu sammeln), sondern damit du weißt, gegeben hat
es viele, die linderten Hartes durch geduldiges Ertragen.
6 Mit dem Glücklichsten will ich beginnen. Lucius Sulla ver-
lor den Sohn, und nicht hat diese Tatsache seine Bosheit
und seine überaus leidenschaftliche Tapferkeit gegen Feinde
und Bürger zermalmt oder bewirkt, daß er seinen Beinamen
zu Unrecht angenommen zu haben schien, weil er ihn nach
dem Verlust des Sohnes angenommen hat, weder den Haß
der Menschen fürchtend, in deren Unglück sein allzu großes
Glück beruhte, noch die Mißgunst der Götter, für die es
Vorwurf war – Sulla so glücklich. Aber diese Frage gehe zu
den noch nicht erledigten Fällen, was für ein Mensch Sulla
war (auch seine Feinde werden zugeben, gut hat er die Waffen

arma sumpsisse, bene posuisse), hoc, de quo agitur, constabit, non esse maximum malum quod etiam ad felicissimos peruenit.

XIII. 1 Ne nimis admiretur Graecia illum patrem qui, in ipso sacrificio nuntiata filii morte, tibicinem tantum iussit tacere et coronam capiti detraxit, cetera rite perfecit, Puluillus effecit pontifex, cui postem tenenti et Capitolium dedicanti mors filii nuntiata est. Quam ille exaudisse dissimulans, sollemnia pontificii carminis uerba concepit, gemitu non interrumpente precationem et ad filii sui nomen Ioue propitiato. 2 Putasses eius luctus aliquem fihem esse debere, cuius primus dies et primus impetus ab altaribus publicis et fausta nuncupatione non abduxit patrem? Dignus mehercules fuit memorabili dedicatione, dignus amplissimo sacerdotio, qui colere deos ne iratos quidem destitit. Idem tamen, ut rediit domum, et impleuit oculos et aliquas uoces flebiles misit, et, peractis quae mos erat praestare defunctis, ad Capitolinum illum rediit uultum. 3 Paulus circa illos nobilissimi triumphi dies, quo uinctum ante currum egit Persen, duos filios in adoptionem dedit, quos sibi seruauerat extulit. Quales retentos putas, cum inter commodatos Scipio fuisset? Non sine motu uacuum Pauli currum populus romanus aspexit. Contionatus est tamen, et egit diis gratias quod compos uoti factus esset :

Pincianus; constant A || ad felicissimos *F;* adfectissimos A.

XIII, 1 tantum iussit tacere *Gertz;* tantum tacere A* (*om.* tantum A¹); tantum tacere iussit *F* || dissimulans *Gertz;* dissimulare et A || pontificii carminis *Madvig;* pontificia carmini (*corr. ex* carmina) A

2 *Post* patrem *interrogationis signum posui.*

3 *Post* Persen *uerba quae sunt* inciti regis nomen *del. Pincianus*

ergriffen, gut niedergelegt), das, worum es sich handelt,
dürfte feststehen: nicht ist das größte Unglück, was auch zu
den Glücklichsten kommt.

XIII. 1 Daß nicht allzu sehr Griechenland jenen Vater[10]
bewundere, der, als gerade beim Opfer seines Sohnes Tod
gemeldet wurde, den Flötenspieler nur schweigen hieß und
den Kranz vom Kopf nahm, das übrige nach Brauch zuende
führte, hat der Priester Pulvillus[11] erreicht: als er den Pfosten
hielt und das Kapitol weihte, wurde ihm der Tod des Sohnes
gemeldet. Jener tat, als habe er nicht vernommen und sprach
die feierlichen Worte der priesterlichen Gebetsformel, ohne
daß ein Seufzer unterbrach das Gebet, und beim Namen
seines Sohnes rief er die Gnade Iuppiters an. 2 Du hättest
gemeint, diese Trauer muß ein Ende haben, deren erster Tag
und erster Überfall vom öffentlichen Altar und von glück-
bringender Anrufung nicht abbringen konnte den Vater?
Würdig, beim Herkules, war er der erinnernswerten Weihung,
würdig des bedeutendsten Priestertums, der die Götter zu
verehren nicht einmal, da sie zornig, abließ. Derselbe dennoch – sobald er nach Hause gekommen war, stiegen ihm
Tränen in die Augen, und er gab einige Klagelaute von sich,
und als vollzogen, was Sitte war, zu erweisen den Toten,
kehrte er wieder zu der Miene vom Kapitol zurück. 3 Paulus
hat in jenen Tagen seines hochberühmten Triumphes, bei
dem er gefesselt vor seinem Wagen führte König Perseus,
zwei Söhne zur Adoption gegeben[12], aber die er für sich bewahrt hatte, begraben. Wie stellst du dir die Zurückgehalte-
nen vor, wo doch unter den Ausgeliehenen ein Scipio gewesen
ist? Nicht ohne Bewegung hat leer den Wagen des Paulus
das Volk von Rom erblickt. Seine Ansprache hat er dennoch
gehalten, und er hat den Göttern gedankt, daß er Erfüllung
seines Wunsches erlangt habe: gebeten nämlich habe er, wenn

precatum enim se ut, si quid ob ingentem uictoriam
inuidiae dandum esset, id suo potius quam publico
damno solueretur. 4 Vides quam magno animo tu-
lerit : orbitati suae gratulatus est. Et quem magis
poterat permouere tanta mutatio? Solacia simul atque auxilia perdidit. Non contigit tamen tristem
Paulum Persi uidere.

XIV. 1 Quid nunc te per innumerabilia magnorum
uirorum exempla ducam et quaeram miseros, quasi
non difficilius sit inuenire felices? Quota enim quaeque domus usque ad exitum omnibus partibus suis
constitit? Vnum quemlibet annum occupa et ex eo
magistratus cita : Lucium, si uis, Bibulum et C. Caesarem. Videbis inter collegas inimicissimos concor-
dem fortunam. 2 L. Bibuli, melioris quam fortioris
uiri, duo simul filii interfecti sunt, aegyptio quidem
militi ludibrio habiti, ut non minus ipsa orbitate
auctor eius digna res lacrimis esset. Bibulus tamen,
qui toto honoris sui anno ob inuidiam collegae domi
latuerat, postero die quam geminum funus renun-
tiatum est processit ad solita imperii officia. Quis
minus potest quam unum diem duobus filiis dare?
Tam cito liberorum luctum finiuit, qui consulatum
anno luxerat. 3 C. Caesar, cum Britanniam peragra-
ret nec Oceano continere felicitatem suam posset,
audiit decessisse filiam, publica secum fata ducentem : in oculis erat iam Cn. Pompeius non aequo
laturus animo quemquam alium esse in re publica

|| uictoriam *F;* uictor *A.*

4 perdidit *F;* perdit *A.* || Persi *Lipse;* persen *A⁵* (persis *ut
uid. A¹).*

XIV, 1 Quota *Fickert;* quod *A* || *Post* constitit *uerba quae sunt
in qua non aliquid turbatum sit deleui.*

2 toto *F;* tot *A* || ob inuidiam *F;* inuidiam *A* || imperii *dett.;*
imp. *A* || Quis *Gertz;* quid *A.*

wegen des gewaltigen Sieges etwas der Mißgunst gegeben
werden müsse, solle es lieber zu seinem als zu des Staates
Schaden gezahlt werden. 4 Du siehst, mit welcher Seelengröße er es ertragen hat: zu seiner Vereinsamung hat er sich
beglückwünscht. Und wen hätte mehr erschüttern können
solch ein großer Wechsel? Trost zugleich und Hilfe hat er
verloren. Dennoch nicht hat es erleben können Perseus, traurig Paulus zu sehen.
    XIV. 1 Was soll ich dich nun durch die unzählbaren Bei-
spiele großer Männer führen und suchen Unglückliche, als ob
es nicht schwieriger sei, zu finden Glückliche? Denn jede
wievielte Familie hat bis ans Ende in allen ihren Teilen
Bestand gehabt? Ein einziges beliebiges Jahr[13] nimm dir vor
und nenne aus ihm die Beamten: Lucius Bibulus, wenn du
willst, und Gaius [Julius] Caesar. Sehen wirst du bei den
aufs äußerste verfeindeten Kollegen einträchtig das Glück.
2 Des Lucius Bibulus, eines mehr guten als tapferen Mannes,
beide Söhne sind zugleich getötet worden, von ausgerechnet
ägyptischer Soldateska zum Gespött gemacht, so daß nicht
weniger als der Verlust selber dessen Urheber ein der Tränen
würdiger Vorfall war. Bibulus jedoch, der im ganzen Jahre
seines Konsulates wegen des Hasses auf seinen Kollegen
[Caesar] sich zu Hause verborgengehalten hatte – am Tage,
nachdem ihm die doppelte Todesbotschaft gebracht worden
war, begab er sich wieder an die gewohnten Pflichten seines
Amtes[14]. Wer kann weniger als einen einzigen Tag zwei
Söhnen geben? So schnell beendete die Trauer um seine Kinder, der sein Konsulat ein Jahr betrauert hatte. 3 Caius
Caesar: als er durch Britannien zog und nicht mit dem Ozean
begrenzen konnte sein Glück, hörte er, abgeschieden sei seine
Tochter[15], des Staates Geschick mit sich führend: vor den
Augen stand, vollends ein Gnaeus Pompeius werde es nicht
mit Gleichmut ertragen, daß irgendein anderer existiere im
Staat von Bedeutung, und er werde ein Ziel setzen einem

magnum et modum impositurus incrementis quae
grauia illi uidebantur, etiam cum in commune crescerent. Tamen intra tertium diem imperatoria obiit
munia, et tam cito dolorem uicit quam omnia solebat.

XV. 1 Quid aliorum tibi funera Caesarum referam? Quos in hoc mihi uidetur interim uiolare fortuna, ut sic quoque generi humano prosint, osten-
dentes ne eos quidem qui diis geniti deosque geni-
turi dicantur sic suam fortunam in potestate habere,
quemadmodum alienam. 2 Diuus Augustus, amissis
liberis, nepotibus, exhausta Caesarum turba, adop-
tione desertam domum fulsit : tulit tamen tam fortiter quam cuius iam res agebatur cuiusque maxime
intererat de diis neminem queri. 3 Ti. Caesar et
quem genuerat et quem adoptauerat amisit : ipse
tamen pro rostris laudauit filium stetitque in conspectu posito corpore, interiecto tantummodo uela-
mento quod pontificis oculos a funere arceret, et,
flente populo romano, non flexit uultum. Experien-
dum se dedit Seiano ad latus stanti quam patienter
posset suos perdere. 4 Videsne quanta copia uirorum
maximorum sit quos non excepit hic omnia proster-
nens casus, et quibus tot animi bona, tot ornamenta
publice priuatimque congesta erant? Sed uidelicet it
in orbem ista tempestas et sine dilectu uastat omnia
agitque ut sua. Iube singulos conferre rationem :
nulli contigit impune nasci.

XVI. 1 Scio quid dicas : « Oblitus es feminam te

3 crescerent *F;* cresceret *A.*
XV, 2 tamen tam *F;* tamen *A.*
3 posset *F;* possit *A.*
4 prosternens *F;* prosternet *A* (*corr. ex* prosternes) || et quibus *Waltz;* et quos *A.*

Machtzuwachs, der ihm bedenklich schien, auch wenn er im
Interesse des Staates geschah. Dennoch hat er (sc. Caesar)
am dritten Tage seine Amtspflichten als Kommandierender
General wieder wahrgenommen, und so rasch hat er den
Schmerz überwunden, wie er es bei allem gewohnt war.

XV. 1 Was soll ich dir anderer Caesares Todesfälle auf-
zählen? Sie scheint mir zu dem Zweck bisweilen zu mißhan-
deln das Schicksal, daß sie auch auf diese Weise dem Menschengeschlecht nützlich seien, indem sie zeigen, daß nicht
einmal diejenigen, die von Göttern gezeugt sein und Götter
zeugen sollen, so ihr eigenes Schicksal in ihrer Gewalt haben
wie fremdes. 2 Der Divus Augustus, als verloren die Kinder,
Enkel, erschöpft der Caesares Zahl, stützte durch Adoption[16]
sein vereinsamtes Haus: er trug es dennoch so tapfer wie
einer, um dessen Sache es nunmehr ging[17] und in dessen
Interesse es ganz besonders lag, daß über die Götter niemand
klage. 3 Tiberius Caesar[18] hat, wen er gezeugt und wen er
adoptiert hatte, verloren: selber hielt er dennoch vor den
Rostra die Laudatio[19] für den Sohn, stand, während vor
seinen Augen aufgebahrt war der Leichnam, zwischen ihnen
nur ein Tuch, daß es des Priesters Augen vor [dem Anblick]
des Toten schütze, und während weinte das Volk von Rom,
änderte er nicht den Gesichtsausdruck. Zur Probe bot er sich
dem Seianus, der an seiner Seite stand, wie leidensfähig er die
Seinen verlieren konnte. 4 Siehst du, wie groß die Menge
hochbedeutender Männer ist, die nicht ausgenommen hat
dieses alles niederstreckende Schicksal, und auf die so viele
Vorzüge des Geistes, so viele Auszeichnungen in Öffentlichkeit und Privatleben gehäuft worden waren? Aber natürlich
macht die Runde dieses Unwetter, und wahllos verwüstet es
alles und führt es mit sich wie sein Eigentum. Befiehl, jeder
einzelne solle ablegen Rechenschaft: niemandem ist es zugefallen, ungestraft geboren zu werden.

XVI. 1 Ich weiß, was du sagen willst: „Vergessen hast du,
eine Frau tröstest du, von Männern bringst du Beispiele."

consolari, uirorum refers exempla. » Quis autem dixerit naturam maligne cum mulierum ingeniis egisse
et uirtutes illarum in artum retraxisse? Par illis,
mihi crede, uigor, par ad honesta, dum libeat, facultas est; dolorem laboremque ex aequo, si consueuere,
patiuntur. 2 In qua istud urbe, di boni! loquimur?
In qua regem romanis capitibus Lucretia et Brutus
deiecerunt : Bruto libertatem debemus, Lucretiae
Brutum; in qua Cloeliam, contempto hoste et flumine, ob insignem audaciam tantum non in uiros
transcripsimus : equestri insidens statuae in Sacra
Via, celeberrimo loco, Cloelia exprobrat iuuenibus
nostris puluinum escendentibus in ea illos urbe sic
ingredi, in qua etiam feminas equo donauimus.
3 Quod si tibi uis exempla referri feminarum quae
suos fortiter desiderauerint, non ostiatim quaeram.
Ex una tibi familia duas Cornelias dabo : primam
Scipionis filiam, Gracchorum matrem. Duodecim illa
partus totidem funeribus recognouit : et de ceteris
facile est, quos nec editos nec amissos ciuitas sensit; Tiberium Gaiumque, quos etiam qui bonos uiros
negauerit magnos fatebitur, et occisos uidit et inse-
pultos. Consolantibus tamen miseramque dicenti-
bus : « Numquam, inquit, non felicem me dicam,
quae Gracchos peperi. » 4 Cornelia Liuii Drusi cla-
rissimum iuuenem, illustris ingenii, uadentem per
gracchana uestigia, imperfectis tot rogationibus, intra penates interemptum suos, amiserat, incerto

---

XVI, **1** refers *F;* refer» *A* || dixerit *dett.;* dixit *A* || mulierum
unus dett.; mulieris *A* || dum libeat *Waltz;* libeat *A* || si *F;* se *A*.

2 in qua Cloeliam *F;* in quo coeliam *A* || hoste *F;* inhoste *A* ||
Cloelia exprobrat *F;* Cloeliam exprobat *A*.

3 si tibi uis *F;* tibi siuis *A* || Gaiumque *Schultess;* gracchum *A*.

4 Liuii *Lipse;* diui *A* || inultam *ug.;* in uitam *A* || magno ani-

Wer aber dürfte behaupten, die Natur sei böswillig mit der
Frauen Charakter verfahren und habe ihre sittlichen Fähigkeiten auf die Enge beschränkt? Die gleiche, glaub mir,
Spannkraft haben sie, die gleiche Fähigkeit, wenn es nur
beliebt, zum Ehrenhaften; Schmerz und Anstrengung ertragen sie in gleicher Weise, wenn sie es gewohnt sind. 2 In
welcher Stadt, gute Götter, reden wir *davon*? In der den
Tyrann von den Nacken der Römer Lucretia und Brutus
hinabgestürzt haben: Brutus verdanken wir die Freiheit, der
Lucretia Brutus[20]; in der wir Cloelia[21], da sie nicht achtete
des Feindes *und* des Flusses, wegen ihrer ausgezeichneten
Kühnheit nicht nur in die Liste der Männer eingetragen haben: als Reiterstandbild auf der Via sacra, an belebtester
Stelle, wirft Cloelia unseren jungen Männern vor, wenn sie
eine gepolsterte Sänfte besteigen, daß sie in *der* Stadt sich
so bewegen, in der wir auch Frauen mit einem Pferd be-
schenkt haben. 3 Wenn du nun willst, daß dir Beispiele vorgetragen werden von Frauen, die die Ihren tapfer vermißt
haben, werde ich sie nicht Haus um Haus suchen. Aus einer
einzigen Familie werde ich dir zwei Cornelien zeigen: als erste
des Scipio Tochter, der Gracchen Mutter. Zwölf Geburten
hat sie bei ebenso viel Beisetzungen sich wieder ins Gedächtnis zurückgerufen: und bei den übrigen ist es leicht, denn sie
hat, weder bei ihrer Geburt noch bei ihrem Verlust, der Staat
wahrgenommen; Tiberius und Gaius – die auch, wer sie nicht
für gute Männer erklären kann, für bedeutend halten wird –
hat sie erschlagen gesehen und unbestattet. Als man sie
tröstete und für unglücklich erklärte, erwiderte sie dennoch:
„Niemals werde ich nicht glücklich mich nennen, die ich die
Gracchen geboren habe." 4 Die Cornelia des Livius Drusus
hatte einen hervorragenden jungen Mann[22] verloren – von
leuchtender Begabung, gehend in den Spuren der Gracchen,
als so viele Gesetzesanträge noch nicht beschlossen waren,
in seinem eigenen Haus getötet; im Dunkel blieb der Mörder.

caedis auctore. Tamen et acerbam mortem filii et inultam tam magno animo tulit quam ipse leges tulerat.

5 Iam cum fortuna in gratiam, Marcia, reuerteris, si tela quae in Scipiones Scipionumque matres ac filias exegit, quibus Caesares petiit, ne a te quidem continuit. Plena et infesta uariis casibus uita est, a quibus nulli longa pax, uix indutiae sunt. 6 Quattuor liberos sustuleras, Marcia. Nullum aiunt frustra cadere telum quod in confertum agmen immissum est: mirum est tantam turbam non potuisse sine inuidia damnoue praeteruehi? 7 — At hoc iniquior fortuna fuit, quod non tantum eripuit filios, sed elegit. — Numquam tamen iniuriam dixeris ex aequo cum potentiore diuidere : duas tibi reliquit filias et harum nepotes; et ipsum quem maxime luges, prioris oblita, non ex toto abstulit : habes ex illo duas filias, si male fers, magna onera, si bene, magna solacia. In hoc te perduc, ut, illas cum uideris, admonearis filii, non doloris. 8 Agricola, euersis arboribus quas aut uentus radicitus euulsit aut contortus repentino impetu turbo praefregit, subolem ex illis residuam fouet et amissarum semina statim plantasque disponit, et momento (nam ut ad damna, ita ad incrementa rapidum ueloxque tempus est) adolescunt amissis laetiora. 9 Has nunc Metilii tui filias in eius uicem substitue et uacantem locum exple, et unum dolorem geminato solacio leua. Est quidem haec natura mortalium, ut nihil magis placeat quam quod

mo F; magno A.

5 filias Lipse; filios A.

7 At hoc F; adhoc A || si male fers ug.; similes. fer A (corr. ex fers) || perduc Hoffmeyer-Hansen, apud Madvig; perduxit (corr. ex perdux) A.

3 Agricola, euersis ug.; agricolae uersis A || euulsit aut Lipse; auolsit aut A² (auolsita ut A¹) || fouet Lipse; fouit A || amissarum dett.; in missarum A.

Dennoch hat sie den bitteren Tod des Sohnes und ungeräch-
ten mit so großem Mut getragen, wie er selber seine Gesetzesanträge eingebracht hatte.

5 Vollends wirst du mit deinem Schicksal, Marcia, dich
versöhnen, wenn es die Geschosse, die es gegen die Scipionen
und der Scipionen Mütter und Töchter gerichtet, mit denen
es die Caesares angegriffen, nicht einmal von dir ferngehalten
hat. Angefüllt und bedroht von vielfältigen Schicksalsschlä-
gen ist das Leben, mit denen es für niemand langen Frieden,
kaum Waffenstillstand gibt. 6 Vier Kinder hattest du geboren, Marcia. Kein Geschoß, sagt man, falle umsonst, was
gegen einen dichten Zug abgeschossen ist: verwunderlich ist
es, daß eine so große Schar es nicht vermochte, ohne Mißgunst und Schaden vorüberzuziehen? 7 „Aber dadurch war
zu unbillig das Schicksal, daß es nicht nur entrissen hat die
Söhne, sondern ausgesucht." Niemals dennoch wirst du es für
Unrecht erklären, zu gleichen Bedingungen mit dem Mächti-
geren zu teilen: zwei Töchter hat es dir übrig gelassen und von
ihnen die Enkel; und gerade ihn, den du besonders betrauerst,
des Älteren vergessend, hat es dir nicht ganz weggenommen:
du hast von ihm zwei Töchter – wenn du es schlecht trägst,
eine große Last, wenn gut, großen Trost. Dazu bring dich,
wenn du sie siehst, dich des Sohnes zu erinnern, nicht des
Schmerzes. 8 Ein Bauer, wenn vernichtet sind Bäume, die
der Wind mit den Wurzeln ausgerissen oder ein kräftiger Wir-
belsturm mit plötzlichem Überfall abgebrochen hat, hegt die
Schößlinge, die von ihnen übrig, und verteilt sofort der verlorenen Samen und Keimlinge, und im Augenblick (denn wie beim
Verlust, so beim Zuwachs ist ungestüm und schnell die Zeit)
wachsen sie heran, erfreulicher als das Verlorene. 9 Diese
Töchter deines Metilius setz an seine Stelle und füll den leeren
Platz aus, und den *einen* Schmerz erleichter durch verdoppel-
ten Trost. Es ist freilich dies das Wesen der Sterblichen, daß
nichts mehr gefällt, als was verloren ist: zu unbillig sind wir

amissum est : iniquiores sumus aduersus relicta
ereptorum desiderio. Sed, si aestimare uolueris quam
ualde tibi fortuna, etiam cum saeuiret, pepercerit,
scies te habere plus quam solacia : respice tot nepotes, duas filias. **10** Dic illud quoque, Marcia :
« Mouerer, si esset cuique fortuna pro moribus et
numquam mala bonos sequerentur; nunc uideo,
exempto discrimine, eodem modo malos bonosque
iactari. »

XVII. **1** — Graue est tamen, quem educaueris iuuenem, iam matri, iam patri praesidium ac decus,
amittere. — Quis negat graue esse? Sed humanum
est : ad hoc genitus es, ut perderes, ut perires, ut spe-
rares, metueres, alios teque inquietares, mortem et
timeres et optares et, quod est pessimum, numquam
scires cuius esses status. **2** Si quis Syracusas petenti
diceret: « Omnia incommoda, omnes uoluptates futu-
rae peregrinationis tuae ante cognosce, deinde ita
nauiga. Haec sunt quae mirari possis : uidebis primum ipsam insulam ab Italia angusto interscissam
freto, quam continenti quondam cohaesisse constat;
subitum illo mare irrupit et

     Hesperium Siculo latus abscidit.

Deinde uidebis (licebit enim tibi auidissimum maris
uerticem perstringere) stratam illam fabulosam
Charybdin quamdiu ab austro uacat, at, si quid inde
uehementius spirauit, magno hiatu profundoque
nauigia sorbentem. **3** Videbis celebratissimum car-
minibus fontem Arethusam, nitidissimi ac perlucidi

---

    9 iniquiores *ug.;* iniquioris *A* ‖ desiderio *ug.;* desideria *A* ‖
saeuiret *unus dett.;* saeuierit *A.*

    XVII, **1** esses status *F;* esse status *A.*

    2 possis *ug.;* possint *(corr. ex* possit) *A* ‖ perstringere *Pincianus;*
restringere *A* ‖ Charybdin, quamdiu *Bongars;* charibdi aquam.
diu *A.*

gegen das Übriggebliebene aus Sehnsucht nach dem Entris-
senen. Aber wenn du würdigen wolltest, wie sehr dich das
Schicksal, auch als es wütete, geschont hat, wirst du wissen,
du hast mehr als Trost: sieh so viele Enkel, die beiden Töchter. 10 Sag auch dies, Marcia: ,,Ich wäre erschüttert, wenn
jedem das Schicksal fiele nach seinem Charakter und niemals
Unheil Gute verfolgte; jetzt aber sehe ich: ohne Unterschied,
auf dieselbe Weise, werden Schlechte und Gute geschüttelt.''
    XVII. 1 ,,Schwer ist es dennoch, den jungen Mann, den
man erzogen hat – bald für die Mutter, bald für den Vater
Schutz und Auszeichnung –, zu verlieren.'' Wer leugnet, daß
es schwer ist? Aber menschlich ist es: dazu bist du geboren,
daß du verlierst, daß du stirbst, daß du hoffst, fürchtest,
andere und dich beunruhigst, den Tod fürchtest und herbei-
wünschst und, was das Schlimmste ist, niemals weißt, wie
es mit dir steht.   2 Wenn jemand zu einem, der nach Syrakus
reist, sagen wollte: ,,Alle Unbequemlichkeiten, alle Annehm-
lichkeiten deiner geplanten Reise erkenne zuvor, dann fahr!
Das ist es, was du bewundern kannst: du wirst sehen zunächst
die Insel selber, von Italien durch einen engen Sund getrennt,
die mit dem Festland einstmals bestimmt zusammengehan-
gen hat; plötzlich ist dort das Meer hereingebrochen und

  riß die Flanke Hesperiens vom Siculerland[23].

Sodann wirst du sehen (du kannst nämlich den gierigsten
Strudel des Meeres streifen), wie hingestreckt ist jene sagen-
hafte Charybdis, solange sie ohne Südwind bleibt, aber wenn
er dann etwas heftiger weht, sie mit riesigem und tiefem
Klaffen Schiffe verschlingt.   3 Du wirst sehen die in Gedichten hochgerühmte Quelle Arethusa, mit dem schimmernden

ad imum stagni, gelidissimas aquas profundentem, siue illas ibi primum nascentes inuenit, siue illapsum terris flumen integrum subter tot maria et a confusione peioris undae seruatum reddidit. 4 Videbis portum quietissimum omnium quos aut natura posuit in tutelam classium aut adiuuit manus, sic tutum ut ne maximarum quidem tempestatum furori locus sit. Videbis ubi, Athenarum potentia fracta, tot milia captiuorum ille excisis in infinitam altitudinem saxis natiuus carcer incluserat; ipsam ingentem ciuitatem, et laxius territorium quam multarum urbium fines sunt; tepidissima hiberna et nullum diem sine interuentu solis. 5 Sed, cum omnia ista cognoueris, grauis et insalubris aestas hiberni caeli beneficia corrumpet; erit Dionysius illic tyrannus, libertatis, iustitiae, legum exitium, dominationis cupidus etiam post Platonem, uitae etiam post exsilium : alios uret, alios uerberabit, alios ob leuem offensam detruncari iubebit; accerset ad libidinem mares feminasque, et inter foedos regiae intemperantiae greges parum erit simul binis coire. Audisti quid te inuitare possit, quid absterrere : proinde aut nauiga aut resiste. » 6 Post hanc denuntiationem si quis dixisset intrare se Syracusas uelle, satisne iustam querellam de ullo nisi de se habere posset, qui non incidisset in illa, sed prudens sciensque uenisset? 7 Dicit omnibus nobis Natura : « Neminem decipio. Tu si filios sustuleris, poteris habere for-

---

3 illas ibi *ug.;* illa sibi *A* || illapsum *Gertz;* inipsum *A* || a confusione *F;* adconfusionem *A.*

4 tutelam *ug.;* tutela *A* || manus *ug.;* munus *A* || ubi. Athenarum potentia fracta, tot *Gertz;* ubi Athenarum potentia fracta, ubi tot *A* || natiuus *Lipse;* naulluus *A* || territorium *dett.;* torritor *A* || tepidissima *Pincianus;* lepidissima *A.*

5 corrumpet *Lipse;* corrumpit *A* || uerberabit *F;* uerberauit *A* || greges *F;* reges *A.*

6 posset *dett.;* possit *A* || incidisset *F;* incidi *A.*

und bis auf den Grund durchsichtigen kleinen See, wie sie
kühles Wasser verströmt, mag sie es dort zuerst entspringen
gefunden haben, mag sie einen in der Erde versickernden
Fluß unversehrt unter soviel Meeren und vor der Vermi-
schung mit schlechterem Wasser bewahrt wieder ans Licht
gebracht haben. 4 Du wirst sehen den ruhigsten Hafen von
allen, die entweder die Natur geschaffen hat zum Schutz
der Flotten oder ausgebaut die Hand [des Menschen], so
sicher, daß nicht einmal für der größten Stürme Wut Platz
ist. Sehen wirst du, wo nach dem Zusammenbruch der Macht
von Athen so viele Tausende von Gefangenen jener zu uner-
meßlicher Tiefe ins Gestein eingeschnittene natürliche Kerker[24] eingeschlossen hatte; die gewaltige Stadt selber und ein
ausgedehnteres Gelände, als es vieler Städte Gebiet ist;
äußerst milde Winter und keinen Tag ohne das Erscheinen
der Sonne. 5 Aber wenn du alles das kennengelernt hast,
wird der wuchtige und ungesunde Sommer des Winter-
wetters Wohltat zunichte machen; es wird Dionysius dort
sein, der Tyrann, der Freiheit, der Gerechtigkeit, Gesetze Untergang, auf Gewaltherrschaft gierig auch *nach*[25] Platon, auf
Leben auch nach der Verbannung: die einen wird er verbrennen, die anderen auspeitschen, andere wegen eines nichtigen Verstoßes enthaupten lassen; herbeiholen wird er zur
Lust Männer und Frauen, und mitten in schauderhaften
Herden königlichen Unmaßes wird es zu wenig sein, sich
zugleich mit zwei Frauen zu vereinigen. Du hast gehört,
was dich einladen kann, was abschrecken: also reise oder
bleib." 6 Wenn nach dieser Ankündigung einer erklärt hätte,
besuchen wolle er Syrakus, könnte er eine hinreichend berechtigte Klage über irgendwen außer sich selbst erheben, da er nicht einfach hineingeraten wäre in diese Situation,
sondern mit Vorbedacht und Wissen gekommen wäre? 7 Es
sagt uns allen die Natur: ,,Niemand täusche ich. Du – wenn
du deine Söhne bekommst, kannst du haben schöne, und

mosos, et deformes poteris; fortasse mutili nascentur.
Esse aliquis ex illis tam seruator patriae quam pro-
ditor poterit. Non est quod desperes tantae digna-
tionis futuros, ut nemo tibi propter illos male dicere
audeat; propone tamen et tantae futuros turpitu-
dinis, ut ipsi maledicta sint. 8 Nihil uetat illos tibi
suprema praestare et laudari te a liberis tuis, sed sic
te para tamquam in ignem impositurus uel puerum
uel iuuenem uel senem : nihil enim ad rem pertinent
anni, quoniam nullum non acerbum funus est, quod
parens sequitur. » Post has leges propositas si liberos tollis, omni deos inuidia liberas, qui tibi nihil
certi spoponderunt.

XVIII. 1 Hanc imaginem agedum ad totius uitae
introitum referamus. An Syracusas uiseres deli-
beranti tibi quicquid delectare poterat, quicquid
offendere exposui; puta nascenti me tibi uenire in
consilium : « Intraturus es urbem diis hominibusque
communem, omnia complexam, certis legibus aeter-
nisque deuinctam, indefatigata caelestium officia
uoluentem. 2 Videbis illic innumerabiles stellas diuerse micare, uno sidere omnia impleri. Videbis
solem cotidiano cursu diei noctisque spatia signan-
tem, annuo aestates hiemesque aequali uice diuiden-
tem. Videbis nocturnam lunae successionem, a fra-

---

7 mutili *Waltz;* multi *A* ‖ (*post* maledicta) sint *F;* sit *A.*

8 praestare *F;* praestari *A* ‖ in ignem *dett.;* in igne *A* ‖ imposi
turus *Gertz;* impositura *AF.*

XVIII, 1 ad totius *unus dett.;* totius *A* ‖ referamus. An Syracusas
uiseres *Waltz;* refer. an uis siracusas uisere *F;* refertanus (*corr. ex*
refertan) syracusas uiseres *A* ‖ es *F;* est *A* ‖ hominibusque *F;*
hominibus *A* ‖ uoluentem *F;* uoluente *A.*

2 diuerse micare *Waltz;* uidere micabis *A* ‖ Videbis (*ante*
solem) *add. P. Thomas* ‖ diei *ug.;* diem (*corr. ex* die) *A* ‖ aequali

kannst du haben häßliche; vielleicht werden sie verkrüppelt
geboren. Sein kann einst einer von ihnen ebenso Retter des
Vaterlands wie Verräter. Nicht ist ein Anlaß, die Hoffnung
aufzugeben, sie werden von solchem Rang sein, daß niemand
dich ihretwegen zu schmähen wagte; stell sie dir dennoch
auch von solcher Verworfenheit vor, daß sie geradezu [per-
sonifizierte] Beschimpfungen sind. 8 Nichts verbietet, daß
sie dir die letzte Ehre erweisen und du von deinen Kindern
einen rühmenden Nachruf erhältst, aber so sei darauf gefaßt,
als werdest du auf den Scheiterhaufen legen einen Knaben
oder einen jungen Mann oder einen Greis: nichts nämlich tun
zur Sache die Jahre, da ja kein Begräbnis ohne Bitternis ist,
dem Eltern folgen." Wenn du unter diesen dir vorgelegten
Bedingungen Kinder aufziehst, machst du von allem Unwil-
len die Götter frei, die dir nichts Gewisses versprochen haben.

XVIII. 1 Dieses Gleichnis – wohlan! – wollen wir auf den
Eintritt ins Leben insgesamt beziehen. Ob du Syrakus besuchen solltest, überlegtest du, und ich habe dir, was immer
erfreuen konnte, was immer verletzen, auseinandergesetzt;
denk dir, bei deiner Geburt käme ich zu dir zur Beratung:
,,Betreten wirst du eine Stadt, den Göttern und Menschen
gemeinsam, alles umfassend, an bestimmte Gesetze und ewige
gebunden, unermüdbare Verpflichtungen gegenüber den
Göttern vollziehend. 2 Du wirst sehen, wie dort unzählige
Sterne auf verschiedene Weise blitzen, von *einem* Gestirn
alles erfüllt wird. Du wirst sehen, wie die Sonne auf ihrem
täglichen Lauf des Tages und der Nacht Spanne bezeichnet,
in jährlich gleichem Wechsel Sommer und Winter einteilt.
Du wirst sehen das nächtliche Fortschreiten des Mondes, aus

ternis occursibus lene remissumque lumen mutuan-
tem et modo occultam, modo toto ore terris imminentem, accessionibus damnisque mutabilem, semper
proximae dissimilem. 3 Videbis quinque sidera di-
uersas agentia. uias et in contrarium praecipiti
mundo nitentia : ex horum leuissimis motibus fortunae populorum dependent et maxima ac minima
proinde formantur, prout aequum iniquumue sidus
incessit. Miraberis collecta nubila et cadentes aquas
et obliqua fulmina et caeli fragorem. 4 Cum, satia-
tus spectaculo supernorum, in terram oculos deiece-
ris, excipiet te alia forma rerum aliterque mirabilis :
hinc camporum in infinitum patentium fusa plani-
ties, hinc montium magnis et niualibus surgentium
iugis erecti in sublime uertices; deiectus fluminum
et ex uno fonte in Occidentem Orientemque diffusi
amnes, et summis cacuminibus nemora nutantia, et
tantum siluarum cum suis animalibus auiumque
concentu dissono; 5 uarii urbium situs et seclusae
nationes locorum difficultate, quarum aliae se in
erectos subtrahunt montes, aliae ripis lacunalibus
pauidae circumfunduntur; obruta fructu seges et
arbusta sine cultore ferentia et riuorum lenis inter
prata discursus, et amoeni sinus et litora in portum
recedentia; sparsae tot per uastum insulae, quae
interuentu suo maria distinguunt. 6 Quid lapidum
gemmarumque fulgor, et nitor rapidorum torren-

uice *Waltz;* equaliusque *A* || toto ore *F;* tot ore *A.*

3 formantur *F;* formatur *A* || collecta *Muret;* colecta *A* || fulmina
ug.; flumina *A* || fragorem *F;* fragore *A.*

4 supernorum *dett.;* superator *A* || deleceris *F;* deiecerit *A* ||
uertices *F;* uerticis *A* || diffusi *dett.;* defusi *A.*

5 lacunalibus *Waltz;* lacu. uallibus *A* || obruta *Waltz;* ad uita *A* ||
ferentia *Waltz;* feritatis *A* || maria *F;* paria *A.*

6 nitor rapidorum torrentium, aurum *Waltz;* inter rapidorum torrentium aurum *A* (nitor *iam Schultess inuenit, sed male inter-*

geschwisterlichen Begegnungen sanftes und zurückstrahlen-
des Licht leihend und bald verborgen, bald mit ganzem Antlitz über der Erde schwebend, in Zunehmen und Abnehmen
veränderlich, stets von der vergangenen [Gestalt] verschieden. 3 Du wirst sehen, wie fünf Gestirne verschiedene Wege
gehen und sich gegen das jählings eilende Weltall stemmen:
von ihren höchst geringfügigen Bewegungen hängen die
Schicksale der Völker ab und wird das Größte und Kleinste
deswegen gestaltet, wie gerade günstig oder verhängnisvoll
das Gestirn seine Bahn zieht. Bewundern wirst du, wie sich
sammelt Gewölk und Wasser fällt, und zuckende Blitze und
des Himmels Krachen. 4 Wenn du, gesättigt vom Schauspiel
in der Höhe, auf die Erde hinab die Augen richtest, wird dich
gefangennehmen eine andere Gestalt der Dinge und auf andere Weise bewundernswert: hier der Ebenen ins Grenzen-
lose sich erstreckende ausgebreitete Fläche, hier der Berge,
die mit großen und verschneiten Kämmen sich erheben, in
die Höhe ragende Gipfel; das Abstürzen der Flüsse und die
aus *einer* Quelle nach Westen und Osten auseinander fließen-
den Ströme und die mit ihren hohen Wipfeln nickenden
Haine, und soviel an Wäldern mit ihren Tieren und der Vögel
durcheinanderlärmendem Gesang; 5 die verschiedene Lage
der Städte und die [voneinander] durch die Unzugänglichkeit der Gegenden getrennten Völker, von denen die einen
sich auf ragende Berge zurückziehen, andere sich durch ihre
Lage an Seeufern ängstlich zu sichern suchen; mit Frucht
überladene Saat und wildwachsendes, aber trotzdem frucht-
tragendes Obstgehölz und der Bäche sanfter, zwischen Wie-
sen, Lauf und liebliche Buchten und Küsten, zu einem
Hafen zurückweichend; verstreut über die leere Meeres-
fläche so viele Inseln, die mit ihrer Existenz die Meere bele-
ben. 6 Und erst das Blitzen der Edelsteine und der Perlen
Schimmer und das Glitzern reißender Wildbäche, Gold, im

tium, aurum harenis interfluens, et in mediis terris
medioque rursus mari aeriae ignium faces, et uinculum terrarum Oceanus, continuationem gentium
triplici sinu scindens et ingenti licentia exaestuans?
7 Videbis hic inquietis et sine uento fluctuantibus
aquis innare excedenti terrestria magnitudine animalia, quaedam grauia et alieno se magisterio mo-
uentia, quaedam uelocia et concitatis perniciora
remigiis, quaedam haurientia undas et magno prae-
nauigantium periculo efflantia; uidebis hic nauigia
quas non nouere terras quaerentia. Videbis nihil
humanae audaciae intentatum, erisque et spectator
et ipse pars magna conantium : disces docebisque
artes alias quae uitam instruant, alias quae ornent,
alias quae regant. 8 Sed istic erunt mille corporum,
animorum pestes, et bella et latrocinia et uenena
et naufragia et intemperies caeli corporisque et carissimorum acerba desideria, et mors, incertum facilis an per poenam cruciatumque. Delibera tecum et
perpende quid uelis : ut ad illa uenias, per illa
exeundum est. » Respondebis uelle te uiuere :
quidni? Immo, puto, ad id non accedes ex quo tibi
aliquid decuti doles! Viue ergo ut conuenit. — Nemo,
inquis, nos consuluit. — Consulti sunt de nobis
parentes nostri, qui, cum condicionem uitae nossent,
in hanc nos sustulerunt.

XIX. 1 Sed, ut ad solacia ueniam, uideamus primum quid curandum sit, deinde quemadmodum.

punxit) || aeriae *Madvig;* terrae *A* || continuationem *F;* continuatio *A.*

7 hic (*ante* inquietis) *unus dett.;* his *A* || innare *Haase;* innari
et *A* || terrestria *Gronov;* terrentia *A* || haurientia *F;* aurentia *A* ||
et (*ante* spectator) *Lipse;* et *A.*

8 incertum *dett.;* incertus *A* || cum *F;* tunc *A.*

XIX, **1** uideamus *Pincianus;* uideatis *A* || apparet *F;* appareat *A* ||

Sande mitgeführt, und mitten im Lande und mitten auf dem
Meere wiederum hoch in die Luft ragende Fackeln von Feuer,
und die Fessel der Länder, der Ozean, den Zusammenhang
der Völker mit dreifacher Bucht[26] spaltend und in gewaltiger
Willkür emporwallend? 7 Sehen wirst du, daß hier auf un-
ruhigem und ohne Wind flutenden Wassern Lebewesen
schwimmen von einer Größe, die Landtiere übertrifft, manche schwer und nach fremder Anleitung[27] sich bewegend,
manche geschwind und flinker als rasche Ruderboote, manche
einschlürfend Wasser und unter großer Gefahr für Vorüber-
fahrende wieder ausblasend; sehen wirst du hier Schiffe, die
nicht kennen die Länder, die sie suchen. Sehen wirst du,
nichts an menschlicher Kühnheit bleibt unversucht, sein wirst
du Zuschauer *und* selber ein Teil der Großes Versuchenden:
lernen und lehren wirst du die einen Fähigkeiten, die den
Lebensunterhalt beschaffen, andere, die das Leben verschö-
nern, andere, die es leiten. 8 Aber dort wird es geben tausenderlei Unheil für den Körper, für die Seele, Kriege und
Räubereien und Gifte und Schiffbruch und Aufruhr des
Wetters und [Krankheit] des Körpers und bittere Sehnsucht
nach den Liebsten und Tod, ungewiß, ob er leicht oder durch
Strafe und Hinrichtung. Überleg bei dir und erwäg, was du
willst: um zu diesem zu kommen, mußt du jenes durch-
schreiten." Antworten wirst du, du wollest leben: warum
nicht? Im Gegenteil, ich glaube, *dem* wirst du dich nicht
nähern, von dem etwas zu verlieren dir wehtut. Leb also, wie
es ausgemacht ist. „Niemand", wirst du sagen, „hat uns gefragt." Gefragt worden sind über uns unsere Eltern, die –
obwohl sie die Bedingung des Lebens kannten! – uns ins
Leben gebracht haben.

XIX. 1 Aber damit ich zu den Tröstungen komme, wollen
wir erstens sehen, was zu heilen ist, sodann, wie. Es bewegt

Mouet lugentem desiderium eius quem dilexit. Id
per se tolerabile esse apparet : absentes enim afuturosque dum uiuent non flemus, quamuis omnis
usus nobis illorum cum aspectu ereptus sit. Opinio
est ergo quae nos cruciat, et tanti quodque malum
est, quanti illud taxauimus. In nostra potestate remedium habemus : iudicemus illos abesse et nosmet
ipsi fallamus. Dimisimus illos, immo consecuturi
praemisimus. 2 Mouet et illud lugentem : « Non
erit qui me defendat, qui a contemptu uindicet. »
Vt minime probabili, sed uero solacio utar, in ciuitate nostra plus gratiae orbitas confert quam eripit,
adeoque senectutem solitudo, quae solebat destruere,
ad potentiam ducit, ut quidam odia filiorum simulent
et liberos eiurent et orbitatem manu faciant. 3 Scio
quid dicas : « Non mouent me detrimenta mea. »
Etenim non est dignus solacio qui filium sibi decessisse sicut mancipium moleste fert, cui quicquam
in filio respicere praeter ipsum uacat. Quid igitur
te, Marcia, mouet? utrum quod filius tuus decessit,
an quod non diu uixit? Si quod decessit, semper
debuisti dolere : semper enim scisti moriturum.
4 Cogita nullis defunctum malis affici, illa quae
nobis inferos faciunt terribiles fabulam esse, nullas
imminere mortuis tenebras, nec carcerem, nec flumina igne flagrantia, nec Obliuionem amnem, nec
tribunalia et reos et in illa libertate tam laxa ullos
iterum tyrannos : luserunt ista poetae et uanis nos

afuturosque *ug.;* futurosque *A* ‖ cum aspectu *Schultess;* conspec-
tus *A.*

   2 illud *F;* illum *A* ‖ probabili *F;* probabile *A* ‖ eiurent *Gruter;*
seruent *A.*

   3 *Verba* Etenim... uacat, *quae antea Marciae tribuebantur, ipsi
Senecae restitui* ‖ praeter *F;* si preter *A* ‖ moriturum *dett.;*
mori *A.*

   4 fabulam *unus dett.;* fabulas (*corr. ex* fabulam, *quod ipsum ex*
fabula *correctum erat) A.* ‖ Obliuionem *A¹* (*falso corr. in* Obliuione)
‖ illa libertate *unus dett.;* illa reos libertate *AF.*

den Trauernden die Sehnsucht nach dem, den er geliebt hat.
Daß dies an sich erträglich ist, scheint deutlich: Abwesende
nämlich, und die abwesend sein werden – solange sie leben,
beweinen wir sie nicht, wenngleich uns jeder Umgang mit
ihnen zusammen mit ihrem Anblick entrissen ist. Eine Einbildung also ist es, die uns quält, und so wichtig ist ein jedes
Unglück, wie wir es einschätzen. In unserer Macht haben wir
das Gegenmittel: seien wir der Meinung, jene weilten in der
Ferne, und täuschen wir uns selber. Wir haben sie gehen
lassen, nein, wir haben sie, ihnen zu folgen, vorausgeschickt.
2 Es bewegt auch dies den Trauernden: ,,Nicht wird es den
geben, der mich verteidigt, der mich vor Mißachtung bewahrt.'' Um einen sehr wenig anerkennenswerten, aber zu-
treffenden Trostgrund vorzubringen – in unserem Staat
bringt mehr Ansehen ein die Kinderlosigkeit[28] als sie entreißt,
und so sehr führt die Einsamkeit, die zu zerstören pflegt, das
Alter zur Macht, daß manche Haß auf ihre Söhne vortäuschen und ihre Kinder verleugnen und Kinderlosigkeit mit
[eigener] Hand schaffen. 3 Ich weiß, was du sagen willst:
,,Nicht bewegt mich meine Einbuße.'' Denn nicht ist würdig
des Trostes, wer, daß ihm der Sohn verschieden, als sei es ein
Sklave, betrauert, der Gedanken frei hat, irgendetwas am
Sohn zu bedenken außer ihm selber. Was also, Marcia, bewegt dich? Daß dein Sohn verschieden ist oder daß er nicht
lange gelebt hat? Wenn dies, daß er verschieden ist, mußtest
stets du trauern: stets nämlich wußtest du, er werde sterben.
4 Bedenk: nichts Böses berührt den Gestorbenen; das, was
uns die Unterwelt schrecklich macht, ist Märchen, keine
Finsternis bedroht die Toten, kein Kerker; weder Flüsse, von
Feuer brennend[29], noch der Strom ,,Vergessen'' noch Ge-
richtshöfe und Angeklagte und bei dieser so lockeren Freiheit
andererseits irgendwelche Tyrannen. Spielerisch erfunden
haben das die Dichter und uns mit nichtigen Schreckbildern

agitauere terroribus. **5** Mors dolorum omnium exso-
lutio est et finis ultra quem mala nostra non exeunt;
quae nos in illam tranquillitatem, in qua antequam
nasceremur iacuimus, reponit. Si mortuorum aliquis
miseretur, et non natorum misereatur. Mors nec
bonum nec malum est. Id enim potest aut bonum
aut malum esse, quod aliquid est; quod uero ipsum
nihil est et omnia in nihilum redigit, nulli nos fortunae tradit : mala enim bonaque circa aliquam
uersantur materiam. Non potest id fortuna tenere,
quod natura dimisit, nec potest miser esse qui nullus
est. **6** Excessit filius tuus terminos intra quos serui-
tur, excepit illum magna et aeterna pax. Non paupertatis metu, non diuitiarum cura, non libidinis
per uoluptatem animos corrumpentis stimulis in-
cessitur; non inuidia felicitatis alienae tangitur, non
suae premitur; ne conuiciis quidem ullis uerecundae aures uerberantur. Nulla publica clades pro-
spicitur, nulla priuata. Non sollicitus futuri pendet
ex euentu semper incertiora spondente. Tandem ibi
constitit, unde nihil eum pellat, ubi nihil terreat.

XX. 1 O ignaros malorum suorum, quibus non
mors ut optimum inuentum naturae laudatur ex-
spectaturque, siue felicitatem includit, siue calamitatem repellit, siue satietatem ac lassitudinem senis
terminat, siue iuuenile aeuum, dum meliora speran-
tur, in flore deducit, siue pueritiam ante duriores
gradus reuocat, omnibus finis, multis remedium, quibusdam uotum, de nullis melius merita quam de
iis ad quos uenit antequam inuocaretur! **2** Haec ser-

---

5 uersantur *F;* uersatur *A.*

6 corrumpentis *F;* car | pentis *A¹ (praue corr. in* carrumpentis) ‖
uerecundae *ug.;* uerecunde *A* ‖ clades *F;* cladis *A* ‖ sollicitus *F;*
solliciti *A* ‖ incertiora spondente *Waltz;* in certiora dependenti *A.*

XX, 1 duriores *ug.;* durioris *A* ‖ de iis *F;* de his *A⁵* (de is *A¹).*

geängstigt. 5 Der Tod ist aller Schmerzen Lösung und das
Ende, über das hinaus unsere Leiden nicht gehen; er versetzt
uns wieder in jene Ruhe, in der wir uns befunden haben,
bevor wir geboren wurden. Wenn einer die Toten bedauert,
bedauert er auch die Ungeborenen. Der Tod ist weder ein
Gutes noch ein Schlechtes. Das nämlich kann entweder gut
oder schlecht sein, was *etwas* ist; was aber selber nichts ist und
alles zu nichts macht, liefert uns nicht dem Schicksal aus:
Schlechtes nämlich und Gutes sind an eine Art von Materie
gebunden. Nicht kann dies das Schicksal in seiner Gewalt
haben, was die Natur entlassen hat, und nicht kann unglücklich sein, wer nichts ist. 6 Verlassen hat dein Sohn die Grenzen, innerhalb derer man Sklave ist, aufgenommen hat ihn
der große und ewige Friede. Nicht die Furcht vor Armut,
nicht die Sorge um Reichtum, nicht die Stachel der Gier,
durch Genuß die Seelen verderbend, greifen ihn an; nicht der
Neid auf fremdes Glück berührt, nicht der auf seines bedrückt ihn; nicht einmal irgendwelche Streitereien schlagen
an seine ehrwürdigen Ohren. Um kein Unglück der Allgemeinheit sorgt er sich, um kein persönliches. Nicht ist er – in
Unruhe um die Zukunft – abhängig vom Zufall, der immer
nur das Unsichere verheißt. Schließlich: dort steht er, von
wo ihn nichts vertreibt, wo nichts ihn erschreckt.

XX. 1 Ach sie, ohne Kenntnis ihres eigenen Unglücks,
die den Tod nicht als die beste Erfindung der Natur loben
und erwarten, mag er Glück einschließen, mag er Unglück
abweisen, mag er Überdruß und Ermattung des alten Menschen ein Ende setzen, mag er den jungen Menschen, während
man noch Besseres erhofft, in der Blüte entführen, mag er
das Kind vor härteren Lebensstufen abrufen – für alle das
Ziel, für viele ein Heilmittel, für manche ein Wunsch, um
niemanden von besserem Verdienst als um die, zu denen er
kommt, bevor er gerufen wird! 2 Er befreit den Sklaven,

uitutem inuito domino remittit; haec captiuorum
catenas leuat; haec e carcere educit quos exire imperium impotens uetuerat; haec exsulibus, in patriam semper animum oculosque tendentibus, ostendit nihil interesse infra quos quis iaceat; haec, ubi
res communes fortuna male diuisit et aequo iure
genitos alium alii donauit, exaequat omnia. Haec
est post quam nihil quisquam alieno fecit arbitrio;
haec est in qua nemo humilitatem suam sensit; haec
est quae nulli non patuit; haec est, Marcia, quam
pater tuus concupiit. Haec est, inquam, quae efficit
ut nasci non sit supplicium, quae efficit ut non con-
cidam aduersus minas casuum, ut seruare animum
saluum ac potentem sui possim : habeo quod appel-
lem. 3 Video istic cruces, non unius quidem generis,
sed aliter ab aliis fabricatas : capite quidam conuer-
sos in terram suspendere, alii per obscena stipitem
egerunt, alii brachia patibulo explicuerunt; uideo
fidiculas, uideo uerbera; et singulis articulis singula
texuerunt machinamenta. Sed uideo et mortem. Sunt
istic hostes cruenti, ciues superbi; sed uideo istic et
mortem. Non est molestum seruire, ubi, si dominii
pertaesum est, licet uno gradu ad libertatem transire.
Caram te, uita, beneficio mortis habeo!

4 Cogita quantum boni opportuna mors habeat,
quam multis diutius uixisse nocuerit. Si Gnaeum
Pompeium, decus istud firmamentumque imperii,
Neapoli ualetudo abstulisset, indubitatus populi romani princeps excesserat. At nunc exigui temporis
adiectio fastigio illum suo depulit : uidit legiones
in conspectu suo caesas et ex illo proelio in quo

---

2 patriam *F;* patria *A* || infra quos *Gertz;* infra quod *A* || quis-
quam *F;* quicquam *A.*

3 istic *F;* isti *A* || in terram *F;* interra *A* || et singulis *Waltz;*
et membris singulis *A* || texuerunt *Waltz;* docuerunt *A* || Sed
(*priore loco*) *Muret;* et *A* || dominii *Gronov;* dominum *A.*

gegen den Willen des Herrn; er löst die Ketten des Gefangenen; er führt aus dem Kerker, denen ihn zu verlassen schrankenlose Macht verboten hatte; er zeigt den Verbannten, auf die Heimat stets Herz und Augen richtenden, daß es unwichtig, bei welchen Menschen einer lebt; er macht, wenn das Schicksal das Gemeingut schlecht verteilt hat und unter gleichem Recht Geborene den einen diesem, den anderen jenem geschenkt hat, alles gleich. Er ist es, nach dem niemand etwas fremder Entscheidung unterwirft; er ist es, bei dem niemand die Niedrigkeit seines Standes empfindet; er ist es, der jedem offensteht; er ist es, Marcia, nach dem sich dein Vater gesehnt hat. Er ist es, sage ich, der es bewirkt, daß geboren zu werden nicht ist eine Strafe, der bewirkt, daß ich nicht zusammenbreche angesichts der Schicksalsdrohungen, daß ich zu bewahren vermag die Seele, unversehrt und mächtig ihrer selbst: ich habe, was ich um Hilfe bitten kann.

3 Ich sehe dort Marterhölzer, nicht einer Art allein freilich, von den einen so, von den anderen anders hergestellt: mit dem Kopf zur Erde schlagen manche ans Kreuz, andere treiben einen Pfahl durch die Schamteile, andere breiten am Kreuz die Arme aus; ich sehe Folterseile, ich sehe Geißeln; und für die Glieder, für die Gelenke haben sie einzelne Werkzeuge erfunden[30]. Aber ich sehe auch den Tod. Es sind dort blutrünstige Feinde, hochfahrende Mitbürger; nicht ist es unerträglich, Sklave zu sein, wo es möglich, wenn man der Herrschaft überdrüssig ist, mit einem einzigen Schritt zur Freiheit hinüberzutreten. Lieb habe ich dich, Leben, durch die Wohltat des Todes.

4 Bedenk, wieviel Gutes ein Tod zur rechten Zeit hat, wie vielen länger zu leben geschadet hat. Wenn den Gnaeus Pompeius, diese Zierde und Stütze des Reiches, zu Neapel die Krankheit hingerafft hätte, wäre er unzweifelhaft als des römischen Volkes Erster gestorben. Aber so hat ihn einer knappen Zeitspanne Zuwachs von seiner Höhe gestürzt: er hat die Legionen gesehen, wie sie vor seinen Augen niedergemetzelt, und daß aus jener Schlacht, in der die erste

prima acies senatus fuit, quae infelices reliquiae
sunt, ipsum imperatorem superfuisse; uidit aegyp-
tium carnificem et sacrosanctum uictoribus corpus
satelliti praestitit, etiam si incolumis fuisset paenitentiam salutis acturus : quid enim erat turpius
quam Pompeium uiuere beneficio regis? 5 M. Cicero,
si illo tempore quo Catilinae sicas deuitauit, quibus
pariter cum patria petitus est, concidisset, si, liberata
re publica, seruator eius, si denique filiae suae funus
secutus esset, etiamtunc felix mori potuit : non uidisset strictos in ciuilia capita mucrones nec diuisa percussoribus occisorum bona, ut etiam de suo perirent,
non hastam consularia spolia uendentem, nec caedes,
nec locata publice latrocinia, bella, rapinas, tantum
Catilinarum. 6 M. Catonem si a Cypro et hereditatis
regiae dispensatione redeuntem mare deuorasset, uel
cum illa ipsa pecunia quam afferebat ciuili bello stipendium, nonne illi bene actum foret? Hoc certe
secum tulisset, neminem ausurum coram Catone peccare. Nunc annorum adiectio paucissimorum uirum
libertati non suae tantum, sed publicae natum coegit
Caesarem fugere, Pompeium sequi.

Nihil ergo illi mali immatura mors attulit : omnium etiam malorum remisit patientiam.

XXI. 1 — Nimis tamen cito periit et immaturus. —
Primum puta illi superfuisse... comprehende quantum plurimum procedere homini licet: quantum est?
Ad breuissimum tempus editi, cito cessuri loco uenienti impacato, hoc prospicimus hospitium. De nostris aetatibus loquor, quas incredibili celeritate con-
uolui constat. Computa urbium saecula : uidebis

---

4 quae infelices *Waltz;* quae infelicis *A;* quam infelices *unus dett.*
|| satelliti *ug.;* satietati *A.*
5 si (*ante* liberata) *add. Schultess* || seruator *Fickert;* seruat *A* ||
hastam *F;* hasta *A.*

XXI, 1 impacato *Waltz;* in pactum *A* || quas *F;* quasi *A* |||| conuolui

Schlachtreihe der Senat gebildet hatte – was unheilvolle
Reste sind – gerade der Feldherr überlebte; gesehen hat er
den ägyptischen Henker und den für die Sieger unverletz-
lichen Körper dem Trabanten dargeboten[31], auch wenn er
am Leben geblieben wäre, in Zukunft Reue über seine Rettung empfindend: was nämlich wäre schimpflicher, als daß
Pompeius lebt – durch die Gnade eines Königs? 5 Marcus
Cicero – wenn er zu jener Zeit, da er des Catilina Dolchen
entkam, mit denen er in gleicher Weise wie der Staat angegriffen wurde, gefallen wäre oder, den Staat befreit, als dessen
Retter, wenn er schließlich seiner Tochter Bestattung[32] gefolgt wäre, auch *dann* noch hätte er glücklich sterben können:
nicht hätte er gesehen, gezückt gegen die Häupter des Staates,
die Schwerter noch verteilt unter die Mörder der Erschlage-
nen Gut, so daß sie schon allein auf Grund ihres Eigentums
zugrunde gingen, nicht die Lanze bei der Versteigerung kon-
sularischer Beute, weder Mordtaten noch von Staats wegen
ausgeschriebene Räubereien, Kriege, Plünderungen, so viele
Männer wie Catilina. 6 Den Marcus Cato – wenn ihn bei der
Rückkehr von Zypern und der Einziehung eines königlichen
Erbes[33] das Meer verschlungen hätte, zumal zusammen mit
eben jenem Geld, das er herbeibrachte, für den Bürgerkrieg
eine Kriegskasse, wäre ihm nicht gut geschehen? *Das* jedenfalls hätte er mit sich genommen, daß niemand es wagen
würde, angesichts eines Cato sich zu versündigen. *Nun* hat
ein Zuwachs ganz weniger Jahre einen Mann, nicht für seine
eigene Freiheit allein, sondern für die der Allgemeinheit geboren, gezwungen, vor einem Caesar zu fliehen, einem Pompeius sich anzuschließen.

Nichts also hat *ihm* (sc. deinem Sohn) an Unglück ein
frühzeitiger Tod gebracht: auch allen Unglücks Erleiden hat
er ihm erlassen.

XXI. 1 „Allzu schnell ist er dennoch gestorben und vor
der Zeit." Erstens: denk dir, er hätte länger gelebt ... umfaß
soviel, wie vorwärts zu kommen dem Menschen höchstens
erlaubt ist: wieviel ist es? Für äußerst kurze Zeit geboren,
bald dem nächsten Platz zu machen, der ebenso friedlos sein
wird, betrachten wir dies als Aufenthalt von Gästen. Von
unserer Lebenszeit spreche ich, die mit unglaublicher Schnelligkeit verläuft – bestimmt! Rechne zusammen der Städte

quam non diu steterint etiam quae uetustate gloriantur. Omnia humana breuia et caduca sunt et infiniti
temporis nullam partem occupantia. 2 Terram hanc
cum urbibus populisque et fluminibus et ambitu
maris puncti loco ponimus, ad uniuersa referentes :
minorem portionem aetas nostra quam puncti habet
si omni tempori comparetur, cuius maior est men-
sura quam mundi, utpote cum ille se intra huius
spatium totiens remetiatur. Quid ergo interest id
extendere, cuius quantumcumque fuerit incrementum, non multum aberit a nihilo? Vno modo multum
est quod uiuimus : si satis est. 3 Licet mihi uiuaces
et in memoriam traditae senectutis uiros nomines,
centenos denosque percenseas annos : cum ad omne
tempus dimiseris animum, nulla erit illa breuissimi
longissimique aeui differentia, si, inspecto quanto
quis uixerit spatio, comparaueris quanto non uixerit.
4 Deinde sibi maturus decessit : uixit enim quantum debuit uiuere; nihil illi iam ultra supererat.
Non una hominibus senectus est, ut ne animalibus
quidem : intra quattuordecim quaedam annos defa-
tigauit, et haec illis longissima aetas est, quae homini
prima. Dispar cuique uiuendi facultas data est.
5 Nemo nimis cito moritur, quia uicturus diutius
quam uixit non fuit. Fixus est cuique terminus; ma-
nebit semper ubi positus est, nec illum ulterius diligentia aut gratia promouebit. Sic habe, te illum
aeterno diuinae mentis ex consilio perdidisse : tulit
suum

metasque dati peruenit ad aeui.

constat *F;* conuoluit *A.*
    2 tempori *Fickert;* tempore *A* ‖ ille *ug.;* illi *A* ‖ id *dett.;*
inid *A.*
    3 uiuaces *Ruhkopf;* uaces *A* ‖ nomines *F;* nominis *A* ‖ breuis-
simi *F;* breuissima *A.*
    4 sibi maturus *Madvig;* si immaturus *A* ‖ iam *F;* tam *A.*
    5 habe, te *Madvig;* habent *A* ‖ aeterno diuinae mentis *Waltz;*
ulterius diligentiam *AF.*

Jahrhunderte: sehen wirst du, wie nicht lange Bestand hatten auch die, welche sich ihres Alters rühmen. Alles Menschliche ist kurz und hinfällig und von der endlosen Zeit keinen Teil einnehmend. 2 Diese Erde mit Städten und Völkern und Flüssen und dem Umfang des Meeres sehen wir nur als Punkt, wenn wir sie mit dem All vergleichen: einen kleineren Anteil hat unsere Lebenszeit als den eines Punktes, wenn es mit aller Zeit verglichen wird, deren Maß größer ist als das der Welt, zumal da die Welt sich innerhalb von deren Ablauf so oft wiederholt. Was also ist es wichtig, das auszudehnen, dessen Zuwachs, so groß immer er sein mag, nicht viel entfernt ist von Nichts? Auf *eine* Weise ist [die Zeit] viel, die wir leben: wenn es genug ist. 3 Magst du mir Männer, lebenskräftig und von der Nachwelt überliefertem Alter nennen, hundertundzehn Jahre aufrechnen: wenn du auf alle Zeit den Blick lenkst, wird ein Nichts sein der Unterschied zwischen dem kürzesten und dem längsten Lebensalter, wenn du erkennst, wie lange Zeit einer gelebt hat, und vergleichst, wie lange er nicht gelebt hat. 4 Ferner ist er zu der ihm entsprechenden Zeit gestorben: gelebt hat er nämlich, solange er leben sollte; nichts mehr war für ihn darüber hinaus übrig. Nicht gibt es *ein* Greisenalter für die Menschen, wie nicht einmal bei den Tieren: innerhalb von vierzehn Jahren hat es manche ermüdet, und das ist für sie die längste Lebenszeit, was für den Menschen nur der Anfang. Ungleiche Möglichkeit zu leben ist jedem gegeben. 5 Niemand stirbt allzu schnell, weil er länger leben, als er gelebt hat, nicht sollte. Festgelegt ist für jeden eine Grenze; bleiben wird sie stets da, wo sie gesetzt ist, und nicht wird sie weiter durch Sorgfalt oder Beliebtheit hinausrücken. So halt es, daß du ihn aus dem ewigen Ratschluß göttlichen Willens verloren hast: er hat das Seine getragen,

und an das Ziel des gegebenen Alters gelangte er[34].

6 Non est itaque quod sic te oneres : « Potuit diutius
uiuere. » Non est interrupta eius uita, nec umquam
se annis casus intericit. Soluitur quod cuique promissum est; eunt uia sua fata, nec adiciunt quicquam
nec ex promisso semel demunt. Frustra uota ac studia sunt : habebit quisque quantum illi dies primus
ascripsit. Ex illo quo primum lucem uidit, iter mortis
ingressus est accessitque fato propior, et illi ipsi qui
adiciebantur adulescentiae anni uitae detraheban-
tur. **7** In hoc omnes errore uersamur, ut non putemus ad mortem nisi senes inclinatosque iam uergere,
cum illo infantia statim et iuuenta et omnis aetas
ferat. Agunt opus suum fata : nobis sensum nostrae
necis auferunt, quoque facilius obrepat, mors sub
ipso uitae nomine latet : infantiam in se pueritia
conuertit, pueritiam pubertas, iuuenem senex abstulit. Incrementa ipsa, si bene computes, damna sunt.

XXII. **1** Quereris, Marcia, non tam diu filium tuum
uixisse quam potuisset. Vnde enim scis an diutius
illi expedierit uiuere, an illi hac morte consultum
sit? Quemquam inuenire hodie potes, cuius res tam
bene positae fundataeque sint, ut nihil illi procedente
tempore timendum sit? Labant humana ac fluunt,
neque ulla pars uitae nostrae tam obnoxia aut tenera
est quam quae maxime placet; ideoque felicissimis
optanda mors est, quia in tanta inconstantia turba-
que rerum nihil nisi quod praeteriit certum est.
2 Quis tibi recipit illud filii tui pulcherrimum cor-

---

6 casus *F;* casibus *A* || uia *Haase;* ut *A* || habebit *F;* habebunt *A.*

7 et omnis *Waltz;* omnis *A* || agunt *Muret;* agurii *A* || obrepat
ug.; obrepant *F;* obreptant *A* || latet *F;* late *A* || infantiam *unus
dett.;* infantem *A.*

XXII, **1** potuisset *Muret;* potuisse *A* || quemquam *Gertz;* quem-
quem *A* || fundataeque sint *F;* fundataeque *A* || neque ulla *F;*
nequitia *A.*

6 Nicht ist daher Anlaß, daß du dich so sehr belastest: ,,Er hätte länger leben können.'' Nicht ist abgebrochen worden sein Leben, und niemals hat sich in die Jahre der Zufall eingedrängt. Eingelöst wird, was einem jeden versprochen ist; es geht auf seinem Weg das Schicksal, weder fügt es etwas hinzu, noch nimmt es von dem Versprochenen einmal etwas weg. Vergebens sind Wünsche und Anstrengungen: haben wird ein jeder soviel, wie ihm der erste Tag zugeschrieben hat. Von jenem Augenblick an, da er zum ersten Mal das Licht erblickt hat, hat er den Weg zum Tode beschritten und ist seinem Geschick näher gekommen, und gerade jene Jahre, die hinzugefügt wurden seiner Jugend, sie wurden seinem Leben abgezogen. 7 In diesem Irrtum befinden wir uns alle, daß wir nicht glauben, zum Tode außer als alte und gebeugte Menschen schon uns zu neigen, obwohl dorthin das Kindesalter sofort und die Jugend und jedes Alter führt. Es tut sein Werk das Schicksal: uns nimmt es das Gefühl für unseren Tod weg, und damit er sich desto leichter heranschleiche, verbirgt sich der Tod gerade unter dem Namen des Lebens: das Knabenalter wandelt die Kindheit in sich um, die Reifezeit das Knabenalter, den reifen Mann nimmt der Greis hinweg. Eben der Zuwachs ist, wenn du es richtig berechnest, Abnehmen.

XXII. 1 Du klagst, Marcia, nicht so lange habe dein Sohn gelebt, wie er es gekonnt hätte. Woher denn weißt du, ob länger zu leben ihm förderlich sein konnte oder ob ihm mit diesem Tod gedient ist? Wen immer kannst du finden, heute, dessen Verhältnisse so gut geordnet und gegründet sind, daß er nichts beim Fortschreiten der Zeit zu fürchten hat? Es gleitet das Menschliche und fließt, und nicht ist irgendein Teil unseres Lebens so empfindlich oder zart wie das, was am meisten gefällt; und deswegen müssen sich die Glücklichsten den Tod wünschen, weil bei solcher Unbeständigkeit und Verwirrung der Dinge nichts – wenn nicht, was vergangen – beständig ist. 2 Wer verbürgt dir, jener, deines Sohnes, herrliche Körper, mit höchster Sorge für seine Unschuld

pus et summa pudoris custodia inter luxuriosae
urbis oculos conseruatum potuisse tot morbos ita
euadere, ut ad senectutem illaesum perferret formae
decus? Cogita animi mille labes; neque enim recta
ingenia qualem in adulescentia spem sui fecerant
usque in senectutem pertulerunt, sed interuersa plerumque sunt : aut sera eoque foedior luxuria inuasit
coepitque dehonestare speciosa principia, aut in po-
pinam uentremque procubuerunt toti summaque illis
curarum fuit quid essent, quid biberent. 3 Adice incendia, ruinas, naufragia, lacerationesque medico-
rum ossa uiuis legentium et totas in uiscera manus
demittentium et non per simplicem dolorem pudenda
curantium. Post haec exsilium : non fuit innocentior
filius tuus quam Rutilius; carcerem: non fuit sapien-
tior quam Socrates; uoluntario uulnere transfixum
pectus : non fuit sanctior quam Cato. Cum ista per-
spexeris, scies optime cum iis agi, quos natura, quia
illos hoc manebat uitae stipendium, cito in tutum
recepit. Nihil est tam fallax quam uita humana, nihil
tam insidiosum; non mehercules quisquam illam
accepisset, nisi daretur inscientibus. Itaque, si feli-
cissimum est non nasci, proximum est, puto, breui
aetate defunctos cito in integrum restitui. 4 Propone illud acerbissimum tibi tempus, quo Seianus
patrem tuum clienti suo Satrio Secundo congiarium
dedit. Irascebatur illi ob unum aut alterum liberius
dictum, quod tacitus ferre non potuerat Seianum in

---

2 potuisse tot *Koch;* potuisset ut *A* || in adolescentia *F;* inadules-
centiam *A* || coepitque *Schultess;* coegitque *F;* cogitque *A* || pro-
cubuerunt toti *Madvig;* pro toti *A.*

3 non per simplicem *F;* non simplicem *A* || uolnere *F;* uolne-
ret *A* || cum iis *F;* cum his *(corr. ex* cum is) *A* || quos *F;*
quia *A* || insidiosum *F;* insidio *A* || inscientibus *Fickert;* inti-
bus *A* || nasci *F;* nasci *A²* *(praue corr. ex* naso *A¹)* || proximum *F;*
proxime *A* || breui aetate *Haase;* breuitate *A* || restitui *dett.;*
resiste *A.*

4 Seianus *unus dett.;* Seianum *A* || liberius *F;* libertus *A.*

unter der genußsüchtigen Stadt Augen bewahrt, hätte können so vielen Krankheiten in der Weise entgehen, daß er bis
ins Alter unverletzt hinüberbringen konnte seiner Schönheit
Schmuck? Bedenk der Seele tausenderlei Straucheln; nicht
nämlich haben aufrechte Charaktere so, wie sie in der Jugend
zu Hoffnung auf ihre Person Anlaß gegeben hatten, sie auch
bis ins Alter hinübergebracht, sondern verwandelt haben sie
sich meist: entweder ist späte und desto häßlichere Genußsucht eingedrungen und hat begonnen, zu verunstalten an-
sehnliche Anfänge, oder der Garküche und dem Bauch sind
sie verfallen ganz und gar, und Inbegriff ihrer Sorgen ist geworden, was sie äßen, was sie tränken. 3 Nimm hinzu
Brand, Einsturz, Schiffbruch, das Metzeln der Ärzte, wenn
sie Knochen bei lebendigem Leibe herausoperieren und tief
in die Eingeweide die Hände versenken und bei nicht kleinem
Schmerz die Schamteile behandeln. Danach das Exil: nicht
war unschuldiger dein Sohn als Rutilius[35]; Kerker: nicht war
er weiser als Sokrates; aus eigenem Entschluß mit Wunde
durchbohrt die Brust: nicht war er ehrwürdiger als Cato.
Wenn du das überblickt hast, weißt du, am besten geschieht
es mit denen, die die Natur, weil sie erwartete dieser Lohn
des Lebens, bei Zeiten in die Sicherheit aufgenommen hat.
Nichts ist so trügerisch wie das menschliche Leben, nichts so
heimtückisch; nicht – beim Herkules – hätte irgendeiner es
angenommen, wenn es nicht gegeben würde Ahnungslosen.
Daher: wenn es größtes Glück ist, nicht geboren zu werden,
ist es am nächstbesten, meine ich[36], nach einem kurzen
Leben rasch in die Vollkommenheit zurückzukehren. 4 Stell
dir vor jene äußerst bittere Zeit, da Seianus deinen Vater
seinem Günstling Satrius Secundus zum Geschenk gab[37]. Er
zürnte ihm wegen der einen oder anderen etwas freimütigeren
Äußerung, weil der [Vater] es nicht schweigend hatte ertragen können, daß Seianus uns in den Nacken nicht bloß ge-

ceruices nostras ne imponi quidem, sed escendere.
Decernebatur illi statua in Pompei theatro ponenda,
quod exustum Caesar reficiebat : exclamauit Cordus
tunc uere theatrum perire. 5 Quid ergo? non rum-
peretur supra cineres Cn. Pompei constitui Seianum et in monumentis maximi imperatoris conse-
crari perfidum militem! Consignatur subscriptio, et
acerrimi canes, quos ille, ut sibi uni mansuetos, omnibus feros haberet, sanguine humano pascebat, cir-
cumlatrare hominem etiamtum imperturbatum incipiunt. 6 Quid faceret? Si uiuere uellet, Seianus
rogandus erat, si mori, filia, uterque inexorabilis.
Constituit filiam fallere. Vsus itaque balineo, quo
plus uirium poneret, in cubiculum se quasi gustatu-
rus contulit et, dimissis pueris, quaedam per fenes-
tram, ut uideretur edisse, proiecit; a cena deinde,
quasi iam satis in cubiculo edisset, abstinuit. Altero
quoque die et tertio idem fecit. Quartus ipsa infir-
mitate corporis faciebat indicium. Complexus itaque
te : « Carissima, inquit, filia et hoc unum tota celata
uita, iter mortis ingressus sum et iam medium fere
teneo; reuocare me nec debes nec potes. » Atque
ita iussit lumen omne praecludi et se in tenebras
condidit. 7 Cognito consilio eius, publica uoluptas
erat, quod e faucibus auidissimorum luporum edu-
ceretur praeda. Accusatores, auctore Seiano, adeunt
consulum tribunalia; querentur mori Cordum ut in-
terpellaret quod coeperant : adeo illis Cordus uideba-

5 consignatur *Waltz;* consecratur *A* || haberet *F;* habere *A* ||
etiamtum imperturbatum *Waltz;* etiam illum imperiatum *A.*

6 mori *dett.;* morte *A* || quo *F;* et quo *A* || dimissis *F;* dimisi *A* ||
proiecit *F;* proiecta *A* || fere *F;* ferre *A.*

7 cognito *ug.;* cogito *A* || adeunt *F;* adeum *A* || ut interpellaret
quod coeperant *Waltz;* ut interpella quod coegerant *A* || mortem

setzt wurde, sondern kletterte. Beschlossen wurde, ihm sei
eine Statue im Theater des Pompeius zu errichten, das nach
einem Brand der Kaiser [Tiberius] wiederherstellte: ausge-
rufen hat Cordus, nunmehr gehe das Theater wirklich zugrunde. 5 Wie also? *Nicht* sollte er sich empören, daß über
der Asche eines Gnaeus Pompeius aufgestellt werde ein
Seianus und in dem Monument des hochberühmten Feldherrn die Weihen erhalte ein treuloser Soldat? Unterzeichnet
wird die Anklage, und äußerst scharfe Hunde – die jener,
damit er sie für sich allein zahm, gegen die anderen scharf
habe, mit Menschenblut nährte – begannen zu umheulen
einen Mann, der auch da nicht verwirrt. 6 Was hätte er tun
sollen? Wenn er leben wollte, wäre Seianus zu bitten gewesen,
wenn sterben, die Tochter, jeder von beiden unerbittlich. Er
beschloß, die Tochter zu täuschen. Er hat also ein Bad genommen, um mehr Kraft zu verlieren, begab sich in sein
Zimmer, als ob er einen Imbiß nehmen wolle, entließ die
Boys und warf etwas aus dem Fenster, damit es scheine, er
habe gegessen; von der Tafel darauf, als habe er schon genug
auf seinem Zimmer gegessen, hielt er sich fern. Auch am
zweiten und dritten Tag machte er es ebenso. Der vierte gab
durch die körperliche Schwäche selber einen Hinweis. Umarmt also hat er dich und gesprochen: ,,Liebste Tochter, über
dies eine im ganzen Leben getäuscht, den Weg zum Tode habe
ich beschritten und schon fast die Mitte erreicht; zurückrufen darfst und kannst du mich nicht.'' Und so befahl er,
alles Licht auszusperren, und verbarg sich im Dunkel.
7 Bekannt wurde sein Plan, und in der Öffentlichkeit gab es
Freude, daß aus dem Rachen gierigster Wölfe entführt
werde die Beute. Die Ankläger, auf Betreiben des Seianus,
gehen zu der Konsuln Amtssitz; sie beschweren sich, es
sterbe Cordus, um zu vereiteln, was sie begonnen hatten: so
sehr schien ihnen Cordus zu entkommen. Ein wichtiges Pro-

tur effugere. Magna res erat in quaestione, an mortem rei perderent. Dum deliberatur, dum accusatores iterum adeunt, ille se absoluerat. **8** Videsne,
Marcia, quantae iniquorum temporum uices ex inopinato ingruant? Fles, quod alicui tuorum mori necesse fuit : alicui paene non licuit.

XXIII. **1** Praeter hoc, quod omne futurum incertum est et ad deteriora certius, facillimum ad supe-
ros iter est animis cito ab humana conuersatione
dimissis : minimum enim faecis pondus traxerunt.
Antequam obdurescerent et altius terrena concipe-
rent liberati, leuiores ad originem suam reuolant et
facilius quicquid est illud obsoleti illitique eluunt.
2 Nec umquam magnis ingeniis cara in corpore mora
est : exire atque erumpere gestiunt, aegre has angus-
tias ferunt, uagari per omne sublimes et ex alto
assueti humana despicere. Inde est quod Platon clamat : sapientis animum totum in mortem prominere,
hoc uelle, hoc meditari, hac semper cupidine ferri,
in exteriora tendentem.

3 Quid? tu, Marcia, cum uideres senilem in iuuene
prudentiam, uictorem omnium uoluptatum animum,
emendatum, carentem uitio, diuitias sine auaritia,
honores sine ambitione, uoluptates sine luxuria
appetentem, diu tibi putabas illum sospitem posse
contingere? Quicquid ad summum peruenit ab exitu
prope est. Eripit se aufertque ex oculis perfecta uirtus, nec ultimum tempus exspectant quae in primo
maturuerunt. **4** Ignis, quo clarior fulsit, citius exstin-

Waltz; mortis *A.*

8 quantae *F;* quanta *A* || uices *Muret;* uires *A* || alicui paene
Waltz; paene *A.*

XXIII, **1** pondus *Gertz;* ponderis *A* || eluunt *Gronov;* fluunt *A.*
2 uagari *Waltz;* uagi *A* || in mortem *F;* in morte *A.*
3 sospitem *F;* hospitem *A* || ab exitu *Lipse;* ad exitum *A.*

blem stand zur Frage, ob die Todesdrohung Angeklagte zunichte machen dürfen. Während überlegt wird, während die
Ankläger abermals vorstellig werden, hatte *er* sich befreit.
8 Siehst du, Marcia, welcher Wechsel ungerechter Zeitläufe
unvermutet eintritt? Du weinst, daß einer der Deinen sterben
mußte: ein anderer hätte es beinahe nicht gedurft.

XXIII. 1 Abgesehen davon, daß alles Künftige ungewiß
ist und [nur] zum Schlechteren gewisser – sehr leicht ist der
Weg zu den Göttern, haben sich die Seelen rasch vom Umgang mit Menschen entfernt: am wenigsten nämlich ziehen
sie des Unrates Last [mit sich]. Bevor sie sich verhärten und
tiefer Irdisches in sich aufnehmen, befreit, fliegen sie leichter
zu ihrem Ursprung zurück und waschen leichter ab, was
immer an Besudeltem und Beschmutztem es ist. 2 Und
niemals ist großen Geistern lieb das Verweilen im Körper:
hinauszukommen und auszubrechen bemühen sie sich, un-
willig ertragen sie diese Beengung – unbeschwert, durch alles
zu streifen, und daran gewöhnt, aus der Höhe auf die Dinge
der Menschen herabzublicken. Daher kommt es, daß Platon
ausruft[38]: des Weisen Seele neige sich ganz zum Tode, das
wolle sie, darauf sinne sie, von diesem Wunsche werde sie
stets getragen, nach draußen strebend.

3 Was? Du, Marcia, als du sahest die Klugheit des Alters
an einem jungen Mann, siegreich über alle Genüsse die Seele,
gebessert, befreit von Fehlern, Reichtum ohne Habsucht,
Ehren ohne Ehrgeiz, Vergnügen ohne Genußsucht erstrebend,
da meintest du, lange könne er dir unversehrt bleiben? Was
immer zur Vollendung kommt, ist dem Ende nahe. Es entreißt und entzieht sich den Augen sittliche Vollkommenheit,
und nicht wartet auf die späteste Zeit, was zuerst gereift ist.
4 Feuer: je heller es geleuchtet hat, desto rascher erlischt es;

guitur; uiuacior est qui cum lenta ac difficili materia commissus fumoque demersus ex sordido lucet :
eadem enim detinet causa, quae maligne alit. Sic
ingenia, quo illustriora, breuiora sunt; nam ubi incremento locus non est, uicinus occasus est. 5 Fabianus ait, id quod nostri quoque parentes uidere, puerum Romae fuisse staturae ingentis, ui nitentem; sed
hic cito decessit, et moriturum breui nemo non prudens dixit : non poterat enim ad illam aetatem peruenire, quam praeceperat. Ita est : indicium immi-
nentis exitii nimia maturitas est; appetit finis, ubi
incrementa consumpta sunt.

XXIV. 1 Incipe uirtutibus illum, non annis aestimare : satis diu uixit. Pupillus relictus, sub tutorum
cura usque ad quartum decimum annum fuit, sub
matris tutela semper. Cum haberet suos penates, relinquere tuos noluit et in materno contubernio, cum
uix paternum liberi ferunt, perseuerauit adulescens.
Statura, pulchritudine, latere castris natus, militiam
recusauit, ne a te discederet. 2 Computa, Marcia,
quam raro liberos uideant quae in diuersis domibus
habitant; cogita tot illos perire annos matribus et
per sollicitudinem exigi, quibus filios in exercitu
habent : scies multum patuisse hoc tempus, ex quo
nihil perdidisti. Numquam e conspectu tuo recessit;
sub oculis tuis studia formauit excellentis ingenii et
aequaturi auum, nisi obstitisset uerecundia, quae
multorum profectus silentio pressit. 3 Adulescens

---

5 staturae *Gertz;* statura *A* || ui nitentem *Waltz;* uiri ante *A* ||
nemo non prudens *ug.;* nemo prudens *A* || indicium *ug.;* indic-
tum *A* || est; appetit *Haase;* et appetit *A*.

XXIV. 1 ferunt *Joh. Müller;* ferant *A* || perseuerauit adulescens.
Statura *Waltz; antea sic interpungebant :* perseuerauit. Adulescens
statura || latere *Waltz;* cetero corporis robore *A*.

2 e conspectu *F;* conspeetu *A*.

länger lebt es, wenn es mit zähem und widerspenstigem
Brennstoff genährt und vom Rauch niedergedrückt, schmutzig leuchtet: denn dieselbe Ursache hält es nieder, die es
widerwillig nährt. So sind Begabungen, je leuchtender, desto
kurzlebiger; denn wo für Zunahme kein Platz ist, da ist in
der Nähe der Untergang. 5 Fabianus[39] erzählt – und auch
unsere Eltern haben es gesehen –, einen Knaben habe es in
Rom gegeben von ungeheurer Gestalt, von Kraft strotzend;
aber er verschied rasch, und daß er in kurzem sterben werde,
hat jeder Verständige ausgesprochen: nicht konnte er nämlich jenes Alter erreichen, das er vorweggenommen hatte.
So ist es: Hinweis auf nahen Tod ist allzu zeitige Reife; es
naht das Ende, wo das Wachstum sich aufgezehrt hat.

XXIV. 1 Beginn, ihn nach seinen Vorzügen, nicht nach
seinen Jahren einzuschätzen: lange genug hat er gelebt. Als
unmündige Waise alleingelassen, lebte er unter der Vormün-
der Schutz bis zu seinem vierzehnten Jahr, unter der Mutter
Obhut immer. Obwohl er ein eigenes Haus hatte, wollte er
das deine nicht verlassen und blieb in der Gemeinschaft der
Mutter, wo doch die des Vaters Kinder kaum ertragen –
[noch] als junger Mann. Von Gestalt, Schönheit, Kraft für
den Soldatenberuf geboren, wies er den Kriegsdienst zurück,
um sich von dir nicht zu trennen. 2 Rechne zusammen,
Marcia, wie selten ihre Kinder die Frauen sehen, die in anderen Häusern wohnen; bedenk, so vielen Müttern vergehen
jene Jahre und werden in Besorgnis verbracht, in denen sie
die Söhne in der Armee haben: du wirst wissen, lang hat sich
die Zeit ausgedehnt, von der du nichts verloren hast. Niemals
hat er sich aus deinem Gesichtskreis entfernt; unter deinen
Augen hat er seine Studien betrieben, hervorragenden Talen-
tes, das dem Großvater gleichkommen konnte, wenn nicht
Bescheidenheit dem entgegengestanden hätte, die vieler
Menschen Fortschritte unter Schweigen verbirgt. 3 Ein

388   AD MARCIAM DE CONSOLATIONE   XXIV-3

rarissimae formae, in tam magna feminarum turba
uiros corrumpentium nullius se spei praebuit, et,
cum quarundam usque ad tentandum peruenisset
improbitas, erubuit, quasi peccasset, quod placuerat.
Hac sanctitate morum effecit ut, puer admodum, dignus sacerdotio uideretur, materna sine dubio suf-
fragatione, sed ne mater quidem nisi pro bono can-
didato ualuisset. 4 Harum contemplatione uirtutum
filium gere quasi sinu! Nunc ille tibi magis uacat,
nunc nihil habet quo auocetur; numquam tibi solli-
citudini, numquam maerori erit. Quod unum ex tam
bono filio poteras dolere, doluisti; cetera, exempta
casibus, plena uoluptatis sunt, si modo uti filio scis,
si modo quid in illo pretiosissimum fuerit intellegis.
5 Imago dumtaxat filii tui periit et effigies non simillima; ipse quidem aeternus meliorisque nunc status est, despoliatus oneribus alienis et sibi relictus.
Haec quae uides circumdata nobis, ossa, neruos et
obductam cutem uultumque et ministras manus et
cetera quibus inuoluti sumus, uincula animorum te-
nebraeque sunt. Obruitur his, offocatur, inficitur, arce-
tur a ueris et suis, in falsa coniectus. Omne illi cum
hac graui carne certamen est, ne abstrahatur et sidat;
nititur illo unde demissus est : ibi illum aeterna re-
quies manet, ex confusis crassisque pura et liquida
uisentem.

XXV. 1 Proinde non est quod ad sepulcrum filii
tui curras : pessima eius et ipsi molestissima istic
iacent, ossa cineresque, non magis illius partes quam

---

4 gere quasi in sinu. Nunc *Hermes* (quasi in sinu *Madvig*); geri
quam si nunc *A* || auocetur *Pincianus;* uocetur *A* || exempta *ug.;*
exempla *A* || uti *F;* ut *A*.

5 effigies *F;* efficies *A* || status *F;* sailus *A* || circumdata *Koch;*
circum *A* || offocatur *Georges;* effugatur *A* || a ueris *Pincianus;*
auersis *A* || demissus *Madvig,;* dimissum *A* || ex (*ante* confusis)
Gertz; e *ug.;* et *A* || crassisque *ug.;* grassisque *A*.

junger Mann von selten schöner Gestalt, hat er in der so
großen Schar Männer verführender Frauen keiner Anlaß zu
Hoffnung geboten und ist, wenn mancher Lüsternheit bis
zum Verführungsversuch vorgedrungen war, errötet, als
hätte er gesündigt, daß er Gefallen erregt hatte. Diese Lauter-
keit des Charakters hat es bewirkt, daß er, ein Knabe noch,
würdig eines Priestertumes erschien, durch der Mutter –
zweifellos – Fürsprache, aber nicht einmal die Mutter hätte,
außer für einen guten Anwärter, etwas ausgerichtet. 4 In
dieser Eigenschaften Betrachtung nimm den Sohn gleichsam
an dein Herz! Jetzt hat er mehr Zeit für dich, jetzt gibt es
nichts, was ihn wegrufen könnte; niemals wird er dir Sorge,
niemals Kummer bereiten. Was allein du von einem so guten
Sohne konntest erleiden, hast du erlitten; das übrige, ent-
hoben den Schicksalsfällen, ist erfüllt von Freude, wenn du
nur mit dem Sohn umzugehen verstehst, wenn du nur, was
an ihm besonders wertvoll gewesen ist, erkennst. 5 Das
Abbild, genau genommen, deines Sohnes ist dahingegangen
und die Schattengestalt, die nicht ganz ähnliche; er selber
freilich ist unvergänglich und nun von besserem Stande, befreit von fremden Lasten und sich selbst zurückgegeben. Das,
was du als unsere Verkleidung siehst, Knochen, Muskeln,
und darüber die Haut, das Gesicht und die dienenden Hände
und das übrige, womit wir verhüllt sind – Fesseln der Seele
und Dunkelheit ist es. Verschüttet wird sie davon, erstickt,
vergiftet, ferngehalten von der Wahrheit und ihrem eigenen
Wesen, in das Falsche geworfen. Allen Kampf führt sie mit
diesem schweren Fleisch, um sich nicht ablenken zu lassen
und steckenzubleiben; sie strebt dahin, von wo sie herabge-
schickt worden ist: dort wartet auf sie ewige Ruhe, wird sie
nach Wirrnis und Dunkel das Reine und Klare schauen.

XXV. 1 Daher ist kein Anlaß, daß du zum Grabe deines
Sohnes läufst: Das Schlechteste von ihm, und ihm selber
Lästigste, liegt dort, Knochen und Asche, nicht mehr Teile

uestes aliaque tegimenta corporum. Integer ille nihilque in terris relinquens sui fugit et totus excessit;
paulumque supra nos commoratus, dum expurgatur
et inhaerentia uitia situmque omnem mortalis aeui
excutit, deinde ad excelsa sublatus, inter felices currit
animas. 2 Excepit illum coetus sacer, Scipiones Cato-
nesque, interque contemptores uitae et beneficio suo
liberos parens tuus, Marcia. Ille nepotem suum
(quamquam illic omnibus omne cognatum est) appli-
cat sibi noua luce gaudentem et uicinorum siderum
meatus docet, nec ex coniectura, sed omnium ex uero
peritus, in arcana naturae libens ducit, utque igno-
tarum urbium monstrator hospiti gratus est, ita scis-
citanti caelestium causas domesticus interpres. Et in
profunda terrarum permittere aciem iubet : iuuat
enim ex alto relicta respicere. 3 Sic itaque te, Marcia,
gere, tamquam sub oculis patris filiique posita, non
illorum quos noueras, sed tanto excelsiorum et in
summo locatorum : erubesce quicquam humile aut
uulgare agere et mutatos in melius tuos flere. Aeternarum rerum per libera et uasta spatia dimissos, non
illos interfusa maria discludunt nec altitudo montium aut inuiae ualles aut incertarum uada Syrtium;
omnia in plano habent, et ex facili mobiles et expediti et in uicem peruii sunt intermixtique sideribus.

XXVI. 1 Puta itaque ex illa arce caelesti patrem
tuum, Marcia, cui tantum apud te auctoritatis erat
quantum tibi apud filium tuum, non illo ingenio quo

XXV, **1** sui *Haase;* uis *A* || commoratu*s F;* commoratur *A* ||
expurgatur *F;* expugnatur *A* || omnem *F;* omnium *A.*

2 suo (*post* beneficio) *add. Gertz* || monstrator *unus dett.;* mons-
tratus *A* || iubet (*post* aciem) *add. Hermes.*

3 erubesce *F;* erubesco *A* || agere (*post* uulgare) *addidi;* cogi-
tare *Hermes* || dimissos *F;* dimissi *A* || omnia in plano habent
Waltz; omnium plana *A.*

XXVI, **1** cui *dett.;* et cui *A* || elatiore *dett.;* elatiorem *A.*

von ihm als Kleider und andere Bedeckung des Körpers. Unversehrt ist er und nichts auf Erden zurücklassend von dem Seinen geflohen und vollkommen hinweggegangen; und kurze Zeit verweilte er noch über uns, solange er sich läuterte und die anhaftenden Fehler und allen Schmutz sterblichen Lebens abschüttelte, sodann wurde er in die Höhen erhoben und kam zu den Seligen. 2 Empfangen hat ihn dort eine heilige Schar, Männer aus dem Hause eines Scipio und eines Cato, und unter den Verächtern des Lebens und durch eigenen Entschluß Freien dein Vater, Marcia. Er nimmt seinen Enkel (obwohl dort zwischen allen Verwandtschaft besteht) an seine Seite, der über das neue Licht voller Freude, und lehrt ihn der benachbarten Sterne Bahnen, und nicht aus Vermutung, sondern in allen Dingen aus wahrer Kenntnis erfahren, führt er ihn in die Geheimnisse der Natur gerne ein, und wie bei unbekannten Städten ein Wegweiser dem Gast willkommen ist, so ist er ihm, der nach der Himmelserscheinungen Ursachen fragt, ein heimischer Deuter. Und in die Erdentiefe hinabzusenden den Blick heißt er ihn: es erfreut nämlich, aus der Höhe auf das Zurückgelassene hinabzuschauen. 3 So also verhalt dich, Marcia, als ob du den Blicken des Vaters und des Sohnes ausgesetzt, nicht jener, die du kanntest, sondern die soviel erhabener und in höchste Höhe entrückt: erröte darüber, etwas Niedriges oder Gemeines zu tun und, daß verwandelt zu Besserem die Deinen, zu beweinen. Da sie in der Ewigkeit freie und weite Räume entrückt, schließen sie nicht zwischen ihnen liegende Meere [voneinander] ab, noch Bergeshöhen, unwegsame Täler oder die Untiefen der gefährlichen Syrten; da sie alles zugänglich haben, sind sie ohne Schwierigkeit beweglich und unbehindert und verkehren miteinander, gehörend zur Sternenwelt[40].

XXVI. 1 Denk, von jener Himmelswarte spräche dein Vater, Marcia, der so viel Ansehen bei dir hatte wie du bei deinem Sohn – nicht in jenem Geiste, in dem er die Bürger-

ciuilia bella defleuit, quo proscribentes in aeternum
ipse proscripsit, sed tanto elatiore quanto est ipse
sublimior, dicere : 2 « Cur te, filia, tam longa tenet
aegritudo? Cur in tanta ueri ignoratione uersaris, ut
inique actum cum filio tuo iudices, quod integro
domus statu, integer ipse ad maiores se recepit suos?
Nescis quantis fortuna procellis disturbet omnia?
quam nullis benignam facilemque se praestiterit, nisi
qui minimum cum illa contraxerant? Regesne tibi
nominem felicissimos futuros, si maturius illos mors
instantibus subtraxisset malis? an romanos duces,
quorum nihil magnitudini deerit si aliquid aetati de-
traxeris? an nobilissimos uiros clarissimosque, ad
ictum militaris gladii composita ceruice seruatos?
3 Respice patrem atque auum tuum : ille in alieni
percussoris uenit arbitrium; ego nihil in me cuiquam
permisi et, cibo prohibitus, ostendi tam magno me
quam uiuebam animo scripsisse. Cur in domo nostra
diutissime lugetur qui felicissime moritur? 4 Coimus
omnes in unum uidemusque, non alta nocte circumdati, nihil apud uos, ut putatis, optabile, nihil excelsum, nihil splendidum, sed humilia cuncta et grauia
et anxia et quotam partem luminis nostri cernentia!
Quid dicam nulla hic arma mutuis furere concursi-
bus, nec classes classibus frangi, nec parricidia aut
fingi aut cogitari, nec fora litibus strepere dies per-
petuos, nihil in obscuro, detectas mentes et aperta
praecordia et in publico medioque uitam, et omnis

---

2 integro domus statu *Fickert;* inte domus status *A* || integer
ipse *Haase;* inte ipse *A* || se *(ante* recepit) *add. Fickert* || con-
traxerant *Muret;* contraxerat *A* || instantibus *unus dett.;* stanti-
bus *A* || seruatos *Waltz;* formatos *A.*

3 tam magno me quam uiuebam scripsisse *Waltz;* quam magno
me quam uibar scripsisse *A (uerba* magno me quam *in margine
adscripta).*

kriege beklagte, in dem er die ächtenden Gewalthaber auf
ewige Zeit selber geächtet hat, sondern in so viel höherer
Gesinnung, wie er selbst erhabener: 2 ,,Warum, meine
Tochter, hält dich so lange Trauer in ihrem Bann? Warum
verharrst du in so großer Unkenntnis der Wahrheit, zu meinen, unbillig sei mit deinem Sohn verfahren, daß er, obwohl
sein Haus unversehrt und er selber unversehrt, sich zu seinen
Ahnen entfernt hat? Weißt du nicht, mit welch furchtbaren
Stürmen das Schicksal alles durcheinanderwirft? Wie es
niemandem als gütig und umgänglich sich erweist, wenn nicht
denen, die nur sehr wenig sich mit ihm eingelassen hatten?
Soll ich Könige dir nennen, die sehr glücklich hätten werden
können, wenn zeitiger sie der Tod dem drohenden Unglück
entzogen hätte? Oder römische Feldherren, zu deren Größe
nichts fehlen wird, wenn man ein wenig dem Alter wegnimmt?
Oder hochadlige Männer und berühmte, für den Hieb des
Kurzschwertes, gebeugten Nackens, bewahrt? 3 Blick auf
deinen Vater und deinen Großvater: er geriet in eines fremden Mörders Gewalt; *ich* habe nichts irgendjemandem mir
gegenüber gestattet, und, indem ich mir Nahrung versagte,
gezeigt, daß ich in so großer Gesinnung geschrieben habe, wie
ich auch mein Leben führte. Warum wird in unserer Familie
am längsten betrauert, der am glücklichsten stirbt? 4 Wir
kommen alle an einer Stelle zusammen und sehen, nicht von
tiefer Nacht umgeben, daß bei euch nichts – wie ihr meint –
wünschenswert, nichts erhaben, nichts glänzend, sondern
alles niedrig und schwer und eng und nur einen kleinen Teil
unseres Lichtes sehend. Was soll ich davon sprechen, daß
keine Waffen hier in gegenseitigem Zusammenprall wüten,
weder Flotten von Flotten zerbrochen werden noch Mord er-
sonnen oder geplant wird noch die Gerichtsplätze von Pro-
zessen dröhnen früh bis spät, daß nichts im Verborgenen,
unverhohlen die Gedanken und offen die Herzen und in aller
Öffentlichkeit das Leben [sich vollzieht], aller Zeiten Aus-

aeui prospectum notitiamque? 5 Iuuabat unius me
saeculi facta componere, in parte ultima mundi et
inter paucissimos gesta : tot saecula, tot aetatum contextam seriem, quicquid annorum est, licet uisere;
licet surrectura, licet ruitura regna prospicere, et magnarum urbium lapsus, et maris nouos cursus.
6 Nam, si tibi potest solacio esse desiderii tui commune fatum, nihil quo stat loco stabit, omnia ster-
net abducetque secum uetustas. Nec hominibus solum
(quota enim ista fortuitae potentiae portio est?), sed
locis, sed regionibus, sed mundi partibus ludet. Totos
supprimet montes et alibi rupes in altum nouas exprimet; maria sorbebit, flumina auertet et, commer-
cio gentium rupto, societatem generis humani coe-
tumque dissoluet; alibi hiatibus uastis subducet
urbes, tremoribus quatiet, et ex infimo pestilentiae
halitus mittet, et inundationibus quicquid habitatur
obducet necabitque omne animal orbe submerso, et
ignibus uastis torrebit incendetque mortalia. Et, cum
tempus aduenerit quo se mundus renouaturus exstin-
guat, uiribus ista se suis caedent, et sidera sideribus
incurrent, et, omni flagrante materia, uno igne quicquid nunc ex disposito lucet ardebit. 7 Nos quoque,
felices animae et aeterna sortitae, cum deo uisum
erit iterum ista moliri, labentibus cunctis, et ipsae
parua ruinae ingentis accessio, in antiqua elementa
uertemur. »

Felicem filium tuum, Marcia, qui ista iam nouit!

---

4 notitiamque Waltz (iam scientiamque Cornelissen); uenien-
tiumque A.

5 contextam dett.; contextum A.

6 totos Gertz tot A (corr. ex toto A¹) || supprimet F; suppri-
mit A || in altum F; inalium A || quatiet F; quatit A⁵ || mittet F;
mittit A || torrebit F; orrebit A || caedent ug.; cedent A.

7 ista F; istam A || ipsae ug.; ipse A.

blick und Kenntnis besteht? 5 Freude macht es mir, eines
einzigen Jahrhunderts Ereignisse niederzuschreiben, die sich
im äußersten Teil der Welt und bei ganz wenigen Menschen
zugetragen: so viele Jahrhunderte, so vieler Zeitalter zu-
sammenhängende Folge, was immer an Jahren es gibt, kann
man sehen; man kann Königreiche erblicken, die bald sich
erheben, die bald niederstürzen werden, und großer Städte
Niedergang und des Meeres neue Bahnen. 6 Denn wenn dir
ein Trost sein kann bei deiner Sehnsucht das allgemeine
Geschick – nichts wird, wo es steht, stehen bleiben, alles wird
niederstrecken und mit sich davonführen die Zeit. Weder mit
den Menschen allein (denn der wievielte Teil der Schicksals-
macht ist das?) sondern mit Gegenden, Landschaften, Welt-
teilen spielt sie. Ganze Gebirge wird sie niederlegen und
anderswo neue Felsmassen empordrängen; Meere wird sie
verschlingen, Flüsse ableiten, und indem sie den Verkehr der
Völker vernichtet, wird sie Gemeinschaft des Menschenge-
schlechtes und Zusammengehörigkeit zerstören; anderswo
wird sie in riesenhaften Klüften versinken lassen Städte, sie
erschüttern mit Erdbeben, und aus der Tiefe wird sie Pest-
hauch aufsteigen lassen, mit Überschwemmungen alles Be-
wohnte bedecken und töten alles Lebendige, indem die Welt
untergeht, und mit riesigen Feuerbränden wird sie versengen
und verbrennen, was sterblich. Und wenn der Zeitpunkt gekommen ist, da die Welt, sich zu erneuern, sich auslöscht,
wird sich aus eigener Kraft dies alles vernichten, Sterne werden mit Sternen zusammenprallen, und, da in Brand alle
Materie, wird in *einem* Feuer, was immer jetzt in sorgfältiger
Ordnung leuchtet, aufbrennen. 7 Auch wir, glückliche
Seelen, die die Ewigkeit erlangt – wenn es dem Gott gefällt,
dies wieder ins Werk zu setzen, werden uns, da alles in Bewegung gerät, auch selber ein kleiner Teil des ungeheuren Zu-
sammenbruches, in die alten Urbestandteile verwandeln.''
Glücklich dein Sohn, Marcia, der das schon weiß.

ANHANG

Anmerkungen

1. Über die Vorsehung

[1] In der Antike nahm man an, zwischen Meerwasser und Quellwasser bestehe eine ständige Zirkulation.

[2] Gemeint ist der jüngere Cato, Uticensis genannt. Als Gaius Iulius Caesar im Jahre 46 v. Chr. bei Thapsus in Afrika über die Partei des Pompeius gesiegt hatte, gab sich Cato in Utica den Tod, weil er den Untergang der Republik nicht mit ansehen wollte (vgl. Anm. 4). In Cato sahen die Stoiker ihr Ideal des Weisen verkörpert.

[3] König Iuba von Mauretanien hatte sich im Bürgerkrieg Pompeius und den Republikanern angeschlossen. Marcus Petreius, einst als Legat des Konsuls Gaius Antonius bei Clastidium Sieger über Catilina, gehörte zum Stab der republikanischen Armee in Afrika. Iuba wollte sich in seiner Stadt Zama auf einem riesigen Scheiterhaufen verbrennen lassen; weil dies den Untergang der Stadt hätte bedeuten können, ließ man ihn und seinen Begleiter Petreius nicht ein. So begab sich der König auf eines seiner Landhäuser, und nach einem üppigen Gelage forderte er Petreius zum Zweikampf auf, damit sie ritterlich stürben. Petreius fiel, Iuba ließ sich von einem Sklaven töten (Bellum Africum 94). Zur Quellenfrage vgl. Pauly-Wissowa RE 19, 1, 1188.

[4] Es wird berichtet, Cato habe nach dem Mißlingen seines Selbstmordversuches – er hatte sich das Schwert in den Leib gestoßen – die Hilfe seines Arztes zurückgewiesen und sich die Eingeweide mit eigenen Händen zerrissen. Plutarch, Cato minor 70, 8–10: Appian, bella civilia 2, 98, 408 ff.: Dio 43, 10, 3 ff.

[5] Demetrius, Zeitgenosse Senecas, war Kyniker.

[6] Gaius Mucius Scaevola Cordus, eine berühmte Heldengestalt aus dem Kampf gegen König Porsenna. Nach Livius' Bericht (2, 12) schleicht er sich ins feindliche Lager, um den König zu ermorden. Er wird entdeckt, und als der König ihn mit Feuer foltern lassen will, hält Mucius selber die Rechte ins Feuer, um zu zeigen, „wie billig der Körper denen sei, die großen Ruhm sehen".

[7] Gaius Fabricius Luscinus, Konsul der Jahre 282 und 278 v. Chr., Sieger über die Lukaner im Kampf um Tarent, Widersacher des Königs Pyrrhos. Er galt als Urbild von Rechtlichkeit und Anspruchslosigkeit. Cicero, pro Plancio 25, 60; de oratore 3, 15, 56; de officiis 3, 4, 16; Cato maior 13, 43.

[8] Publius Rutilius Rufus, Konsul 105 v. Chr., zog sich wegen seiner streng korrekten Verwaltung der Provinz Asien die Feindschaft der Ritter zu, da er ihre räuberischen Geldgeschäfte unterband. Zur Vergeltung verurteilte ihn 92 ein von Rittern besetztes Gericht wegen „räuberischer Bereicherung"; seiner Existenz verlustig, ging er nach Smyrna ins Exil.

[9] Marcus Atilius Regulus, Konsul 256 v. Chr., wurde nach der Schlacht von Tunes 255 mit 500 Mann gefangengenommen (Polybios 1, 34). Die Karthager schickten ihn 250 nach Rom, wo er über den Austausch von Kriegsgefangenen verhandeln sollte; er riet aber im Senat davon ab. Nach Karthago zurückgekehrt, wurde er gefoltert und starb unter Qualen. Cicero, de officiis 3, 26, 99: Gellius 7, 4:

Livius, periochae 18: Florus 1, 18: vgl. Horaz, carmina 3, 5, 13–40.

[10] Nach seiner Verurteilung wegen Gottlosigkeit; vgl. Platon, Phaidon 117 a f.

[11] Anspielung auf Sullas Beinamen *Felix*, der Glückliche.

[12] Der *lacus Servilius* war ein Brunnenbecken auf dem Forum an
der Ecke des *vicus Iugarius;* vgl. Cicero, pro Roscio Amerino 32, 89:
„Viele Getötete haben wir – nicht am *lacus Trasumennus* (Trasumen-
nischen See), sondern am *lacus Servilius* gesehen "

[13] Gemeint ist die *lex Cornelia de sicariis et de veneficiis*, Gesetz des
Lucius Cornelius Sulla, betreffend Mörder und Giftmischerei, vom
Jahre 81 v. Chr.

[14] Terentia war die Gemahlin des Maecenas, eine ebenso schöne wie
schwierige Frau; sie stand zeitweilig Augustus nahe. Unter dem
Pseudonym Licymnia erscheint sie bei Horaz, carmina 2, 12.

[15] Publius Vatinius, Anhänger und Gehilfe Caesars, eine unsym-
pathische und fragwürdige Erscheinung. Politische Intrige brachte ihn
statt Cato in das Amt des Prätors (die Einzelheiten bei Eduard Meyer,
Caesars Monarchie und das Prinzipat des Pompeius 154 f.); vgl. Über
die Standhaftigkeit, Anm. 5.

[16] Kaiser Tiberius schätzte zumal die beliebten Gladiatorenspiele
wenig. Tacitus, Annalen 1, 76, 4; vgl. Sueton, Tiberius 47.

[17] Fensterscheiben scheinen eine neue Erfindung aus Senecas Zeit
zu sein; vgl. Seneca, Briefe 90, 25.

[18] Die in der römischen Antike verwendete Heißlufttheizung, Hypo-
causis, wurde mit zahlreichen Luftkanälen in Fußboden und Wänden
betrieben.

[19] Der Pontifex maximus Lucius Caecilius Metellus soll sein Augenlicht verloren haben, als er beim Brande des Vesta-Tempels im Jahre
241 v. Chr. das Palladium retten wollte; Cicero, pro Scauro 48: Livius,
periochae 19: Plinius, naturalis historia 7, 141. Der Censor des Jahres
312 v. Chr., Appius Claudius Caecus, erblindete wegen Religions-
frevels; Livius 9, 29, 9–11.

[20] Anspielung auf den Kult der Dea Pecunia.

[21] Gemeint ist das philosophische Prinzip des Passiven im Gegensatz zu *causa*, dem Prinzip des Aktiven.

[22] Eine interessante Konjektur findet sich bei C. Brakman, Mnemosyne 56 (1928), 148 f.: *numquam hoc passa est* (scil. *materia*).

[23] Ovid, Metamorphosen 2, 63-69.

[24] a. O. 79–81.

[25] Lucius Iunius Brutus soll seine Söhne zum Tode verurteilt haben,
weil sie sich an einer Verschwörung für die Tarquinier beteiligt hatten;
Livius 2, 5, 5–10.

Aulus Manlius Torquatus hat im Latinerkrieg seinen Sohn hinrichten lassen, weil er befehlswidrig mit dem Gegner gekämpft hatte;
Livius 8, 7.

Ein Senator Fulvius hat seinen Sohn wegen der Beteiligung an der
catilinarischen Verschwörung hinrichten lassen; Sallust, Catilina 39, 5.

2. Über die Standhaftigkeit des Weisen

[1] Vgl. Über die Vorsehung, Anm. 15.

[2] Cato kämpfte vor allem gegen die Rückberufung von Pompeius (vgl. zum einzelnen E. Meyer, a. O. 37ff.) sowie gegen die Verteilung der kampanischen Ländereien durch ein Ackergesetz Caesars; Plutarch, Cato 31: Dio 38, 2.

[3] Die Rednertribüne auf dem Forum.

[4] Publius Clodius Pulcher, berüchtigter Politiker aus der Mitte des 1. Jahrhunderts v. Chr, Feind Ciceros, dessen Verbannung er 58 bewirkte, sowie Catos; Anhänger und Gehilfe Caesars. Chef einer Sturmtruppe, die jahrelang innenpolitischen Terror ausübte. Er fiel 52 in einer Straßenschlacht mit der Bande des Milo.

[5] Anspielung auf die Taten des Herakles, wie die Hydra von Lerna, den Löwen von Nemea, den Eber vom Erymanthos, die Vögel vom Stymphalos, den kretischen Stier, und andere Ungeheuer der Sage, z. B. die Gorgonen.

[6] Anspielung auf den Triumvirat der Politiker Pompeius, Crassus, Caesar aus dem Jahre 60 v. Chr.

[7] Cicero, Tusculanae disputationes 1, 42, 101, überliefert die Drohung eines ungenannten Persers: „Die Sonne werdet ihr vor der Menge der Speere und Pfeile nicht sehen." Die Antwort eines Spartaners: „Im Schatten also werden wir kämpfen." Seneca scheint diese Anekdote auf Xerxes zu beziehen; dieser hat, wie Herodot 7, 34 berichtet, den Hellespont geißeln und Ketten in ihm versenken lassen.

[8] Das heißt: der Städteeroberer. Während der Diadochenkämpfe eroberte er 307 v. Chr. die Stadt Megara, wo der bedeutende Philosoph Stilpon lehrte.

[9] Stilpon von Megara war Schüler des Philosophen Eukleides von Megara; er verschmolz dessen Lehre mit der kynischen Philosophie. Ein Schüler Stilpons ist Zenon, der Gründer der Stoa. – Über die erwähnte Begegnung berichtet auch Plutarch, Demetrius 9. Eine Unterhaltung ähnlichen Inhaltes hat Stilpon mit Ptolemaios Soter geführt, Diogenes Laertios 2, 115. – Über Stilpon vgl. auch Seneca, Briefe 9, 1–3.

[10] Publius Cornelius Scipio Aemilianus Africanus minor Numantinus. Er hat 146 v. Chr. Karthago und 133 v. Chr. Numantia niedergekämpft.

[11] Die Römer speisten, indem sie auf Sofas lagen. Um den Tisch standen gewöhnlich drei solcher Lager, im rechten Winkel angeordnet: *lectus summus, lectus medius, lectus imus;* jedes bot drei Plätze: *locus summus, locus medius, locus imus.* Ehrenplatz scheint der *locus imus in medio* gewesen zu sein, gelegentlich wohl auch der *medius in medio.* Der Hausherr nahm den *summus in imo* ein; Uogo Enrico Paoli, Das Leben im alten Rom, 1961, 115 f.

[12] Hier liegt ein unübersetzbares Wortspiel vor. Das Substantiv *contumelia* wird von dem Verbum *contemnere* abgeleitet, was etwa so zu verstehen ist: *Beleidigung* kommt von *verächtlich denken.*

[13] Anspielung auf König Attalos III. von Pergamon, dessen Reichtum sprichwörtlich war. Er vermachte sein Reich testamentarisch den Römern.

[14] Vgl. Über die Vorsehung, Anm. 15. Vatinius litt an Gicht und Skrofulose.

[15] Cicero, in Vatinium 2, 4; 4, 10; ad Atticum 2, 9, 2: Plutarch, Cicero 9.

[16] Vgl. Tacitus, Annalen 11, 1.

[17] Cassius Chaerea; sein mannhaftes Verhalten bei der Meuterei der germanischen Legionen im Jahre 14 n. Chr. beschreibt Tacitus, Annalen 1, 32. Zur Stelle vgl. Sueton, Caligula 56; Claudius ließ ihn nach vollbrachter Tat hinrichten.

[18] Dienstältester Hauptmann einer Legion.

3. Über den Zorn. Erstes Buch.

[1] Vgl. Horaz, epistulae 1, 2, 62: ira furor brevis est – Zorn ist zeitweiliger Wahnsinn.

[2] Aristoteles, de anima 403 a 30.

[3] Ovid, Metamorphosen 7, 545–46.

[4] Platon, Staat 335 d: ,,Nicht also ist es des Gerechten Handlungsweise, zu schaden."

[5] Wenn man die Zuordnung der Gedanken erfassen will, muß man die chiastische Wortstellung berücksichtigen.

[6] Aristoteles, frg. 80 Rose; vgl. Nikomachische Ethik 1149 a 24.

[7] Gemeint sind die Hilfstruppen, die sich aus den außeritalischen Provinzen rekrutierten.

[8] Theophrast aus Eresos, Schüler des Aristoteles und sein Nachfolger in der Leitung des Peripatos. Diogenes Laertios, 5, 2, 42, verzeichnet zwar in der Liste seiner Werke keine Arbeit über den Zorn, aber eines über die Leidenschaften und eines über den Ehrgeiz (Nr. 88 und Nr. 99 bei Diogenes). Vgl. frgg. 72, 77, 154 Wimmer.

[9] Das Phänomen wird eingehend beschrieben bei Seneca, naturales quaestiones 5, 8.

[10] Gnaeus Calpurnius Piso, 17 n. Chr. von Tiberius zum Statthalter von Syrien ernannt (Tacitus, Annalen 2, 43, 2), stieß mit Germanicus zusammen, der ein außerordentliches Kommando im Osten erhalten hatte; er endete 20 durch Selbstmord. Tacitus beschreibt ihn als komplizierten Charakter: ingenio violentus et obsequii ignarus, insita ferocia a patre – gewaltsam, ungehorsam, verbockt.

[11] Hieronymos von Rhodos, Philosoph aus der Zeit des Ptolemaios Philadelphos.

[12] Platon, Gesetze 934 a: ,,Er wird bestraft nicht wegen des Unrechttuns – nicht nämlich kann das Geschehene ungeschehen gemacht werden –, sondern damit er für die Zukunft entweder völlig das Unrecht haßt, er und die, die sahen, wie er gerichtet wurde, oder zum Teil aufhöre mit solchem Geschehen."

[13] Publilius Syrus, mimorum fragmenta 157 Ribbeck: eripere telum,

non dare irato decet. – Zu entreißen die Waffe, nicht zu geben dem Zornigen gehört sich.

[14] Nach Cicero, de officiis 1, 28, 97 ein Ausspruch, den Atreus in der Tragödie des Accius getan hat; vgl. Accius, frg. 203 Ribbeck. Sueton, Caligula 30, berichtet, der Kaiser Caligula habe das Wort bisweilen zitiert.

[15] Ilias 23, 724.

4. Über den Zorn. Zweites Buch.

[1] Der junge König Ptolemaios XIII. ließ Pompeius auf Rat seines Erziehers Theodotos und des Höflings Potheinos von dem General Achillas ermorden, als dieser nach der Schlacht von Pharsalos in Ägypten Zuflucht suchte; Plutarch, Pompeius 77–80.

[2] Phalaris, Tyrann von Akragas um 570 v. Chr., dessen Grausamkeit sprichwörtlich war.

Apollodoros, Tyrann von Kassandria (Potidaia) um 279 v. Chr., von sprichwörtlicher Grausamkeit, Polybios 7, 7, 2: Seneca, de beneficiis 7, 19, 7.

[3] Lucius Valerius Messalla Volesus, Prokonsul in Asien 11 oder 12 n. Chr. Auf die hier beschriebene Untat dürften sich die bei Tacitus, Annalen 3, 68, erwähnten Maßnahmen von Kaiser und Senat beziehen.

[4] Der Übersetzer schließt sich der Konjektur *proclamat* von Bourgery nicht an, da der überlieferte Text ohne Schwierigkeit zu verstehen ist; damit entfällt auch das Komma hinter *causa*.

[5] Ovid, Metamorphosen 1, 144–148.

[6] Die Stelle ist verderbt und noch nicht befriedigend emendiert.

[7] Schwer übersetzbares Wortspiel mit *formido* das Grausen, auch der grauenerregende Gegenstand.

[8] Um welchen Dichter es sich handelt, ist nicht zu ermitteln.

[9] Gesetze 666a.

[10] Das überlieferte *maiora* birgt insofern ein Problem, als eine Reihe von Erklärern den Zorn für das Hauptübel halten und daher *maiora vitia, größere Fehlhaltungen,* für einen Widerspruch ansehen müssen. Nun gelten die hier aufgeführten Fehler in der stoischen Ethik durchaus als gefährlich, so daß man das überlieferte *maiora* nicht anzuzweifeln braucht; gleichwohl ist der Gedankengang nicht ganz schlüssig.

[11] Mindyrides galt der Antike als der typische Sybarit, Herodot 6, 136; Sybaris war wegen des Raffinements und des Luxus seiner Bürger berühmt.

[12] Vermutlich eine Anspielung auf eine Fabel des Äsop, 229 Hausrath; ein Mann trägt einen Ranzen auf der Brust und einen auf dem Rücken. Der vordere enthält die fremden Fehler, der hintere die eigenen.

[13] Die Stelle ist verderbt.

[14] Eine freie Nachbildung zweier Verse Vergils, Aeneis 8, 702–3.

[15] Römischer Philosoph zur Zeit des Kaisers Augustus.

5. Über den Zorn. Drittes Buch.

[1] Also ohne die an sich üblichen staatsrechtlichen und kultischen Formalitäten, auf deren Einhaltung die Römer an sich großen Wert legten.

[2] Der Redner Marcus Caelius Rufus, ein Mann von bewegtem Leben, unter anderem Freund der Clodia (Catulls Lesbia). 56 v. Chr. von Cicero erfolgreich verteidigt.

[3] Gemeint ist die Epilepsie, der *morbus sacer*. Ihr Auftreten in der Volksversammlung hatte aufschiebende Wirkung. 3a Herodot 3,34 f.

[4] Über Harpagos berichtet Herodot 1, 108 ff. Er hatte vom Mederkönig Astyages den Befehl erhalten, Kyros, seinen Enkel, seiner Tochter Mandane Sohn, zu töten, denn ein Traum hatte ihm Unheil von diesem Enkel angekündigt. Harpagos aber gab das Kind einem Hirten. Aus Rache ließ Astyages den Sohn des Harpagos heimlich töten und ihm als Mahlzeit vorsetzen. Harpagos verband sich später mit Kyros und stürzte Astyages.

[5] Zu Oiobazos vgl. Herodot 4, 84, zu Pythios 7, 38 ff.

[6] Eine entsprechende Reinigungszeremonie beschreibt Livius, 40, 6.

[7] Ein Feldherr Alexanders und später König von Thrakien.

[8] Marcus Marius Gratidianus, durch Adoption Neffe des Marius, aus Arpinum stammend. Seine Familie war der Ciceros verwandtschaftlich verbunden. Zu seiner Person vgl. Cicero, de legibus 3, 20, 79 ff. Er wurde von Sulla proskribiert und in dessen Auftrage von Catilina ermordet; Sallust, Historien frg. 1, 44 Maurenbrecher.

[9] Quintus Lutatius Catulus, Konsul 102 v. Chr., 101 zusammen mit Marius bei Vercellae Sieger über die Kimbern; später von ihm proskribiert, nahm er sich 87 das Leben. Cicero, Tusculanae disputationes 5, 19, 56, nennt ihn einen zweiten Laelius und berichtet, Marius habe auf die Bitten der Angehörigen nur die Antwort gehabt: „Er soll sterben."

[10] Das widersprach dem römischen Bedürfnis nach Korrektheit der Formen. Eine Parallele zu der hier berichteten Leichtfertigkeit findet man bei Seneca Rhetor 9, 2.

[11] Der Übersetzer liest hier mit Gertz *aliquoi*.

[12] Soviel wie Nasenstutz. Eine Geschichte dieses Inhaltes erzählen Strabo 16.759 und Plinius, n. h. 5, 14, 68 von dem äthiopischen König Altisanes.

[13] Das heißt: die Langlebigen.

[14] Vgl. Herodot 3, 20–25.

[15] Vgl. Herodot 1, 189.

[16] Agrippina, Gemahlin des Germanicus, Tochter des Marcus Vipsanius Agrippa und der Iulia. Tiberius und sie haßten einander; Tacitus, Annalen 4, 12. 29 n. Chr. wurde sie vor dem Senat angeklagt, ders., a. O. 5, 3, 1, sodann auf die Insel Pandataria verbannt; Sueton, Tiberius 53, 2.

[17] Es ist nicht mit Sicherheit zu ermitteln, welcher hier gemeint ist. Die physiognomische Beschreibung legt es nahe, an Antigonos Monophthalmos zu denken.

¹⁸ Hier ist Seneca eine Verwechslung unterlaufen. Alexanders des Großen Großvater war Amyntas III.

¹⁹ Eine Figur aus Homers Ilias, der Urtyp des Spötters und Frechlings.

²⁰ Vgl. Horaz, epistulae 1, 19, 15: Timagenis aemula lingua. Bei Seneca erwähnt in Brief 91, 13. Näheres über ihn bei Seneca Rhetor 10, 5, 22.

²¹ Der bedeutende Schriftsteller und Politiker, Konsul des Jahres 41 v. Chr. Trotz seiner Beziehung zu Antonius, und nach dessen Niederlage politisch unabhängig, von Augustus als Freund geschätzt.

²² In der Kaiserzeit konnte man mit dem Titel Konsul ausgezeichnet werden und wurde dann von zwölf Liktoren geleitet.

²³ Nach den amtierenden Konsuln wurden die Jahre datiert.

²⁴ Der Übersetzer hält die überlieferte Lesart *paratam* für besser als die Konjektur *paratuum*.

²⁵ Der Dichter Quintus Ennius, 239–204. Trotz seiner epochalen Bedeutung für die Entfaltung der römischen Literatur boten seine archaische Sprache und mancherlei formale Mängel den Späteren Anlaß zu Kritik; zur Wertschätzung der älteren Dichter vgl. Horaz, epistulae 2, 1.

²⁶ Diogenes aus Seleukia am Tigris, gewöhnlich „von Babylon" genannt, Schüler des Chrysippos, Nachfolger des Zenon als Oberhaupt der stoischen Schule; sein wichtigster Schüler war Panaitios. Er nahm 156/55 an der „Philosophengesandtschaft" nach Rom teil.

²⁷ Publius Cornelius Lentulus Sura, Mitverschwörer des Catilina, 63 v. Chr. hingerichtet; Sallust, Catilina 55, 5f.

6. Trostschrift an Marcia

¹ Aulus Cremutius Cordus, Historiker in der Zeit der Kaiser Augustus und Tiberius. Er wurde im Jahre 25 n. Chr. angeklagt, weil er in seinen Annalen Marcus Iunius Brutus gelobt und Gaius Cassius den letzten Römer genannt hatte; Tacitus, Annalen 4, 34, ebenda seine eindrucksvolle Verteidigungsrede. Die eigentliche Ursache seines Prozesses waren kritische Äußerungen über Seianus, s. unten c. 22, 4. Er starb auf eigenen Entschluß; seine Bücher wurden auf Dekret des Senates verbrannt, Tacitus, a. O. 35.

² Der Übersetzer hält folgende Interpunktion für besser: *iudistique lacrimas; palam et gemitus devorasti quidem*. Dementsprechend lautet der deutsche Text.

³ Damit ist der Tod von Marcias Sohn Metilius gemeint; die alte Wunde ist der Tod des Vaters.

⁴ Drusus erreichte im Jahre 9 v. Chr. auf einer großangelegten Operation die Elbe; Dio 55, 1, 2. Er stürzte auf diesem Feldzug vom Pferd und starb an den Folgen seiner Verletzung; Livius, periochae 142: Strabon 7, 1, 3 p. 291.

⁵ Eine interessante Konjektur findet sich bei F. Walter, Philologus 83 (1928), 324, die den Vorzug hat, das überlieferte *non* nicht anzu-

tasten; außerdem setzt sie nur eine einfache Auslassung infolge mechanischen Fehlers beim Schreiben voraus: *et mala sua non ⟨frangere, sed⟩ augere* – . . . und sein Unglück nicht zu bewältigen, sondern zu steigern.

⁶ Livia, die Gemahlin des Augustus, erhielt nach dessen Tode den Namen Iulia Augusta; Tacitus, Annalen 1, 8, 1.

⁷ Der Herausgeber bevorzugt an dieser Stelle die Lesart *terribilibus* des codex Pincianus.

⁸ Publilius Syrus, mimorum fragmenta 119 Ribbeck.

⁹ Die Stelle ist offenkundig verderbt und noch nicht befriedigend emendiert.

¹⁰ Gemeint ist Xenophon, dessen Sohn Gryllos in der Schlacht von Mantinea 362 v. Chr. gefallen ist; Diogenes Laertios 2, 54f.

¹¹ Die Einzelheiten über Marcus Horatius Pulvillus bei Livius 2, 8, 3f.

¹² Lucius Aemilius Paullus Macedonicus, 168 bei Pydna Sieger über König Perseus von Makedonien. Seine beiden Söhne aus der Ehe mit Papiria gab er befreundeten Familien zur Adoption; sie hießen danach Quintus Fabius Maximus und Publius Cornelius Scipio (der spätere Africanus minor Numantinus). Von den beiden Söhnen, die er behielt, starb der eine fünf Tage vor, der andere drei Tage nach dem Triumph über Perseus; Livius 45, 40, 4–8: Cicero, ad familiares 4, 6, 1: Appian, Macedonica 19, 1: Plutarch, Aemilius 35, 1–2.

¹³ Das Jahr 59 v. Chr. der Konsuln Gaius Iulius Caesar und Marcus Calpurnius Bibulus.

¹⁴ Er war im Jahre 51 v. Chr. Prokonsul von Syrien; Valerius Maximus 4, 1, 15.

¹⁵ Caesar hatte zur Bekräftigung des Triumvirates seine Tochter Iulia mit Pompeius verheiratet. Sie starb 54 v. Chr., ihr früher Tod beschleunigte die Entfremdung zwischen Pompeius und Caesar.

¹⁶ Gemeint sind sein Neffe Marcellus und seine Enkel Gaius und Lucius, mit denen er eine Dynastie gründen wollte; nach dem Scheitern dieser Pläne, denn alle drei starben jung, wurde der Stiefsohn Tiberius im Jahre 4 n. Chr. adoptiert und damit endgültig zum Nachfolger bestimmt; Suetas, Tiberius 21, 3.

¹⁷ Weil er bereits selber zum Gott erklärt worden war.

¹⁸ Drusus der Jüngere war ein Sohn des Tiberius und dessen erster Frau Vipsania Agrippina; er starb 23 n. Chr. Des Tiberius Neffe und Adoptivsohn Germanicus starb 19 n. Chr.

¹⁹ Die Totenrede. Rostra: die Rednertribüne auf dem Forum.

²⁰ Die Einzelheiten bei Livius 1, 57–59.

²¹ Livius 2, 13.

²² Gemeint ist der Volkstribun des Jahres 91 v. Chr., Marcus Livius Drusus, der versucht hat, die Probleme der Bodenreform, der Besetzung der Gerichte und des Bürgerrechtes der Bundesgenossen zu lösen. Er wurde in seinem Haus auf dem Palatin ermordet, was den Bundesgenossenkrieg auslöste; die Quellen in: Der Kleine Pauly 2, 169.

²³ Vergil, Aeneis 3, 418.

²⁴ Die Steinbrüche von Syrakus, in die man die gefangenen Athener nach ihrer Niederlage 413 v. Chr. gebracht hatte; sie kamen dort zu Tausenden elend um.

²⁵ Anspielung auf dessen Anwesenheit am Hofe Dionysios' II. von Syrakus in den Jahren 366 und 361 v. Chr.

²⁶ Gemeint sind das Mittelmeer, das Rote Meer und der Persische Meerbusen.

²⁷ Sog. Pilotfische werden schon von Plinius, naturalis historia 9, 62 erwähnt.

²⁸ Gemeint ist die Erbschleicherei, die das Leben in Rom furchtbar vergiftete.

²⁹ Der Pyrphlegethon.

³⁰ Der Herausgeber glaubt hier den überlieferten Text halten zu sollen: *et membris articulis singula etc.* Vgl. zur Stelle C. Brakman, Mnemosyne 56 (1928), 151.

³¹ Vgl. Über den Zorn, II Anm. 1.

³² Ciceros Tochter starb erst 54 v. Chr.

³³ Cato war mit der Einziehung Zyperns aus dem ptolemäischen Erbe beauftragt worden; in Wirklichkeit wollte ihn Clodius als einen Gegner Caesars unter einem scheinbar ehrenvollen Vorwand aus Rom entfernen. So war Cato von 58 bis Ende 56 nicht in Rom; die Einzelheiten bei E. Meyer, Caesars Monarchie 89 f.

³⁴ Vergil, Aeneis 10, 472.

³⁵ Vgl. Über die Vorsehung Anm. 8.

³⁶ Hier schmückt sich Seneca mit fremden Federn. Der Gedanke ist formuliert im Certamen Homeri et Hesiodi 75, ferner bei Sophokles, Oidipus auf Kolonos 1224 f.

³⁷ Tacitus, Annalen 4, 34; vgl. Anm. 1.

³⁸ Platon, Phaidon 64 a; 67 d.

³⁹ Gaius Papirius Fabianus, Philosoph aus der Zeit Senecas.

⁴⁰ Für die Emendation und Deutung dieser Stelle macht W. Richter, Hermes 84 (1956), 194–198 bemerkenswerte Vorschläge. Er gewinnt aus der Überlieferung des codex A einen begründenden Ablativus absolutus *omni via plana et facili.* Im ersten Teil des Satzes übernimmt Richter die Lesung *dimissi* von A (statt *dimissos*); er will ferner eine Vertauschung der Wortgruppen erkennen, was insoweit naheliegt, als die irdischen Hindernisse nicht nach den himmlischen Hindernissen, sondern vor ihnen genannt worden sein dürften. Der Text gewinnt somit folgende Gestalt:

non illos interfusa maria discludunt nec altitudo montium aut inviae valles aut incertarum vada Syrtium: aeternarum rerum per libera et vasta spatia dimissi, omni via plana ac facili, mobiles et expediti et invicem pervii sunt intermixtique sideribus.

Nicht schließen jene [Seelen] zwischen ihnen liegende Meere voneinander ab noch die Höhe von Bergen, unwegsame Täler oder die Untiefen der gefährlichen Syrten: entrückt in die freien und weiten Räume der Ewigkeit, können sie, da jeder Weg eben und ohne Mühe, frei beweglich, unbehindert und gegenseitig verkehren und gehören zur Welt der Sterne.

Heinrich Stork
Einführung
in die Philosophie der Technik
1977. VI, 189 S., kart. **Nr. 6301-5**

Die Technikphilosophie besteht noch immer aus Einzelbeiträgen
von Technikern, Philosophen, Soziologen und Wirtschaftswissen-
schaftlern, die noch kaum zusammenarbeiten. Das Titelwort
„Einführung" hat daher einen doppelten Sinn: einerseits weist es
auf die didaktische Absicht hin, andererseits kennzeichnet es den
Entwicklungsstand der Disziplin, die weiterer Entfaltung dringend
bedürftig ist. Die vorliegende Darstellung bemüht sich darum,
eng am Phänomen zu bleiben, um nicht der naheliegenden Gefahr
abstrakter Behandlung menschlicher Schaffenskraft zu erliegen.
Die Erörterung geht von den Erscheinungsformen und Aus-
wirkungen der Technik aus; sie bilden ein wichtiges Kriterium
bei der Würdigung und (soweit sie versucht wurde) Weiterent-
wicklung philosophischer Ansätze.

Franz Zimmermann
Einführung
in die Existenzphilosophie
1977. VII, 135 S., kart. **Nr. 7257-X**

Die vorliegende Einführung will mit Gegenstand, Methode und
Wirkung der Existenzphilosophie vertraut machen, deren systematische Grundzüge jenseits von Apologie und Polemik vermittelt
werden sollen. Im Ausgang von der traditionellen Auslegung des
Existenzbegriffes innerhalb der klassischen Metaphysik wird vor
allem seine neuzeitliche Umgestaltung durch die verschiedenen
Existenzphilosophien erörtert, die in exemplarischen Einzelinter-
pretationen vorgestellt werden. Das Werk S. Kierkegaards besitzt
dabei eine historische wie systematische Priorität, da sich die Ent-
würfe der Folgenden (Jaspers, Sartre und Camus) im wesentlichen
als Modifikationen und Metamorphosen Kierkegaardscher Ansätze
begreifen lassen, wobei dem Heideggerschen Versuch ihrer „Ver-
windung" eine Sonderstellung zukommt.

WISSENSCHAFTLICHE BUCHGESELLSCHAFT
Postfach 11 11 29   D-6100 Darmstadt 11

DIE PHILOSOPHIE

Einführungen in Gegenstand, Methoden und Ergebnisse ihrer Disziplinen

Noack, H.: Allgemeine Einführung in die Philosophie. Probleme ihrer gegenwärtigen Selbstauslegung. 141 S. **Nr. 4860-1**

Freundlich, R.: Einführung in die Semantik. VII, 72 S., 1 Kt. **Nr. 4867-9**

Geyer, C.-F.: Einführung in die Philosophie der Antike. IX, 220 S. **Nr. 5978-6**

Heintel, E.: Einführung in die Sprachphilosophie. 239 S. **Nr. 4852-0**

Holz, H.: Einführung in die Transzendentalphilosophie. VIII, 108 S. **Nr. 6298-1**

Kaulbach, F.: Einführung in die Metaphysik. 244 S. **Nr. 4853-9**

Mann, U.: Einführung in die Religionsphilosophie. 145 S. **Nr. 4605-6**

Rhemann, J.: Einführung in die Sozialphilosophie. Etwa 165 S. **Nr. 5592-6**

Schaeffler, R.: Einführung in die Geschichtsphilosophie. XI, 245 S. **Nr. 5591-8**

Schrey, H.-H.: Einführung in die Ethik. 178 S. **Nr. 4864-4**

Ströker, E.: Einführung in die Wissenschaftstheorie. V, 145 S. **Nr. 5204-8**

Stork, H.: Einführung in die Philosophie der Technik. VI, 189 S. **Nr. 6301-5**

Zimmermann, F.: Einführung in die Existenzphilosophie. VII, 135 S. **Nr. 7257-X**

Die Reihe wird fortgesetzt

WISSENSCHAFTLICHE BUCHGESELLSCHAFT
Postfach 11 11 29   D-6100 Darmstadt 11